ESTABLISHMENT AND MANAGEMENT OF
NEW RURAL COLLECTIVE ECONOMIC ORGANIZATIONS

新型农村集体经济组织
设立与经营管理

黄中廷 ◎ 著

中国发展出版社
CHINA DEVELOPMENT PRESS

图书在版编目（CIP）数据

新型农村集体经济组织设立与经营管理/黄中廷著 . —北京：
中国发展出版社，2012.8
ISBN 978-7-80234-819-6

Ⅰ. 新… Ⅱ. 黄… Ⅲ. 农业合作组织—经营管理—中国
Ⅳ. F321.42

中国版本图书馆 CIP 数据核字（2012）第 189261 号

书　　　名：新型农村集体经济组织设立与经营管理
著作责任者：黄中廷
出 版 发 行：中国发展出版社
　　　　　　（北京市西城区百万庄大街 16 号 8 层　　100037）
标 准 书 号：ISBN 978-7-80234-819-6
经 销 者：各地新华书店
印 刷 者：北京科信印刷有限公司
开　　　本：700mm×1000mm　1/16
印　　　张：25.25
字　　　数：400 千字
版　　　次：2012 年 8 月第 1 版
印　　　次：2012 年 8 月第 1 次印刷
定　　　价：48.00 元

联 系 电 话：（010）68990630　68990692
购 书 热 线：（010）68990632　68990686
网　　　址：http：//www.develpress.com.cn
电 子 邮 件：bianjibu16@vip.sohu.com

序　言

改革开放以来，我国农村集体经济实行了以家庭承包为基础、统分结合的双层经营体制。作为农村集体经济组织成员的农户获得了长期稳定、受国家法律保护的土地承包经营权，极大地调动了农民群众的生产积极性。在家庭承包经营的基础上，各类农民合作经济组织蓬勃发展起来。

目前，我国农村的合作经济组织大体上可以分为三类。第一类是社区型农民合作经济组织，也就是农村集体经济组织；第二类是按照《中华人民共和国农民专业合作社法》设立的农民专业合作社；第三类是农民在自愿互利的基础上投资设立以及由原农村集体企业改制设立的各类农民股份合作制企业、农民专业协会等。

社区型农民合作经济组织对促进农村经济发展、推动农民共同富裕、保持农村社会稳定、加快农业现代化进程，具有十分重要的作用。但是，随着社会主义市场经济体制的建立和农村城镇化进程的加快，传统的农村集体经济组织的体制弊端成为制约集体经济进一步发展的主要因素。为了全面贯彻邓小平理论、"三个代表"重要思想和科学发展观，促进我国城乡统筹协调发展，必须对传统的农村集体经济组织进行产权制度改革，实现制度创新，使其真正成为产权明晰、责任明确、管理民主、充满生机和活力的市场经济主体。

农村集体经济产权制度改革于20世纪80年代中期，发源于广东省广州市和深圳市等改革开放的先行、先试地区。经过二十多年的探索、试验，目前已经在我国东部地区一些省、市全面推广，中部和西部地区一些具备条件的地方也开始启动产权制度改革进程。据农业部统计，截止到2010年底，我国实施产权制度改革村数为1.98万个（其中，已经完成产权制度改革的村1.29万个，正在组织实施产权制度改革的村0.68万个），占全国总村数的3.2%。分地区来看，东部地区、中部地区、西部地区完成产权制度改革的村分别为10310个、542个和2082个，分别占完成村数的79.8%、3.9%和16.3%。其中，江苏、北京、广东和浙江4省市完成产权制度改革的村占全国完成村数的

75.4%。北京市于1993年开始推进农村集体经济产权制度改革工作，经过连续18年的努力，目前已经进入全面推广阶段。到2011年底，全市有3645个乡村集体经济组织完成产权制度改革，占全市乡村两级集体经济组织总数的90%。

通过产权制度改革，农村集体经济组织的资产变为股权，农民成为股东，实现了由集体共同共有到成员按份共有的根本性变革。经过产权制度改革，多数农村集体经济组织的实力大大增强，农民群众收入水平大幅度提高，集体经济组织存在的各种体制性矛盾得到有效化解。

但是传统的农村集体经济组织经过产权制度改革，新型集体经济组织设立并不意味着改革的结束。新型集体经济组织要想真正成为具有强大竞争能力的社会主义市场经济主体，必须继续深化改革，强化经营管理，完善法人治理结构，才能真正实现集体资产经营收益不断提高，农民收入稳步增长的目标。

党的"十七大"明确提出要"探索集体经济有效实现形式"。十七届三中全会又进一步提出"发展集体经济，增强集体组织服务功能"的要求。2007年，农业部发布了《关于稳步推进农村集体经济组织产权制度改革试点的指导意见》（农经发〔2007〕22号）。为了帮助广大农村干部和农民群众提高对推进集体经济产权制度改革重要意义的认识，在改革进程中严格执行国家有关法规和党的相关政策，掌握改革工作的具体操作程序和方法，加强新型集体经济组织经营管理，作者在总结各地经验特别是北京市经验的基础上，撰写了本书，希望能对各地新型集体经济组织的设立与经营管理工作有所帮助。社会在进步，改革在深化，经验在积累，作者相信在各地党委、政府的正确领导下，经过广大基层干部和农民群众的进一步实践，我国农村集体经济产权制度改革以及经营管理工作，一定能够得到更好更快地发展。由于作者水平有限，本书中难免存在谬误，敬请读者批评指教。

本书的出版得到北京市农村经济研究中心的大力支持与资助。农业部农村经济体制与经营管理司、北京市农村工作委员会村镇建设处、北京市农村合作经济经营管理站、北京农村产权交易所有限公司以及相关区县、乡镇、村的同志们为作者提供了宝贵的资料，在此特表示衷心的感谢！

黄中廷

2012年4月

目 录

第一章 新型农村集体经济组织设立概述

第二章　设立新型农村集体经济组织的准备工作阶段

第三章　设立新型农村集体经济组织的实际操作阶段

第四章　新型农村集体经济组织设立的后续工作阶段

第五章　新型农村集体经济组织经营管理概述

第六章　新型农村集体经济组织的法人治理结构

第七章　新型农村集体经济组织的激励与约束机制

第八章　新型农村集体经济组织人力资源开发与管理

第九章　新型农村集体经济组织的"三资"管理

第十章　新型农村集体经济组织产业发展

第十一章　新型农村集体经济组织的产权交易

第十二章　新型集体经济组织的经营环境与外部监督服务

第一章　新型农村集体经济组织设立概述

> 所谓新型农村集体经济组织是相对传统农村集体经济组织而言。新型农村集体经济组织的设立，是采取改制设立的方式，将实行共同共有产权制度的传统农村集体经济组织，改造成为实行按份共有产权制度的新型农村集体经济组织，恢复农村集体经济组织作为合作经济组织的本来面目。

第一节　新型农村集体经济组织的概念

一、合作经济与合作企业

合作经济是以合作企业为基础的一种经济形式。合作企业是由联合起来的劳动者共同筹集资金，共同占有生产资料，共同使用生产资料，共同享有劳动成果的经济组织。经济上的互助合作组织，古已有之，然而近代意义的合作经济组织是在空想社会主义思想的指引和以罗须代尔先锋社为范例的影响下发展起来的。经过一百多年的发展，合作经济已经成为一个国际性的运动，形成了其特殊的运作规律和国际公认的组织原则。国际合作联盟章程规定："只要以促进其成员的经济与社会进步为目标、以互助合作为基础的企业，并遵循罗须代尔所确立的、被国际合作联盟第 23 届代表大会所修订的合作社原则的，均可被视为是合作社组织"。该章程在解释合作社原则时指出：参加合作社应自觉自愿；合作社是民主性组织，实行民主选举、民主管理；合作社的盈余应归全体成员所有，扣除发展基金后，按成员的业务交往量比例大小分配。上述合作社原则虽然有其不完善之处，但根据这些原则，就可以把合作经济组织和其他合资经营的企业清楚地区分开来。合作经济组织是在商品经济高度发达的资本主义条件下产生的。它是劳动者为打碎资本家阶级所加给他们的枷锁，为与资本主义生产方式相抗衡而出现的。所以马克思说："合作运动是改造以阶级对抗为基础的现代社会的多种力量之一。这个运动的重大功绩在于，它用事实证明了那种专制的、产生赤贫现象的、使劳动附属于资本的现代制度将被共和的、繁荣的、自由平等的生产者联合起来的制度所代替的可能性。"①

从马克思主义的观点来看，合作经济组织是资本主义生产方式的对立物。但在无产阶级夺取政权之前，它们在资本主义经济的汪洋大海中并不能构成对资本主义的危害。所以资本主义国家的政府不但不怕合作社的发展，还对合作经济组织进行某些支援，并通过立法予以保护。目前，合作社已经成为发达资本主义国家社会经济生活中不可缺少的部分。在物质生产领域，中小生产者联合起来组成各种形式的合作社，争取在购进原材料和出售产品时取得比较有利的价格，获得比较优厚的利润，以便在和大生产的竞争中得以立足并逐步发达起来。消费者为了避开中间商的盘剥，也纷纷组织各种消费合作社以期降低开支并获得较好的服务。发达资本主义国家的合作经济组织之所以能够在激烈的市场竞争中得以生存、发展，除了政府的扶持与法律保护外，最根本的原因是由于合作社建立了一种能充分发挥集体和个人两个积极性的产权制度和运行机制。

二、传统农村集体经济组织

我国的农村集体经济组织，特指在一定的村或者一个乡镇的社区范围内，在中国共产党的领导下，劳动农民群众自愿以土地为纽带，采取资金联合与劳动联合相结合的方式组织起来的合作经济组织，也称为社区型合作经济组织。

我国农村合作化初期的农业生产合作社是承认农民个人股权的。农民以自己的土地、牲畜和大中型农具等生产资料作价折成股份投入合作社。农民通过共同使用这些生产资料进行生产劳动所取得的经营成果，既按劳分配也按股分红。当时农民办社热情很高，多数合作社提高了产量，增加了农民收入。但是没有多久，就匆匆忙忙地把这些所谓"半社会主义"的初级社转为取消按股分红、不承认农民个人股权的所谓"完全社会主义"的高级社。高级农业生产合作社的建立，标志着我国农村集体经济的确立。

1956 年建立高级农业生产合作社之后，紧接着又在 1958 年建立起"政社

---

① 《马克思恩格斯全集》（第 16 卷），中共中央编译局译，人民出版社 1964 年版第 219 页。

合一、一大二公"的人民公社，大刮共产风、平调风、浮夸风，极大地挫伤了农民群众的生产积极性，严重阻碍了农村生产力的发展。改革开放三十多年来，由于实行了以家庭承包为主的农业生产责任制，调整农村产业结构，兴办乡镇企业，农村生产力得到了较大发展，农民生活有了很大改善。但是，由于产权制度改革滞后，集体经济内部长期潜伏的各种深层次矛盾逐渐显露出来，影响并制约着农村生产力的进一步发展和农民生活水平的进一步提高。这些深层次的矛盾主要表现在以下四个方面。

一是理论上的民办与事实上的干部包办之间的矛盾。众所周知，合作经济是民办经济，而不是国有经济。既然是民办，农民就应当成为集体经济的投资主体。但是，由于否定农民个人在集体经济的股权，没有建立正常的农民向集体投资的制度与渠道，农民手中有了钱只能用于个人消费。目前在一些集体经济组织的资产总额中，资产负债率居高不下。在所有者权益中，属于农民个人的投资很少。也就是说，集体经济组织资金来源除历年积累外，主要是靠向银行等金融机构贷款，农户并没有成为投资主体。

二是名义上的民主与事实上的不民主之间的矛盾。合作经济组织区别于其他合股经营经济组织的主要标志是实行一人一票表决制的民主管理、民主决策。虽然近几年以来，一些地方也着力建立、健全成员代表大会制度，强调民主选举、民主管理、民主决策、民主监督，但收效甚微。政府指令、少数干部说了算的问题没有得到根治。其根源就在于农村集体经济产权模糊，农民缺乏个人财产权这个经济基础，位卑言微。一些地方少数干部说了算，公仆变成主人的错位现象很普遍。

三是制度上的干部民选与事实上的委任制之间的矛盾。合作经济组织的干部应当由社员大会或者社员代表大会民主选举产生。干部理应忠实执行社员大会或者社员代表大会的决议，为农民谋利益。但是事实上，集体经济组织干部多数是由上级党委和政府委派、任命的。有的虽然也经过了选举，实际上也只是走走形式。由于农民个人股权不明确，农民认为谁当干部都不对自己个人利益产生直接影响，谁当干部都一样，并不认真参与选举。当农民的利益或集体的利益与上级党委或政府的利益发生矛盾的时候，有些干部往往是宁可牺牲农民的利益也要与上级领导保持一致，而不是把对上级负责和对农民负责统一起来。

四是法律上的民有与事实上所有者缺位之间的矛盾。这个矛盾在乡镇合作经济组织表现得尤为突出。按照国家法律规定，乡镇集体经济组织的财产归全乡镇农民集体所有。乡镇集体资产所有权理应由农民选举产生代表机构来行使。自人民公社解体以后，在政权建设方面建立了人民代表大会制度和乡镇政府，但并没有建立起完善的集体经济所有者代表机构。在所有者主体缺位的情况下，集体经济的经营主体改名为乡镇农工商联合公司。这些乡镇农工商联合公司，在很大程度上行使政府职能，政社不分。到了20世纪90年代后期，一些地方在乡镇机构改革中，由政府发出文件宣布撤销乡镇集体经济组织。由乡镇政府直接管理属于全乡农民的集体资产，进一步加剧了集体资产所有者缺位的局面。由于所有者主体缺位，法律规定的民有事实上变成政府所有，集体资产被无偿平调、挪用、侵占现象十分严重。民有的一个重要标志就是农民应当成为集体经济的受益主体。从狭义上来说，收益权指的是经营收益的分配权。在实际生活中，由于否定农民个人股权，多数地方农民没有参与集体经济组织税后收益的分配。农民从集体经济组织得到的主要仍然是劳动报酬。这就使处在主人翁地位的农民往往把自己当成雇佣劳动者，集体观念逐渐淡薄了。

由于存在上述这些矛盾，多数地方集体经济组织对农民群众的吸引力逐渐减弱，内部离心力不断增强，导致集体资产流失，办社骨干和专业技术人员流失，集体资产管理不善、经营效益不高。综上所述，传统农村集体经济组织背离了合作经济的基本原则，是一种异化了的合作经济。

三、新型农村集体经济组织

新型农村集体经济组织是采取改制设立的方式，将实行共同共有产权制度的传统集体经济组织改造成为实行按份共有产权制度的社区型股份合作企业。

1. 本来意义上的合作经济从一开始就是采用股份形式建立起来的

罗须代尔先锋社的办社原则之一就是用集股的方式筹集资金。从全世界范围来看，合作经济组织的资金来源除了国家扶持和贷入资金以外，其自有资本普遍采用社员入股的方式来筹集。社员提供自有资本的方法，在股份合作社和非股份合作社是不相同的。所谓股份合作社是指利用股票的方式筹资组成的合作社。这种合作社尽管采用了股票的形式，但由于它们仍然按照合作社的原则进行管理和分配，仍然实行一人一票表决制的民主管理方式，而不是像股份公司那样股东依照股权大小参与管理与分配，因而并没有改变它们的合作经济组织性质。如股份公司一样，这种合作社也发行有普通股票和优先股票。非股份合作社是指不采用股票形式集资组成的合作社。它们的集资方式是发行社员证书和资本证书。社员证书相当于股份合作社的普通股票，而资本证书则类似股份合作社的优先股票。无论是股份合作社还是非股份合作社，都是以社员投资入股方式组建起来的，都是实行股份合作。

从我国农村合作社发展的历史看，合作社建立之初，也都是采用社员投资入股的方式组织起来的。农村信用合作社是农民投资入股办的。农村供销合作社也是农民投资入股办起来的。农业生产合作社同样是农民以土地、牲畜等生产资料入股的方式组建的。国际、国内的实践都证明，无股不成社，光有劳动的联合，仅靠赤手空拳是不可能办起合作社来的。因此，从其本来意义上来说，合作经济组织的产权制度就是股份合作制。它是以自由、平等、民主为原则，实行劳动者的劳动联合和劳动者的资本联合相结合，民主管理、自主经营、自负盈亏的经济组织。股份合作制的本质是合作制。

2. 社区型股份合作制是一种建立在个人所有制基础之上的差异性共有制

首先，股份合作制企业产权清晰。它要求每个社员入社都必须入股，但社员之间入股数量可以有差异，不强求一律。每个社员对于自己在合作组织的产权数量是十分清楚的。其次，股份合作制企业实行民主管理。它对社员入股数量既有最低要求，也有最高限额，不允许少数人控股，以保证一人一票、民主管理原则的贯彻实行。再次，在生产性的股份合作制企业中是劳动控制资本，生产资料和劳动成果集体占有。社员既是股东又是劳动者或经营者，劳动者自愿联合起来共同筹集资金，共同占有生产资料，共同使用生产资料，共同享有劳动成果。股份合作制企业的财产所有权属于社员所有，而不属于合作社本身所有。其道理如同股份公司一样，公司股份归股东所有。公司作为独立的企业法人不能自己拥有自己的股份，但拥有法人财产权，即占有和使用公司财产的权利。在股份合作企业，社员把属于个人所有的生产资料投资入股参加合作社以后，就将其入社财产的占有权和使用权让渡给了集体组织，合作社便拥有了法人财产权。但社员并未丧失其财产所有权。社员不仅拥有参与按劳分配和按股分红的权利，而且还拥有其入社财产的最终处置权，其股权可以继承，也可以转让。社员入社不用担心丧失其财产所有权，并能通过参与合作得到实惠，从而调动起其参与合作社事务的积极性。

对于无产阶级夺取政权以后，在社会主义初级阶段，农村应建立何种产权制度，马克思指出："从一开始就应当促进土地私有制向集体所有制过渡，让农民自己通过经济的道路来实现这种过渡。但是不能采取得罪农民的措施，例如宣布废除继承权或者废除农民所有制。"① 恩格斯在《法德农民问题》一文中，系统地论述了马克思主义的合作理论。恩格斯一再强调，决不能用暴力去剥夺小农，无论是有报偿还是无报偿都是一样。不能违反小农的意志，不要使用强力干预他们的财产关系，而是要采取示范、教育和社会提供帮助的办法，引导农民走上互助合作道路，把私人生产和私人占有变为合作社的生产和占用。既不剥夺农民，又要引导农民走上集体化道路，唯一可行的办法就是实行股份合作制，建立马克思、恩格斯在《资本论》和《共产党宣言》中所说的，自由的、平等的生产者组成的"联合体"。其产权制度是联合起来的社会的个人所有制，它既属于个人，也属于社会公有。

3. 社区型股份合作制企业是农村集体经济的有效实现形式

农村集体经济实现形式，是指集体经济组织成员筹集资金的方式、占有生产资料的方式、使用生产资料的方式、享有生产经营成果的方式。简而言之，集体经济的实现形式主要指的是集体经济组织成员之间的财产关系。所谓农村集体经济的有效实现形式，是指能够有效地调动集体经济组织成员积极性、有效地保护集体经济组织成员合法利益、有效地提高集体经济市场竞争能力、有效地提高集体经济组织成员收入水平的集体经济机制体制安排。集体经济有效实现形式的关键点有两个，一个是"有效"，一个是"形式"。"有效"是指体制、机制的有效。有效的机制、体制具有产权关系归属清晰的基本特征。"形式"是指产权关系的组合，即集体经济产权的结构以及由此派生出来组织结构与分配方法的多样性。由于各地以及各个集体经济组织生产经营内容及其内外部条件存在差异，所以集体经济有效实现形式也是不一样的，农村集体经济存在着多种有效实现形式。但是，总结我国农村合作运动五十多年来的发展历程和经验教训，农村集体经济最有效的实现形式是按照合作制的原则，将传统集体经济组织改造成为真正意义上的股份合作制企业。

按合作制的原则来改造传统集体经济组织，进而设立新型农村集体经济组织，总的目标是发展生产力，富裕农民。具体目标有四个：一是要通过改革，让农民成为投资主体，实现投资主体向多元化转变，增强集体经济发展后劲；二是要通过改革，让农民成为决策主体，实现决策过程向民主化、科学化转变；三是要通过改革，让农民成为经营主体，实现合作社事务由"一言堂"向"群言堂"转变；四是要通过改革，让农村中各种生产要素流动起来，实

---

① 《马克思恩格斯全集》（第18卷），中共中央编译局译，人民出版社1964年版，第694页。

现由封闭型的社区合作向开放型的合作经济转变。实现上述目标的途径就是还权于民，把集体经济改造成为股份合作制经济。还权于民，不仅仅是要把集体资产的使用权交还给农民，还要把所有权还给农民。还权于民不是搞私有化，因为集体资产本来就是农民的。还权于民，不是瓜分集体资产、瓦解集体经济，而是要建立起产权清晰、责权明确、政社分开、管理科学的现代合作经济制度，集体资产仍然由农民群众共同占有、共同使用。农民群众共同享有劳动成果。

长期以来，人们对于什么是低水平的集体化，什么又是高水平的集体化的认识存在误区。50 年代初期，曾经把承认农民个人生产资料所有权，实行按劳分配与按股分红相结合的合作社称之为半社会主义的初级社；把否定农民个人生产资料所有权，取消股金分红的合作社称之为完全社会主义的高级社。其实那时候人们对于什么是社会主义并没有完全弄明白。50 年代末，又曾经把"一大二公"的人民公社称之为高水平的集体化，甚至神话为通向共产主义的"金桥"，把高级社贬低为低水平的集体化。直到 20 世纪六七十年代，这种错误认识一直禁锢着人们的思想，一次又一次地搞"穷过渡"，扩大基本核算单位规模，以致出现了取消三级核算体制，改为全乡统一核算的大集体单位。改革开放以后，人们解放了思想，终于认识到贫穷不是社会主义，高度集中统一的人民公社也不是高水平的集体化。社会主义的真正含义是解放和发展生产力，实现共同富裕。邓小平同志 1980 年在《关于农村政策》一文中指出："我们总的方向是发展集体经济……只要生产发展了，农村的社会分工和商品经济发展了，低水平的集体化就会发展到高水平的集体化，集体经济不巩固的也会巩固起来。关键是要发展生产力，要在这方面为集体化的进一步发展创造条件。具体说来，要实现以下四个条件：第一机械化水平提高了……第二管理水平提高了……第三多种经营发展了，从而使农村的商品经济大大发展起来。第四，集体收入增加而且在整个收入中比重提高了。"我们理解高水平集体化的标志是生产力水平和经营管理水平的提高，是商品经济的高度发展和市场竞争能力的提高，是合作社成员聪明才智和积极性的充分发挥，是社会、经济效益的提高和农民生活水平的改善与共同富裕。高水的集体化的运行机制应当能够充分调动农民个人积极性并充分发挥集体经济优越性。高水平集体化的有效实现形式就是社区型股份合作制。

第二节　产权、产权制度与产权制度改革

新型农村集体经济组织的设立过程是集体经济产权改革的过程，是界定集体经济组织产权主体、明确集体资产产权范围、优化集体经济产权结构、加强对集体经济产权保护、促进集体经济产权合理流动的过程。

一、农村集体经济产权

所谓产权，简单来说是关于财产的权利。严格地说，产权是以财产所有权为基础的、由所有制实现形式所决定的、受国家法律保护的、反映不同利益主体对某一财产的占有、支配和收益的权利、义务和责任。作为某项能够产生收益的财产，都包括四个方面的权能：一是所有权，也就是具有排他性的财产归属权，所有权是产权的基础。二是占有权或者说支配权，也就是某项财产的实际占有权或者支配权。占有权和支配权必须是经过财产的所有者授权才属于合法占有，否则就是非法占有，不受国家法律保护。三是收益权，也就是参与通过对财产的有效利用和经营所产生的经济收益进行分配的权利。收益权一般来说应当在财产的所有者和占有者之间进行合理分配。四是处置权，也就是采取出卖、转让等方式，对财产所有权或者占有权进行处置的权利。处置财产的所有权必须经过财产所有者同意才具有合法性。处置财产的占有权在一般情况下也应当经过财产所有者同意，所以财产的处置权最终属于财产所有者。

产权包含三层含义：第一，资产的原始产权，即资产的所有权，是指受法律确认和保护的经济利益主体对财产的排他性的归属关系，包括所有者对自己的财产享有占有、使用、收益和处分的权利。第二，法人产权，即法人财产权，是指法人企业对资产所有者授予其经营的资产享有的占有、使用、收益和处分的权利，是由法人制度的建立而产生的一种权利。第三，股权与债权，即在实行法人制度后，由于企业拥有对资产的法人财产权，致使原始产权转变为股权或者债权，或称终极所有权。

产权具有六个基本特征：一是产权具有明确性，无论是所有权还是占有权都具有排他性的唯一性。二是产权具有独立性，产权主体在法律规范范围之内

独立行使其财产权利，不受任何方面的支配或者干扰。三是产权具有可转让性，无论是财产的所有权还是占有权或者支配权，在法律允许范围之内都可以按照产权主体的意愿进行转让。四是产权具有收益性，生产经营性财产，通过产权主体的使用或者经营可以产生经济收益。五是产权具有责任性，拥有产权的产权主体，在利用或者经营其所有或者占有的财产的时候，除了要承担确保财产保值增值的经济责任以外，还必须承担起社会责任和法律责任。六是产权具有法律性，产权的法律性包含两层意思：第一，产权主体的合法权益受到国家法律的保护；第二，产权主体必须严格按照法律规定正确行使权利。

产权按照产权主体划分，可以划分为以下四类：一是国家产权，即代表全民利益的国家拥有的产权，也可以称之为全民所有的产权，如国有企业产权。二是社会产权，即由全社会拥有的产权，如慈善机构捐助形成的财产所有权。三是法人产权，即具有法人资格的产权主体所拥有的产权，如股份公司所拥有的产权。四是个人产权，即自然人所拥有的产权，如个体经营者所拥有的产权。产权按照产权实现形式，可以划分为以下两类：一是共同共有产权，即由产权主体全体成员共同拥有且没有明晰每个成员产权份额的产权，如国家产权就是由全民共同共有的产权。二是按份共有产权，即由产权主体全体成员共同共有且明晰了每个成员具体产权份额的产权，如股份有限公司的产权。

农村集体经济产权，是指农村集体经济组织对其所有的资产的占有、支配和收益的权利、义务和责任。农村集体经济产权，既包括集体经济组织所拥有的土地、山场、水面、草原、滩涂等自然资源的产权，也包括集体经济组织所拥有的能以货币计量、纳入账内核算的资产的产权。农村集体经济产权包括所有权、使用权、收益权和处置权四个权能。农村集体经济组织在拥有集体资产产权的同时，也必须承担由此带来的义务和责任，包括对全体集体经济组织成员的责任，对国家、对社会所承担的义务。

二、农村集体经济产权制度

制度最一般的含义是要求大家共同遵守的办事规程或行动准则，是实现某种功能和特定目标的社会组织乃至整个社会的一系列规范体系。制度的第一含义便是指要求成员共同遵守的、按一定程序办事的规程。汉语中"制"有节制、限制的意思，"度"有尺度、标准的意思。这两个字结合起来，表明制度是节制人们行为的尺度。制度包括可辨别的正式制度和难以辨识的非正式制度。

产权制度就是制度化的产权关系或对产权的制度化，是划分、确定、界定、保护和行使产权的一系列规则。"制度化"的含义就是使既有的产权关系明确化，依靠规则使人们承认和尊重，并合理行使产权，如果违背或侵犯它，就要受到相应的制约或制裁。

现代产权制度是权、责、利高度统一的制度，其基本特征是归属清晰、权责明确、保护严格、流转顺畅。产权主体归属明确和产权收益归属明确是现代产权制度的基础；权责明确、保护严格是现代产权制度基本要求；流转顺畅、财产权利和利益对称是现代产权制度健全的重要标志。现代企业产权制度是人类社会经济长期发展的结果。从私有财产的出现到市场经济的确立这几千年的历史中，产权一直被视为仅仅是一个法律上的概念，指的是财产的实物所有权和债权，它侧重于对财产归属的静态确认和对财产实体的静态占有，基本上是一个静态化的范畴。而在市场经济高度发达的时期，这一法律意义上的产权概念已经日益深化，其含义比原来宽泛得多。它更侧重于从经济学的角度来理解和把握，侧重于对财产实体的动态经营和财产价值的动态实现。它不再是单一的所有权，而是以所有权为核心的一组权利，包括占有权、使用权、收益权、支配权等。

美国学者道格拉斯·诺斯由于建立了包括产权理论、国家理论和意识形态理论在内的"制度变迁理论"，成为1993年诺贝尔经济学奖获得者。产权理论是诺斯制度变迁理论的第一大理论支柱。诺斯认为，有效率的产权对经济增长起着十分重要的作用。他曾提到"增长比停滞或萧条更为罕见这一事实表明，'有效率'的产权在历史中并不常见"。很显然，经济能否增长往往受到有无效率的产权的影响。有效率的产权之所以对经济增长起着促进的作用，因为一方面产权的基本功能与资源配置的效率相关，另一方面有效率的产权使经济系统具有激励机制。这种机制的激励作用体现在以下三个方面：①降低或减少费用；②人们的预期收益得到保证；③从整个社会来说，个人的投资收益充分接近于社会收益（在产权行使成本为零时，充分界定的产权使得个人的投资收益等于社会收益）。所以诺斯认为产权的界定、调整、变革、保护是必要的。

农村集体经济产权制度是以农村集体经济产权为依托，对集体经济财产关系进行合理有效的组合、调节的制度安排。农村集体经济产权制度包括对产权主体的确定、对产权范围的界定、对产权结构的安排、对产权的法律保护和产权交易等方面的内容。农村集体经济产权制度具有界定和规范财产关系的作用；具有约束财产功能、激励功能、增进资源配置功能、形成稳定预期的功能等。产权关系和产权制度的明晰化，是农村集体经济组织进入市场的基本前提之一。市场的交换实质上是产权的交换，拥有产权、进行交易的经济活动当事人就是市场活动的主体。新型农村集体经济组织是社会主义市场经济的重要主体之一。

三、农村集体经济产权制度改革的必要性

狭义的农村集体经济产权制度改革，是指将集体账内存量净资产进行股份量化和重组，将传统的集体经济组织改造成为集体经济组织成员按份持股的新型农村集体经济组织。而广义的农村集体经济产权制度改革，不仅包括集体账内资产的股份合作制改革，还包括土地等资源性资产的股份合作制改革，以及集体企业的改革等内容。集体经济产权制度改革的本质，就是要通过产权制度改革，将实行共同共有产权制度的传统集体经济组织，改造成为实行按份共有产权制度的新型农村集体经济组织，成为自主经营、独立核算、自负盈亏的社会主义市场主体。

我国农村集体经济组织经过长达五十多年的努力，已经积累了巨额的集体资产。据农业部统计，截止到 2010 年底，全国村级集体经济组织账面资产总额 1.8 万亿元，比 2009 年增长 15.2%。此外，农村集体经济组织拥有大量的土地、山场、滩涂、水面、草地等自然资源。据农业部统计，截止到 2010 年底，全国农村集体所有的农用地总面积有 589678 万亩。随着农村城镇化进程的加快发展，这些自然资源也在逐步升值，一部分已经或者即将转化为账内集体资产。农村集体经济组织在我国农村的社会经济发展过程中发挥着重要作用。进一步发展壮大集体经济，是增加农民收入的重要途径，也是加快农业、农村现代化步伐和全面建设小康社会的重要物质保证。但是，由于长期以来我国农村集体经济产权不清，形成了管理不严、效益低下、资产流失等诸多体制性弊病，制约了集体经济的进一步发展。在我国农业和农村经济进入市场化的新阶段，现行农村集体经济共同共有的产权制度已经越来越不适应社会主义市场经济发展的客观要求，必须进行集体经济产权制度改革。

1. 推进农村集体经济产权制度改革，是进行社会主义新农村建设的需要

建设社会主义新农村必须不断提高农民的组织化程度。农村集体经济组织是提高农民组织化程度的有效载体。建设社会主义新农村必须深化改革，实现机制体制创新。推进农村集体经济产权制度改革，是新农村建设机制体制创新

的重要内容。通过产权制度改革，进一步发挥农村集体经济组织带领农民群众进行新农村建设的重要作用。

2. 推进农村集体经济产权制度改革，是社会主义市场经济发展的需要

社会主义市场经济，是以社会主义公有制经济为主体、多种所有制经济共同发展的市场经济。农村集体经济是我国农村公有制经济的主要组成部分。农村集体经济组织本质上是企业，是市场经济竞争主体。农村集体经济组织要在激烈的市场竞争中求得生存与发展，迫切需要制度创新，克服共同共有的产权制度造成的资产资源配置不合理、资产经营损失浪费、经营成本居高不下的弊病，使农村集体经济成为具有强大市场竞争力的市场主体。

3. 推进农村集体经济产权制度改革，是维护农民合法权益增加农民收入的需要

维护好、实现好和发展好农民的合法权益，是我们党立党为公、执政为民的具体体现。推进农村集体经济产权制度改革，让农民群众真正成为集体经济的投资主体、经营主体和受益主体，真正行使民主选举、民主决策、民主管理、民主监督的权利，从而避免或者减少集体经济经营中的失误，增强抵制各种损害集体经济利益行为的能力，使农民群众在不断增加劳动收入的同时，不断提高财产性收入，实现共同致富。

4. 推进农村集体经济产权制度改革，是维护农村社会稳定、建设和谐农村的需要

社会和谐是中国特色社会主义的本质属性，是国家富强、民族振兴、人民幸福的重要保证。农村社会的稳定与和谐，直接关系到全国社会的稳定与和谐。通过推进农村集体经济产权制度改革，明确集体经济组织成员身份，明晰集体组织成员资产份额，落实集体资产经营责任，规范集体资产经营收益分配，平衡集体经济组织内部各种利益关系，健全集体经济组织干部的激励与约束机制，对于密切农村党群、干群关系，理顺现集体经济组织成员与原集体经济组织成员、现集体经济组织成员之间、老户与新户之间的财产关系，保护妇女、儿童的合法权益，从而实现农村社会的稳定与和谐，具有重要作用。

第三节　设立新型农村集体经济组织的主体

新型农村集体经济组织的主体，也就是产权制度改革的主体。不言而喻，农村集体经济组织产权制度改革的主体是集体经济组织，而不是村级党组织或者村民委员会。目前，我国农村集体经济组织包含三级核算单位：一是乡镇集体经济组织；二是村级集体经济组织；三是在原生产队基础上组建的组集体经济组织。所以，农村集体经济产权制度改革，一般按照上述三个层次分别进行产权制度改革。

一、乡镇新型集体经济组织的设立

乡镇集体经济组织在一些经济发达地区农村集体经济中占有举足轻重的地位。目前，乡镇集体经济组织存在的问题主要有两个，一是产权不清，所有者缺位；二是负担过重，难以为继。而前者是后者产生和存在的根源。从法律上来讲，乡镇集体资产归全乡镇农民集体所有。但是由于在实际工作中，只明确了经营者，没有建立起所有者代表机构，经营者不是由所有者而是由乡镇党委和政府任命的，使得法律上的所有者对经营者失去了有效的监督和管理，滋生了诸多弊病。在实行社会主义市场经济的新时期，乡镇集体经济组织具有继续存在的必要性和广阔的发展空间。特别是在农村城镇化进程较快的经济发达地区，在小城镇建设和新型农村社区建设中，为了节约土地资源、发展规模经济，有必要发挥乡镇集体经济组织的统筹协调作用。所以，积极推进乡镇集体经济组织产权制度改革，是我国农村集体经济产权制度改革的一项重要内容。

乡镇集体经济组织产权制度改革案例

北京华汇亚辰投资有限公司的创立

北京华汇亚辰投资有限公司成立于 2003 年，其前身是原大屯乡农工商总公司。从 1990 年开始，由于建设第 11 届亚运会场馆、建设城市绿化隔离带、房地产开发以及修建四环路等城市建设征地，大屯乡下属的生产队和行政村的建制相继被撤销，越来越多的农民转为城市居民。截止到1997年底，该乡集体土地已全部被征为国有，农民全部转居，但集体资产尚未处置，成为当时全国唯一没有农民的乡。

从1999年5月至2000年5月，大屯乡依据北京市撤制村队集体资产处置政策，采取现金兑现的方式，对大屯、关庄、辛店、曹八里和北顶5个村、12436名社员的2.25亿元集体资产进行了处置。村级集体资产处置后，群众对乡级集体资产处置的呼声越来越高。为此，2001年11月，大屯乡党委、政府在区委、区政府的领导下，在区农委、区经管站等有关部门的指导下，研究制订了《大屯乡体制改革和集体资产界定处置的实施方案》，在全市率先启动了乡镇集体经济组织产权制度改革。

一、区委成立大屯乡产权制度改革领导小组

2001年12月，朝阳区政府区长办公会、区委书记办公会、区委常委会先后审议通过了大屯乡体制改革实施方案。为了全面执行《实施方案》，成立了由区委主管副书记为组长，主管副区长为常务副组长，区体改办主任、农委主任、大屯乡党委书记任副组长，区有关委、办、局负责人参加的大屯乡体制改革及资产界定处置领导小组。领导小组下设办公室，抽调48名乡干部组成政策研究宣传组、资产评估界定组、企业规划发展组和社会保障建设组具体执行《实施方案》，并陆续出台了十几项实施细则，不断充实和完善《实施方案》的内容。

二、广泛宣传营造良好的改革氛围

2002年3月，大屯乡体制改革及资产界定处置领导小组制定了《关于大屯乡体制改革及资产界定处置工作的宣传提纲》，并采取各种方式，把大屯乡体制改革及资产界定处置工作的目的、意义进行广泛深入地宣传，争取群众的理解支持，做到认识到位、教育到位，并把宣传教育和思想教育工作贯穿到乡体制改革和资产界定处置工作的各个阶段、各个环节。通过召开不同形式的动员会，深入学习有关政策规定，统一了大多数干部、群众的思想。同时，充分发挥司法部门在宣传咨询、司法解释方面的职能，由地区司法所牵头，组成了由律师、公证员、法律工作者参加的法律服务组，对资产处置过程中涉及的法律问题、各类争议采取现场咨询等方式进行解答、调解，共化解各类纠纷780人次，为产权制度改革创造了良好氛围。

三、严格依据程序扎实推进各项工作

（一）通过界定产权、清产核资、资产评估工作摸清家底

在区、乡两级经管机构和各级干部及社员代表的共同努力下，经北京中喜会计师事务所对该乡资产进行界定、评估，截止到 2001 年底，乡级集体资产为 20.13 亿元，负债 12.5 亿元，净资产为 7.65 亿元，可供处置的集体净资产为 7.42 亿元。

（二）尊重历史，统筹兼顾，确定有权参与资产处置的社员资格

成立了由原村队干部、财会人员和了解村队历史的社员组成的工作组，负责原村队社员农龄统计工作。统计结果经张榜公布后由乡资产处置办公室逐村、逐人核查认定。经认真核定，全乡共有 15428 人享有参与集体资产处置资格。

（三）履行民主程序，尊重民意，确定集体资产的分配方式

由于多数已经转居转工的社员要求以现金方式分配，大屯乡本着尊重民意的原则，在资产难以全部变现的情况下，采取分配现金和量化股份相结合的方式。对于在乡属企事业单位、机关和其他部门工作的 1972 名人员，以股份的形式将资产量化到个人；对于在乡域以外单位或部门工作、自谋职业或已死亡的 13456 人，可自主选择持有股份或兑现等额现金。

（四）严格统计，核实劳动工龄，确定集体资产的分配依据

鉴于集体增量资产是由集体经济组织成员历年劳动积累形成的，因此该乡以分配对象的劳动年限（农龄）作为集体资产的分配依据。农龄计算期间为 1958 年人民公社成立时至 1997 年 12 月 31 日在本乡工作或劳动的时间。经过详细统计和逐一核实，分配对象的农龄共计 21.61 万年，人均农龄 14 年，每个农龄折合净资产 3435.75 元，人均 48118.22 元。这次现金兑现涉及全乡原 7 个村集体经济组织、30 个生产队的 13397 人，总金额 6.3 亿元。为了确保兑现工作顺利进行，在乡党委、乡政府领导下，由大屯乡资产处置办公室具体实施操作，组成六个兑现工作小组和政策信访工作组、司法处置组、兑现保安组，周密组织实施兑现工作。对兑现中部分家庭的财产争议，由律师和公证员共同进行法律解释，妥善解决矛盾，确保资产权益人的合法权益。2003 年 4 月 2 日至 21 日进行了资产处置兑现工作。

四、顺利完成改革，建立现代企业制度

为了适应现代市场经济的发展要求，优化资产管理体制，大屯乡体制

改革及资产界定处置办公室于 2003 年 3 月制定了《朝阳区大屯乡农工商公司改制方案》。本着同股同权的原则，积极鼓励个人和社会法人投资入股，组建符合现代企业制度的股份制企业。一是解决企业出资问题。除乡属单位和部门人员已享有的 10502.69 万元净资产出资外，同时吸收 1638.31 万元现金出资，在此基础上此组建了北京华汇亚辰投资有限公司，注册资本为 12141 万元。二是解决股东人数问题。《公司法》规定有限责任公司股东数不得超过 50 名，而组建的股份制企业涉及 2252 名出资者，为了解决这一问题，该乡借鉴国有企业在改制过程中设立职工持股会的做法，经民政部门同意，登记设立了华汇集体资产管理协会和亚辰集体资产管理协会。其中，华汇集体资产管理协会注册资金 5525 万元，会员 1111 人；亚辰集体资产管理协会注册资金 6616 万元，会员 1141 人。这两个协会分别设立理事会、监事会等组织机构，由协会代表所有者行使出资人职能。三是解决下属企业的改制问题。在明晰产权的基础上，华汇亚辰投资有限公司对 50 家乡属企业分期、分批进行资产重组，实施股份（合作）制改造。对原农工商公司及其所属企业在 11 家外资企业、联营企业或股份制企业的股权进行变更，改由华汇亚辰投资有限公司持有，由此形成以资本为纽带的母公司、子公司和参股公司的公司体制架构。

改制几年来，北京华汇亚辰投资有限公司资产规模已经由改制之初的 20.1 亿元增加到 2008 年底的 40.3 亿元，股东分红逐年递增，真正实现了资产保值增值，员工股民增收。

二、村级新型集体经济组织的设立

以土地为纽带形成的村级集体经济组织是我国农村集体经济的主要组成部分。实行村级集体经济组织产权制度改革，是我国农村集体经济产权制度改革的主要内容。村级集体经济产权制度改革的主体是村级集体经济组织，而不是村民委员会。对于这个问题，在一些地方存在较大争议。有的同志坚持认为，村民委员会是村级集体资产的管理主体，所以集体经济产权制度改革也应当以村民委员会为主体。

关于农村集体资产管理主体的问题，始终是农村集体资产管理的一个根本问题和核心问题。不弄清这个问题，农村集体资产管理的其他问题就无从谈起。村集体经济组织作为集体资产的管理主体，是有明确的法律依据的。

《中华人民共和国宪法》第八条规定："农村中的生产、供销、信用、消费等各种形式的合作经济，是社会主义劳动群众集体所有制经济……。"第十七条规定："集体经济组织在遵守有关法律的前提下，有独立进行经济活动的自主权。"《中华人民共和国民法通则》第七十四条规定："集体所有的土地依照法律属于村农民集体所有，由村农业生产合作社等农业集体经济组织或者村民委员会经营、管理。"《中华人民共和国农业法》第十一条第一款规定："集体所有的土地依照法律属于村农民集体所有，由村农业集体经济组织或者村民委员会经营、管理。"《中华人民共和国土地管理法》第十条规定："农民集体所有的土地依法属于农民集体所有的，由村集体经济组织或者村民委员会经营、管理；已经分别属于村内两个以上农村集体经济组织的农民集体所有的，由村内各该农村集体经济组织或者村民小组经营、管理；已经属于乡（镇）农民集体所有的，由乡（镇）农村集体经济组织经营、管理。"《中华人民共和国村民委员会组织法》第五条规定："村民委员会应当支持和组织村民依法发展各种形式的合作经济和其他经济，承担本村生产的服务和协调工作，促进农村生产建设和社会主义市场经济的发展。村民委员会应当尊重集体经济组织依法独立进行经济活动的自主权，维护以家庭承包经营为基础，统分结合的双层经营体制，保障集体经济组织和村民、承包经营户、联户或者合伙的合法的财产权和其他合法的权利和利益。村民委员会依照法律规定，管理本村属于村农民集体所有的土地和其他财产，教育村民合法利用自然资源，保护和改善生态环境。"《中共中央关于农业和农村工作若干重大问题的决定》（1998年1月14日，中国共产党第十五届中央委员会第三次全体会议通过）指出："农村集体经济组织要管理好集体资产，协调好利益关系，组织好生产服务，壮大经济实力……"1995年，国务院印发的《关于加强农村集体资产管理工作的通知》中规定："集体经济组织是集体资产管理的主体。"

依据上述法律、法规、政策，可以看出：第一，农村集体经济组织具有法定地位并受法律保护。第二，乡村集体经济组织是乡村集体资产管理的法定主体。第三，农村集体经济组织拥有依法独立进行经济活动的自主权。那么对《村民委员会组织法》第五条关于"村民委员会依照法律规定，管理本村属于村民集体所有的土地和其他财产"的问题如何理解呢？我们是这样认为的：该法第五条规定是分三款表述的。其中的第一款表明，在发展经济上，村委会起"支持"和"组织"的作用。第二款表明，村"集体经济组织"有"依法独立进行经济活动的自主权"，村民委员会应当尊重这种自主权，对经营体制和集体财产及权利、利益起"维护"和"保障"作用。第三款表明，村民委员会必须依照法律规定"管理本村属于村农民集体所有的土地和其他财产"。这是所说的"依照法律规定",不能简单地理解为"依法"。"依照法律规定"就是要依照有关法律的规定,是指依照《中华人民共和国宪法》、《中华人民共和国民法通则》、《中华人民共和国农业法》、《中华人民共和国土地管理法》等法律的具体规定来行使其管理权。那么,既然农村集体经济组织拥有法定的集体土地和其他集体财产的管理权,为什么多数法律又规定由农村集体经济组织或者村民委员会管理呢?我们理解法律采用了"或者"的表述方式,表明实施农村集体资产管理权的组织,第一选择是农村集体经济组织,第二选择是村民委员会。之所以把村民委员会也作为一种选择写在其后。我们认为主要是因为:第一,全国不少地区仍然存在农村集体经济组织;第二,有些地方的农村没有集体经济组织或集体经济组织不健全;第三,有些地方村集体经济组织与村民委员会是一套机构、两块牌子;第四,集体经济组织是我国农村所有制结构中作为公有制的一种实现形式。

对这个问题,全国人大法制委员会、国务院法制办和民政部进行了权威性的解释。上述单位共同编印的《村民委员会组织法读本》,就专门对"村民委员会依照法律规定管理本村土地和其他财产"进行了条文释义。具体的解释是这样的:《土地管理法》第十条规定:"农民集体所有的土地依法属于村农民集体所有的,由村集体经济组织或者村民委员会经营、管理;已经分别属于村内两个以上农村集体所有的,由村内各该农村集体经济组织或者村民小组经营、管理;已经属于乡(镇)农民集体所有的,由乡(镇)农民集体经济组织经营、管理。"根据这一规定,属于全村农民集体所有的土地,建立有全村村民都参加的区域性村集体经济组织的,由村集体经济组织作为发包方,将土地承包给村民经营;没有村集体经济组织的,由村民委员会作为发包方,将土地承包给村民经营。属于村民小组集体所有的土地,由村民小组作为发包方,将土地承包给村民经营。本村其他财产,包括动产和不动产,是否由村民委员会管理也按以上原则分别情况决定。

全国人大法制委员会、国务院法制办和民政部共同编印的《村民委员会组织法读本》在关于《村民委员会组织法贯彻实施中的若干问题》中对村委会的经济管理职能特别作了说明。在立法讨论中,对此有三种不同意见:一种意见认为,村集体资产应归村委会管理;第二种意见认为,村集体资产应归村合作社管理;第三种意见认为,我国沿海和内地,南方和北方,村集体经济的发展和组织形式有很大差异。即使在经济发达地区,也有很大不同。有的设有村一级的集体经济组织,有的则由村委会承担集体经济组织的职能。应当根据不同情况作出相应规定。在没有设立村一级集体经济组织的地方，由村委会管理村集体经济或者代行村集体经济组织的职能。为了促进农村经济的发展，村民委员会组织法从实际情况出发，照顾各地的不同情况，积极稳妥地处理了这个问题，规定："村民委员会依照法律规定，管理本村属于村农民集体所有的土地和其他财产。"这里的依法就是指依照《民法通则》、《土地管理法》的规定，即"农民集体所有的土地依法属于村农民集体所有的，由村集体经济组织或者村民委员会经营、管理"，也就是说村民将其集体所有的土地交由村民委员会经营管理的，村委会依法行使所有权，进行经营和管理。

农村集体经济产权制度改革是一项经济体制改革，改革的主体必然是经济组织。村民委员会作为村民自治组织不是经济组织，不能担当农村集体经济产权制度改革的主体。所以，凡是已经建立村集体经济组织管理机构的地方，应当由集体经济组织担当改革主体。凡是没有建立集体经济组织管理机构的地方，在进行产权制度改革的时候，首先要把集体经济组织管理机构建立健全起来。

三、在原生产队范围内新型集体经济组织的设立

我国一些集体经济发达地区，在人民公社解体以后，将原来的生产队改组成为经济合作社，将原来的生产大队改组成为经济联合社。在产权制度改革中，经济合作社改组成为股份经济合作社，经济联合社改组成为股份经济联合社。而在我国其他地区，在实行家庭承包经营以后，普遍将生产队解体，其资产由村级集体经济组织实行统一管理与经营，集体经济组织的各项收益在全村集体经济组织成员范围之内统一分配。在这些地区，一般不再以原生产队为基础进行产权制度改革。但是，如果原生产队没有解体又有一定经济实力，经过集体经济组织成员民主决策并报上级政府批准，也可以以原生产队为单位进行产权制度改革。

以生产队为基础组建新型集体经济组织案例

一个以生产队为基础组建的股份经济合作社
——马连洼村经济合作社第一分社

马连洼村经济合作社第一分社（又称为兴劲马股份经济合作社）是由

原西北旺镇马连洼村第三生产队改建成立的。原马连洼村由三个生产队组成，2001年3月因土地征占，马连洼村第三生产队撤销生产队建制，农民全部转非，并按照市政府有关政策规定上了城镇社保。农转非劳动力自谋职业，领取了一次性劳动安置费。经村领导班子研究，决定将属于该生产队的集体资产全部界定给生产队集体经济组织成员，并以生产队为单位进行产权制度改革。

一、建立健全经济合作社组织机构

马连洼村第三生产队于2003年4月开始筹备组建村经济合作社第一分社。依据市委农村工作委员会、市政府农林办公室《关于村经济合作社社员代表大会的若干规定（试行）》精神，选举产生了社员代表，并由社员代表大会选举村经济合作社第一分社社长和管委会、监委会成员，成立马连洼村经济合作社第一分社（以下简称"第一分社"）。

二、建立改革领导小组和相关工作组

第一分社先后成立了以分社社长任组长的集体资产处置领导小组、清产核资工作组、劳动工龄工作组、第一分社改建筹备小组，为顺利推进改革打下了良好的基础。

三、界定村级集体资产产权，确定各生产队应享有的资产

按照《北京市农村集体资产管理条例》有关规定，对村级集体资产产权进行了界定，将属于撤制生产队的部分划拨给该生产队，不撤制生产队的部分仍然由村级集中管理。村级资产界定的原则：第一，村级共有资产按照改革基准日全村农业人口占有份额界定到生产队；第二，谁投资谁所有；第三，经营性增值部分以改革基准日为准，基准日前归村集体经济组织所有，基准日后归产权单位所有，并承担相应的经营性费用和税金；第四，征地补偿款按土地所有权归属进行界定。在村集体资产处置及经济体制改革领导小组的领导下，按照上述原则，将村级集体资产产权进行了清晰的界定，各生产队分别进行了确认，并将属于第三生产队的资产全部划拨给第三生产队，为后期工作做好了准备。

四、平衡各个群体的利益关系

在原马连洼村第三生产队征地农转非过程中，由于对不同层次的人群实行不同的政策，造成了不同层次人群经济利益上的不平衡。为了确保清产核资、集体资产处置工作能够顺利进行，经第一分社社员代表大会讨论决定，对享受经济利益较少的人群进行适当经济补偿。具体办法是：第一，对基准日征地超转人员、基准日未成年人一次性补偿 2 万元。第二，对基准日在校学生一次性补偿奖励 1.5 万元。第三，自 1978 年 1 月 1 日至 2001 年 3 月 5 日前考学转居人员一次性奖励 2 万元。

通过对不同层次群众进行适当经济补偿，缩小了第一分社不同层次人群经济利益上的差距，化解了矛盾，为集体资产处置工作铺平了道路。

产权制度改革以后，第一分社通过与社会资本合作开发增加了商服建筑面积 9772.81 平方米。一是与北京海开房地产集团公司达成协议，得到了 4772.81 平方米商服楼的所有权。二是与北京中发世纪物业管理有限公司合作建成中发百旺商城，第一分社拥有该商城 5000 平方米的所有权。通过产权制度改革，在城市化进程中，真正做到了撤村不撤社，资产变股权，社员变股东，转居农民群众在新型农村集体经济组织的带领下，带着资产进入城市，成为农村城市化的主体。

第四节　设立新型农村集体经济组织的指导思想、原则、条件与程序

一、设立新型农村集体经济组织的指导思想

推进农村集体经济产权制度改革总的指导思想是：以邓小平理论和"三个代表"重要思想为指导，认真贯彻党的十七大精神，全面落实科学发展观，坚持"资产变股权、农民当股东"的改革方向，按照先试点后示范再推广的工作思路，大力推进集体经济产权制度改革，实现集体经济组织产权制度由共同共有向按份共有转变，逐步建立健全产权清晰、权责明确、政企分开、管理民主的新型农村集体经济组织运行机制，扎实推进社会主义新农村建设。

二、设立新型农村集体经济组织的原则

推进农村集体经济产权制度改革，关系到农村集体经济组织成员之间利益的重大调整，涉及农村集体经济经营管理方式的转变，是一项涉及面广、情况

复杂、政策性强、工作量大的系统工程，在改革中，应注意遵循以下原则。

1. 坚持解放和发展社会生产力，壮大集体经济实力的原则

生产关系一定要适应和促进生产力的发展，是人类社会最基本的经济规律。生产关系如果落后于生产力发展的需要，就会严重阻碍生产力的发展。同样，如果生产关系超越了生产力发展水平，也会对生产力起到严重的破坏作用。我国农村生产关系 60 多年来演变的过程已经充分证明了这一条基本经济规律的正确性。推进集体经济产权制度改革是对农村生产关系的重大调整，其目的是为了革除与农村生产力不相适应的体制弊病，进一步发展农村生产力，进一步发展壮大农村集体经济，实现农民群众共同富裕的目标。改革不是全盘否定集体经济，更不是解散集体经济。现有的农村集体资产是农民群众实现共同富裕的物质基础，必须加倍予以保护和珍惜。所以在改革过程中，要十分注意保护已经形成的先进生产力，确保集体资产不流失，不能把产权制度改革变成瓜分集体资产。

2. 坚持保护集体经济组织及其成员合法财产权，维护农村社会稳定的原则

农村集体经济组织及其成员的合法权益，特别是合法财产权益，受国家法律的保护，任何个人、任何单位都不得无偿平调、私分、侵占。全体集体经济组织成员都是集体资产的利益主体，依法享有集体资产所有权和收益权、处置权。改革开放以后，由于征地转居、招工、升学、外嫁、外迁等多种因素，一部分集体经济组织成员脱离了其原籍集体经济组织。但是，按照有关法律、法规，这部分人仍然享有一部分集体资产所有权。所以，集体资产不仅属于现有集体经济组织成员所有，也属于原集体经济组织成员所有。在改革过程中要充分听取各个方面、各个群体的意见，充分照顾到大多数集体经济组织成员的利益，既要照顾到现有集体经济组织成员的利益，也要照顾到原集体经济组织成员的利益。如果在改革中正确地界定了资产所有权，充分保护了全体资产所有者的利益，改革就能够顺利进行，就不会引发群众上访，就能维护社会的稳定和谐。反之，如果只注意保护一部分资产所有者的权益，而忽视其他资产所有者的权益，就必然引发群众上访，造成社会的不稳定。

3. 坚持尊重集体经济组织成员的民主权利和公开、公平、公正的原则

民主管理是合作经济的基本原则之一。在农村集体经济产权制度改革过程中，必须充分发扬民主，按照民主集中制的原则，对产权制度改革的各项重大问题进行民主决策。民主管理与民主决策的基本前提是信息的公开化，要让所有集体经济组织成员都充分了解产权制度改革的政策，了解本集体经济组织的资产状况，对改革全过程进行监督。民主管理与民主决策的基本要求是对全体集体经济组织成员一视同仁，按照大家公认的统一标准，平等地界定每一个集体经济组织成员应享有的权益，而不能厚此薄彼。民主管理与民主决策的检验标准是改革的各项政策是否符合国家的法律、法规和党的政策，是否符合社会正义和社会公理与社会公德。所以，农村集体经济产权制度改革的每一项政策都要在遵守法律、法规和政策规定的前提下，经过集体经济组织成员集体讨论决定，不能由少数人决定，更不得搞暗箱操作。

4. 坚持实事求是、因地制宜、一村一策的原则

坚持实事求是是我们党的基本思想路线。坚持实事求是必然要求因地制宜，不能搞"一刀切"，不能照抄照搬外地、外村的经验。从长期以来农村集体经济产权制度改革的实践中，总结出来的一条重要经验就是一村一策。一村一策，并不意味着各个村想咋改就咋改，如果那样做就是搞无政府主义，就是搞自由主义。一村一策的前提是要严格遵守国家的法律、法规和各地党委和政府针对产权制度改革制定的政策。这些法律、法规和政策，一般来说适用于各村改革过程中遇到的共性问题，各个产权制度改革单位都应当严格遵守。但是，由于各个村庄的具体情况各不相同，肯定会出现一些国家法律、法规和政策不能解决的特殊性问题。对这些在改革过程中遇到的特殊问题，则需要各村按照"合法、合规、合理、合情"的原则，经过集体经济组织成员集体讨论决定。各个村庄集体经济发展水平不同、遇到的具体问题也不相同，譬如，张村的经验、做法搬到李村就不一定适用，同样，李村的经验、做法照搬到张村也不见得适用。所以，产权制度改革一定要从各村实际情况出发制定相应政策，村与村之间不可攀比。

5. 坚持政社分开的原则

政社不分、政企不分是传统集体经济的一个重大缺陷。设立新型农村集体经济组织以后，集体经济组织不应行使政府职能，政府也不得干预集体经济组织经营管理等内部事务。乡镇集体经济组织不因乡镇政府行政辖区的变化而合并与分立。乡镇集体经济组织财务与政府财政必须实行分离。乡镇集体资产与政府拥有的国有资产要界定清楚。属于乡镇集体经济组织的费用开支与政府应

负担的费用开支要界定清楚。乡镇集体经济组织干部与政府工作人员要进行分离。乡镇集体经济组织干部由股东大会或者股东代表大会民主选举或聘任，不再由乡镇党委、政府任命。村级组织干部一般实行交叉任职，但是也要把村级集体经济组织生产经营性财务收支与村民委员会公益性开支严格区分开来。

6. 坚持党的领导的原则

我国农村的合作经济组织，从其诞生的第一天开始，就是在党组织的领导下进行运营的。没有共产党就没有新中国。同样，没有党的领导，农民群众就不可能有效地组织起来。所以，在农村集体经济产权制度改革中，必须自觉地接受党的领导，按照党制定的各项方针、政策进行改革。各级党组织要勇于承担责任，切实加强党对农村集体经济产权制度改革工作的领导。

三、设立新型农村集体组织的条件

进行农村集体经济产权制度改革，首先要对本组织是否具备进行产权制度改革的条件进行认真分析研究。判断某一个农村集体经济组织是否具备进行产权制度改革的条件，主要应当从以下几个方面进行分析。

1. 必备条件

从维护集体经济组织成员合法权益的角度上来说，所有的农村集体经济组织都应当进行产权制度改革，都应当做到产权明晰、权责明确、管理民主、政企分开、管理科学。但是，如果进行产权制度改革以后，不能达到集体资产经营增效、集体经济组织成员增收的实际效果，改革也就失去了意义。所以，进行产权制度改革的农村集体经济组织必须具备的条件是：集体账内有一定数量的可经营性资产（固定资产、现金等）和市场经营项目，或者有一定数量的可开发经营的资源（土地、山场、滩涂、水面、草地等）和市场经营项目。具体来说，具备以下条件之一的集体经济组织都可以启动集体经济产权制度改革进程。

（1）集体账内存量生产经营性资产较多且具有市场前景良好的经营项目。存量生产性经营资产是能够经过市场经营带来经济收益的资产，是新型农村集体经济组织赖以生存发展的主要物质基础。而市场前景良好的经营项目是新型农村集体经济组织取得收益的依托。有资产而没有市场经营项目，集体资产不能够通过经营取得收益，不能保本增值，这样的集体资产也就失去了作用。

（2）在可以预见到的未来一定时期内集体经济组织即将取得大笔集体资

产收益。这样的村主要分布在城乡结合部地区、经济开发园区以及国家建设规划区内。这些村目前集体账内可能没有多少集体资产，有的村甚至可能是资不抵债。但是，按照城市建设规划，在可以预见到的未来一定时期内，这些村的集体土地即将被国家征收或者征用，集体经济组织即将获得一定数量土地征收、征占补偿收入。集体经济组织依法取得土地补偿收益以后，在寻求良好的市场经营项目的基础上，集体经济组织就可以持续经营。

（3）虽然集体账内资产较少甚至没有账内集体资产，但是拥有可以开发经营的自然资源。集体经济组织可以采取吸收本集体经济组织成员投资入股或者吸引社会资本投资的方式，共同对集体自然资源进行开发利用，从而获得集体经营收益。

（4）在城市化进程中采取留地安置或者实物安置的地方。目前，一些大城市的郊区，在国家征收或者征用农民集体土地的时候，采取留地安置或者实物安置的办法。一些地方规定，在整体征收农民集体土地的地方，要从征收土地中留出一定数量的建设用地给农村集体经济组织经营开发，一些地方则采取了给被征地集体经济组织建设商业地产进行实物安置的办法。

（5）具备异地安置或者开发条件的地方。一些城乡结合部村庄和城中村，在本村集体土地被国家全部征收以后，采取异地安置或者异地开发的办法，寻求到集体经济新的立足点，实现了集体经济组织的继续经营。

2. 或有条件

所谓或有条件，是指已经具备或者在短时间内经过努力可以达到的条件。或有条件包括以下几个方面。

（1）有一个受到农民群众信赖和拥护，能够带领农民群众依靠集体共同劳动致富的领导班子。俗话说："村看村，户看户，农民群众看干部。"农村基层党组织和村级领导班子是农村建设、改革、发展的中坚力量和领导核心。有一个好的领导班子是推进农村集体经济产权制度改革的基本条件之一。从农村经营管理的角度来看，所谓好的领导班子，一是廉洁奉公、全心全意为农民群众谋利益，而不谋求个人私利；二是密切联系群众，关心农民群众的疾苦，倾听农民群众的意见；三是具有带领农民群众共同致富的能力，具有市场经济的头脑和企业经营管理本领；四是坚持与时俱进，不断开拓进取，具有不断深化改革的意识和胆略。具备上述条件的领导班子必然是能够带领农民群众推进集体经济产权制度改革的好班子，有了这样的好班子改革就一定能够顺利进行。如果领导班子得不到群众信赖和拥护，或者战斗堡垒作用差、经营管理能力弱，可以在上级党委、政府的领导下，依照有关合法程序，对领导班子进行改选与改组。有的村领导班子可能各方面都表现得很优秀，但是干部思想上不愿意推进集体经济产权制度改革，我们认为这样的领导班子也不是合格的班子。对这样的领导班子首先是进行耐心的思想教育，帮助其提高认识跟上时代前进的步伐。如果其坚持己见，长期拒绝改革，那么不换思想就换人，要采取组织手段对这样的班子进行改组。

（2）群众自愿。所谓群众自愿，是指集体经济组织成员有对本集体经济组织产权制度进行改革的要求。群众是否自愿，主要是依靠广泛深入的宣传动员，让农民群众了解改革的目的与意义。农村集体资产的主人是广大集体经济组织成员。农村集体经济产权制度改革符合广大农民群众的根本利益，必然会得到广大农民群众的衷心拥护与支持。但是，如果在推进产权制度改革的时候，不把改革的目的、意义与好处给广大农民群众讲清楚，也可能会在一部分群众中引发抵触情绪。一些既得利益群体也可能会反对进行产权制度改革。譬如，有的村实行了老年人退休制度，这些老人就可能会考虑改革以后集体还给不给发退休费。有的村实行了农民就业补助制度，一些没有固定工作岗位的农民就会考虑改革以后还给不给就业补助。还有一部分人由于历史上形成的原因，多占用了集体的生产资料，产权制度改革以后必然不会允许这种不合理现象继续存在下去，这部分人也会对改革产生抵触情绪。个别对现领导班子不满的人也可能会乘机煽动部分群众要求瓜分集体资产，反对集体经济产权制度改革。凡此种种思想动态，都要引起各级干部的充分注意。在制定改革政策的时候，应充分考虑大多数群众的利益，通过改革使大多数群众的利益有所提高而不是降低。对于少数群众不符合法律、法规和政策的诉求，一是要耐心倾听，二是要耐心解释，三是要正确引导。

（3）有固定的经营场所。集体经济组织不能在真空中生存，也不能是皮包公司，必须有固定的经营场所。上无片瓦、下无立锥之地的集体经济组织不可能长期持续经营。这个问题在城乡结合地区和经济开发园区表现得比较突出。一些村庄的集体土地被国家"一网打尽"，集体经济组织只剩下土地征收补偿费。这些村庄如果不千方百计寻找立足之地，也就失去了产权制度改革的条件。解决这个问题的办法有五个：一是积极争取落实国家留地安置或者实物安置政策；二是采取用现金回购的办法，以集体经济组织的名义争取国有土地使用权；三是用现金购买已经建成的城市商业地产；四是采取异地安置的办法，到外村、外乡、外县购置集体或者国有土地使用权；五是采取股份制或者股份合作制的办法，与其他拥有土地使用权的企业联合经营。总之，解决新型农村集体经济组织固定经营场所的问题，一是要争取政府政策支持，二是要自己积极争取，拓展发展思路。

推进农村集体经济产权制度改革，主要在城市化和工业化进程较快、集体经济实力较强、集体资产数量较大、农民群众有强烈要求的农村进行。其他具备条件的农村，可以根据自身条件，采取多种途径，实现集体经济机制体制的变革；也可以按照股份合作制或者股份制的原则，发动农民群众自愿投资入股兴办新型农村集体经济组织。

集体土地被国家征收以后，积极创造条件组建新型农村集体经济组织的案例

新型农村集体经济组织成为农民进入城市的载体

北店嘉园的前身是昌平区回龙观镇北店村。全村原有 4000 亩耕地、2000 亩村庄建设用地。2004 年，由于国家建设经济适用房，全村集体土地仅以每亩 10 万元土地补偿费的标准被国家征用，村集体经济组织获得了 4 亿元的土地补偿收入。农民整体转为城市居民，参加了城镇居民社会保障，行政村被撤销，成立了社区居民委员会。

农民整体转居以后，为了给村集体经济组织留下继续经营的空间，在上级政府的协调下，该村集体经济组织以每亩 40 万元的价格，从开发商手中回购了 33 亩的建设用地。村集体经济组织投资 2 亿元为全村转居农民建起 2154 套、33 栋住宅楼。剩余 2 亿元土地补偿费，少数转居人员要求解散集体经济组织，把这些土地补偿款分掉。针对转居人员的这种思想动向，社区党支部组织集体经济组织成员开展了在城市化以后，要不要保留集体经济组织、如何处理眼前利益与长远利益关系的大讨论。通过讨论，广大群众一致认识到，农民转居以后决不能成为一盘散沙式的"散兵游勇"，必须组织起来在集体经济组织的带领下带着资产进入城市。在统一思想的基础上，社区集体经济组织贷款 2 亿元，加上原有的 2 亿元土地补偿费，共投资 4 亿元建设建筑面积 9.12 万平方米的商业楼。2005 年 11 月，该商业楼开始建设。2006 年，命名为时代广场的商业楼竣工，成为回龙观地区规模最大的综合商业设施。目前，已经有万意百货、物美大卖场、苏宁电器、纸老虎文化有限公司等十余家商业公司入住。

时代广场建成以后，集体经济组织资产如何经营管理，集体经济收入如何分配的问题摆在了该村领导班子面前。在上级党委、政府和区经管部门的帮助下，社区党支部一班人认识到只有推进产权制度改革，集体经济组织才能充满活力和凝聚力。在提高认识统一思想的基础上，经过认真细致的工作，该村于2007年顺利完成农村集体经济产权制度改革工作，成立了北店嘉园股份经济合作社。产权制度改革以后的新型农村集体经济组织有个人股东2474名，核定总股本为2.77亿元。其中，集体股占30%，个人股占70%。个人股中，劳动工龄股37006个，户籍股1434个，独生子女父母奖励股316.5个。依照程序，由全体股东民主选举了股份经济合作社董事会人员7名，监事会人员5名。社区党支部、居委会、董事会、监事会四套班子成员共计12人，全部交叉任职。2007年8月8日将股权证发放到股东手中。

集体经济产权制度改革，给社区带来了生机、带来了活力、带来了经济和社会的和谐发展，收到了非常好的实际效果。

一是通过产权制度改革，理顺了经济发展各项关系。在招商谈判过程中，董事会在涉及集体利益上据理力争，不让步、不妥协，实现了股东利益的最大化。以往的集体资产产权不清、权责不明等问题迎刃而解。现在，时代广场已到95%的出租率，全部出租后，年收入将达3000万元，北店嘉园的经济工作驶上了快速路，社区经济实现了可持续发展。

二是调动了转居人员就业积极性。以往的高福利，实际上是造就"寄生虫"的温床。产权制度改革，取消了不合理的福利待遇，社区管理成本大大降低。产权制度改革根治了部分集体经济组织成员的惰性，调动了大家劳动就业的积极性。北店嘉园依托时代广场，对有就业愿望的股东全部安排工作岗位，就业人数达到260人，就业率100%。以前一些人成天游手好闲、无所事事、靠在村里吃闲饭混日子的现象没有了，取而代之的是积极就业、勤学本领、劳动致富的新景象。

三是增加了转居人员财产性收入。2007年底，北店嘉园股份合作社向股东分红580万元，2008年向股东分红670万元。改革前，村内私人汽车只有70辆，改革后快速增长到450辆。改革前，集体为村民发放各项福利为200万元，改革后则增长到了750万元。2008年，股东人均分红达4000元，最高的达到8000元。

四是实现家庭和睦，邻里团结，社区和谐建设不断推进。通过改革，老人都实现了老有所养，子女们争相孝敬老人，赡养问题彻底解决了。老人们生活有了保证，也带来了家庭的和睦。独生子女父母从中得到了更多收益，有力地促进了计划生育工作的开展。残疾人也过上了稳定的生活。社区组织了乐队、秧歌队、乒乓球队和书法协会等各种娱乐队伍，股东精神面貌焕然一新。北店嘉园先后被市区政府评为"北京市卫生村"、"科技创安示范社区"、"首都绿色社区"，2008 年被评为"国家级社区体育健身俱乐部"，社区和谐建设迈上了一个新台阶。

五是社区党支部、居委会的威信得到了进一步增强，社区实现了由"大乱"向"大治"质的转变。产权制度改革前，北店是出名的上访村。社区内矛盾重重，有十余位居民频频上访，甚至到国家重点单位上访。改革后，党支部、居委会的威信不断提高，居民向心力显著增强。在 2008 年群众对党支部和居委会的民主评议中，居民对社区两委班子满意度达到了 99%。

四、设立新型农村集体经济组织的操作程序

进行农村集体经济产权制度改革，一般应当按照下列程序进行。

①由村级党组织、村民委员会、村集体经济组织召开联席会议，对本村是否具备推进产权制度的条件进行分析。条件具备的，由村集体经济组织向乡镇政府提出进行产权制度改革的书面申请。

②乡镇政府在接到村集体经济组织提出的改制申请以后，对具备改制条件的村发出同意进行产权制度改革的书面批复。

③村集体经济组织在接到乡镇政府同意进行改制的书面批复以后，召开集体经济组织成员代表大会，作出改制书面决议。

④根据集体经济组织成员代表大会的决议，成立由村党组织、村民委员会和村集体经济组织主要负责人参加的产权制度改革领导小组，设立村产权制度改革办公室负责日常工作。

⑤由村产权制度领导小组办公室起草本村产权制度改革方案，经村级组织联席会议讨论以后，将改制方案上报乡镇政府审查。

⑥乡镇政府在接到村级产权制度改革方案以后，进行认真审查提出修改意见，并向村集体经济组织发出审查建议书。

⑦村级组织按照乡镇政府的审查意见进一步完善改制方案以后，召开村集体经济组织成员代表大会，对改制方案进行民主审议和决策。

⑧开展集体资产清产和资产评估工作。

⑨开展集体经济组织人口登记和劳动力工龄登记工作。

⑩开展资产处置工作。

⑪开展股份量化工作。

⑫向股东发放股权证书，设置股权登记簿。

⑬制订新型农村集体经济组织章程草案，并报乡镇政府进行审查。

⑭民主选举股东代表。

⑮民主推荐新型农村集体经济组织领导干部候选人，并报乡镇党委、政府进行审查。

⑯召开全体股东或者股东代表参加的新型农村集体经济组织创立大会，讨论通过本组织《章程》，选举产生董事会、监事会成员。

⑰按照《章程》规定，召开相关会议，推选董事长、监事长，任命总经理等高级管理干部，并就本组织重大事项作出决议。

⑱进行新型农村集体经济组织登记工作。

⑲举行新型农村集体经济组织揭牌仪式，宣布新型农村集体经济组织正式运营。

⑳收集整理产权制度改革全过程形成的档案资料，并按照相关法规进行归档长期保存。

上述设立程序可以分为三个阶段，一是准备工作阶段；二是实施工作阶段；三是后续工作阶段。

特别需要强调的是，坚持党的领导是推进农村集体经济产权制度改革的一条重要经验。凡是改革进行的好的地方，在进行产权制度改革之前，村党支部和集体经济组织要向上级党委、政府提交改制申请，经过乡镇或者区县党委、政府批准后，方可启动改革程序。改制方案经过农民群众反复讨论以后，在提交集体经济组织成员代表大会表决之前，要上报乡镇或者区县改制领导小组审查批准。集体资产清产和资产评估结果，在提交成员代表大会确认之前，要上报区县经管站审核。劳动工龄清理登记结果、净资产股份量化方案也要报乡镇或者区县改制领导小组审核批准。新型农村集体经济组织董事会和监事会的候选人更要上报乡镇或者区县党委、政府审查。

有的同志认为，集体资产属于农民群众集体所有，农民群众爱咋改就咋改，上级党委、政府没有权力干涉，否则就是违背了《行政许可法》。有的村在改革过程中，以村民自治为由，没有认真履行上述审查批准程序，导致出现了一些明显违背党和国家法律、政策的问题，造成了群众上访，影响了改革的顺利进行。推进集体经济产权制度改革，涉及权利重组和利益的重新分配，涉及农民群众千家万户的切身利益，法律性和政策性都十分强。鉴于基层干部和农民群众的法律意识和政策水平有限，难免会制定出一些违背法律、法规和政策的"土政策"。这就特别需要区县和乡镇党委、政府切实加强领导，责成专门的班子进行具体指导。对产权制度改革中的重大问题和重要环节进行把关审查。

《行政许可法》是对获取社会资源利用权利的审批，取得社会资源使用权能够给申请人带来特定的经济利益。减少行政审批的初衷是为了防止政府部门及其工作人员，在审批过程中滥用职权进行寻租。而对集体经济产权制度改革的某些环节进行审查和批准，则是为了切实保护农民群众的根本利益，确保改制工作的顺利进行和健康发展，根本不存在寻租的可能性。所以，在改制过程中设置必要的审查、批准环节是十分必要的，与执行《行政许可法》无关。

第二章 设立新型农村集体经济组织的准备工作阶段

> 设立新型农村集体经济组织的准备工作阶段，是做好产权制度改革工作的一项基础性工作。毛主席说，不打无准备之仗。不打无准备之仗，其实是稳中求胜。在战争年代，人民军队从来不打无准备之仗，在战场上不输于敌，在舆论上不亏于敌，人心上占据高地，组织上保证不乱，所以才能够临难不惧，建立了人民共和国。革命战争是如此，搞其他一切工作都是如此，只有做好充分准备才能确保胜利。设立新型农村集体经济组织必须做好充分的准备工作。准备工作包括思想准备、组织准备、方案准备和后勤准备四个方面的内容。

第一节 思想准备

一、思想准备的主要工作和工作目标

思想准备的主要工作包括三个方面的内容：一是对领导干部进行理论武装；二是进行可行性分析；三是对广大农民群众进行宣传发动。思想准备的工作目标是：提高领导干部和群众的认识，统一思想，克服思想障碍，确定是否启动新型农村集体经济组织的设立工作。

以乡镇为单位进行产权制度改革的，要分别召开乡镇党委会议、乡镇党政企（集体经济组织）领导班子联席会议和乡镇集体经济组织团体成员代表大会；以村为单位进行改革的，要分别召开村党组织（党委、党总支、党支部）会议、村党员大会、村级组织（党组织、村委会、合作社）领导班子联席会

议以及集体经济组织成员代表大会。在这些会议上要认真学习各级党委、政府关于积极推进农村集体经济产权制度改革的一系列文件，认真分析本集体经济组织进行产权制度改革的条件和必要性，克服各种思想障碍，充分认识推进集体经济产权制度改革的重大意义，做到统一认识，坚定改革信心。

二、努力克服阻碍改革的思想障碍

在农村基层干部和农民群众中，存在一些影响集体经济产权制度改革的思想障碍，需要在思想准备阶段加以克服。

1. 克服集体经济组织无用论

推进农村集体经济产权制度改革的思想障碍之一，是有的同志认为在市场经济条件下，特别是在农村城镇化进程中，集体经济没有继续存在的必要性，对推进农村集体经济产权制度改革持否定态度。这些同志认为，在市场经济条件下除了发展国有经济，就是要大力发展私营个体经济。农村实现城镇化以后，把全体失地农民转为城镇居民户口，然后让这些转居农民自谋职业去搞个体经营是最好的安置形式。这些同志的这种主张行得通行不通呢？这种主张在理论上有一定可行性，但是在实践中却是一种失败的办法。20世纪90年代以后，有的地方采取给失地农民每个劳动力发放3万元安置费的办法，让失地农民自谋职业。结果是少数人自谋到正经职业，多数人不是开黑摩的，就是在街边摆小摊搞无证经营，成天提心吊胆提防城管人员。自谋职业不到两年，多数劳动力就把安置费花光了，于是便成群结队到政府部门上访。有的同志说，之所以出现这种情况，还是劳动力安置费太少，多给安置费就能解决这个问题。进入21世纪以来，在一些大城市郊区，随着房地产价格疯狂上涨，农民拆迁安置补偿费用也出现大幅度增长，出现了"拆迁，拆迁，一步登天"的现象，有的农户由于拆迁得到几套甚至十几套商品房。在这样的安置政策下，集体经济组织还有必要存在吗？我们认为，这是一种极不正常的、个别地区出现的短暂现象。随着国家宏观经济政策的调整，房地产市场的降温，"拆迁、拆迁、一步登天"的现象肯定是不可复制的。社会主义的收入分配政策是各尽所能、按劳分配为主、按其他生产要素分配为辅。我们党鼓励广大人民群众通过诚实的劳动致富，而不允许在社会上出现大量的食利阶层。实践证明，在农村城镇化过程中，转居转工的失地农民群众，年龄偏大、文化水平偏低、劳动技能偏少，如果一味要求他们自谋职业，其结果肯定是造就大量的失业人员和城市贫民。有鉴于此，农民转居转工以后，不能让他们成为一盘散沙的"散兵游勇"，而是要采取撤村不撤社的办法，让现有集体经济组织继续持续经营，带领农民群众实现共同致富。所以，我认为，在市场经济条件下，特别是在农村城镇化进程中，集体经济不是无用了，而是显得更加重要，更加有用了。

2. 克服产权制度改革是私有化论

推进农村集体经济产权制度改革的思想障碍之二，是有的同志认为推进农村集体经济产权制度改革是搞私有化，我们党坚持社会主义公有制，不允许搞私有化，所以推进产权制度改革是错误的。之所以出现这种说法，主要是这些同志对于什么是集体经济、什么是集体经济产权制度改革没有搞清楚。在《资本论》第 1 卷第 7 篇第 24 章结尾，马克思写下总括全书的一段话："资本主义私有制，是对个人的、以自己劳动为基础的私有制的第一个否定。但资本主义生产由于自然过程的必然性，造成了对自身的否定。这是否定的否定。这种否定不是重新建立私有制，而是在资本主义时代的成就的基础上，也就是在协作和对土地及靠劳动本身生产的生产资料的共同占有的基础上，重新建立个人所有制。"按照马克思主义合作经济理论，社会主义社会的所有制形式是建立在个人所有制基础之上的社会所有制，是在明确每一个社会成员财产所有权基础之上的集体所有制，而不是产权不清、责任不明、管理不善的传统集体经济。传统集体经济组织是一种异化了的合作经济，它不是真正的合作经济，也不是真正意义上的集体所有制。农村集体经济通过产权制度改革，在明晰每个成员股份的基础上，集体资产仍然由集体经济组织成员共同使用；按照一人一票的民主管理原则，继续由集体经济组织成员共同经营管理；集体资产经营所取得的经济收益，采取按劳分配与按股份配相结合的原则进行分配；在向成员进行收益分配之前，根据生产经营的需要，留有公积金、公益金等集体积累。推进农村集体经济产权制度改革，使得农村集体经济扬弃了自身体制性弊病，进一步增强其自身的内部凝聚力和外部竞争力。所以，推进农村集体经济产权制度改革与推进私有化完全是两件不搭边的事情。

3. 克服产权制度改革影响稳定论

推进农村集体经济产权制度改革的思想障碍之三，是有的同志求稳怕乱，担心改制会影响农村社会稳定。我们认为这种担心是毫无必要的。这种担心实际上是把推进改革与维护农村稳定对立起来。实际上，现在有的地方不稳定，正是由于这些地方没有及时推进改革造成的。进行产权制度改革是保护农民权益、维护农村稳定的治本之策。北京市丰台区由于城市化进程快，积累的矛盾很多，产权制度改革之前上访告状的事件在全市最多。通过推进农村集体经济产权制度改革，有效地化解了各种矛盾，丰台区成为全市最稳定的地方之一。所以，要想真正维护农村稳定，真正化解农村社会存在的各种矛盾，就必须积极推进改革，只有改革才能确保长治久安。推进农村集体经济产权制度改革的重要原则之一是要维护农村稳定。在改革中维护稳定，主要是要坚持公开、公平、公正的原则，坚持充分依靠群众，充分听取农民群众的意见。对改革中遇到的问题，凡是国家法律、法规和党的政策有明文规定的，一定要严格执行法规和政策；凡是国家法律、法规和党的政策没有明文规定的，一定要交给农民群众民主讨论决策，做到"宜严不宜宽"、合乎情理。只要认真做到了上述几点，在产权改革过程中就不会出现不稳定的问题。有些地方在推进集体经济产权制度改革过程中，确实出现了一些农民群众上访的问题。究其原因，就是没有做好充分的思想准备，没有把改革的目的、意义给群众讲清楚，或者在改革过程中没有充分听取农民群众的意见。所以，即便是出现了群众上访，那也是在具体操作过程中出现的技术性问题，而不是改革的方向出了问题，也不能动摇改革的决心。在推进改革的过程中，各级干部只要能够做到虚心听取群众的意见，采纳群众合理的诉求，对不合理的诉求认真做好解释工作，就一定能够化解矛盾，得到群众的理解与支持。

4. 克服群众不愿意产权制度改革论

推进农村集体经济产权制度改革的思想障碍之四，是有的同志认为农民群众不愿意进行改革。现在，确实有一些地方的农民群众纷纷要求瓜分集体资产。为什么会出现这种情况？主要是群众对干部管理集体资产不放心。为什么不放心？主要是传统集体经济产权制度不合理，管理不民主，对干部没有严格的监督、约束机制，造成集体资产的严重流失。推进农村集体经济产权制度改革，把集体净资产作为股份量化给集体经济组织成员。农民群众凭借所持股份参与集体经济民主选举、民主决策、民主管理、民主监督。农民群众就会高兴地把有限的资金、资源集中起来，实现资源优化配置，实现集约经营和规模经营，获取规模经营效益，既有利于保护农民的眼前利益，也有利于保护农民的长远利益。有一个村集体经济组织由于土地被征用，收取了几千万的土地补偿款。农民群众一开始也是要求分钱，先分掉一部分，又要求全部分光。镇党委、政府向这个村派出工作组，向农民群众宣讲集体产权制度改革的重大意义。通过深入细致的思想工作，这个村的农民群众统一了认识。他们说："把土地补偿款全部分光吃净是吃子孙饭的败家子行为，从维护农民的长远利益着想，还是进行产权制度改革的法子好。"目前，这个村已经完成了产权制度改革，组建起了新型农村集体经济组织。这个例子充分说明，不是群众不愿意进行改革，而是有关部门和干部对群众的思想教育工作没有做到家。从本质上来说，农民群众是拥护改革，要求改革的。所以，没有落后的群众，只有落后的干部。

5. 克服集体经济发展得好的地方不需要改革论

推进农村集体经济产权制度改革的思想障碍之五，是有的同志存在自满情绪。这些同志认为自己那个集体经济已经发展得很好了，现行的集体经济管理办法就不错，不需要进行产权制度改革。现在，从全国的范围来看，有一些村确实集体经济实力比较强，农民从集体的发展中也得到了不少实惠。但是，这些都不能成为不需要进行集体经济产权制度改革的理由。这些村集体经济之所以能够发展起来，不仅仅是这些村的干部抓住机遇努力工作的结果，也是农民群众共同奋斗的结果，还有特定的客观条件。历史的经验充分证明，无论是一个国家，还是一个地区、一个村庄，要想实现可持续发展，都必须有一整套合乎市场经济竞争规律的机制体制，而不能寄托在某一两个能人身上。马克思主义唯物主义历史观认为，创造历史的是人民群众，而不是少数英雄好汉。一个村有一个甚至几个好干部固然十分重要，更重要的是有一个能够充分调动农民群众积极性的好制度。实行集体经济产权制度改革，克服影响集体经济进一步发展壮大的体制性障碍，把干部的积极性与农民群众的积极性有效地结合起来，才能确保集体经济持续、健康发展。所以，越是集体经济发展得好的农村，越需要抓紧推进产权制度改革。那种停滞不前、骄傲自满、无所作为的行为都是错误的。

6. 克服产权制度改革是自找麻烦论

推进农村集体经济产权制度改革的思想障碍之六，是有的同志认为改制是自找麻烦。有的同志认为，集体经济产权制度改革确实是好，就是太麻烦。我们认为，对这个问题要从历史的观点和发展的观点来看。从历史上来看，集体经济发展的历史已经有五十多年了，积累了大量的问题和矛盾。集体经济产权不清晰、集体经济组织成员身份不明确、集体资产管理混乱、效益低下。这些麻烦的历史问题，只有通过在改革中经过深入细致的工作才能解决。从发展的观点来看，现在的麻烦是为了以后的不麻烦。通过改革，扬弃传统集体经济消极落后的弊病，才能建立起充满活力和强大市场竞争力的新型农村集体经济组织。

7. 克服产权制度改革使得干部权力丧失论

推进农村集体经济产权制度改革的思想障碍之七，是有的同志认为改制会使干部丧失了权力。有的同志认为农民成为集体经济的股东，凡事都要经过股东代表会议讨论决策，干部就没有权力了。有的同志认为，产权制度改革以后，集体收益要实行按股分红，在增加了干部工作压力的同时，剥夺了干部支配集体收益的权力。这种思想认识的实质，是没有正确认识干部的权力。农村集体经济组织经营管理者的权力，从根本上来说来源于集体经济组织成员的授权。集体经济组织成员是集体经济的真正主人，而干部仅仅是"公仆"。传统集体经济共同共有的产权制度，侵蚀了集体经济组织成员的权利，造成少数干部权力的无限扩张，管理不民主，财务不公开，导致集体经济组织内部凝聚力与向心力的减退，集体经济市场竞争能力的衰败。这些问题只有通过集体经济产权制度改革，才能得到根本解决。通过集体经济产权制度改革，建立健全集体经济的激励与约束机制。在加强对干部的监督约束的同时，在授权范围内充分发挥干部的主观能动性，确保干部不仅有足够的事权而且有与之相适应的财权，对发展集体经济作出重要贡献的干部实行重奖，对严重渎职、损害集体经济利益或者无所作为的干部进行惩处和罢免。所以，实行集体经济产权制度改革以后，纠正了导致少数干部滥用权力的体制性弊病，干部所丧失的只是原本就不应该属于干部行使的权力。产权制度改革以后，千斤重担众人挑，这是对广大农村基层干部的最大关怀与爱护。

三、进行产权制度改革的可行性分析

在领导班子成员提高认识、统一思想的基础上，要根据本村实际进行推进集体经济产权制度改革的可行性分析。集体经济产权制度改革可行性分析，包括两个方面的内容：一是本村具备不具备推进产权制度改革的条件；二是具体采取哪种改革形式。

改革条件是否具备，应当按照本书第一章第四节有关改革条件的论述，结合本村具体情况进行具体分析。如果具备条件，那么就应当抓紧启动改革进程；如果暂时不具备条件，那么就要按照缺啥补啥的原则，努力创造改革条件，待条件具备时再启动改革进程。

可行性分析的主要内容是根据本村实际，合理选择改革形式。

1. 社区股份合作制是农村集体经济产权制度改革的主要实现形式

社区股份合作制企业是以土地为主要纽带联系起来的一定社区（乡或者

村）范围内的农民群众，按照合作制的原则，采取股份的形式，实行劳动联合与资本联合相结合的一种新型农村集体经济组织。

（1）社区股份合作制企业与传统集体经济组织的异同。社区股份合作制企业与传统农村集体经济组织从本质上来说都属于合作经济的范畴，都是社会主义公有制经济在农村的具体实现形式。它们的区别主要表现在以下四个方面：一是产权制度发生了根本性变化，农村集体经济组织改革为社区股份合作制企业以后，集体资产由成员共同共有变为成员按份共有，明晰了每个成员在集体经济组织中的产权份额。二是分配制度发生了根本变化，由单一的按劳分配变为按劳分配与按股分红相结合。三是治理结构发生了根本性变化，农民群众真正成为集体经济的投资主体、决策主体和受益主体，成为集体经济名符其实的主人。四是劳动用工制度发生了变化，由过去是成员就得由集体安排工作变为成员自主择业、竞争上岗。集体经济组织应当千方百计为股东及其子女提供就业岗位和就业机会，在同等条件下优先录取本组织股东及其子女。没有在集体经济组织竞争上岗就业的，应当到社会上自谋职业。股东不论在哪里就业，到年底都可以凭其在集体所拥有的股份，参与经营成果的分配。

（2）社区股份合作制企业与股份制企业的异同。社区股份合作制企业与股份制企业具有四个方面的共同点：第一，它们都采取投资者入股的方式筹集资金，都实行按份共有的产权制度形式。第二，它们都是负有限责任的市场经济主体，投资者以所持股份为限对本组织承担责任，本组织以其全部财产对其债务承担责任。第三，它们都规定股东在取得股份以后，可以继承、转让，但都不得退股。第四，它们都是实行自主经营、独立核算、自负盈亏、独立承担民事责任的法人。社区股份合作制企业是采取股份形式的合作经济。

社区股份合作制企业与股份制企业有三个方面的不同：第一，股份制企业是资本所有者的联合，是资本的集中，而社区股份合作制企业则是劳动群众的劳动合作与资金联合相结合。第二，股份制企业实行按资管理、按股投票，使劳动从属于资本，而社区股份合作制企业则实行民主管理、一人一票，使资本从属于劳动。第三，股份制企业实行按资分配、按股分红，而社区股份合作制企业则实行按劳分配与按股分红相结合。

2. 农村集体经济产权制度改革的主要具体形式

农村集体经济产权制度改革的具体形式主要有存量资产量化型、土地股份合作型、资源加资本型和农民投资入股型四种。

（1）存量资产股份量化型。存量资产股份量化型农村集体经济产权制度改革，主要适应那些集体账内存量资产数量较多的农村集体经济组织。它包括两个层次的改革。

一是村级集体经济组织的产权制度改革。村级集体经济产权制度改革的大体做法是：首先，进行产权界定、清产清查和资产评估、集体经济组织成员身份界定、核实人口和劳动工龄。其次，采取一次性现金兑现、量化为优先股、作为集体债务等办法，处置历史上已经转居转工的原组织成员滞留在集体的资产份额。然后将剩余净资产进行股份量化，划分为个人股和集体股两部分。个人股包括按人口量化的基本股和按照工龄量化的劳动贡献股。最后，民主选举股东代表、召开股东代表会议，成立新型农村集体经济组织。

二是乡镇级集体经济产权制度改革。乡镇级集体经济产权制度改革的做法可以有三种方式：一种做法是把集体净资产直接量化给每个集体经济组织成员。第二种做法是把一部分资产量化给辖区内每个村集体经济组织，其余资产量化给在乡镇集体企业工作的集体经济组织成员。第三种做法是将乡镇集体资产全部量化给辖区内的村级集体经济组织，具有集体经济组织成员身份的乡镇集体企业职工，回各自户籍所在村参与股份量化。存量资产量化型是我国东部经济发达地区农村集体经济产权制度改革的主要形式。

存量资产量化型股份合作制案例

大峪村因地制宜制定产权制度改革政策

大峪村总人口 3000 多人，其中 20 世纪 90 年代中期两次国家土地征占转居转工 2000 多人，产权制度改革前有农业人口 930 人。全村有耕地和集体建设用地 1039 亩、山场 1000 余亩。村办集体企业有 14 家，共安排本村农民劳动力和转非劳动力 600 多人。

自 2003 年 12 月至 2006 年 6 月，大峪村经过两年半的时间，完成了村集体经济产权制度改革工作。在改革中，大峪村按照市、区文件精神，借鉴其他单位改制的经验，结合本村实际情况，因地制宜地制定改革政策，确保了改革的顺利进行。

一、合理确定集体经济组织成员范围和劳动工龄

大峪村原有 4 个生产队，劳动工龄统计工作涉及人员众多，跨越社员劳动时间 40 多年，涉及全村总户数 1750 户、有劳动工龄人员 5678 人。涉及人员情况十分复杂，既有农业户籍人口，也有招工、转干、转非、接班、政策转居、死亡人口。改革中，村里对人员劳动工龄清查核实组9名成员和村办企业财务人员进行培训，由他们负责劳动工龄统计工作。股权分基本股和劳动工龄股两块。区、镇派出指导组帮助大峪村制订了《大峪村集体经济产权制度改革方案》和《大峪村集体经济产权制度改革实施办法》，对享受基本股人员、劳动工龄计算、股权设置等做了明确的界定。大峪村将经济组织成员界定为三类：社员（也叫老户社员）、新户农民、空挂户。规定四类人员享有基本股（户籍股），基准日前已死亡的，不确定基本股；劳动工龄以年为单位统计，出勤180天以上按一年计算，不足180天按半年统计，并对9类情况人员的劳动工龄计算做出详细规定。

确认劳动工龄时，对特殊情况大峪村的处理办法如下。

①由于大峪村产权制度改革前未进行土地家庭承包，仍以集体统一经营为主体，因此在集体劳动人员和从事个体经济的人员都要求整股，这个村经过讨论后决定，1983年前村里成员绝大多数在村工作，全部记整股；1984年后集体资产增值生产劳动和资产增值各占一半，因此从事个体经济人员占资产股记50%劳动工龄股。

②大峪村有1500人农转非时未被征地单位安置，后来9年陆续自谋职业，劳动工龄中止时间争议大，权衡各种利益关系后，确定转非之后不再记劳动工龄股。

③一部分政策性转非人员，转非时未得到任何补偿，年龄大且无工作，没有退休金和村里的退休补助金，对这部分人，按其劳动工龄另外一次性给他们增加了每年500元的补偿金。

④对于死亡人员也给予股份补偿，严格按照继承法领取股金补偿费。

⑤对未安置工作农转非人员定为优先股股民，待国家的相关政策落实后，分批次将这部分人股金退给个人，与村新型农村集体经济组织脱钩。

⑥村里有100多名村民领取村里的退休补助金，对于他们是拿分红还是退休金，村里的办法是就高原则，分红高于退休补助金就分红，否则就领退休金，使老人不致因改制降低生活水平。

⑦股东死亡后，其基本股、劳动工龄股一次性清退给其子女，避免少数家庭子女继承股份后因分红引发家庭纠纷。改制后农转非人员，基本股（户籍股）收回，劳动工龄股一次性兑现给本人。

⑧对于改制实施办法的确定，大峪村党支部召开多次群众座谈会，搜

集群众代表意见，制作成征询意见表下发给村民，按照征询意见表的多数人意见上会表决，这样同时兼顾了民主与集中，便于形成统一意见。

二、资产量化公开公平，资产处置公正合理

大峪村聘请会计师事务所对村集体资产进行了评估，全村集体净资产核定为9700万元。根据上级文件精神，结合本村实际，本着公开、公平、公正、合理、可行的原则，在征求股东代表意见的基础上，两委班子和村改制办班子讨论后形成如下决议。

①一次性兑现原始入社股金。原始入社基金是指农业合作化初期集体经济组织成员投入的股金，涉及老户农民426户，按20倍折成现值95万元兑付给持有人。原始股持有人死亡的，由法定继承人一次性领取；没有法定继承人的，列入新型经济组织的集体股。

②一次性兑现改革基准日前转工、转干、死亡、嫁出人员劳动工龄股。

③一次性兑现政策转非人员劳动工龄股。考虑到这部分人曾为村里作出贡献、转非后未拿走集体任何资产，国家也未安排固定工作和养老金，故对每人每年劳动工龄增加500元补助，一次性领取。

④征地农转工人员（1995～1997年）由于迁址人员较多，一次性难以兑现，所持份额作为新成立股份合作企业的债务，分5年兑现本人。

经会计师事务所评估后的集体净资产，扣除处置原始入社股金和一次性兑现招工、转干、转非、死亡、嫁出人员劳动工龄现值后，用剩余的7146万元组建北京龙华实业公司。总股本为两类：一为集体股，共2140万元，占总股本的30%；二为个人股，共5005万元，占总股本的70%。个人股在全体股东分配之前首先拿出20%，为农户股东量化基本股（每个老户户籍农民持股14400元）994万元，其余80%共计4071万元，平均分给了股东38771个劳动工龄，每个劳动工龄乘以1050元配成个人劳动工龄股。股金量化结束以后，新型农村集体经济组织与自愿退股人员签订了《退股协议》，为2154户股东发放了《股权证书》。

三、产权制度改革增加了农民收入

大峪村改制后的2006至2007年，经全体股东同意股金不分红，集体纯收益主要用于清退原集体经济组织成员股金共3000万元。2008年在再清退500万元的基础上，拿出120万元给全体股东进行了股份分红，股东人均分红2300元，最高的分红7200元。使农民在取得工资性收入的同时，又增加了股份分红收入。

（2）土地股份合作型。土地股份合作型完整的表达是农户土地承包经营权股份型产权制度改革，主要适应集体账内资产较少，但是土地资源较多的村。在确立农户土地承包经营权并保持长期不变的基础上，采取土地入股的方式推进农户土地承包经营权流转，将原有村集体经济组织改革为土地股份经济合作社。大体做法是：由村集体经济组织将全村集体土地进行价值评估，再加上集体历年土地征占收入，以股份的形式平均量化给全体享有土地承包经营权的集体经济组织成员。村经济合作社改称为村股份经济合作社。年终，集体经济组织经营利润的一定比例留做集体积累进行扩大再生产，其余利润按照土地股份分配。土地股份合作型产权制度改革在我国一些地区得到迅速发展。但是这种改革形式也存在集体账内资产没有明晰产权的弊病。设立土地股份经济合作社的村，在集体账内资产积累到一定数额以后，应当进一步深化改革，将集体账内存量经营性净资产，按照社员大会或者社员代表大会确认的标准进一步量化给集体经济组织成员。

土地股份合作型产权制度改革案例

产权制度改革调动了农民自主就业的积极性

2004 年，旧宫镇有农业人口 11515 人，劳动力 7355 人，土地面积 21705 亩。随着城市化进程的加快，农用土地面积越来越少，全镇已基本上没有种植业了，大批农民脱离土地转向非农产业。但是，由于多数农民学历不高，技能不强，缺乏外出就业能力，再加上原有集体经济"大锅饭"的分配体制不够合理和完善，在 2004 年前，绝大部分在外就业的劳动力纷纷回村"务农"，伸手向集体要工作，全镇在村里挂名的劳动力由 1700 人猛增到 7000 多人，就是说有 95% 的劳动力都回来了。他们在外就业的收入没有了，农民的总体收入呈下降趋势，形成了农村不稳定、上访不断的局面。

针对上述问题，为了维护社会稳定，各村普遍采取按照劳动力人数发放生活补贴的方式。一些农民从集体领到生活补贴以后，整天无所事事，一不高兴就到处上访，提出一些无理要求。为解决这个问题，镇党委和政府以及各村都想了不少办法引导农民自主就业，但是收效甚微。例如，有一个村的干部对失地农民说："你们不能整天待着吧？给你们找个工作愿不愿意？"农民都说愿意。于是村干部就找到房地产开发商说："你们征用我们村的土地盖了那么多房子，挣了那么多钱，是不是应该帮助我们安置点农民就业？"房地产开发商说："好呀，我们物业公司正缺人，你们村农民愿意就赶紧来吧！有技能证书的优先。"一天，这个村的干部带着100多农民到房地产开发商那儿。结果与开发商谈了没有半个小时，农民就全都走了。他们说："不上班村里每个月发700元，上这儿上班每个月800元，只比在村里多挣100，还得8个小时按时上下班，受人家管着。不如在家待着，虽然每个月少挣100元，有时间还可以上村里骂骂村干部！"这个事例充分反映出农村集体管理体制出了问题，必须改革，不改革经济就不能发展，不改革农村就不能稳定，不改革人民群众就不能安居乐业。

从2004年开始，镇党委、政府大力推进土地股份合作制。到2008年，全镇有17个村集体经济组织实行了土地股份合作制改革。实行土地股份合作制以后，集体资产的经营收益以镇农村财务服务中心的核算成果为准，经村集体经济组织成员大会或成员代表大会讨论通过，确定分配方案。村集体经济组织税后利润的70%按照集体经济组织成员的股份实行按股分配，其余30%用于集体积累。为避免村级管理干部人浮于事，镇党委和政府制定了严格控制村集体管理人员及劳务人员数量的规定。党支部、村委会人员的编制，要严格按照党员、村民选举的结果为准；财务统计人员原则上只设两人。提倡村干部交叉任职，减少管理人员。村里其他辅助管理人员要根据实际需要，由集体经济组织成员大会或成员代表大会讨论通过，要定岗、定责、定酬，防止人浮于事，营私舞弊，铺张浪费。管理人员实行岗位补贴工资、劳务人员实行月工资制，并经集体经济组织成员大会或成员代表大会讨论确定。

通过产权制度改革，从根本上转变了农民的就业观念。各村取消了记工取酬的老办法，解散了生产队，集体经济收益分配由过去的按照劳动力人数分配，变为按照股份分配，不论老幼男女，只要是本集体经济组织成员都可以平等地获得股份分红。村民再也不用耗在村里等工分，利益得到了保证，集体经济收益分配也得到规范。通过产权制度改革，"大锅饭"被砸破了，在村里"混日子"的人少了。在17个改制完成的村社，村里的劳动力由原来的6219人精简到731人，富余5488人，占88.2%。这些富余劳动力纷纷走向市场自谋职业。在旧宫镇和航天部、亦庄一带的超市里、各大住宅小区的物业里、写字楼中、工业企业等处处都有他们的身影。

全镇绝大部分剩余劳动力都在外从事着各种劳动。按最低每人每月收入 500 元算，全镇农民增加收入 3300 万元。全镇村集体经济总收入由 2004 年的 6784.1 万元增加到 2008 年的 12228.4 万元，增长了 80.3%。农民人均纯收入由 2004 年的 11737.1 元增加到 2009 年的 21800 元。

土地股份合作型企业向存量资产量化型企业转化的案例

狼垡二村土地股份合作型企业转化为存量资产量化型企业

狼垡二村土地总面积 2810 亩（其中，耕地面积 2560 亩，宅基地面积 250 亩），总户数 496 户，总人口 1617 人，村民以从事二、三产业为主。

十几年前，狼垡二村同广大农村一样，受传统农业及自然经济的影响，经济发展迟缓。农业是狼垡二村的经济主体，整体经济基础薄弱，跟不上经济发展的需求。当时，由于狼垡二村集体经济产权不清晰，村集体经济收益管理不规范和监管不到位，使村民作为集体经济的收益人缺乏对集体的关心和参与的热情，从而影响社会的稳定。

为适应农村城市化进程和区域经济发展的需要，针对狼垡二村集体经济管理中存在的问题，2004 年狼垡二村尝试进行集体经济产权制度改革。狼垡二村最初实行的股份合作制改革是以集体土地承包权、使用权、收益权为基础的土地股份合作制的变革，集体将分散在农户手中承包的土地收回，由集体统一经营。集体经济组织成员以土地和狼垡二村的户籍入股，按股份取得集体收益。当年狼垡二村股份分红资金近 400 万元，每个集体经济组织成员人均分得股份红利 3300 元。2005 年狼垡二村将新建的中心商业大街的门面房、超市、农贸市场等企业的资产进行量化，把狼垡二村的二、三产业全部纳入了股份制分红中，并转变为股金，纳入股份合作制股本金的范畴，2005 年全村集体经济收入 1400 万元，人均分红 4000 元，集体经济组织成员人均年收入达到 13200 元；2006 年清泉村集体经济收入 1700 万元，人均分红 5000 元，集体经济组织成员人均年收入达到 16000 元。

2007 年根据市委、市政府《关于进一步深化乡村集体经济体制改革加强集体资产管理的通知》及市农委《关于进一步搞好农村经济体制改革工作的意见》的文件精神，在市、区、镇三级经管站的大力支持下，狼垡二村又对股份经济合作社的章程和实施办法进行了补充、修改和完善，将土地股份合作制改制为存量资产量化性股份合作制。狼垡二的股份经济合作社注册资本达到了 1.1 亿元，集体股占 35%，个人股份占 65%。个人股份分为土地承包经营权股、基本股和历史劳动贡献股。

狼垡二村股份经济合作社，通过建立健全的股东代表大会、董事会和监事会的"三会"制度，进一步加强了对权力的制约监督，还权于民。其中：村党支部主要通过政治领导和组织领导发挥作用，围绕狼垡二村经济发展和村民致富，进行服务、参与、监督，赢得村民的支持和拥护，从而巩固和加强党的领导和执政地位。党支部由支配人、财、物的经营者变成服务、监督的掌舵者。村委会主要管理好村级事务和公共服务工作。股东代表大会是股份经济合作社最高权力机关，选举董事会和监事会、决定重大事项。董事会负责资产经营，实现股东利益最大化。监事会对董事会及企业经营管理人员的工作进行监督。股份经济合作社每年将经营利润的35%交给村委会发展集体公益事业，其余的 65%按股东个人所持土地承包权股、基本股（户籍股）和历史劳动贡献股进行分红。

此外，"吃水不忘挖井人"，狼垡二村还对自 1956 年农业生产合作社成立至 1982 年土地承包到户前，在狼垡二村年满 16 周岁以上参加集体劳动、为狼垡二村建设打下良好基础、后因转居、转工、婚嫁等原因迁出狼垡二村的人员，按照他们在狼垡二村参加集体劳动时间给予一次性现金补偿，每人每年补偿现金 360 元。经统计，共有 306 人回村进行了劳动工龄登记，总年限 1880 年，狼垡二村给这些原集体经济组织成员支付补偿费近70 万元。为了维持农村社会稳定与和谐，狼垡二村正确处理股东村民与非股东村民关系，股份经济合作社专门为不是股东、未享受到本村股份制分红的村民和改制之日以后迁入狼垡二村的人员设立了《福利补贴制度及实施办法》，根据他们的不同情况、按不同比例，每年享受本村实行的免费粮油供应政策和一定数量的生活补贴。

村集体经济发展了，公共积累增加了，村民的收入和福利待遇也提高了。村民们除了租房和工作带来的收入外，还能从集体经济中获得两项收入。

一是股金收入。2008 年村集体可支配收入 2500 万元，扣除村内各项开支 450 万元后，用于股份分红的金额为 2050 万元，股东个人分红金额为 1332.5 万元，每股股份分红为 357 元，人均分红 7854 元，比 2007 年人均分红增加了 1584 元，个人股东最高分红达 1.3 万余元。全村农民人均年收入超过了 2 万元。

二是福利收入。对村民实行免交 5 年供暖费、长期免交物业管理费的优惠制度。对村民实行口粮免费供给制。每人每年可免费领取面粉 200 斤、大米 100 斤、食用油 12 斤，村民可凭粮油证免费去超市领取各种粮油，吃不完的粮油到年底时还可以兑换成现金。村里还实施了"教育激励基金"制度。对本村考上高中和大学的学生给予 2000～5000 元的奖励。对 55 岁以上的老年村民，实行了养老金制度，每人每月可领取 500 元的养老金。村集体出资为所有村民统一上了农村新型医疗保险和农村新型养老保险，解决了村民的后顾之忧。

（3）资源加资本型产权制度改革。资源加资本型产权制度改革，主要适应集体账内资产数量较少，但是具有可开发利用的山场等资源性资产的村。大致做法是：首先，将集体山场等自然资源作股，按照集体经济组织成员人口数量，量化为集体经济组织成员的个人股份。其次，发动本村集体经济组织成员以户为单位自愿用现金入股。在此基础上组建股份制或者股份合作制企业。有条件的地方，经过集体经济组织成员代表大会讨论，也可以吸收具有经济实力的村外社会法人、自然人投资入股。集体山场等自然资源股份，在企业总股本中的比例不应过低，一般掌握在 35%～50% 左右为宜。资源加资本型产权制度改革，在一些具备条件的地方得到大力推广。例如，按照北京市政府关于推进集体林权制度改革的要求，结合农村集体经济产权制度改革，采取"分股不分山、确权不分林"的原则，将集体山场资源量化成股份平均分配给全体集体经济组织成员。新型农村集体经济组织设置土地承包经营权股、山场资源股、现金股、劳动贡献股等股份。这种产权制度改革的形式在我国中西部地区具有广阔的发展空间。

资源加资本型股份合作企业案例

花园村采取资源加资本形式创新集体经济体制

新城子镇花园村共有 234 户，658 口人，总面积 10 平方公里，耕地面积

780 亩。这个村是密云县与河北省兴隆县、滦平县和承德县四县交界处，北靠重山并伴有明长城和敌楼，南望燕山山脉主峰雾灵山。村庄海拔 700 米，河道常年水流不断，昼夜温差较大，独特的地理位置吸引了大量旅游者。

为了充分开发利用本村的旅游资源，增加农民收入，2007 年花园村在市、县经管站和镇党委、政府的指导下，采取资源加资本的形式，实行了集体经济组织产权制度改革，成立了社区型的农民专业合作社——花园旅游专业合作社。花园村的主要做法如下。

一、发动村民现金入股

村党支部和村民委员会先后召开党员会议和村民代表会，对组建股份合作制的旅游专业合作社进行认真研究，并达成一致意见。经民主讨论，决定采取发动村民现金入股的方式筹集资金，每股 2000 元。经过深入细致的宣传动员，全村 234 户农民中有 180 户入了现金股，占农户总数的 77%，共筹集资金 36 万元。

二、集体投入现金作为集体股

村经济合作社投入现金 2 万元，作为全体村民的集体股，股金分红用于村集体公益事业。

三、山场资源量化配股

全村 9748 亩有林山场，按照现有集体经济组织成员数量，作为自然资源股量化给全村 658 名集体经济组织成员，每人一股。资源股每五年根据集体经济组织成员变动情况，重新量化一次。

四、农户承包土地流转给股份经济合作社经营

全村 748 亩农户承包土地，全部有偿流转给旅游股份经济合作社，按年度分得流转收益。

五、股份分红办法

由于 9748 亩资源的价值无法准确进行评估，所以这个村在股份经济合作社章程中规定，自然资源股与 38 万元现金股参与税后利润分配的比例为：现金股占 49%，自然资源股占 51%。

花园村采取资源加资本的形式创新集体经济组织体制的做法得到了上级有关部门的高度重视。花园村试点为在山区推进集体经济产权制度改革提供了较为完整的经验。首先，在全市率先进行了林权制度改革，集体林权全部以股份的形式确定给每个集体经济组织成员。其次，在全市率先实现了社区合作经济组织与专业合作经济组织的对接，花园旅游股份经济合作社既是农民专业合作社也是社区集体经济组织。第三，实现了全村农户土地承包经营权的流转，为在山区实现土地规模经营提供了新鲜经验。

花园村推进集体经济产权制度改革的做法，得到了县、镇两级党委、政府的大力支持。在县、镇政府及有关部门大力帮助下，花园村开发建设了东极仙谷风景区，建成往返 5 公里的旅游线路，栽植了一年后即可挂果的采摘园。上级政府投资 1000 万元对 9700 亩林区进行了改造。镇政府投资为景区建设了停车场。市林业局治沙办在花园村投资 500 万元，建设 300 亩玫瑰园种苗基地。在县、镇政府及有关部门大力帮助和支持下，开始对花园村进行进一步的整体打造。由政府补贴农户建设节能型楼房，对自然村的人口进行搬迁，进一步扩大旅游范围，提高接待能力。市政府计划投资 2 亿多元，建设连接京承高速公路到新城子镇的公路，建成以后从北京城乘汽车到这个村旅游度假只需要一个小时。

目前花园村拥有 6 个度假村，40 户民俗户，日接待能力 600 多人。全村 40 户民俗户，最高的户年纯收入达 10 万~15 万元，少的一年也有几万元。2008 年，全村民俗招待总收入达到 300 万元。同时给本村及周边村民带来了就业机会，村内有劳动能力的村民都能就业，邻村甚至河北省的劳动力也来花园村打工赚钱。民俗旅游业的开发还带动了土特产品的销售，销售的产品主要有山蘑菇、核桃、栗子、小米、柴鸡蛋等。东极仙谷风景区已于 2009 年 4 月 24 日正式挂牌营业。景区开业的第一个"五一"节，三天接待游客约 5700 人次，度假村和民俗户爆满，大大超过了村里的实际接待能力。景区门票实际收入 1.2 万元。花园旅游股份经济合作社集体资产已经由成立之初的 38 万元增加到 800 余万元。

（4）农民投资入股型。农民投资入股型产权制度改革，是发动集体经济组织成员用现金、实物等资产联合起来组建新型农村集体经济组织。它与前三种改革形式最大的不同是，集体不仅不向集体经济组织成员量化集体资产，反而要求集体经济组织成员向新型农村集体经济组织投资。所以，这种改革形式是一种在更高层面上的改革，要求集体经济组织成员对于新型农村集体经济组织有充分的信心，要求集体经济组织领导班子有更强的经营能力。这种改革形式主要适应具有良好市场经营项目，集体又急需资金扩大经营规模的村。具体做法是，首先，发动集体经济组织成员以现金投资入股；其次，将集体历年积累作为集体股份；有条件的地方，也可以吸收社会法人或者自然人投资入股，共同组建股份合作制企业。

农民投资入股型新型农村集体经济组织案例

股份合作制是强村富民的法宝

北郎中村现有 520 户，1500 口人，村域总面积 6500 亩。2008 年，全村经济总收入达到 7412 万元，农民人均收入达到 1.41 万元，村集体总资产和净资产分别达到 1.23 亿元和 0.91 亿元，股东股金分红总额达到 276.82 万元。

北郎中村之所以能够实现经济快速发展、农民生活不断走向富裕，最重要的原因就是通过实行股份合作制，实现了集体经济从共同共有到按份共有的变革，建立健全了适应社会主义市场经济的集体经济经营机制。目前，目前北郎中村的股份合作制有以下四种形态。

一、集体企业股份合作制

1992 年以前，北郎中村是一个底子薄、项目少、经济落后的贫困村。当时，全村集体资产不足 200 万元，但欠银行贷款却有 300 多万元，村集体经营的几个小企业一直在亏损与薄利之间徘徊。当时，村干部和社员群众也是一心想加快经济发展，但由于自身基础条件差，项目谈过不少，成功的几乎没有。村干部想把村里现有的几个小企业发展起来，集体账上却没有钱，到银行去借又因有陈欠借不出来。村集体经济发展面临着没钱、没人才、没好办法的"三无"困境。1993 年，上级党委和政府推进农村股份合作制试点，使这个村找到了摆脱困境的好办法。村党支部采取干部带头的办法，发动全村党员、社员、企业经营人员和职工向集体企业投资入股。在当时社员家庭还不富裕的情况下，村集体一次吸收农户股金 112 万元。村经济合作社用社员投资入股的这些钱，对村办集体企业进行了扩建、改造。到 1993 年 12 月底，村里企业全部按照严格的程序，顺利地完成了股份合作制改造。村集体以资产折价入股，干部职工、村民以现金形式入股，全村股本总金额为 392 万元，其中个人股份 112 万元，占 28.6%。1994 年是企业改制后的第一年。由于股份合作制使经营者和职工都成为股东，为企业带来了生机和活力，这几个改制企业全部赢利，加上当年农产品价格上涨的因素，全年实现利润 204.93 万元。其中，企业增加扩大积累

45 万元；集体分得红利 114.5 万元，占 71.6%；个人分红 45.43 万元，占 28.4%。股东们获得了较高的分红回报，进一步坚定了大家对走股份合作制道路的信心。后来村集体凡是新办企业、上项目都一律采取股份合作制的办法筹集资金，广大社员群众纷纷争先恐后入股。到 1998 年底，新组建股份制企业 5 个，全村经营性资产 5 年增长了 8 倍，达到 3800 万元；股本金总额达到 2545 万元，其中个人股本金由 112 万元增加到 980 万元，占股本金总额近 40%，入股农户达 60% 以上。

二、股份合作制农工贸集团

1996 年，北郎中村按照"产权清晰、责权明确、管理科学"的制度要求，组建了北郎中农工贸集团，对原来的股份合作制企业实行集团化管理。1999 年注册了"北郎中牌"商标。2000 年，第一次掏钱做广告，利用报纸刊物、电视、电台等媒体传播产品信息。同时以股份合作制的形式与社会各界建立资金、技术合作，使各方面资源得到了有效整合，优势得到充分发挥。北郎中农工贸集团经营性资产总额 1.5 亿元，总股本 9700 万元。总股本中，农户入股投资 4500 万元，村集体入股投资 4000 万元，吸引社会投资入股 1200 万元。2007 年，又从村集体股中拿出 375 万元，为每个村民配置了 2500 元的股金，使村民的经济收入形成了资金入股分红、土地入股分红、配股分红、工资和家庭经营收入等稳定增长的多元收入结构，村民成为村级经济发展的投资者、经营者、受益者。

三、股份合作制农民专业合作经济组织

1998 年，北郎中村经济合作社在村外投资建了占地面积达到 1000 亩、年出栏 6 万头商品猪的生态养殖园。在村党支部的引导下，先后有 304 户社员入园养猪，占全村农户总数的 76%。为了让村民家庭养猪更加健康发展，获得更好的经济收益，2000 年村党支部和农工贸集团按照"民建、民管、民受益和入股自愿、退股自由"的原则，引导和扶持养猪户成立了北郎中生态养殖合作社。经过几年的发展，目前入园养猪的 304 户全部自愿加入了合作社。合作社成立之初，村集体投资建设服务中心、饲料厂，购置消毒防疫设备等，免费提供给合作社使用，扶持合作社发展。随后又协助合作社建立健全了合作社章程，成立了社员代表大会和管委会、监事会等管理组织。入社的养殖户每户交纳 1000 元股金。入股的资金由合作社统一管理，用于合作社为养殖户开展日常服务，年底按照经营效益分红派息。在专业合作社的指导下，北郎中村农户养猪实现了规范化管理。按每年每户销售生猪150头计算，平均每户每年增加收入5000元左右，促进农民增收效果十分明显。

四、土地股份合作制

2004年，按照上级党委和政府关于积极推进农户土地承包经营权确权与流转的指示，北郎中村采取确权确地、确权确利与确权确股份三种形式相结合的方式，保障集体经济组织成员长期而稳定的土地承包经营权。一是以确权确地的形式为农户发展家庭养猪创造稳定的发展环境，在生态园养猪的农户所占用的集体土地，作为农户承包土地长期不变，与集体经济组织签订土地承包合同。二是以确权确利的形式将股份合作制企业所占用的集体土地的收益权确定给全村具有集体经济组织成员身份的农户。农户在投资入股获得企业红利的同时，还可从企业用地上获得土地收益。三是以确权确股份的形式将上述两类土地以外的1900亩的土地承包经营权确定给全体具有集体经济组织成员身份的农户，人均1.33亩。农户将其土地承包经营权作为股份向村集体参股，由村集体根据土地的不同使用性质，进行统一规划、统一布局、统一配套基础设施，以合资、合作等形式发展籽种农业、农产品加工和观光休闲农业。年终，村集体经济组织按照农户所持有的土地股份，进行股份分红。

北郎中村通过实行股份合作制，有效整合了村内外资源。目前全村属地经营性总资产达到3亿元。其中，农民家庭经营性资产5500万元，北郎中农工贸集团经营资产1.25亿元，外来企业单位投资项目资产1.2亿元。2007年，全村农民仅股金分红收入就达到875万元，户均分红收入近2万元，人均股金分红收入5900元（其中，人均土地入股分红1221元）。村集体在企业中所持的股份与农户所持股份一样按股分红。村集体用所分得的红利大力兴办各项集体公益事业。投资为生态养殖园配套水、电、路等基础设施，为村民家庭养殖业发展创造了良好环境。村内的所有街道和大小胡同全部进行了绿化，并安装了路灯。全村绿化美化质量、档次不断提升，绿化总面积达到2520亩。建起了具有养殖业粪水治理、生产沼气、生产生物有机肥和水资源循环利用等综合效果的环能工程。农民家家烧水做饭用上了沼气这种清洁能源。

在上述四种基本改革具体形式的基础上，在一个乡镇或者一个村庄范围之内，可以将几种改革形式有效地结合起来运用。如朝阳区崔各庄乡在推进产权制度改革时候，采取乡村联动的办法，村级集体经济组织采取存量资产量化的改革形式组建股份经济合作社，各村经过股东代表大会决议，将本村农户土地承包经营权以股份的形式，加入乡级土地股份经济合作社，从而解决了以乡镇为单位进行土地利用规划造成各村经济利益不平衡的问题。

需要指出的是，上述农村集体经济产权制度改革具体形式中提到的基本股、土地股，都具有两个特征：一是它们都是由农户土地承包经营权转化而来的，不是土地所有权作价入股；二是它们都是新型集体经济组织内部的股份，不是将农民集体所有土地作成股份与外部社会法人组建股份制企业。为切实保护农民集体土地权益，规避市场风险，新型集体经济组织的土地，特别是农用地在依法转为国家建设用地之前，不得作价入股。这一点各地在推进集体经济产权制度改革时需要特别引起高度重视。集体建设用地能否作价入股，也需要等待国家相关法律进行修改，有了明确法律依据以后才能够实行。

四、广泛宣传，发动群众积极参与改革

群众路线是我们党的根本路线，《关于建国以来党的若干历史问题的决议》，把群众路线的内容概括为"一切为了群众，一切依靠群众，从群众中来，到群众中去"。这些内容，都是以马克思主义的基本理论作为基础的。过去，我们党走这条路线，取得了革命和建设的伟大成就，今天，为把我国建设成为文明富强的社会主义现代化国家，也必须结合新的情况，坚持走这条路线。

推进农村集体经济产权制度改革，涉及广大农民群众的切身利益，必须充分发动群众，坚定依靠群众，调动起群众参与改革的积极性。农村集体经济产权制度改革，将集体经济的资产所有权、经营权和收益权交还给农民群众，是对农民群众利益最根本的保护，也是一项民心工程。俗话说好事多磨。有些事情尽管做事的人具有良好的愿望，但是如果得不到群众的理解，好事就可能办不成，甚至变成坏事。推进农村集体经济产权制度改革也一样，如果不把改革的意义、目的、政策给农民群众交代清楚，就可能引起群众的误会，少数别有用心的人就可能乘机挑动群众，制造混乱，破坏改革。国际合作社联盟确立的合作社原则之一，就是合作思想的教育与灌输。所以，宣传教育工作对于农村集体经济产权制度改革具有重要意义。宣传教育工作要贯穿改制工作的全过程。在改制工作的每一个阶段、每一项工作中，都要进行广泛的宣传动员，工作中遇到的难点问题都要交给群众民主讨论，集思广益。只有做到把改制政策

明明白白地告诉群众，把改制政策的决策权交给农民群众，使农民群众真正成为改制工作的主体，形成人人了解改革、关心改革、支持改革参与改革的局面，才能营造良好的改革氛围。

在集体经济产权制度改革中，宣传动员工作的形式可以灵活多样。主要的形式有以下几种。

①编写《宣传提纲》发放到每一个农民家庭。《宣传提纲》是农村集体经济产权制度改革宣传工作的重要而有效的载体。《宣传提纲》的实质，是用最通俗易懂、最简明扼要的语言，将改制方案中最重要、最关键的内容表达出来。例如，改制的目的和意义、改制形式、主要政策、改制前景等，都要在宣传材料中有明白的表述。有的地方将《宣传提纲》改为《致集体经济组织成员的一封信》，更增添了宣传工作的感染力和号召力，也是切实可行的。

②召开各种类型座谈会。如：所属集体企业厂长经理座谈会、老党员座谈会、老干部座谈会、老社员座谈会、群众代表座谈会、转居转工人员代表座谈会、非集体经济组织成员的村民座谈会、妇女代表座谈会、青年代表座谈会等等。在全面介绍改制目的、意义、方法和政策的同时，充分听取他们的意见和建议。

③普遍家访。充分发挥党员和成员代表的作用，发动每一名党员和群众代表，深入到他们固定联系或者所代表的群众家庭，进行宣传动员。

④重点入户家访。对行动不便有且具有较高威望的老人或者对改制工作存在疑虑的重点人员，可以采取领导干部登门拜访的形式进行宣传，听取他们的意见，当面进行释疑解难，消除他们的疑虑。

⑤其他宣传形式。如：网络、广播、黑板报、张贴标语等形式进行宣传，大力营造推进产权制度改革的氛围。

通过广泛宣传动员，要达到以下四个目的：一是要让产权制度改革的目的、意义、原则、政策做到家喻户晓人人皆知，发动群众积极投身到产权制度改革中来，出主意想办法，群策群力共同搞好产权制度工作。二是要教育广大农民群众进一步树立合作经济思想，坚定发展集体经济的决心与信心。三是要教育广大农民群众牢固树立集体经济观念，正确处理眼前利益与长远利益、个人利益与集体利益的关系。四是要教育广大农民群众树立风险共担、利益共享的市场经济观念，树立风险意识和责任意识，做到千斤重担万人挑，共同为发展壮大集体经济勇于承担责任，履行合法义务。

| 第二节　组织准备

一、组织准备的主要工作和工作目标

组织准备的主要工作是：成立推进农村集体经济产权制度改革的领导机构和工作机构，健全乡村集体经济组织成员代表大会制度。

组织准备的工作目标是：明确改革领导机构和工作机构职责，制定工作规范，落实岗位责任制。民主选举产生乡村集体经济组织成员代表。

组织准备的工作内容包括：集体经济组织提出改制动议，农村党组织做出改制决议，向上级提出改制申请，获得批准以后，建立农村集体经济产权制度改革领导小组，抽调得力干部成立改革办公室，聘请改革顾问小组，培训从事此项改革的工作人员，明确各个机构的职责和工作制度、工作流程，明确工作纪律，制定奖惩措施。成员代表大会制度不健全的农村集体经济组织，要民主选举成员代表，健全成员代表大会制度。

二、改制动议的提出与批复

启动农村集体经济产权制度改革进程，首先要由集体经济组织提出改制动议。依据《宪法》、《村民委员会组织法》、国务院有关行政法规和各省、区、市《农村集体资产管理条例》以及各地党委、政府相关政策文件的规定，农村集体经济组织是农村集体经济的载体和集体资产的管理主体。进行集体经济产权制度改革的主体也是集体经济组织。所以，启动农村集体经济产权制度改革必须以集体经济组织的名义，向农村党组织提出改制动议。集体经济组织的《改制动议》示范文本如下。

××乡××村经济合作社关于启动集体经济
产权制度改革的动议

××乡××村党支部：

　　依据××省（区、市）××文件和本市（区）××文件的规定，××村经济合作社建议采取的××形式，启动我村集体经济产权制度改革工作，请支部研究决定。

村经济合作社（公章）

年　　月　　日

农村集体经济组织是农民群众在党领导下成立和发展起来的。农村集体经济产权制度改革，既涉及对集体经济组织成员产权关系和利益分配关系的重大调整，也涉及农村集体经济组织与其他组织关系的重大调整。所以，在集体经济产权制度改革中必须坚持党的领导。在提高认识，统一思想的基础上，应当由农村集体经济组织所在地的农村党组织，对集体经济组织提出的改制动议进行充分讨论，形成正式决议。农村党组织的《改制决议》示范文本如下。

××乡××村党支部关于××村集体经济产权制度改革的决议

××乡××村经济合作社：

经党支部研究决定，同意你单位提出的采取×××的形式，推进我村集体经济产权制度改革工作。具体改革方案需提请社员代表大会讨论通过并报××乡人民政府审批。

村党支部（公章）

年　　月　　日

三、改制申请的提出与批复

推进农村集体经济产权制度改革，必须有领导有计划地进行。区县和乡镇党委、政府不仅对推进农村集体经济产权制度改革负有领导责任，而且对维护整个地区的经济发展和社会稳定负有领导责任。所以，乡镇集体经济组织启动产权制度改革进程，必须向区县党委和政府提出申请。村集体经济组织启动产权制度改革必须向乡镇党委和政府提出申请。改制申请应当由农村党组织和农村集体经济组织管理机构联名提出。改制申请应当包括：本单位进行集体经济产权制度改革的主要条件、改革形式、改革的日程安排以及改革的组织领导等内容。《改制申请》示范文本如下。

××乡××村党支部
××乡××村经济合作社
关于推进我村集体经济产权制度改革的申请

××乡党委：

××乡人民政府：

经××村党支部、××村经济合作社研究决定，按××型集体经济产权制度改革方式，推进我村集体经济产权制度改革工作。具体改革方案已经社员代表大会讨论通过。

一、我村进行集体经济产权制度改革的主要条件

1. 资产和土地状况。我村现有集体账内总资产××万元，负债××万元，所有者权益××万元。现有集体土地××亩，其中：耕地××亩；林地××亩，企业用地××亩……

2. 人员情况。我村现有农业户籍人口××人，其中：16周岁以下人口××人，16~60周岁人口××人。集体经济组织成立以来至今已故人员约××人……

二、改革的形式

我村计划采取××型集体经济产权制度改革形式，启动我村集体资产处置和集体经济产权制度改革。

三、改革的日程安排

我村集体经济产权制度改革工作，计划自××年××月××日开始，到××年××月××日结束。改革基准日确定为××年××月××日。

四、改革的领导机构

（一）集体经济产权制度改革领导小组

组长：党支部书记××

副组长：村委会主任××

村合作社管委会主任××

成员：……

（二）集体经济产权制度改革办公室

主任：××

副主任：××

　　办公室下设：政策宣传组、清产核资组、劳动工龄核实组、资产量化组、信访排查组，……

　　特此申请

××乡××村党支部（公章）

××乡××村经济合作社（公章）

年　　月　　日

　　区县或者乡镇党委、政府在接到改制申请以后，应当责成区县或者乡镇集体经济产权制度改革机构，对改制申请进行审查，提出审查意见。根据集体经济产权制度改革机构的审查意见，由区县或者乡镇党委、政府集体研究后批复。区县或者乡镇党委、政府的批复意见一般应在接到申请以后的一个月以内作出。

　　《改制批复》示范文本如下。

中共××乡党委　××乡人民政府

关于××乡××村集体经济产权制度改革申请的批复

××村党支部、经济合作社：

　　经××乡党委和政府研究决定，同意你村采取××的形式，进行集体经济产权制度改革。改革的各项具体工作应按照市、区和乡有关文件进行，改革中要切实发挥社员代表大会的作用，加大宣传力度，做好解释工作，确保改革目标的顺利完成。

　　特此批复

中共××乡党委（公章）

××乡人民政府（公章）

年　　月　　日

四、组建农村集体经济产权制度改革领导小组

　　区县农村集体经济产权制度改革领导小组，一般应当由区县主管农村工作的副书记、副区县长分别担任组长、副组长，成员应当包括区县农工委、农委、经管站、财政局、宣传部、纪检会、工商局、地税局、信访办等部门的主要领导同志。一些对农村集体经济产权制度高度重视的地区，由区县党委书记

亲自担任领导小组组长，有力地推动了当地产权制度改革的顺利进行。

乡镇农村集体经济产权制度改革领导小组，一般应当由乡镇党委书记任组长，分管农村工作的副书记或者副乡镇长任副组长，成员应当包括乡镇经管站、财政所、组织部、宣传部、纪检会、信访办等部门的主要领导。

村集体经济产权制度领导小组，一般应当由村党支部（党委、总支）书记任组长，副书记或者集体经济组织主要领导任副组长，成员包括村委会主任、主管财务工作的领导、主管会计、治保主任、妇联主任、团支部书记、群众代表等。

区县和乡镇集体经济产权制度领导小组在同级党委、政府的领导下开展工作。村集体经济产权制度改革领导小组在村党支部（党委、党总支）的领导下开展工作。

各级农村集体经济产权制度改革领导小组，对本地区集体经济产权制度改革工作负总责。主要职责是：①贯彻国家相关法规，落实当地党委、政府关于推进农村集体经济产权制度改革的方针、政策；②制定本地区推进农村集体经济产权制度改革的计划；③对本地区农村集体经济产权制度改革中需要解决的问题进行调查研究，制定相关政策；④对改革单位提交的改制申请、改制方案进行审查，为党委、政府提出批复意见。

五、农村集体经济产权制度改革领导小组办公室的组建

各级农村集体经济产权制度改革领导小组应当设立办公室，负责集体经济产权制度改革的具体操作工作。

区县农村集体经济产权制度改革领导小组办公室，应当从区县农工委、农委、经管站等相关部门抽调得力干部组成。办公室主任应当由农工委、农委领导或者经管站长担任。

乡镇农村集体经济产权制度改革领导小组办公室，应当从乡镇经管站、纪检委、财政所、信访办等部门抽调得力干部组成。办公室主任应当由主管乡镇长或者经管站长担任。

村集体经济产权制度改革领导小组办公室，应当由主管财务工作的领导、主管会计、统计人员、群众代表等人员组成。办公室主任应当由领导小组副组长担任。

区县和乡镇集体经济产权制度改革领导小组办公室的主要职责是：①制定推进本地区集体经济产权制度改革的计划草案；②对本地区集体经济产权制度

改革单位进行具体指导；③审查改制单位提交的改制申请和改制方案；④审查改制单位资产清查和资产评估报告；⑤审查改制单位资产处置方案和股份量化方案；⑥培训改制单位改制工作骨干；⑦对本地区集体经济产权制度改革进行调查研究，拟订相关政策；⑧向上级集体经济产权制度改革领导机构报告本地区改革的进展情况。

实际改制单位（乡镇或者村）集体经济产权制度改革领导小组办公室的主要职责是：①制定本单位推进改制工作的计划或者改革方案；②负责集体经济组织成员身份界定与人口登记；③负责集体经济组织成员劳动工龄的统计与核实；④负责资产清查工作，组织资产评估工作；⑤负责资产处置工作；⑥负责股份量化工作；⑦负责宣传工作与政策解答；⑧负责股东代表、新型农村集体经济组织经营管理干部选举工作；⑨负责新型农村集体经济组织的章程起草工作；⑩负责新型农村集体经济组织的登记注册工作；⑪负责集体经济产权制度改革档案文件的归集、整理、存档工作。

实际改制单位产权制度改革领导小组办公室内部应当进行适当的职责分工。一般应当分为办公室、政策宣传组、资产清查组、劳动工龄核实组、资产量化组、信访排查组。

①办公室职责。负责改革领导小组内部协调，会务组织、起草改革方案、信息报送、档案管理、撰写工作总结等工作。办公室成员必须具备较高的政策理论水平、较好的组织协调能力和文字表达能力。

②政策宣传组职责。负责产权制度改革政策宣传和业务培训。政策宣传组成员必须具有一定的政策水平，熟悉农村基层工作。

③资产清查组职责。负责开展产权界定、资产清查，协助资产评估机构做好资产评估工作。资产清查组成员由熟悉集体资产管理和财务工作的本集体经济组织干部、成员代表和财务人员组成。

④劳动工龄核实组职责。负责人员身份界定、人口登记和劳动工龄的统计、核实工作。劳动工龄核实组成员应由参加集体劳动时间较长，声望较高，对本集体经济组织人员情况比较清楚的人员组成。

⑤资产处置与股权量化组职责。负责资产处置、股份量化和新型农村集体经济组织的筹建工作。资产量化组成员由本集体经济组织懂经营、善管理的人员组成。

⑥信访排查组职责。负责产权制度改革中的矛盾排查和纠纷调处。信访排查组成员由政策水平较高，在群众中有一定威信的人员组成。

⑦顾问组职责。根据改革工作的需要，可以聘请熟悉本集体经济组织发展

历史、资产变动历史、人员变动历史、土地征占历史，在群众中有较高声望，办事公道，有一定政策水平和文化水平的退休老干部和老社员、已经转居转工的原集体经济组织成员中的老干部、老社员组成顾问组，帮助开展工作。

以上各个职能小组的成员之间可以互相交叉兼职。

六、健全集体经济组织成员代表大会制度

按照国家有关法律、法规的规定，农村集体资产分别属于乡镇集体经济组织和村集体经济组织所有。农村集体经济组织成员大会或者成员代表大会选举产生的乡村集体经济组织管理委员会依法行使集体资产所有权。集体资产经营方式的确定和重大变更，主要资产处置和其他重大事项必须经同级成员大会或者成员代表大会讨论通过。集体经济产权制度改革涉及集体资产产权变动、资产处置、股份量化，必须由成员大会或者成员代表大会讨论通过。

拟进行集体经济产权制度改革的乡村，凡是成员代表多年没有经过民主程序选举产生的，都必须在准备阶段，按照国家有关法律法规的规定，组织成员民主选举成员代表。在此基础上，召开成员代表大会，民主选举乡村集体经济组织管理委员会。经过乡镇党委、政府同意，也可以由具有本村集体经济组织成员身份的村民代表作为成员代表，并召开会议民主选举产生村集体经济组织管理委员会。乡镇经济联合社成员代表会议，可以由具有本乡镇集体经济组织成员身份的人民代表组成，对乡镇集体经济产权制度改革进行决策。

1. 乡村集体经济组织成员代表必须具备的基本条件

乡村集体经济组织成员代表必须具备以下条件：①年满18周岁，享有选举权和被选举权，被剥夺政治权利的除外；②拥护中国共产党领导，遵守国家法律，具有较强的政策文化水平和议事能力；③关心集体，熟悉情况，公道、正派、责任心强；④密切联系群众，在群众中有较高威信；⑤身体健康，能适应工作。

2. 乡村集体经济组织成员代表的产生

（1）村集体经济组织成员代表的产生。村集体经济组织成员代表名额比例一般占本村成员的6%～8%，可根据村集体经济组织规模大小适当调整，代表人数一般控制在20～60人，村庄规模特别大的也要控制在100人以内。成员代表出现缺额时，应及时补选。

成员代表候选人由享有选举权和被选举权的集体经济组织成员推选产生，可以按照居住区域、行业、单位提名，或经5名以上成员提名，由全体成员民

主选举产生成员代表。代表构成应兼顾不同年龄、性别、经历、行业及不同经济成分，以保证代表的广泛性。

各村享有选举权和被选举权的集体经济组织成员对候选人集中进行投票，直接选举产生集体经济组织成员代表。也可以采取每户出一名代表，或者有亲戚关系的几户联合出一名代表的方式产生成员代表。代表选举产生后，集体经济组织应及时召开成员代表大会，选举产生管委会和监委会成员，分别履行各自的职责。

（2）乡镇集体经济组织成员代表的产生。乡镇集体经济组织成员代表大会由所属各村集体经济组织和乡镇集体企业推举选派的代表共同组成。各村集体经济组织所选派成员代表所占比例，按照各村人口比例合理确定。乡镇集体经济组织成员代表大会选举产生乡镇经济联合社管委会和监委会。

3. 乡村集体经济组织成员代表享有的权利、义务

（1）成员代表享有下列权利。①成员代表在集体经济组织内享有选举权和被选举权；②有权参加成员代表大会，发表意见，行使表决权；③有权监督集体经济组织管理委员会（简称管委会）、监察委员会（简称监委会）工作，参与重大经济问题决策；④10名以上代表联名，可以向成员代表大会提议罢免不称职的管委会、监委会成员。

（2）成员代表应履行的义务。①应遵守国家法律、法规和合作社章程；②关心集体，作风正派；③认真学习党的方针政策和科学文化知识，提高议事能力；④密切联系农民群众，听取、反映群众的意见和要求，维护农民群众的正当权益；⑤认真执行成员代表大会的决议，向农民群众做好宣传、解释工作。

4. 成员代表大会的职权

①制定、修改本集体经济组织章程；②选举集体经济组织主要负责人；③决定集体经济组织经济发展规划；④决定集体经济组织年度收支计划；⑤决定兴办企业、重大项目投资、各业承包方案、集体资产经营形式等事项；⑥决定公益事业投资；⑦决定本集体经济组织的分配方案；⑧集体经济组织章程规定的其他事项。

5. 在推进产权制度改革时，成员代表大会的主要工作

在推进农村集体经济产权制度改革过程中，成员代表大会发挥着重要的作用，应当对以下事项进行讨论并作出决议：①讨论通过本组织产权制度改革方案，对本组织启动产权制度改革进行表决；②讨论通过本村集体经济组织成员身份认定办法，对集体经济组织成员身份认定结果进行表决；③讨论通过集体经济组织成员劳动工龄统计核实办法，对劳动工龄统计结果进行表决；④对资产清查和资产评估结果进行认定；⑤讨论通过集体资产处置办法；⑥讨论通过股权量化方案（各类股权设置比例，个人股量化办法）；⑦对改革进程中涉及的其他重大事项进行表决。

成员代表大会须有 2/3 以上的代表参加，始得举行；决议必须有占全体代表半数以上的代表通过，方为有效。会议决定的事项要及时传达到全体成员。

随着新型农村集体经济组织的正式成立，股东代表大会、董事会（理事会）、监事会等组织机构的建立，原集体经济组织成员代表大会自行解散，集体经济组织成员代表资格同时终止。

第三节 改制决议准备

所谓改制决议准备，是在拟定农村集体经济组织产权制度改革工作计划的基础上，由集体经济组织成员代表大会对本组织改制工作计划做出决议。

一、改制决议准备的主要工作和工作目标

改制决议准备的主要工作是：拟订改制工作计划，召开成员代表大会作出改制决议，将改制决议上报上级人民政府审批。

改制决议准备的工作目标是：拟定推进农村集体经济组织产权制度改革的计划，经过本组织成员代表大会民主讨论同意，并获得上级人民政府批准，奠定农村集体经济产权制度改革的法律基础。

改制决议准备的工作内容是：召开各种座谈会，听取各个方面对本单位进行集体经济产权制度改革的意见。在综合各方面意见的基础上，草拟本单位推进集体经济产权制度改革的工作计划。改制工作计划草稿提交本单位改制领导小组审查以后，分组召开成员代表座谈会，听取成员代表的意见。将成员代表分组座谈的意见进行归纳、研究、吸收，对改制工作计划进行修改完善，并提交改制领导小组研究以后，形成讨论稿并分发给全体成员代表研究。召开成员代表会议对改制工作计划进行讨论，作出改制决议。将经成员代表会议讨论通过的改制决议上报上级集体经济产权制度改革领导小组审查。上级改制领导小组审查同

意以后报同级党委、政府审批。

二、集体经济产权制度改革工作计划的内容

集体经济产权制度改革工作计划应当包括以下几个方面的内容。

①改革单位集体经济发展的现状（账内集体资产数量、账外集体资产中资源性资产数量，集体资产经营情况，财务状况）；②本集体经济组织存在的问题和进行产权制度改革的必要性；③进行产权制度改革的指导思想、目标、原则；④进行产权制度改革拟采取的形式；⑤进行集体经济产权制度改革的实施步骤；⑥进行集体经济产权制度改革的时间安排；⑦进行集体经济产权制度改革的组织机构；⑧集体经济产权制度改革以后，新型农村集体经济组织的运行机制；⑨本集体经济组织发展的前景（集体资产经营战略、经营方针、预期收益）。

三、召开成员代表大会对改制工作计划进行民主决策

要确保集体经济产权制度改革工作计划能够得到成员代表的认可，能够在成员代表大会上获得通过，形成改制决议，必须注意抓好以下几个环节。

在制定起草改革工作计划时，一定要深入调查研究，针对本单位实际情况，有的放矢，切忌空谈和照抄其他单位的材料。

改制工作计划起草出来以后，一定要分别召开领导干部会议、党员会议、成员代表分组会议，充分听取各个方面的意见，并尽量把群众好的建议吸纳到改制工作计划中来。

改制工作计划基本成型以后，一定要征求上级集体经济产权制度改革领导小组办公室和有关专家的意见，请上级事先把好关。

在召开成员代表会议之前，要提前一周把改制工作计划书面材料发到成员代表手中，给成员代表留足征求其所代表的集体经济组织成员意见的时间。

召开成员代表大会时，一定要严肃庄重，做到"四有"：有签到；有会标：统称"××村经济合作社第×届第×次成员代表大会"；有记录；有档案。

召开成员代表大会，一定要严格按照有关程序进行。一般程序为：①由集体经济组织管理委员会主任主持会议，宣布开会；②公布成员代表出席和缺席情况；③由改制领导小组主要领导做改制工作计划的说明，阐述在本单位推进产权制度改革的必要性和必然性；④代表分组讨论和大会发言；⑤解答代表提出的质询、意见和建议；⑥通过大会有关决议，由成员代表在决议文本上签

字；⑦由村党组织书记做会议总结；⑧宣布闭会。

成员代表大会作出的改制决议示范文本如下。

××乡××村经济合作社第×届成员代表大会第×次会议
关于推进我村集体经济产权制度改革的决议

××乡××村经济合作社第×届成员代表大会第×次会议，于××年××月××日在××村委会第×次会议室举行。应到会成员代表××名，实到会成员代表××名，符合法律规定。与会成员代表经讨论，一致同意做出以下决议：

一、按××型集体经济产权制度改革形式，启动我村集体集体经济产权制度改革。

二、我村集体经济产权制度改革，自××年××月××日开始，到××年××月××日结束。产权制度改革基准日确定为××年××月××日。

三、成立集体经济产权制度改革领导小组，全面负责我村集体经济产权制度改革工作。

组长：党支部书记××

副组长：村委会主任××

村合作社管委会主任××

成员：……

四、成立集体经济产权制度改革办公室。

主任：××

副主任：××

办公室下设：政策宣传组、清产核资组、劳动工龄核实组、资产量化组、信访排查组，……

成员代表签字

年 月 日

四、向上级人民政府报告改制决议并获取批复文件

改制申请与改制决议的本质内容是一致的，都是就推进集体经济产权制度改革事项作出的决策。其不同主要表现在以下几个方面：第一，行为主体不

同。改制申请的申请主体是农村党组织和农村集体经济组织管理委员会，体现的是干部的意愿；而作出改制决议的主体是农村集体经济组织成员代表大会，体现的是全体集体经济组织成员的意愿。第二，法律效力不同。改制申请不具备法律效力，而改制决议具有法律效力。第三，批复主体不同。改制申请要经过上级党委和政府共同批复，而批复改制决议属于政府行为，只应当由上级人民政府批复。农村集体经济组织就改制决议提出的报告示范文本如下。

××乡××村经济合作社
关于集体经济产权制度改革决议的报告

××乡人民政府：

　　我村经济合作社第×届成员代表大会第×次会议，于××年××月××日在××村委会第×次会议室举行，与会代表经讨论，一致同意如下决议：

　　一、按××型集体经济产权制度改革形式，进行我村集体资产处置和集体经济产权制度改革。

　　二、集体经济产权制度改革自××年××月××日开始，到××年××月××日结束。产权制度改革基准日确定为××年××月××日。

　　三、成立集体经济产权制度改革领导小组，全面负责我村集体经济产权制度改革工作。

　　组长：党支部书记××

　　副组长：村委会主任××

　　　　　　村合作社管委会主任××

　　成员：……

　　四、成立集体经济产权制度改革办公室。

　　主任：××

　　副主任：××

　　办公室下设：政策宣传组、清产核资组、劳动工龄核实组、资产量化组、信访排查组，……

　　特此申请

××乡××村经济合作社（公章）

年　　　月　　　日

　　上级人民政府在接到乡村集体经济组织关于推进产权制度改革的改制决议

报告以后，应当及时加以研究并作出批复。

乡镇人民政府的批复示范文本如下。

关于××乡××村

集体经济产权制度改革决议的批复

××村经济合作社：

你社报送的改革决议收悉。经研究决定，同意你社第×届成员代表大会第×次会议作出的关于你社集体经济产权制度改革的决议。

此复

××乡人民政府（公章）

年　　月　　日

│第四节　后勤准备

推进农村集体经济产权制度改革必须有充分的后勤支持，主要包括：办公地点、办公设备、工作经费等。

一、选择适宜的办公地点，备齐必要的办公设施

农村集体经济产权制度改革领导小组办公室的办公地点应当与村民委员会办公地点保持一定距离。其理由是，产权制度改革工作需要起草改革政策，在这些政策出台之前需要在一定时间内、一定范围之内保守秘密，只有较为成熟的政策经过相关程序决策以后，才能提交农民群众讨论，而不成熟的政策草案轻易泄露出去以后，很容易引起部分群众的不满，造成不必要的麻烦。村民委员会办公地点对村民开放，每天人来人往日常事务繁杂，不便于保密。

农村集体经济产权制度改革领导小组必要的办公设备包括办公桌椅、文件柜、电话、电脑、打印机以及交通工具等。

二、编造改制工作预算

改制工作预算包括：宣传费用、会议费用、培训费用、额外增加的工作人员工资、资产清查经费、资产评估费用、公告费用、新型农村集体经济组织登记注册费用等。

改制工作中要坚持厉行节约、勤俭办社的原则，做到少花钱多办事。改制工作结束以后，实际发生的费用，列入新型农村集体经济组织的递延资产，分多个会计年度进行摊销。

三、上级政府资金扶持

一些地方党委和政府为了推动农村集体经济组织产权制度改革工作，采取了一些鼓励措施。如，有的地方规定每完成一个村的产权制度改革，经过检查验收合格的，由上级政府财政支付奖励资金 5 万元至 10 万元。有的地方规定，产权制度改革单位的资产评估费用和改制公告费用由区县财政负担。北京市为推动集体经济产权制度改革工作，每年从财政资金中编制产权制度改革培训费用，近几年来每年全市集中培训干部都在 1000 人次以上。市政府还设立了新农村建设创新奖，对推进产权制度改革作出突出成绩的区县政府给予几百万元到上千万元的资金奖励。

第三章 设立新型农村集体经济组织的实际操作阶段

实际操作阶段，是推进农村集体经济产权制度改革最关键、最重要的阶段。在这一个阶段，要认真制订改制方案、搞好宣传动员、开展资产清查、界定集体资产产权、搞好资产评估、界定集体经济组织成员身份、核实集体经济组织成员人口、登记集体经济组织成员工龄、进行资产处置、设置和量化股权、制订新型农村集体经济组织章程、民主选举股东代表。

第一节 制定集体经济产权制度改革方案

改制方案是农村集体经济组织进行产权制度改革的基本路线图，是驾驭整个改制进程的规范性文件。改制方案不仅包括改制工作的目的意义、指导思想、改革原则、改制任务、阶段划分、日程安排、改制工作领导机构，还要确定改革的形式、改制基准日、集体经济组织成员身份界定的政策、资产处置的政策、股权量化的政策等。同时，还要明确确保改制工作顺利完成的保障措施。认真制订好改制方案，对农村集体经济产权制度改革的成败起着举足轻重的作用。所以，在改制决议经过成员代表大会通过并经上级人民政府批准以后，改制工作就进入了实际操作阶段。而实际操作阶段的第一项任务，就是要制订好改制方案。有了改制方案，其他实际操作工作才能够顺利进行。

一、改制方案的主要内容

改革单位集体经济发展的现状（账内集体资产数量、账外集体资产资源性资产数量，集体资产经营情况，财务状况等）。

本集体经济组织存在的问题和进行产权制度改革的必要性。

进行产权制度改革的指导思想、目标、原则。

进行产权制度改革拟采取的形式。

改革基准时日。所谓改革基准日也称为改革时日，是正式启动集体经济组织产权制度改革的时点，也是资产清查和资产评估的时点，同时也是集体经济组织成员人口登记与劳动工龄登记的截止日。改革基准日以后出生或者迁入的村民，不能再界定为本集体经济组织成员。改革基准日以后的劳动工龄也不再予以确认。

集体经济组织成员身份界定的政策。

劳动工龄登记认定的政策与方法。

资产处置的政策与方法。

股权设置与量化的政策与办法。

集体经济产权制度改革以后，新型农村集体经济组织的治理结构与运行机制。

本集体经济组织发展的前景，包括集体资产经营战略、经营方针、预期收益等。

进行集体经济产权制度改革的实施步骤。

进行集体经济产权制度改革的日程安排。

推进农村集体经济产权制度改革的组织机构。

其他需要明确的问题。

二、改制方案的制订

改制方案的质量直接影响着改革能否顺利进行。衡量改制方案质量高低与否的标准有五条。

一是改制方案是否严格遵守了国家的法律法规。

二是改制方案是否认真贯彻执行了上级党委、政府关于推进农村集体经济产权制度改革的方针、政策。

三是改制方案是否符合本集体经济组织的实际。

四是改制方案是否照顾到了本组织绝大多数集体经济组织成员的合法利益。

五是改制方案是否有利于促进社会生产力的发展和社会的全面进步，有利于促进社会稳定与和谐。

为了达到上述要求，在制定改制方案时就必须做好以下几个方面的工作。

①学好法规。要组织改制领导小组及其办公室人员认真学习国家的相关法律、法规，如有条件最好聘请律师或者其他精通法律的人士担任法律顾问，把好改制方案的法律关。

②学好政策。要组织改制领导小组及其办公室人员，认真学习上级党委、政府关于推进农村集体经济产权制度改革的文件，把有关改制方针、政策、原则，搞懂吃透。如有条件最好能聘请对改制工作有深入研究的专家担任顾问，把好政策关。

③学好经验。要组织改制领导小组及其办公室人员到改制先进地区、先进单位进行考察学习，也可以采取请进来的办法，邀请改制先进单位的领导来做典型经验介绍，解难释疑。

④掌握好村情。改制领导小组及其办公室，要对本村集体资产状况、人口、劳动力及其变化等基础情况进行深入调查研究，摸清自身情况，找出本单位改制工作需要解决的难点问题。

⑤掌握好民意。改制领导小组及其办公室要在起草改制方案之前，分别召开本单位各个阶层人士的座谈会，听取各个方面对改制工作的意见和要求，并把各个方面的意见进行认真梳理，好的建议要充分体现到改制方案中来。

在进行以上工作以后，就可以进行改制方案的起草工作。改制方案起草出来以后，要继续深入到群众中去，听取群众的意见以后进行修改、完善。在定稿之前，要征求上级改制领导小组的意见，并根据上级意见做进一步修改、完善。

三、改制方案的决议

改制方案草案制定出来以后，要广泛征求各个方面的意见并征得上级改制领导小组同意，之后集体经济组织应当召开成员大会或者成员代表大会，对改制方案进行表决。本次会议的议程主要包括以下内容。

由农村党组织主要领导做改制工作动员报告。报告的主要内容是讲解推进集体经济产权制度改革的重大意义、目的；报告改制筹备工作进展情况；介绍改制方案的主要内容。

由改制领导小组办公室就改制方案的具体内容进行详细讲解。

将成员代表分成若干个小组，就改制方案进行讨论。

改制领导小组主要负责人就成员代表分组讨论提出的问题，做出解答，提出对改制方案的修改意见。

成员代表就会议内容进行表决，通过以下决议：①通过关于将农村集体经济组织改制为股份合作制新型农村集体经济组织的决议。②通过关于同意《集体经济组织改制方案》的决议。③通过关于同意《集体经济组织成员身份界定办法》的决议。④通过关于同意《资产处置办法》的决议。⑤通过关于同意《股权设置和股权量化办法》的决议。⑥通过关于同意《劳动工龄登记认定的政策与方法》的决议。⑦就其他与产权制度改革相关的问题做出决议。

《改制方案》以及其他改制文件经过成员代表大会讨论通过以后，要及时上报上级改制领导小组进行审批或者审查。

《改制方案》的示范文本如下。

××村集体经济产权制度改革方案

一、基本情况

××村集体经济组织成立于1956年，当时的名称是××村高级农业生产合作社。1958年人民公社化以后，成为××人民公社××生产大队。1984年人民公社解体以后，改称××农工商公司。1991年，按照市委、市政府的统一部署，改称××村经济合作社，同时保留了××农工商公司的牌子。

××村经济合作社现有1391户、2815口人、1799个农村劳动力；现有土地面积2938.5亩，其中农用土地面积1900亩、村庄占地242亩、集体建设用地796.5亩；现有集体账内5.3亿元，其中固定资产2亿元。

二、改革的必要性

改革开放三十多年来，××村集体经济在市场经济条件下，通过实行承包经营责任制、调整产业结构、大力发展"二、三"产业，使集体经济实力大幅度增强，农民生活得到明显改善。但是，由于长期以来集体经济共同共有的产权制度影响，集体经济存在资产产权主体不清、资产管理责任不明、资产经营效益不高、农民集体分配收入不多的问题。自1993年以来，××乡党委、政府就一直强调推进农村集体经济产权制度改革。一些改革较早的村实现了集体经济的腾飞，集体经济实力和农民收入水平已经大大超过了××村。特别是农村城市化进程不断加快，××村被市委、市政府确定为2010年全市50个重点整治村之一。在村庄的全面改造搬迁、农民整体转居上楼、产业布局全面调整的新形势下，推进××集体经济产权制度改革已经是一件迫在眉睫的重要而紧迫的工作。

因此，推进××村集体经济产权制度改革，是在农村城市化进程中保护农民利益，让农民带着资产进入城市的需要；是在农村城市化过程中，充分发挥集体经济组织作为带领农民群众进入城市的主要载体作用的需要；是切实解决目前村集体经济组织内部存在的各种矛盾与问题，提高集体资产经营效益，增加农民收入，实现共同致富的需要；是在旧村改造、农民转居过程中维护农村稳定，实现社会和谐的需要。

三、指导思想、目标、原则

1. 指导思想

××村集体经济产权制度改革，以邓小平理论、"三个代表"重要思想和科学发展观作为指导，坚持以人为本，维护好、实现好、发展好农民的合法权益。通过改革，建立起产权清晰、权责明确、管理民主、监督有力的充满活力和市场竞争能力的新型集体经济运行机制，充分发挥集体经济组织带领农民群众主动进入城市、实现共同富裕的载体作用。

2. 改革目标

××集体经济产权制度改革的目标是按照"资产变股权、农民当股东"大方向，将实行"共同共有"的传统集体经济改造成为实行"按份共有"的新型农村集体经济组织。

3. 改革的原则

在××村集体经济产权制度改革过程中要坚持以下五项原则：一是坚持解放和发展社会生产力、壮大集体经济实力的原则；二是要坚持保护集体经济组织及其成员合法财产权，维护农村社会稳定的原则；三是要坚持尊重集体经济组织成员的民主权利，实现公开、公平、公正的原则；四是要坚持实事求是、因地制宜的原则；五是要坚持依法办事的原则，凡是有国家法律、法规和党的政策规定的，必须严格执行法律、法规和政策规定；没有法律、法规、政策规定的事项，要按照合情、合理和民主集中制的原则，由社员（村民）代表会议民主讨论决定。

四、改革的基准日

经 2010 年 5 月 5 日召开的××村经济合作社社员代表大会决定，本村集体经济产权制度改革基准日为 2010 年 6 月 30 日。

五、改革的形式

××村集体经济产权制度改革的形式为存量资产量化型社区股份合作制。产权制度改革以后，到工商行政管理部门登记为集体企业法人。按照新型农村集体经济组织章程的规定设置相关法人治理机构。

六、改革的程序

①成立××村集体经济产权制度改革领导小组。由村党总支书记任××组长、××、××为副组长，党总支、村委会有关领导为成员。领导小组下设办公室，由××任办公室主任。抽调相关人员分别设立政策宣传组、资产核实组、人员工龄核实组和群众接待组（4月中旬）。

②召开社员代表会议就启动集体经济产权制度改革作出决议（4月中旬）。

③开展宣传动员工作（4月下旬至6月中旬，具体宣传计划另定）。

④制定产权制度改革方案（4月下旬到5月中旬）。

⑤结合村民委员会村民代表选举，同时选举社员代表和股东代表，由村民（社员、股东）向村民代表（社员代表、股东代表）发放委托书（6月中旬）。

⑤召开社员代表会议，讨论通过产权制度改革方案（6月下旬）。

⑦进行资产清查与资产评估、资产认定（4月上旬到6月底）。

⑧进行人员登记与工龄核实（6月中旬到7月底）。

⑨进行资产处置和股份量化（8月上旬到8月底）。

⑩制定新型农村集体经济组织章程以及其他筹备工作（9月上旬到9月中旬）。

⑪提出新型农村集体经济组织经营管理干部候选人名单，报请上级党委政府审查（10月上旬）。

⑫召开新型农村集体经济组织第一届第一次股东代表大会（创立大会），通过章程、选举董事、监事会成员，任命经营管理干部等（11月中旬）。

⑬进行企业法人登记（11月中旬到12月中旬）。

⑭举行新型农村集体经济组织揭牌仪式（12月中旬）。

⑮产权制度改革相关档案资料的收集、归档（12月底完成）。

七、集体净资产的认定

①集体经济产权制度改革，进行处置和股份量化的资产为集体账内经营性净资产。

②集体经济净资产按照谁投资谁所有的原则进行产权主体界定。本次进行资产处置和股份量化的集体净资产为产权主体，完全属于××村集体经济组织所有的经营性净资产。由于历史原因导致资产所有权不明晰的资产，待产权制度改革以后，通过对集体经济合同的清理加以解决。

③可以进行资产处置和股份量化的集体净资产数额，要聘请有资质的会计事务所，按照相关法律、法规和制度进行资产清查和资产评估。资产评估结果由××村社员代表大会进行认定，并报区农村合作经济经营管理站备案。

八、集体经济组织成员身份界定办法

截止到 2010 年 6 月 30 日（改制基准日），符合下列条件之一的人员，具有××现集体经济组织成员身份。

①1984 年 12 月 31 日前已经取得××村集体经济组织成员资格的农户及其衍生的农业人口；

②按照市政府制定的有关政策进行异地搬迁的水库移民、强泥石流易发区和采空区移民以及其他政策性移民家庭的农业人口；

③1984 年 12 月 31 日以后户口迁入××村，并且在××村经济合作社参加劳动的劳动力及其衍生的农业人口（劳动力户口迁入时的未成年或者未出生的子女）；

④未办理自愿放弃土地承包经营权手续的全家转为小城镇户口的农户及其衍生人口；

⑤本集体经济组织中拥有土地承包经营权的义务兵和符合国家规定的士官、服刑人员、劳教人员；

⑤经××村集体经济组织同意，因政策性转居没有参加城镇职工养老保险的劳动力；

⑦××村社员代表大会认定的其他享有集体资产权益的人员。

户口在本村，但享受城镇企业职工养老保险的城镇企事业单位退休职工不具备××村集体经济组织成员身份。

九、劳动工龄认定办法

①劳动工龄登记起始时点：1956 年 1 月 1 日起。

②劳动工龄登记结束时点：2010 年 6 月 30 日。

③劳动力认定年龄：在 1978 年，××村实行社员退休制度之前，男女劳动力劳动工龄全部从 16 周岁开始认定到不再参加集体生产劳动为止。在

1978 年，××村实行退休制度以后，男劳动力劳动工龄从 16 周岁开始到 60 周岁结束；女劳动力从 16 周岁开始到 55 周岁结束。劳动力在校学习期间不计算劳动工龄。

④在劳动工龄计算年龄之内，1984 年 12 月 31 日以前参加集体生产劳动满 6 个月不足一年的按照一年计算，不足 6 个月的不予计算。1984 年 12 月 31 日以后，不论在岗与不在岗，在劳动力认定年龄之内的全部计算劳动工龄。

⑤服刑和劳教人员在服刑和劳教期间，不计算劳动工龄。失踪人员暂时不计算劳动工龄。

⑥曾经在××乡农工商总公司下属集体企业就业，且已经从乡办企业下岗回到本村的劳动力，将其从××乡农工商总公司股份制改革时获得的一次性补偿款交给本村集体经济组织以后，其在乡办企业工作期间的劳动工龄计算为本村劳动工龄。

十、改革基准日已经死亡人员的劳动工龄处理方案

改革基准日已经死亡人员的劳动工龄不予计算。

十一、资产处置方法

1. 原始股金处置方法

首先按照农业生产合作社时社员投资形成的股金数额乘以 15，计算出截止到 1999 年的原始股金价值；其次，按照 1999 年的原始股金价值和 1999 年以后历年银行一年期个人储蓄存款利率进行滚动，计算出截止到改制基准日的原始股金现值。原始股金现值一次性现金兑现给原始股金持有者。原始股金持有人死亡的，按照《中华人民共和国继承法》的规定，由其法定继承人出据相关法定文件以后，依法进行继承。

2. 原集体经济组织成员资产份额的处置方法

所谓原集体经济组织成员包括：

①1956 年 1 月 1 日以后，历次因国家建设征用土地转为城镇居民的××村集体经济组织的劳动力；

②1956 年 1 月 1 日以后，因招工、提干、婚姻、升学、户口迁移等原因脱离××村集体经济组织的劳动力。

上述人员应享有的集体资产份额一律按照劳动工龄进行量化计算。

每个原集体经济组织成员应享有的集体净资产份额＝××村集体账内集体资产净值总额/全村集体经济组织成员劳动工龄×每个人的劳动工龄。

原集体经济组织成员的资产份额，采取一次性现金兑现的方式兑现给资产所有人。为最大限度地保护原集体经济组织成员的利益，除了按劳动贡献现金兑现以外，集体经济组织再给每个原集体经济组织成员发放现金补助 10 万元。

十二、股份设置与股份量化办法

1. 可以股份量化的资产数额

资产评估以后认定的集体账内经营性净资产经过资产处置，扣除原始股金现值和原集体经济组织成员资产份额以后，其剩余部分为归现集体经济组织成员所有的可进行股份量化的资产。

2. 集体股

本村新型农村集体经济组织集体股为可量化集体净资产的 10%。

3. 基本股

从归现集体经济组织成员所有的可量化资产中，按照 20% 的比例提取××新型农村集体经济组织成员的基本股。基本股按照改制基准日在册的现集体经济组织成员人口数量进行平均量化，每人一份。

4. 劳动贡献股

从归现集体经济组织成员所有的可量化资产中，按照 70% 的比例提取××新型农村集体经济组织劳动贡献股。劳动贡献股按照现集体经济组织成员的劳动工龄进行量化。全村不论男女劳动力，劳动工龄最高上限为 44 年，凡是不足 44 年劳动工龄的现有劳动力，按照自愿的原则，可以按照每年 3000 元的标准以现金购买劳动工龄。

每一个××村集体经济组织现成员的劳动贡献股 =（归现成员所有的可量化资产 - 集体股 - 基本股）/ 全村现集体经济组织成员劳动工龄 × 每个人的劳动工龄

十三、本方案的法律效力

按照《北京市农村集体资产管理条例》等相关法律的规定，本方案经充分听取党员、干部、群众意见以后，由社员代表会议民主讨论通过，并报上级党委、政府备案后执行。

第二节　产权界定

　　界定资产所有权是产权制度改革的基本前提。传统农村集体经济存在的弊病之一就是产权不清。所以，在推进集体经济产权制度改革的时候，一开始就要对集体资产进行产权界定。明确哪些属于集体资产，哪些属于国家资产，哪些属于个人资产，哪些属于其他社会法人资产。

一、农村集体资产的范围

　　农村集体资产所有权界定的范围是：属于集体经济组织全体成员集体所有的经营性资产（含乡镇村集体企业中的集体资产，下同）和非经营性资产、资源性资产，包括：①集体所有的土地和法律规定属于集体所有的森林、山岭、草原、荒地、滩涂、水面等自然资源；②集体所有的现金、存款等流动资产；③集体经济组织拥有的或以投资、贷款和劳动积累形成的水利、电力、交通等生产性设施和教育、文化、卫生、体育、通讯、福利等公益性设施；④集体经济组织投资办的企业及其收益形成的资产；⑤在国内联营、股份、股份合作和中外合资、合作以及兼并、有偿转让的企业中，集体经济组织按照章程、协议（合同）应有的资产份额；⑥集体经济组织接受捐赠、资助等形成的资产；⑦集体经济组织投资办的企业享受国家的各种优惠政策以及按国家和地方规定历年提取的生产性积累资金形成的资产及增值部分；⑧集体经济组织拥有的著作权、专利权、商标专用权、土地使用权等无形资产；⑨集体经济组织出资购买的股票、债券等有价证券；⑩依法属于集体所有的其他资产。

　　上述集体资产既包括了集体账内资产，也包括了未纳入账内核算的土地等自然资源性资产。所谓集体账内资产，是按照国家财务会计制度的规定，可以货币计量其价值进行会计核算的资产。集体资产总额扣除负债就是集体净资产。

二、集体资产产权界定

　　农村集体经济资产产权界定工作要严格按照农业部 1998 年 8 月 8 日颁布的《农村集体资产清产核资资产所有权界定暂行办法》（农经发〔1998〕6

号）进行。

（1）界定集体资产的法律依据。界定农村集体资产所有权的根据是《宪法》、《民法通则》、《农业法》、《乡镇企业法》等法律法规和有关政策的规定。

（2）农村集体资产所有权界定是指依据国家法律、法规和有关政策的规定，对乡镇、村、组集体经济组织集体所有的各种资产的所有权隶属关系进行确认的法律行为。

（3）集体经济组织是农村集体资产所有权的唯一主体，依法代表该组织内全体成员行使集体资产的所有权。

（4）集体资产所有权界定要遵循"谁投资、谁所有"的原则，同时要充分考虑资产形成的过程，从有利于管理和农村社会稳定出发，尊重历史、照顾现实，实事求是地进行。

乡镇集体经济组织（含代行乡镇集体经济组织职能的乡镇政府）投资形成的资产，归该乡镇集体经济组织全体成员集体所有；村、组集体经济组织（含代行村、组集体经济组织职能的村民委员会、村民小组）投资形成的资产，归该村、组集体经济组织全体成员集体所有，

（5）在集体资产所有权界定工作中，要理清三方面的关系：一是乡镇、村、组之间的资产所有权归属关系，不准相互平调和挤占。二是集体经济组织出资、参股的资产，均按各方出资额和比例分享所有者权益，以此界定资产权属。三是集体经济组织投资办的企业，其资产应全部归该集体经济组织全体成员集体所有。

（6）集体经济组织经营性资产所有权界定的有关问题，依照下列办法处理。

①集体经济组织在兴办企业初期筹集的各种资金及其形成的各种积累，凡事先与当事人（含法人、自然人）有约定的，按其约定确定产权归属；没有约定的，其产权原则上归集体经济组织全体成员集体所有。

②集体经济组织出资、参股的企业，按照国家法律、法规等有关规定享受的政策优惠（包括以税还贷、税前还贷和各种减免税金等）所形成的所有者权益，按各投资者所拥有财产（含劳动积累）的比例确定产权归属。

③政府和国有企事业单位为扶持农村集体经济发展而转让、拨给或投入，由乡镇、村集体经济组织投资办的企业形成的资产，凡明确是无偿转让或有偿转让但收取的转让费用（含实物）已达到其资产原有价值的，该资产及其收益形成的所有者权益，界定为集体经济组织全体成员集体所有。

④集体经济组织以借贷（含担保贷款）、租赁所取得的资金、实物作为兴

办乡镇、村集体企业的投入，该投入及其收益形成的所有者权益，除债权方已承担连带责任且与债务方已签订协议按其协议（合同）执行外，其产权归集体经济组织全体成员集体所有。

⑤集体经济组织投资办的企业实行承包或抵押承包、租赁经营的，其资产的所有权不变。其中实行承包经营的，承包者在承包期间投入的资金和设备，如有投资协议（合同）的，按其界定；没有投资协议（合同）的，原则上按照借款处理，增值的资产归集体经济组织全体成员集体所有。

⑥乡镇、村集体企业实行中外合资、合作经营和股份制、股份合作制以及联营的，其中集体经济组织的原始投入和追加投入、历年按投资比例（股）应分成的利润而未结算的部分、终结时按比例分得的结余净资产，界定为集体经济组织全体成员集体所有。

⑦集体经济组织参股的股份合作制企业，后改组成股份制的，其资本公积、盈余公积和未分配利润积余的划分按照原投股各方所投股金实际到账比例界定。

⑧集体经济组织投资办的企业，进行改制、资产出售后收回的资金，界定为集体经济组织全体成员集体所有。

⑨乡镇集体经济组织（含代行乡镇集体经济组织职能的乡镇政府）无资本金投入，全靠贷款办起来的企业，其资产归该乡镇集体经济组织全体成员集体所有。

⑩对挂用集体牌子，实为私人经营的企业，集体经济组织履行了连带责任的，对其盈利和积累，应按协议（合同）或通过协商界定集体经济组织的权益；国家对集体的优惠政策形成的资产，界定为集体经济组织全体成员集体所有。

（7）非经营性资产所有权界定的有关问题，依照下列办法办理。

①以集体出资为主、国家或地方财政给予补助形成的资产，界定为集体经济组织全体成员集体所有。

②凡是由乡镇、村集体经济组织或由代行乡镇、村集体经济组织职能的乡镇政府、村民委员会出面组织在集体经济组织及其成员、单位中分摊资金、劳力、物资形成的资产，分别界定为乡镇、村、组集体经济组织所有；如与其他所有制单位共同出资形成的资产，也要界定集体经济组织所占的份额。

③由村提留、乡统筹和建农基金及农民投工等形成的资产，界定为集体经济组织全体成员集体所有。

④原为乡镇集体所有制单位，后改变为全民或城镇集体所有制单位的，其

单位原有的资产及其增值，界定为乡镇集体经济组织全体成员集体所有。

⑤乡镇集体经济组织（含代行集体经济组织职能的乡镇政府），向乡镇集体企业和其他单位收取利润和留存于乡镇级的管理费而形成的资产，界定为乡镇集体经济组织全体成员集体所有。

⑥由集体经济组织提供土地，农民投资、投工种植的果树、林木，按协议（合同）约定界定集体经济组织所占的份额；由集体经济组织投资、投工种植，农民承包经营的果园、林木，承包期内增值部分按协议（合同）约定界定集体经济组织所占的份额。

⑦由两个以上集体经济组织投资、投工兴建的水利、电力、交通等生产性设施和教育、文化、卫生、体育、通讯、福利等公益性设施，按约定或投资比例界定各自应占的资产份额。

（8）土地所有权界定的有关问题，根据我国土地管理法律法规的规定，依照下列办法处理。

①各类经营性、非经营性单位无偿占用集体经济组织所有的土地，其所有权仍归原集体经济组织全体成员集体所有；已给予集体经济组织少量补偿，但未按规定办理征地手续的，土地的所有权不变。

②两个以上的集体经济组织分别提供土地兴建水利、电力、交通等生产性设施和教育、文化、卫生、体育、通讯、福利等公益性设施，按提供土地的比例分别界定各自所有的土地份额。

③集体经济组织提供土地开展生产经营活动或种植果树、林木的，其土地所有权归该集体经济组织全体成员集体所有。

（9）实行撤队转户的村、组（原生产队），除依法征用的土地归国家所有外，其余资产仍归原村、组（原生产队）范围内的全体成员集体所有或按协议（合同）界定。

（10）凡将归集体经济组织全体成员集体所有的资产界定、登记为其他性质资产的，应重新界定、登记为农村集体资产。

（11）集体资产所有权界定工作应从查账入手。要查阅与集体资产所有权及权益变动的有关资料，核查有关账目和原始凭证，摸清有关情况，以确定集体经济组织投资或投入的资产。

（12）集体资产所有权界定工作分乡镇、村两个层次进行，可以由乡镇成立的集体资产所有权界定小组统一组织实施，也可以分乡镇、村两个层次分别组织实施。乡镇集体资产所有权界定小组由乡镇集体经济组织、集体资产管理机构、企业、单位有关人员和村集体经济组织干部、成员代表组成；村集体资产所有权界定小组可以由集体经济组织干部、成员代表和企业、单位有关人员组成。多方出资形成的资产，由控股或起实际支配作用的集体经济组织或乡（镇）集体资产所有权界定小组组织有关投入方进行界定。

（13）集体资产所有权和使用权发生纠纷的，除法律法规已有规定外，由当事人协商解决。协商不成的，可以请县级以上集体资产管理工作指导监督部门、乡镇企业主管部门和财政、税务部门等组成的集体资产所有权界定小组进行协调或裁定。在纠纷未解决之前，当事人应维持集体资产的原状。

（14）资产构成较为复杂，其资产所有权一时难以界定清楚的，列为待界定资产，其中包括待界定农村集体资产。待界定资产暂按原有的经营管理方式运行。

（15）集体资产所有权界定结果，由集体经济组织提出资产所有权界定意见并组织填制《集体经济组织资产所有权界定申报表》、《乡（镇）集体企业产权界定申报表》，经乡镇集体资产所有权界定小组审核并进行归纳整理和汇总后报县级集体资产所有权界定小组审定。

三、集体资产产权界定中需要澄清的若干问题

根据农业部上述有关集体资产产权界定的政策规定，在集体经济产权制度改革中，需要进一步澄清以下几个问题。

（1）劳动贡献不能作为界定资产所有权的依据。在集体经济产权制度改革中，量化集体经济组织成员股份的依据之一是劳动贡献。但是，在界定资产所有权时候，除在兴办企业之初，已经约定可以职工劳动积累折算出资的以外，不得以劳动贡献为由，声索资产所有权。明白地说，就是不能说当初村集体对企业没有多少投资，现在企业发展壮大了，资产增加了，都是企业经营者和职工的贡献，都应当归企业经营者和企业职工所有。作为集体企业的经营者，不论做出多大贡献，也只是受村党组织和集体经济组织委派的一名工作人员，把集体企业办好是其应尽的职责，不能成为其向集体经济组织索要资产所有权的依据。

（2）负债经营所增加的资产属于集体经济组成全体成员共同共有。有的乡村集体企业负责人认为，在兴办企业之初，集体经济组织没有多少自有资金，多数投资是企业向银行贷款取得的，通过多年艰苦经营，现在企业把银行贷款还清了，贷款所形成的资产所有权应当界定为企业经营者和职工。这种见解从法律上是站不住脚的。因为，无论是乡村集体经济组织为兴办集体企业所

贷的款，还是以集体企业名义贷的款，从本质上来说都是集体经济组织负债。乡村集体经济组织直接贷款由其通过向企业收取税后利润进行还贷。集体企业直接贷的款，由企业利用税后利润进行还贷，而直接减少了向乡村集体经济组织上缴利润。同时，企业贷款的时候，乡村集体经济组织承担了连带债务责任。如果企业经营不善还不起贷款，最后还要由乡村集体经济组织负责偿还。

（3）企业从国家取得的政策优惠所形成的资产按照各方出资比例界定所有权。农业部规定：集体经济组织出资、参股的企业，按照国家法律法规等有关规定享受的政策优惠（包括以税还贷、税前还贷和各种减免税金等）所形成的所有者权益，按各投资者所拥有财产（含劳动积累）的比例确定产权归属。也就是说，那种认为企业从国家取得的政策优惠所形成的资产，应当归企业经营者和企业职工所有的认识也是错误的。如果是集体独资企业，政策优惠所形成的资产所有权全部归乡村集体经济组织所有，如果是集体参股企业，则按照各方出资比例界定这部分资产的所有权。

（4）集体企业所占用的村集体土地，在未办理国建征占法律手续、未转为国家建设用地之前，不论已经给了村集体多少补偿费，都仍然应当界定为村集体经济组织集体所有。以集体企业的名义，向国家申请的国有建设用地使用权，从本质上来说也属于乡村集体经济组织集体所有，不能界定为企业自身的土地使用权。

第三节　资产清查

农村集体经济产权制度改革的主要任务是明晰集体经济组织成员的资产份额，优化集体资产产权结构。所以，在进行改革的时候，在界定资产所有权的基础上，需要将集体资产的数量搞清楚，这就是资产清查。通过资产清查，全面核实集体资产的数量，资产结构、资产质量、清点盘实集体家底，为集体经济产权制度改革提供依据。

一、资产清查的要求

资产清查必须做到全面完整，真实准确，不重不漏。资产清查时点之前的所有收入、成本、费用、往来款项及未分配利润等事项都要全部纳入账目之中。内部企业之间不得有未达账项。对账内、账外资产分别清查，分别填报。资产清查的时点与产权制度改革基准日必须保持一致。资产清查的日程根据资产规模和资产清查的程序确定。

二、资产清查的组织

进行产权制度改革的乡村集体经济组织要在乡村集体经济产权制度改革领导下组的领导下，成立专门的资产清查小组。乡村集体资产清查小组成员由集体经济组织主管领导和财务、统计、审计、资产管理以及成员代表组成。乡村集体经济组织的下属集体企业，要按照乡村集体经济组织的统一要求，在本企业成立资产清查工作组织，明确专人负责。

三、资产清查的范围和项目

资产清查的范围包括：集体经济组织自身及其所属的集体所有制企、事业单位；集体控股或者参股的股份制企业、联营企业；集体控股或者参股的股份合作制企业；其他需要清查的企业。

资产清查的项目包括：土地等自然资源、货币资金、应收及预付款、存货、固定资产、短期投资及长期投资、在建工程、无形资产、待摊费用、递延资产及其他资产。

负债清查的项目包括：短期借款和长期借款、应付及预收款项、其他负债。

所有者权益清查的项目包括：实收资本、资本公积、盈余公积、未分配利润等。

土地等自然资源清查的项目包括：集体经济组织实有的土地、山场、草地、滩涂、水面等。

其他资产清查的项目包括账面上没有反映的资产、债权、债务等。

四、资产清查的程序

资产清查的程序包括准备、清查、填表、分析汇总、审核确认四个阶段。

1. 准备工作阶段

该阶段主要要求办好三件事：一是乡村集体经济组织及其下属集体企业要建立由主管领导和财务、统计、审计、资产管理、成员代表等人员参加的清产核资领导小组。二是设计各类表格。三是对参与资产清查人员进行业务培训。

2. 清查和填表阶段

在资产清查工作中，要对乡村集体经济组织所有的自然资源以及账内资产进行全面清查核实。有下属基层单位的乡村集体经济组织，首先要组织下属单位按照统一要求进行自查，填报有关资产清查报表。在基层单位自查的基础上，由乡村集体经济组织资产清查小组对基层上报清查报告进行复核。基层单位资产清查结果与乡村集体经济组织直接管理的资产清查结果进行汇总以后，形成整个组织的资产清查报告。

（1）流动资产的清查。

①现金。清查现金账面余额与库存现金是否相符。

②存款。清查各种存款账面余额与开户银行或其他金融机构的账面余额是否相符。

③短期投资。清查各种短期投资的投资额、投资时间、投资原因和投资到期时间。

④应收及预付款。清查集体经济组织的各种应收票据、应收账款和其他应收款、预付货款和待摊费用等。主要包括：清查应收票据，要按其种类逐笔与购货单位或银行核对查实。清查应收账款、其他应收款和预付货款，要逐一与对方单位核对，以双方记账金额一致为准。对有争议的债权要查证、核实，明确债权关系。对长期拖欠的，要查明原因，积极催收。对经确认无法收回的款项，要明确责任，依照有关规定进行核销。对个人借款要认真清理，并限期收回。凡是核销应收账款，必须经过成员代表大会民主决策，未经集体经济组织成员代表大会民主决策，任何个人和组织都不得擅自核销应收账款

⑤清查存货。清查原材料、辅助材料、燃料、修理用备件、包装物、低值易耗品、在产品、半成品、产成品、外购商品、协作件以及代保管、在途、外存、外借、委托加工的物资（商品）等。对于清查中发现的积压、已毁损或需报废的存货，要查明原因，进行相应的技术鉴定，并按有关规定妥善处理。对长期借出未收回的存货，要查明原因，积极收回或按规定作价出售。清查代保管物资由代保管单位负责，并将清查结果报集体经济组织进行核对后，列入集体经济组织资产总值中。

（2）长期投资的清查。在清查长期投资时，集体经济组织凡按股份或资本份额拥有实际控制权的，采用权益法进行清查；没有实际控制权的，按集体经济组织目前对外投资的核算方式进行清查。

（3）固定资产的清查。

①对固定资产要查清其管理现状，包括固定资产原值、净值、已提折旧额，清理出已提足折旧的固定资产、待报废和提前报废固定资产的数额及固定资产损失，待核销数额等。

②承包、出租的各项固定资产由发包、租出方负责清查，对没有登记入账的要将清查结果与承包、租入方进行核对后，登记入账。

③对借出和未按规定办理手续转让出去的资产，要清理收回或补办手续。

④对清查出的各项盘盈、盘亏固定资产，要查明原因，分清责任，提出处理意见，并按规定程序申报。

⑤经过清查后的各项固定资产，要按规定并区别固定资产的用途（指生产性和非生产性）和使用情况（指在用、未使用或不需用等）进行重新登记，建立健全实物账卡。

⑥对清查出的各项未使用、不需用的固定资产，要查明购建日期、使用时间、技术状况和主要参数等，按转生产用、出售、待报废等提出处理意见。

（4）在建工程的清查。包括在建或停缓建的基本建设、技术改造项目，含完工未交付使用（含试车）、交付使用未验收入账等工程项目。对这些在建工程，要查清项目、投资总额和管理状况等。

（5）无形资产的清查。包括各项专利权、商标权、特许权、版权、商誉、土地使用权及房屋使用权等。

（6）递延资产及其他资产的清查。包括企业、单位的开办费、租入固定资产改良支出及特种储备物资等。对这类资产清查时要逐一清理，认真核查摊销余额。

（7）资源性资产的清查。包括农用类土地、林木、山岭、草原、荒地、水面等资源性资产和开展经营性活动占用或租用的集体土地。农用类资源性资产的清查，要查明实际数量及其权属。开展经营性活动使用的集体土地，凡已办理报批手续的，按批准的数量登记。没有办理报批手续的，集体经济组织应对其土地面积先丈量后进行登记，以后再申报办理有关手续。对报批的数量与实际丈量的数量不符的，以实际丈量的数量进行登记。对土地权属不明或有争议的，先由占用的集体经济组织负责清查并单独注明。

（8）负债的清查。

①流动负债要清查各种短期借款、应付及预收款项、预提费用及应付福利费等。流动负债的清查不仅要清查其数量，还要对其真实性进行核实，严防虚假债务的发生。

②长期负债要清查各种长期借款、应付债券、长期应付款等。

对负债清查时，集体经济组织要与债权单位逐一核对账目，达到双方账面余额一致。

在资产清查中要把实物盘点同核查账务结合起来，把清查资产同核实负债结合起来，即全面清点品种、规格、型号、数量，以物对账，以账查物，查清资产来源、去向和管理情况，对账物不清的资产要进行追忆、查找，做到不留死角，不打埋伏，不重不漏。

3. 分析和汇总阶段

在这一阶段中，要重点解决好三类难点问题：一是对账外资产的追查核实问题。二是对群众举报问题的核实。三是其他对集体资产清查结果有重大影响问题的核实。

4. 审核确认阶段

对资产清查结果的审核确认，要以群众对资产清查结果认可为前提。群众不认可的，暂不能实施这一步骤。在这个阶段里，要认真履行三个程序：

一是召开成员代表大会对清查结果进行确认。

二是村资产清查工作组要将资产清查结果、群众意见和成员代表大会决议呈报乡镇产权制度改革领导小组审核，乡镇产权制度改革领导小组审核后，报区县产权制度改革领导小组审核。

三是报区县产权制度改革领导小组进行审核。

经过以上三个程序审核确认的资产清查结果为最终结果，其审核确认的集体净资产是集体资产量化的依据。资产清查小组要严格把住三道关：一是把好政策关，教育工作人员严格按照政策办事。二是把好清查项目关，做到不重、不漏。三是把好实施程序关，指导工作人员按照程序办事，同时抓好各程序的衔接工作。

五、资产清查中的民主监督

实施民主监督的主要做法是将资产清查的结果进行三榜公布。在第一榜公布之前，集体经济组织应该成立资产清查咨询组。乡镇产权制度改革领导小组应对村资产清查工作组成员进行培训，通过培训，使受训人员进一步理解政策，掌握群众可能提出的问题及对问题的解答要点。另外，应该采取多种形式将张榜公布资产清查结果的时间、公布程序及有关要求通告给群众。对每一榜的公布，都要将清产清查结果分项详细列表，逐项公布。同时，资产清查组要在现场办公，真实、准确记录和解答群众提出的问题，并且还要在公布期内设咨询接待日，如实解答群众提出的疑问。如果群众对咨询组的解答不满意的，还可以按照规定要求区县、乡镇有关部门进行解答。对群众提出的与张榜公布内容有关的合理意见，应该及时采纳，对工作中确实出现的错误必须及时纠正。

六、资产清查中发现问题的处理

（1）资产清查以集体经济组织账面金额为基础，严格按照会计制度的有关规定进行清查。

（2）盘盈的低值易耗品等账外物资，没有原始价值的，参照同类财产的现价及成新率计算折余价值，填制资产清查报表。

（3）账外房屋建筑物按照建造价反映资产价值。建造价按照建筑单位、施工单位或相关部门的资料确定，账外在建工程按照建造价及工程进度计算价值。

（4）对清查出的各种与账面记载不符的事项要写出书面报告，逐项说明。在清查中遇到的其他问题，由乡镇产权制度改革领导小组和村产权制度改革领导小组共同研究处理意见。

（5）待处理财产损益的主要会计账务处理。

①盘盈的各种材料、产成品、商品、生物资产等，借记"原材料"、"库存商品"、"消耗性生物资产"等科目，贷记"待处理财产损益"科目。

②盘亏、毁损的各种材料、产成品、商品、生物资产等，盘亏的固定资产，借记"待处理财产损益"科目，贷记"原材料"、"库存商品"、"消耗性生物资产"、"固定资产"等科目。材料、产成品、商品采用售价核算的，还应同时结转商品进销差价。

③盘盈的除固定资产以外的其他财产，借记"待处理财产损益"科目，贷记"管理费用"、"营业外收入"等科目。

④盘亏、毁损的各项资产，按管理权限报经批准后处理时，按残料价值，借记"原材料"等科目，按可收回的保险赔偿或过失人赔偿，借记"其他应收款"科目，按本科目余额，贷记"待处理财产损溢"科目，按其借方差额，借记"管理费用"、"营业外支出"等科目。

⑤盘亏及毁损的固定资产，应查明原因，按其原价扣除累计折旧、变价收

人、过失人及保险公司赔款之后，计入营业外支出。

⑥盘盈的固定资产，作为前期差错处理，通过"以前年度损益调整"科目核算。

七、资产清查的纪律

（1）对未按规定进行资产清查或走过场的，以及不如实填报报表、虚报或隐瞒真实情况的，依据国家有关规定由当地人民政府农村合作经济管理部门责令改正；造成严重后果的，对直接责任人员依法追究责任。

（2）对在资产清查中违反工作纪律的有关工作人员，根据具体情节由当地人民政府或有关部门按规定依法进行处理。

（3）对采取设置账外账、小金库、公款私存等手段转移集体资产的行为，在资产清查以后，凡是能够在规定的时限之内，如实向乡村产权制度改革领导小组报告，并交出有关集体资产的，可以免于纪律处分。凡是，在规定的时限之内，拒绝向乡村集体资产清查小组报告，甚至转移、私分集体资产的，一经查出按照国家相关法律移交有关部门严肃查出。触犯刑律的移交司法部门查办。

八、资产清查报告

资产清查报告应包括进行资产清查工作的日期、资产清查的目的、资产清查的人员、资产清查的范围和对象、资产清查的基准日、资产清查的依据、资产清查的过程、资产清查的结果与结论。

资产清查报告示范文本如下。

××村经济合作社资产清查报告

根据××安排，我们于××年××月××日至××年××月××日对××村经济合作社（公司）涉及的全部资产进行清查和核实。现将有关情况和结果报告如下：

一、财产清查目的

……

二、财产清查人员

姓名　　　　　　　　工作单位　　　　　　　　职务

……

三、资产清查范围和对象

资产清查范围涵盖××（集体经济组织或企业）的全部经营性资产、非经营性资产和资源性资产。

本次资产清查对象具体包括：

1.××村经济合作社

2.××中心（村属企业）

3.××厂（村属企业）

4.××公司（村属企业）

5.××（非经营性单位）

四、资产清查基准日

本次资产清查数据截止到××年××月××日。

五、资产清查依据

1.1998年11月修订的《北京市农村集体资产管理条例》；

2.1998年1月农业部、财政部《关于印发农村集体资产清产核资工作方案和办法的通知》（农经发〔1997〕5号）；

3.……

4.××提供的财务资料和证明文件；

5.其他有关资料。

六、资产清查过程

本次清产核资按照资产清查、产权界定、价值重估、资金核实和数据汇总的程序进行。

七、资产清查结果与结论

经过清查和核实，截至××年××月××日，××村经济合作社资产情况如下：

1.经营性资产

（××单位）全部经营性资产总额账面值为××万元，核实值为××万元，较账面值增加（或减少）××万元，造成差异的主要原因是……

全部负债总额账面值为××万元，核实值为××万元，较账面值增加（或减少）××万元，造成差异的主要原因……

所有者权益总额账面值为××万元，核实值为××万元，较账面值增加（或减少）××万元，造成差异的主要原因是……

经产权界定，××村经济合作社集体净资产总额核实值为××万元。

2. 非经营性资产

非经营性资产账面值为××万元，核实值为××万元，造成差异的主要原因是……

3. 资源性资产

本××集体土地××亩。由本××使用的国有土地××亩，其中，经营性建设用地××亩，非经营性建设用地××亩，农用地××亩。

八、其他事项说明

九、报告提出日期

××年××月××日完成资产清查报告（附表共××页，其中，资产清查简表1页，汇总表3页，基础表××页）。

资产清查工作组成员（签名）：

××村经济合作社（公章）

年　　月　　日

九、资产清查结果的审核认定

对资产清查结果的审核确认，要以群众对资产清查结果认可为前提。群众不认可的，不能实施这一步骤。在这个阶段里，要认真履行三个程序：一是召开成员代表大会对资产清查结果进行确认；二是资产清查工作组要将资产清查结果、群众意见和成员代表大会决议呈报乡镇人民政府审核。三是乡镇人民政府审核后，报区县经管站审核认定。经过以上三个程序审核确认的资产清查结果为最终结果。

第四节　资产评估

资产评估是指由专门的机构和专业人员，依据国家相关法律、法规、政策和调查研究所获得的资料，根据特定目的，遵循一定的工作原则、程序和标准，采用相应的经济原则和适当的计算方法，重新确定某种资产价值的工作，简要地说就是对资产某一时点的价格进行估算。

一、在农村集体经济产权制度改革中进行资产评估的必要性

随着时间的推移，市场供求关系、物价水平等不断发生着相应的变化。农村集体资产本身在使用过程中不断损耗或增值，资产的价值也在不断地发生变化。实行农村集体经济产权制度改革，需要了解集体资产现在的真实价值，这就需要资产评估机构通过对农村集体资产进行独立、客观、公正、科学的评估，提出公允的市场价值，并出具资产评估报告。《国务院关于加强农村集体资产管理工作的通知》规定："集体资产通过拍卖、转让或者由于实行租赁经营、股份经营、联营及中外合资经营、中外合作经营等方式而发生所有权或使用权转移，必须进行资产评估，并以评估价值作为转让所有权或使用权的依据。"在对集体资产进行全面清查和产权界定，核实集体资产所有权和数量的基础上，需要对集体资产的质量也就是其本身的价值进行合理评估。通过资产评估，在集体资产总额中，剔除那些已经失去使用价值的资产的价值，重新核定那些账面价值与实际市场价值偏离较大的资产的价值，从而全面、真实地反映集体资产的实际价值。所以，开展资产评估工作，对于在集体经济产权制度改革过程中，切实保护广大农民群众的合法权益具有重要意义。

二、资产评估的方法

资产评估方法是实现评定估算资产价值的技术手段。目前，资产评估的基本方法主要有以下四种。

1. 重置成本法

重置成本法，是指由现时条件下重新建造或购买一项全新状态的被评估资产所需的全部成本，减去该被评估资产的各种陈旧贬值后的差额，作为被评估资产现时价格的一种资产评估方法。采用重置成本法评估资产，应具备的前提条件是：应当具备可利用的历史资料；形成评估资产的耗费是必须的。运用成本法评估资产一般按下列程序进行：先确定被评估资产，并估算重置成本；再确定被评估资产的使用年限；然后估算被评估资产的损耗或贬值；最后计算确定被评估资产的价值。其基本公式是：被评估资产的价格＝重置全价－实体性贬值－功能性贬值－经济性贬值。

2. 收益法

收益法又称收益现值法，是将被评估资产在剩余寿命内的预期收益，用适

当的折现率折现为评估基准日的现值，并以此确定被评估资产价格的一种方法。应用收益法评估资产必须具备的前提条件是：被评估资产必须是能用货币衡量其未来期望收益的单项或整体资产；资产所有者所承担的风险也必须是能用货币衡量的。其运用程序为：先收集验证有关经营、财务状况的信息资料；再计算和对比分析有关指标及其变化趋势；然后预测资产未来预期收益，确定折现率或本金化率；最后将预期收益折现或本金化处理，确定出被评估资产价值。

3. 现行市价法

现行市价法是按市场现行价格为标准来确定资产价值的方法。该法也称市场价格比较法，通过被估资产与最近售出类似资产的比较，将类似资产的市场价格进行调整，从而确定被估资产的价值。其前提条件是需要有一个充分发育活跃的资产市场，有参照物资产与被估资产可比较的指标，参数资料可搜集到。运用市场法评估资产时，一般按下列步骤进行。首先明确评估对象；然后进行公开市场调查，收集相同或相类似资产的市场基本信息资料，寻找参照物；接下来分析整理资料并验证其准确性，判断选择参照物；最后把被评估资产与参照物比较，分析调整差异后得出结论。差异调整因素主要有时间因素，地域因素，功能因素。其基本公式是：

评估价格 = 市场交易参照物价格 + 评估对象比参照物优异的价格差额 − 交易参照物比评估对象优异的价格差额；

评估价格 = 参照物价格 × （1 + 调整系数）。

4. 清算价格法

清算价格法是指以清算价格为标准，对企业或资产进行的价格评估。而清算价格是指企业由于破产或其他原因，要求在一定期限内将企业或资产变现，在企业清算之日预期出卖资产可收回的快速变现价格。

三、资产评估的主体与时点

1. 评估主体

资产评估的主体是指进行资产评估的专门人员。凡是集体经济组织在产权制度改革后需要进行企业法人登记的，应当聘请具有评估资质的中介机构进行评估；集体经济组织在产权制度改革后无需进行企业法人登记的，可以由上级农村合作经济经营管理部门来进行资产评估。

2. 评估费用

对于同时启动的农村集体经济产权制度改革，应当请同一个具有评估资质的中介机构依据国家有关法律法规来进行评估，以扩大资产评估的规模，从而降低评估费用。

3. 评估时点

在农村集体经济产权制度改革过程中，需要将经资产评估确定的集体资产，在符合参与集体资产处置条件的成员中间进行量化。因此，资产评估的时点应当与产权制度改革基准日和劳动工龄登记核实时点保持一致。

四、资产评估结果的确认与备案

1. 资产评估结果的确认

对资产评估结果的审核确认，要以群众对资产评估结果认可为前提。群众不认可的，暂不能实施这一步骤。在这个阶段里，要认真履行三个程序：一是召开改制单位成员代表大会对评估结果进行确认；二是改制单位资产评估工作组要将资产评估结果、群众意见和成员代表大会决议呈报乡镇政府有关部门进行审核。三是乡镇政府有关部门审核后，报区县政府有关部门审核。根据群众意见、乡镇和区县政府有关部门审核意见，由改制单位与资产评估机构进行沟通，对评估报告进行修改、完善。经过以上三个程序审核确认的资产评估结果为最终结果。

2. 资产评估结果的备案

根据国家有关法律、法规和地方法规、政策的规定，对农村集体资产实行承包经营、租赁经营或者用集体资产参股、联营、合资经营的，应当进行资产评估。集体资产评估结果报区、县农村合作经济管理部门备案。备案工作由乡镇农村合作经济管理部门负责到区、县农村合作经济管理部门办理，并报送以下材料：

①乡镇经管站填写的《农村集体资产评估结果备案表》。
②有资质中介机构出具的《资产评估报告》。
③被评估对象的同期财务报表《资产负债表》、《收益分配表》。
④集体经济组织成员大会或成员代表大会对资产评估进行审核，形成决议的复印件。

区、县经管站收到以上材料后，进行审核并出具《农村集体资产评估结果备案通知书》，同时将有关材料存档备查。

参考示范文本如下：

××区农村集体资产评估结果备案通知书

××乡经管站：

你单位报送的×××乡×××集体经济组织集体资产评估结果等材料收悉，已按有关规定在我处备案。

备案材料具体包括：

1.《××区××集体经济组织资产评估结果备案表》；

2.××会计师事务所（有资质的中介机构）××××年××月××日出具的《资产评估报告》（报告编号：××××）；

3.××集体经济组织成员大会或成员代表大会对资产评估进行审核，形成决议的复印件。

××区经管站（公章）

年　　月　　日

---

3. 资产评估结果的会计账务处理

集体经济组织财务会计管理部门应当按照成员大会或者成员代表大会确认的资产评估结果，调整相关资产的会计记载。资产评估价值高于原账面价值的，借记相关资产科目，贷记"资本公积"科目；资产评估价值低于原账面价值的，借记"资本公积"、"实收资本"等科目，贷记相关资产科目。

第五节　集体经济组织成员身份界定与人口统计

改革开放特别是实行家庭承包经营以后，随着农村人口流动、户籍变动、就业拓宽、土地征占，农村社区范围内人员结构、人口数量发生了重大变化。在一个村内居住的既有农业户口家庭，也有非农业户口家庭；既有集体经济组织成员家庭，也有非集体经济组织成员家庭。集体经济组织成员既有住在本村的，也有居住在城镇或者外村的。有的家庭，有的人是农业户口，有的人是非农业户口。转为非农业户口的人员中，有的是因为转为国家工作人员，有的是土地征占转居转工，有的是政策性转居没有转工，有的考上大学以后转为非农业集体户口。转居转工人员中，有的在城镇企业就业，有的自谋职业，有的把劳动安置费交给集体经济组织后仍然在集体就业。产权制度是人与财产的结合方式，体现的是人与人之间的财产关系。产权制度改革是涉及集体经济组织财产关系和利益分配关系的重大变革，必须对现实拥有、依法拥有、有权拥有集体经济资产权益的人口进行全面统计。在全面统计的基础上，按照相关法律、法规和政策进行甄别、界定集体经济组织成员身份。所以，在集体经济产权制度改革中，进行人口统计是一项极其重要的工作。

一、人口统计的范围

在农村集体经济产权制度改革中进行人口统计，其范围包括如下方面（以产权制度改革基准日为截止日期）。

①一轮土地承包时，已经取得本集体经济组织土地承包经营权的农户及其衍生的农业人口。

②按照省、区、市政府制定的有关政策进行异地搬迁的水库移民、强泥石流易发区和采空区移民以及其他政策性移民家庭的农业人口。

③转居转工人员中把劳动力安置费交给本集体经济组织并在本集体经济组织就业的留职人员家庭人口。

④集体经济产权制度改革时日，在大、中专院校读书且转为非农业集体户口的集体经济组织成员子女。

⑤已经将承包土地交回户口迁出村的集体经济组织，并按照现户口所在地集体经济组织的规定缴纳了入社投资，经本集体经济组织成员大会或者成员代表大会同意后，取得本集体经济组织成员身份的农户及其衍生的农业人口。

⑥未办理自愿放弃土地承包经营权手续的全家转为小城镇的农户及其衍生人口。

⑦本集体经济组织中拥有土地承包经营权的义务兵和符合国家规定的士官、服刑人员、劳教人员。

⑧因土地征占转居转工的劳动力。

⑨因政策性转居的劳动力。

⑩在本村参加过集体生产劳动，改制基准日之前的外嫁女。

⑪在本村参加过集体生产劳动，改制基准日之前转为国家工作人员的劳动力。

⑫在本村参加过集体生产劳动，改制基准日之前已经死亡的劳动力。

⑬在本村参加过集体生产劳动，改制基准日之前户口迁出本省、区、市的劳动力。

⑭一轮土地承包时，已经取得本集体经济组织土地承包经营权，后来把户口迁出本村且没有在现户口所在村取得土地承包经营权的农户及其衍生人口。

⑮集体经济组织成员大会或者成员代表大会认定的其他享有集体资产权益的人员。

二、集体经济组织成员身份界定

1. 集体经济组织成员身份界定的意义

在进行人口统计的基础上，要合理界定人员身份，确定哪些人员属于现集体经济组织成员，哪些人员属于原集体经济组织成员，哪些人员既不属于现集体经济组织成员也不属于原集体经济组织成员。现集体经济组织成员，拥有参与集体经济资产处置与股份量化，成为新型农村集体经济组织股东的资格。而原集体经济组织成员则按照其投资和劳动贡献享有相应集体资产份额。既不属于现集体经济组织成员也不属于原集体经济组织成员的，没有参与集体经济产权制度改革的资格。所以，界定集体经济组织成员身份，是推进农村集体经济产权制度改革的基础性工作。能否依法、合理界定集体经济组织成员身份，直接关系到改革能否顺利推进，能否成功。

2. 界定集体经济组织成员身份的原则

界定集体经济组织成员身份必须坚持以下原则。

（1）坚持尊重法律和政策的原则。界定集体经济组织成员身份，必须严格执行国家《宪法》、《农村土地承包法》等法律规定，严格执行各省、区、市制定的《农村集体资产管理条例》等地方法规的规定，严格执行各地党委、政府制定的关于推进农村集体经济产权制度改革的相关文件规定。

（2）坚持尊重群众意愿、民主决策的原则。集体经济组织成员是集体经济组织全部资产的所有者，集体经济组织成员大会或者成员代表大会是集体经济组织的最高权力机构。界定集体经济组织成员身份这样重大的问题，必须交由成员大会或者成员代表大会集体民主决定，不能由少数人决定。在不违背法律、法规和政策规定的前提下，成员代表大会或者成员代表大会可以根据本组织实际，因地制宜地确定本组织成员标准，做出某些变通。

（3）坚持尊重历史、承认现实的原则。尊重历史，就是要尊重集体经济组织形成的历史，尊重集体经济组织资产形成的历史，尊重在改革开放以前由于政治、经济、体制、政策等历史原因已经形成的集体经济组织成员构成。承认现实，就是要遵守改革开放以来，在社会主义市场经济条件下形成的新的经济秩序，不能把改革开放以前人民公社时期的某些做法生硬地搬到现在来用。

3. 具有本集体经济组织现成员身份的人员范围

集体经济组织成员身份，各地区可以结合本地的实际情况，参照如下范围确定本集体经济组织成员。

截止到改制基准日，符合下列条件之一的人员，具有现集体经济组织成员身份。

①一轮土地承包时，已经取得本集体经济组织土地承包经营权的农户及其衍生的农业人口。

②按照省、区、市政府制定的有关政策进行异地搬迁的水库移民、强泥石流易发区和采空区移民以及其他政策性移民家庭的农业人口。

③转居转工人员中把劳动力安置费交给本集体经济组织并在本集体经济组织就业的留职人员家庭人口。

④集体经济产权制度改革基准日，在大、中专院校读书且转为非农业集体户口的集体经济组织成员子女。

⑤已经将承包土地交回户口迁出村的集体经济组织，并按照现户口所在地集体经济组织的规定缴纳了入社投资，经本集体经济组织成员大会或者成员代表大会同意后，取得本集体经济组织成员身份的农户及其衍生的农业人口。

⑥未办理自愿放弃土地承包经营权手续的全家转为小城镇的农户及其衍生人口。

⑦本集体经济组织中拥有土地承包经营权的义务兵和符合国家规定的士官、服刑人员、劳教人员。

⑧一轮土地承包时，已经取得本集体经济组织土地承包经营权，后来把户口迁出本村且没有在现户口所在村取得土地承包经营权的农户及其衍生人口。

⑨因政策性转居没有享受城镇职工社会保障的劳动力。

⑩集体经济组织成员大会或者成员代表大会认定的其他享有集体资产权益的人员。

本行政区域范围内各村集体经济组织作为乡镇集体经济组织的团体成员。没有村集体经济组织的乡镇，集体经济组织成员为依法享有集体资产所有权的个人。

4. 享有集体经济资产处置权的原集体经济组织成员范围

原集体经济组织成员按照其投资和劳动贡献，享有相应集体资产份额，有权在集体经济产权制度改革时，参与集体净资产的处置。这些人员的范围包括：①因土地征占已经转居转工的劳动力（包括在城镇企事业单位就业和自谋职业人员）；②办理了自愿放弃土地承包经营权手续的全家转为小城镇的劳动力；③因政策性转居，没有被界定为集体经济组织现成员的劳动力；④在本村参加过集体生产劳动，改制基准日之前的外嫁女；⑤在本村参加过集体生产劳动，改制基准日之前转为国家工作人员，其在村劳动工龄未被连续计算为国家工作人员工龄的劳动力；⑥在本村参加过集体生产劳动，改制基准日之前已经死亡的劳动力；⑦在本村参加过集体生产劳动，改制基准日之前户口迁出本省、区、市的劳动力；⑧其他经过集体经济组织成员代表大会确认享有集体资产权益的人员。

三、做好人口统计和集体经济组织成员身份界定工作需要注意的几个问题

人口统计和集体经济组织成员身份界定是一个十分复杂的问题，做好这项工作需要注意以下几点。

①农村集体经济产权制度改革领导小组及其办公室工作人员，要认真学习和掌握好国家有关法律、法规和政策。

②农村集体经济产权制度改革领导小组及其办公室工作人员，要认真学习和参考改制先进单位的经验，结合本地实际，灵活运用。

③坚持公平、公开、公正的原则，不搞暗箱操作。

④对现集体经济组织成员资格认定有争议的，除法律、法规和政策有明确规定的外，按照"宜宽不宜严、合乎情理"的原则，充分发挥集体经济组织民主决策的功能，由成员代表大会或者成员代表大会民主讨论决定。

⑤深入细致地作好各项工作。要认真设计、印制各类登记表。要在本省、区、市公开发行的报纸和本行政村、自然村发布公告，明确登记地点，公布联系人和联系方式。

⑥在推进产权制度改革之前已经整体转居的集体经济组织，在界定集体经济组织成员身份时，一般以最后一次整体转居时日，为界定集体经济组织成员身份时日。

四、在集体经济组织成员身份界定中要注意保护妇女的合法权益

在集体经济产权制度改革中切实保护好妇女的合法权益，是一个非常重要的问题。在界定集体经济组织成员身份时，要按照《中华人民共和国妇女权益保护法》，注意以下问题。

①女性集体经济组织成员招赘入户的配偶，应当享有男性集体经济组织成员配偶同等权益。既然男性集体经济组织成员依法迎娶的农业户籍的配偶，是当然的集体经济组织成员，那么按照男女平等的原则，女性集体经济组织成员招赘入户的农业户籍的配偶，也理所应当成为集体经济组织成员。在实际工作中有的村规定，同一农户如果有三个闺女，那么其所招赘入户的第一个女婿可以免费成为集体经济组织成员，第二个招赘入户的女婿需要缴纳入社投资的50%，第三个招赘入户的女婿则必须全额缴纳入社投资。我们认为，从优化人口结构，防止集体经济发展较好的村人口过快增长角度看，这样的规定也没有违反国家法律、法规，应当是允许的。

②女性集体经济组织成员配偶为非农业户口，其婚生子女随母亲登记为本村农业户口的，该子女应与其他集体经济组织成员衍生人口享有同等权益。

③集体经济产权制度改革基准日之前已经与本村集体经济组织成员结婚的外地妇女，按照国家有关户籍管理规定，未办理户口迁移手续的，可以结婚证标注的日期为准，享有集体经济组织成员待遇。这样做符合农民群众的风俗习惯和人情世故。一些村农民说的好："没有妈妈哪来的孩子？"就是这个道理。

④本村集体经济组织成员的配偶在产权制度改革基准日之前已经离婚，且继续生产、生活在本村的农业人口，应享受本集体经济组织成员待遇。现在的问题是，个别本集体经济组织成员在与第一个媳妇离婚以后，再婚的第二个媳妇又离婚了，现在又迎娶了第三个媳妇。前后三个媳妇在本集体经济组织都有农业户口，有的还留下好几个孩子，无形中给本集体经济组织增加了人口负担，稀释了人均集体资产份额。出现这个问题，首先充分说明了推进集体经济产权制度改革的必要性。其次，这个问题需要通过制定村规民约来解决。

五、村民、集体经济组织成员、社员的区别与联系

所谓村民，是一个与地域相连的社会学的概念。一般是指长期居住在农村里的居民。所谓集体经济组织成员和社员是一个与产权相连的经济学的概念。集体经济组织成员，不仅包括成年人，也包括未成年人。社员系指经济合作社的已经年满16周岁的成员。村民中凡是具备村集体经济组织成员身份条件的成年人同时也是社员。不具备上述条件的，不论其户口是否在本村，也不论其在本村居住了多少年，都不能认定为成员。相反，作为集体经济组织成员，不论其是否居住在本村，是否具有本村村民身份，只要符合条件，都应当认定其成员身份。只有拥有村集体经济组织成员身份的村民才是成员，决不能认为具有村民身份就理所应当地可以成为户籍所在村集体经济组织成员。详见《村民·社员·农民》：

村民·社员·农民

世界上相似、相近的东西很多，但相似、相近绝不等于相同。正像一位哲人所说，树上的众多叶子看起来都相似，但没有任何两片叶子是完全相同的。目前在我国农村，特别是在经济较发达的农村地区，对于村民、社员、农民这三个相似、相近的词汇，有的地方不加区别地混用，认为村民、社员、农民属同一概念，形成在理论和现实生活中，或三者混用，或相互代用，或舍乎其二取乎其一的情况。因而从理论到实践造成概念上的混乱，从而影响了这些地区农村工作的混乱和农村社会的稳定，有碍农村经济有秩序的发展。看来，我们有必要把村民、社员、农民这三个看似相近，其实截然不同的概念的内涵与外延界定一番。

所谓村民，是一个与地域相连的、社会学的概念。一般系指长期居住在农村里的居民。

所谓社员，是一个与产权相连的、经济学的概念。一般系指经济合作社的成员。

所谓农民，是一个与职业相连的，同时具有政治学、经济学和社会学性质的概念。

由于我们撰写此文的目的，主要是为解决我国农村集体经济管理中出现的矛盾，拨乱反正，以正视听，所以我们对于这三个概念的历史渊源在此

就不再赘述了。让我们集中篇幅来探讨认清这三个概念对我国农村经济和社会发展的重要意义。

在我国的现实生活中，在一定的社会经济条件下，作为一个具有民事权利能力和民事行为能力的自然人，可以同时扮演村民、社员与农民三种不同的角色。这里所说的一定社会经济条件主要包括：一是生产力水平低下，经济欠发达，产业结构单一，农村居民的就业渠道单一，其收入主要靠从事农业生产取得。二是农村社会对外开放的程度较低，基本处在封闭、半封闭的状态，人口处于非流动或流动程度甚低的状态。三是国家对人口的二元化管理体制和人为的城乡分隔的户籍制度。在上述三种社会经济条件同时存在的农村地区，一个人因出生和长期居住在农村，所以他首先是个村民；又由于该村民从事的是农业生产，所以他又是个农民；再由于我国在50年代已经全面实现了合作化，由于他自己或者其父辈投资加入了村经济合作社，所以他自然地也是个社员。

当上述三种社会经济条件中的某一个、两个或者全部条件发生变化的情况下，一个原本居住在农村的人所扮演的角色就不一定同时既是村民，又是农民，又是社员。

倘若某一个原本居住在其出生地的村民，当他所在的地区产业结构发生变化，二、三产业发展起来以后，他从农业生产中分离出来，去务工或去经商。此时的他，虽然其户籍性质仍然是农业户口，仍然是村民和社员，但由于他已经不是专门从事农业劳动。因而他实际上已经不是原本意义上的农民了，实现了其角色的第一次转换。

倘若此人通过务工或者经商，积累了一定数额的资金，有了改善居住条件和居住地的愿望，举家迁徙到城市或者小城镇。由于其所在的集体经济组织的资产中仍然有他的一定份额，所以他仍然保留了社员身份，但已经不是他原来所在村的村民了。那么，这时的他又实现了其角色的第二次转换。

倘若，他符合国家户籍制度改革政策规定的条件，取得了在城市或者小城镇落户的资格，由原农业户口变更为非农业户口，此时的他已既不是村民，也不是农民。但由于他在原农村经济合作社的资产中仍有一定份额，因此他仍然是社员。这时的他又实现了其角色的第三次转换。

倘若，他所在的村经济合作社按照政策规定和社员的意愿，对集体资产进行了产权制度改革，将集体资产由社员集体共同共有，变为社员按份共有并明晰了每个社员的产权份额。如果这时的他，按照合作社股份合作的章程规定，自愿将量化给他的股份进行了转让。这时的他就已经不再是社员了，实现了其角色的第四次转换。

在这里，我们实际上讲述的是一个村民从农民转变为城镇居民的全过程。也是在农村城市化过程中，村民、社员、农民相互分离、演化，甚至彻底变异的过程。这对我们正确认识和界定村民、社员、农民这三个概念，正确处理在农村城市化进程中的各种矛盾，有着积极的、重要的现实的意义。

第一，有利于我们正确理解和准确贯彻执行国家的有关法律法规。农村经济合作社是宪法和民法通则、农业法和土地法以及村民委员会组织法，明文规定的集体经济所有权的主体，具有法定的地位。有经济合作社等集体经济组织管理机构的村，其集体资产管理依法应由经济合作社等集体经济组织来管理；没有设立经济合作社等集体经济组织机构的村，可由村委会管理。

第二，有利于我们界定集体资产产权，加强对集体资产的管理。村民、社员、农民，究竟谁是集体资产的所有者，谁有权对集体资产进行管理和使用，谁有权享受集体资产经营收益，这种主体资格和权益的明晰，有利于增强社员对集体资产管理的主人翁感和责任感。

第三，有利于我们正确处理村委会与经济合作社的关系。依照法律规定和集体资产所有者的权利，村委会的职能主要是执行村民大会的决策，管理日常村务，协助乡镇政府开展有关工作；而经济合作社作为集体经济组织，其职责主要是管理集体资产，开展资产运营，依法独立进行经济活动。村委会要尊重合作社等集体经济组织依法自主经营的权利，保护合作社的财产权。

第四，有利于我们维护农村社会的稳定。在一些地方，一些不是经济合作社社员的村民要求享有集体资产所有权和行使集体资产支配权的事情时有发生，引发社员的强烈不满。因此社员与不是社员的村民在集体资产所有权问题上产生的纠纷越来越多，形成了农村的不稳定因素。认清和界定好村民、社员、社员，这三个概念，有利于化解矛盾，促进农村社会稳定。

六、入社投资的确定

对一轮土地承包以后、产权制度改革基准日之前户口迁入本村的外来户，如何成为本村集体经济组织成员，应当明确三条政策：一是已经将所承包的土地交回户口迁出村的集体经济组织；二是经过户口所在村集体经济组织成员大会或者成员代表大会讨论同意；三是按照户口所在村集体经济组织的规定缴纳了入社投资。入社投资，是依据本村经济合作社的章程，申请加入本村经济合作社的人员自愿缴纳的入社资金。入社投资的数额由村经济合作社成员大会或者成员代表大会民主决定，政府对入社投资数额不具备审批或者干涉的权力。从实际工作和一些村的经验来看，在确定入社投资时，应当合理考虑以下三个方面的因素。

①户口所在村的集体账内人均积累数额。譬如，某村产权改革基准日为2005年12月31日，集体账内人均净资产为5万元，那么首先就要确定向入社申请人收取入社投资基数5万元。

②国家确定的本村土地征用最低保护价。各地国土管理部门一般都按照各村土地的区位，制定了国家征用最低保护价。入社申请人如果成为本集体经济组织的成员，就不仅取得了占有集体账内资产的权利，而且拥有了土地所有权。所以，在收取入社投资时，也要考虑土地的因素。譬如，某村土地最低保护价为每亩10万元，全村人均占有土地数量为1亩，那么就要向申请人收取土地占用费10万元。加上集体账内净资产5万元，一共要向每个入社申请人收取入社投资15万元。

③申请人在本村实际居住年限。申请人在现在户口所在村居住年限也是确定入社投资数量的一个重要因素。之所以要考虑这个因素，一是申请人迁入以后按照户口所在村的要求，履行了村民义务对村里有一定贡献；二是考虑居住年限，就把迁入时间不同的人员做了一定区别对待，符合我国农村社会的社情。譬如，以人民公社解体时的1985年作为起始年限，该村改制基准日为2005年，前后共20年。15万元除以20年，平均每年合0.75万元。某人迁到现户口所在村居住了10年，那么应当扣减7.5万元，该村民入社投资应当缴纳7.5万元。

第六节　集体经济组织成员劳动工龄登记

农村集体经济组织劳动工龄，是指自本集体经济组织成立以来，集体经济组织成员参加集体生产劳动的年限。

一、劳动工龄

现有的农村集体经济组织的账内资产主要由以下五部分组成：一是初级社时期的入社老股金所形成的资产；二是历年收益分配以后集体积累所形成的资产；三是社员群众投工投劳以劳动积累形式所形成的资产；四是集体土地被征用以后集体所获得的土地补偿款所形成的资产；五是国家对农村集体经济组织的各种扶持资金所形成的资产；六是其他投资所形成的资产。按照马克思主义劳动价值学说，劳动者的劳动贡献所形成的积累，是集体经济组织资产的最主要来源。而劳动工龄是评价劳动贡献最简单和最直接的指标。所以，在集体经济产权制度改革中，除了要按照农户土地承包经营权、集体山场承包经营权进行资产股份量化以外，绝大部分集体净资产要按照集体经济组织成员的劳动工龄进行处置和股权量化。认真登记集体经济组织成员的劳动工龄就成为集体经济产权制度改革中不可或缺的工作。

二、劳动工龄登记人员范围

农村集体经济产权制度改革，不仅要进行集体资产的股权量化，而且要首先进行资产处置。所以，劳动工龄登记的范围，不仅要包括现有集体经济组织成员，还要包括原集体经济组织成员。现集体经济组织成员与原集体经济组织成员的范围，与人口统计时的界定范围相同。

三、集体经济组织成员劳动工龄计算

①起止日期。多数村的做法是，自1956年1月1日起，到集体经济产权制度改革基准日为止，为集体经济组织成员劳动工龄有效期。集体经济组织成员劳动工龄以其在集体经济组织的实际劳动时间计算。有少数地方规定，截止日期为实行一轮土地承包的年份，在集体生产劳动的工龄予以承认，一轮土地承包以后的劳动工龄不予计算。这些地方将集体经济组织成员的劳动工龄称为历史劳动工龄。

②计算劳动工龄的年龄。集体经济组织成员计算劳动工龄的年龄从年满16周岁开始计算。男劳动力计算到60周岁，女劳力计算到55周岁。16周岁以前参加集体生产劳动的，不计算为劳动工龄。

③劳动工龄计算单位。多数地方的做法是劳动工龄以年度为单位计算，不

满 6 个月的不计算，超过 6 个月的按 1 年计算。也有的地方规定，未满 3 个月的不计算；超过 3 个月不足 6 个月的，按半年计算；超过 6 个月，按 1 年计算。

④退休人员的劳动工龄。本集体经济组织实行退休制度以前的老成员，按实际参加劳动的时间计算；实行退休制度后的成员，以办理退休的时间为计算劳动工龄截止日期。办理内退的人员，其内退至正式退休这段时间不计算劳动工龄。

⑤从本集体经济组织参军入伍的，复员后仍回本集体经济组织参加劳动的，军龄视为劳动工龄。

⑥曾经被判刑、劳教的人员，经政府平反的，其刑期或者劳教期间视为劳动工龄；未经政府平反的，其刑期或者劳教期间不能视为劳动工龄。

⑦从本集体经济组织转出、迁出以及落实政策回城工作的人员，以其所在单位是否将其在农村集体经济组织劳动的时间计算工龄为标准。凡相关单位已将其在农村集体经济组织劳动时间计算为工龄的，不再计算其在农村集体经济组织的劳动工龄；未将其在农村集体经济组织劳动时间计算为工龄的，可计算其在农村集体经济组织的劳动工龄。

⑧农村集体经济组织招聘人员的工龄计算。农村集体经济组织招聘的外来人员，不具有本集体经济组织成员身份，所以多数地方在产权制度改革时，对这部分人员的劳动工龄不予以计算。但是，有的地方从本集体经济组织长远发展的需要出发，允许本集体经济组织招聘的外来技术人员和高级管理人员持有本集体经济组织的股份。这些地方规定，产权制度改革基准日在册的招聘人员，其在本集体经济组织的劳动时间计算为劳动工龄。

⑨自谋职业人员劳动工龄。普遍的做法是根据不同时期采取不同处理办法：在集体统一进行生产劳动时期，经集体批准自谋职业并缴纳集体积累（或者村提留）的，自谋职业期间劳动工龄予以计算；未经批准并未交纳集体积累的不计算劳动工龄。在集体就业岗位不足的时期，经集体批准自谋职业的计算劳动工龄，未经批准的不计算劳动工龄。在集体经济组织没有能力安置劳动力就业，大家都自谋职业的时期，所有集体经济组织成员自谋职业时间都计算为劳动工龄。

⑩集体经济产权制度改革基准日之前已经整体转居的地方，集体经济组织成员劳动工龄计算到产权制度改革基准日。

在界定个人劳动工龄时，要根据本单位的实际情况，对具体问题进行具体分析，劳动工龄的确定办法应由本农村集体经济组织成员大会或者成员代表大会决定。

四、劳动工龄登记工作程序

做好劳动工龄的登记工作，要认真履行下列工作程序：

①成立劳动工龄核实工作组，制订工作程序和操作细则。

②在本省、区、市公开发行的报纸或者其他媒体和本集体经济组织原成员和现成员居住密集的区域发布公告，要求符合条件的人员按规定时间到规定地点进行劳动工龄登记。

③符合参与本集体经济组织资产处置条件的人员进行登记。

④对符合条件的人员在集体经济组织的劳动工龄情况进行核实。

⑤第一榜公布初步结果，要求全体人员进行核实，有疑义的提出确凿的证据并经确认后进行修改。

⑥第二榜公布核实结果，要求全体人员进行确认。

⑦将劳动工龄的最终核实结果，提交本集体经济组织成员大会或者成员代表大会审批，并报上级农村集体经济产权制度改革领导小组审查。

⑧第三榜公布劳动工龄的最终核实结果。

劳动工龄登记公告示范文本如下。

××区××乡××村集体经济产权制度改革领导小组公告

根据××文件精神，经××经济合作社成员代表大会决定，对××乡××村进行产权制度改革。

凡从19××年××月××日至200×年××月××日，户口在××区××乡××村、参加本农村集体劳动的成员，请于200×年××月××日之前携带本人身份证、户口本到××合作社劳动年限核实组登记劳动年限，请相互转告。逾期不登记者视为自动放弃。

特此公告

地　址：××区××大街××号（××村委会）

办公时间：上午8：00～11：30

　　　　　下午1：30～5：00（周六、日不休息）

联系人：××

联系电话：××

年　　月　　日

五、特殊群体劳动工龄的处理

（1）已经回城的下乡知识青年，其插队劳动工龄已经被国家承认为工龄，没有享有集体资产份额的权利，其在农村集体经济组织插队时的劳动工龄不予计算。

（2）原为城镇企事业单位职工，因子女顶替转为农业户口的人员，因其享有退休金等城镇居民社会保障，也没有享有集体资产份额的权利，但其如果在参加城镇工作之前，在本集体经济组织有劳动工龄，则应当按照其投资和劳动贡献享有相应资产份额。

（3）改制基准日之前已经死亡的集体经济组织成员（包括原成员和现成员），其对集体经济组织做出过劳动贡献，理应享有相应集体资产份额。但是，农村集体经济组织存在已经有半个多世纪，期间死亡的人数不在少数，死亡的具体日期也已经难以查找。这些死亡人员的劳动贡献是否予以确认，需要从各村实际出发，按照多数群众的意愿进行决策。如果多数群众认为应当予以确认，那么就应当认真进行核实，采取现金兑现的办法将其资产份额确认给其合法继承人。如果多数群众认为不可以予以确认，那么就要按照少数服从多数的原则，不再开展对死亡人员资产份额的确认工作。

（4）国家工作人员在转为国家干部之前在村里劳动过，对村集体经济组织有过劳动贡献。如果这些人员在村里工作期间的工龄被国家承认为国家工作人员工龄，那么其对村集体经济组织的劳动贡献可以不再计算。如果其在村里工作期间的劳动工龄，没有被国家连续计算为国家工作人员工龄，那么其在村里劳动贡献就应当予以承认，并采取一次性现金兑现的办法给予补偿。有的地方党委、政府明文规定，农村集体经济组织产权制度改革时，国家工作人员在村里劳动工龄不予以计算，则应当执行当地党委、政府的政策。当地党委政府没有明文禁止的，这些人的劳动工龄应当予以确认。

（5）"文革"期间下放到农村落户的城镇居民，如果现在仍然在村里就业和居住且具有本村农业户口的，与其他集体经济组织成员享有同等待遇，按照其实际参加集体生产劳动年限计算劳动贡献。如果已经返回城镇居住和就业且不具有本村农业户口的，因为这些人员是享有城镇社会保障的城市居民，不应当享有村集体经济组织资产份额，其在农村劳动贡献不予以计算。这样规定的理由主要是为了防止城镇居民到农村去与农民群众争夺经济利益，切实保护农民群众的合法权益。如果村集体经济组织成员大会或者成员代表大会决定给予回城的下放户一定劳动贡献补偿也是可以的。

（6）"文革"期间因清理阶级队伍回原籍人员劳动工龄的确认。在"文革"期间，一些农民因清理阶级队伍被遣送回原籍劳动，"文革"以后又回到本集体经济组织。对这些人员在原籍劳动工龄，应本着"彻底否定文化大革命"的精神，确认为本集体经济组织的劳动工龄。

劳动工龄登记表示范文本如下。

劳动工龄登记表

姓　　名		性　别		出生日期		联系电话	
身份证号码							
本人户口所在地							
联系地址					邮政编码		
个人工作简历							证明人
	年　月— 年　月在		劳动或工作　年　月				
	年　月— 年　月在		劳动或工作　年　月				
	年　月— 年　月在		劳动或工作　年　月				
	年　月— 年　月在		劳动或工作　年　月				
个人累计 劳动年限	合计		村级（或并队） 核算以前		村级（或并队） 核算以后		
	年　　月		年　　月		年　　月		
以上由个人填写							
劳动年限 统计组 审核意见							
备注							

填表人：　　　　　　　　　填表日期　　年　　月　　日

第七节　资产处置

所谓处置与处理都包含安排解决的意思。法人组织资产处置就是在拥有资产所有权的法人组织发生合并、解散或者产权变动时，按照法人组织的章程或者国家法规，对其所拥有的资产进行安排解决，确定其归属。集体经济产权制度改革是农村集体经济产权制度的重大变动。经过改革，在明晰产权的基础上组建新型农村集体经济组织。所以，在改革中必须进行集体资产处置，解决历史遗留问题，按照集体资产的所有权确定其归属。

一、资产处置工作的目标

在农村集体经济产权制度改革中进行资产处置的目标，就是要对经过资产评估的集体净资产进行合理的安排解决，按照所有者确定其归属。经过资产处置，将原始股金进行清退，明晰原集体经济组织成员按照其投资和劳动贡献应享有的资产份额，明晰现集体经济组织成员应享有的资产份额。

二、资产处置工作的依据

在农村集体经济产权制度改革中进行资产处置的政策依据是《宪法》、《民法》和《继承法》等国家法律法规和各省、区、市党委和政府关于推进农村集体经济产权制度改革政策文件。

三、资产处置工作的内容

在农村集体经济产权制度改革中进行资产处置，其工作主要内容是：①处置合作化初期的原始股金；②处置因国家征地整体转居转工人员滞留在集体经济组织的资产；③处置其他因各种原因脱离了本集体经济组织的原集体经济组织成员应享有的资产份额；④确定现集体经济组织成员应享有的资产份额。

四、原始股金的处置

1. 原始股金的定义

原始股金是在农村合作化初期，加入初级农业生产合作社的成员，以现金、大车、牲畜等生产资料向集体经济组织进行的股金投入。

2. 处置原始股金的目的

合作化初期的农业生产合作社，实行按劳分配与按股分红相结合。初级农业生产合作社转为高级农业生产合作社以后，取消了按股分红，集体资产经营收益全部实行按劳分配。但是，初级社社员所投入的入社股金，在集体组织生产经营过程中仍然发挥着重要作用。这是对原始股金持有人合法权益的严重侵害，是集体经济组织遗留下来的历史问题。从高级农业生产合作社到现在，已经五十多年，持有原始股金的成员有的已经转为城市居民离开了集体经济组织，有的已经死亡，现存的也已经进入暮年。现在集体发展了，集体经济实力增强了，其中有这些老人原始股金投入的功绩。吃水不忘挖井人。所以，在集体经济产权制度改革中，进行资产处置，首先就要对原始股金进行处置，给对集体经济发展奠定基础的这些老一辈社员一个合理的交代。

3. 原始股金处置方法

首先要把原始股金折算成改制基准日的现值。原始入社股金按照本金的15倍折算成1999年的现值；1999年后，按照历年一年期定期个人银行存款复利将本金原值折算成改制基准日的现值。根据本人意愿，并经集体经济组织民主决定，原始入社股金折算的现值，可以转化为新型农村集体经济组织的股份，也可以现金全额一次性兑现。原始股金持有人死亡的，原始入社股金由其法定继承人按法定顺序继承。没有继承人的，列入新型农村集体经济组织的集体股。

4. 原始股金处置的程序

①成立原始股金处置工作组；②查找原始股金资料；③发布公告，要求原始股持有人或其法定继承人进行原始股金登记；④第一榜公布核实结果，要求原始股金股持有人或其法定继承人进行核实，有疑义的持原始入股凭证或其他凭证到原始股金处置工作组申请复核；⑤第二榜公布原始股金数额、原始股金持有人。对第二榜公布结果仍有疑问的，可进行复核。经本人复核无疑问的，应与原始股金处置工作组签订确认书；⑥进行第三榜公布；⑦严格按相关程序退偿原始股金。原始股金持有人亡故的，要完善继承人公证和认定等相关法律程序。

清退原始股金公告示范文本如下。

××村产权制度改革领导小组关于退偿原始入社股金的公告

根据××文件精神，经××经济合作社社员代表大会决定，拟对××乡××村进行产权制度改革。

凡195×年～19××年合作化初期在××村××合作社投入原始入社股金的成员，请于××年××月××日之前携带本人身份证、户口本到××村委会院内原始入社股金退偿工作组登记原始入社股金。原原始股金持有人已故的，由全体继承人推选并共同委托一名继承人携带全体继承人身份

证前来登记。有原始入社股金凭证的人员请一并携带原始入社股金凭证。请相互转告。逾期不登记者视为自动放弃。

特此公告

地 址：××区××大街××号（××村委会）

办公时间：上午8：00~11：30

下午1：30~5：00（周六、日不休息）

联系人：××

联系电话：××

年 月 日

5. 进行原始股金登记

（1）确认原始股金持有人。保存了原始入社股金账簿记录的集体经济组织，下列人员直接确认为原始股金持有人：一是集体经济组织保存的原始入社股金账簿中的在册人员；二是能够出示"股份基金证"的人员。未保存原始入社股金账簿的集体经济组织可以按照以下办法进行确认：可以出示1956年高级社时属于农业户口、满16周岁、已经参加集体劳动等三方面证明材料的人员，应确认其属于原始股金持有人。不能同时出示上述三个方面的证明材料人员，原始股金处置工作组应组织了解情况的人员进行座谈，以其是否参加集体劳动为标准，确认其是否享有原始入社股金。

（2）确定参与原始股金登记的人员资格。参与原始股金登记的人员可以是原始股金持有人本人或者委托代理人，也可以其合法继承人或者合法继承人的委托人。

（3）原始股金登记手续。

①登记原始入社股金以原始入社股金持有者提供的原始凭证为依据。原始入社股金持有者应持原始入社股金凭证进行登记，同时将原始入社股金凭证一并交给登记组工作人员作为依据。

②没有保存原始入社股金凭证的，登记资格由本社成立的原始入社股金退偿工作组通过调查、老社员座谈回忆等办法，并经本集体经济组织成员大会或者成员代表大会审议确认。

③原始入社股金持有者健在的，由本人进行登记确认。

④原始入社股金持有者委托他人登记的，应到原始入社股金退偿工作组领取原始入社股金登记委托书，签订委托书后，由登记人持委托书及登记人身份

证、原始入社股金持有者身份证进行登记。

⑤原始入社股金持有者已经亡故的，应由原始入社股金持有者的全体法定顺序继承人通过协商选定一名代表持本人身份证及全体法定顺序继承人身份证原件及复印件进行登记。

6. 原始股金一次性兑现工作

成立原始股金一次性兑现工作组。根据原始股金登记确认书对应兑现金额金进行计算。原始股金兑现应以户为单位统一领取。逾期不领取的，依据《中华人民共和国继承法》进行处置。

原始股金持有人健在的，应由本人领取。本人不能领取的，应签订委托书委托他人代为领取。领取原始股金兑现金，必须持原始股金持有人本人身份证、户口簿、委托书、领取人身份证，并签订原始股金退偿协议书。

原始股金持有人亡故的，由法定顺序继承人领取。继承人领取退偿金时，必须持本人身份证、与原始股金持有人身份关系证明，全体继承人身份证和委托书并签订退偿协议书。继承人与原始股金持有人身份关系的证明，可由居住地派出所或居委会出具。继承人属本集体经济组织下属单位在岗职工的，可向本单位提出书面申请，由工作单位出具其身份关系证明后，持本人身份证明及身份证领取。继承人不属本集体经济组织下属单位在岗职工的，可由本集体经济组织在岗职工提供担保。继承人之间对退偿金的分配有争议的，暂不退偿，待自行解决争议后按规定的程序领取。

五、因国家征地整体转居转工人员滞留在集体经济组织资产的处置

所谓整体转居转工人员，是指因为国家征用或者征收集体土地，造成一个基本核算单位（原生产队，下同）丧失全部集体土地，无法继续经营而解体，其成员全部转居，劳动力全部转工的那部分原集体经济组织成员。

1. 整体转居转工原集体经济组织成员应享有的资产份额

整体转居转工的基本核算单位在被撤销以后，其成员滞留在村集体经济组织的资产份额包括以下三部分。

一是按照国家政策，转居转工当时不允许进行分配的该基本核算单位的集体积累（包括公积金和公益金）。

二是按照国家政策，转居转工当时不允许进行分配的土地补偿费。

三是该基本核算单位撤销时，应享有的村级集体经济组织资产份额。

2. 整体转居转工原集体经济组织成员资产份额资产处置程序

①核查滞留资产数量。一是清查该基本核算单位滞留的集体积累数量。如果其集体资产已经全部按照国家政策分配给该组织全体成员，那么就没有再进行资产处置的必要。二是清查该基本核算单位滞留的土地补偿费数量。有的地方，基本核算单位土地被全部征占以后，其劳动力全部由国家进行安置，不再给予土地补偿。那么就没有再进行资产处置的需要。所以，要认真查看当年的土地征占协议，搞清楚究竟有没有滞留在村集体经济组织的土地补偿费，然后再查清楚其数量。三是清查该基本核算单位撤销时日，村级集体经济组织净资产数量以及该基本核算单位转居转工人员应享有的资产数量。可以按照人口数量进行核算，也可以按照劳动力数量进行核算，也可以按照劳动工龄进行核算。

②计算滞留资产现值。一般按照一年期银行存款利率进行折算。如果，该村集体经济组织资产经营效果不好，也可以按照滞留资产原值进行计算。

③进行该核算单位整体转居转工时集体经济组织成员人员清查和劳动力工龄清查。享有该基本核算单位滞留资产权益的人员范围，应当是整体转居转工时日在册的集体经济组织成员，其中包括转居转工时日到集体经济组织产权改革基准日已经死亡人员。

④将该基本核算单位滞留资产在该单位转居转工人员中进行分配，明确每一个转居转工人员应享有的资产份额。分配的方法可以采取两种：一是全部按照劳动力工龄进行分配；二是一部分按照人口进行分配，另外一部分按照劳动工龄进行分配。

⑤向整体转居转工人员兑现其应享有的资产份额。兑现的方法有三种：一是现金兑现；二是转化为新型农村集体经济组织的优先股；三是转化为新型农村集体经济组织的债务，约定归还期限和资金占用费用比率。资产份额享有人死亡的，按照继承法的规定，履行相关继承法律程序以后，由其合法继承人继承。

六、其他原集体经济组织成员应享有的集体资产份额的处置

所谓其他原集体经济组织成员，是指除了因国家征地整体转居转工人员以外，其他因零星征地转居转工人员以及因升学、转干、招工、外嫁、外迁等脱离本集体经济组织的人员。

1. 其他原集体经济组织成员资产份额处置的依据

这部分原集体经济组织成员应享有的资产份额，一般应依据他们在集体经济组织的劳动工龄来确定。

2. 处置其他原集体经济组织成员资产份额的程序

①清查其他原集体经济组织成员的人口数量。

②清查登记其他原集体经济组织成员的劳动工龄。

③计算每一个其他原集体经济组织成员应享有的集体资产份额。将其他原集体经济组织成员的劳动工龄与现集体经济组织成员的劳动工龄进行加总，计算出全体集体经济组织成员总的劳动工龄。经过资产清查和资产评估以后，确定的集体净资产减去已经处置的原始股金、整体转居转工人员滞留资产以后的余额，除以全体集体经济组织成员劳动工龄，得出每一个劳动工龄应享有的集体净资产份额，再乘以每一个其他原集体经济组织成员的劳动工龄，得出每一个其他原集体经济组织成员应享有的集体资产份额。

④兑现其他原集体经济组织成员资产份额。兑现的方法，根据本人意愿并经集体经济组织成员大会或成员代表大会决定，这部分资产可以现金全额一次性兑现；可以作为新型农村集体经济组织的债务，签订还款协议，分期偿还；也可以转化为新型农村集体经济组织的个人优先股。个人优先股享有优先收益权和优先资产处置权，不参与新型农村集体经济组织的经营管理。

采取分期付款的，应与原集体经济组织成员签订还款协议，还款协议要条款齐备并约定明确的还款期限，此外，可以参照一年期定期存款基准利率对分期付款的集体资产量化份额发放利息。

按照集体经济组织产权制度改革方案，如果死亡人员的资产份额不予以计算，那么其他原集体经济组织成员死亡的，其资产份额也应一视同仁不予以确认。如果，产权制度改革方案确定承认死亡集体经济组织成员劳动贡献，那么其他原集体经济组织成员死亡的，其应享有的资产份额应依据《中华人民共和国继承法》的有关规定，一次性兑现给原集体经济组织成员的法定继承人。原集体经济组织成员为五保户或无合法继承人的，其应享有的资产份额归新型农村集体经济组织所有。

七、计算出现集体经济组织成员资产份额

经过资产评估以后确认的集体净资产，在处置完原始股金和原集体经济组

织成员应享有的集体净资产以后的剩余资产属于现集体经济组织成员资产。

属于现集体经济组织成员的集体净资产，实际上包括了两部分资产：一是经营性净资产；二是非经营性净资产。

所谓经营性净资产是指通过对这些资产的使用，可以为集体经济组织带来实际经济收益的净资产。

所谓非经营性净资产是指通过对这些资产的使用，不能为集体经济组织带来实际经济收益的净资产。

在农村集体经济产权制度改革中，需要进行资产量化的应当主要是经营性集体净资产。在实际工作中，一些改制单位只对集体经营性净资产进行股份制量化，而将非经营性集体净资产单独核算管理，不参与股份制量化。我们认为这种做法较为妥当，其重要原因就是在社会主义新农村建设中，许多村从上级政府争取到大批社会主义新农村建设资金，形成了一大批农村公益事业基础设施。如：硬化村级道路、公共厕所、污水处理系统、供水系统、沼气池、太阳能路灯、公共图书室、体育健身设施等。这些公共设施对于改善农民的生活条件起到了重要作用。但是，在一般的情况下这些基础设施的使用，不仅不能给新型农村集体经济组织带来实际经济收益，还需要不断地投入维修、保养和更新费用。所以，我们建议在集体经济产权制度改革中，凡是建设、维修、更新费用主要国家负责的公益事业基础设施，只需要设置台账进行登记管理就可以，不要纳入新型农村集体经济组织账内核算，更不要把这部分资产纳入集体资产处置和股份量化的范围。当然，如果是开展乡村旅游的村，这些基础设施实际上极大地改善了当地的旅游环境，对于乡村旅游这种经济行为直接产生影响，也可以将这些基础设施视作经营性资产进行资产处置和股份量化，这需要由农民群众民主决定。

八、资产处置环节的会计账目处理

集体经济组织财务会计部门应当根据资产处置的结果，及时调整会计账目。

1. 原始股金处置的会计账务处理

①计算出应清退原始股金现值时，按照原始股金原值借记"实收资本"科目、按照原始股金增值部分借记"资本公积"科目，贷记"其他应付款"科目，并按照原始股金持有人设置明细账目。

②实际支付原始股金请退款时，借记"其他应付款"科目，贷记"现

金"、"银行存款"科目。

2. 原集体经济组织成员应享有资产份额的会计账务处理

①计算出原集体经济组织成员应享有资产份额时,借记"实收资本"、"资本公积"等科目,贷记"其他应付款"科目,并按照享有集体资产份额的原集体经济组织成员设置明细科目。

②实际支付原集体经济组织成员资产份额时,借记"其他应付款"科目,贷记"现金"、"银行存款"科目。

③采取设置优先股方式处置原集体经济组织成员资产份额的,借记"其他应付款"科目,贷记"实收资本—优先股"科目,并按照优先股持有人设置明细科目。

第八节　股份量化

所谓股份量化,是对界定为现集体经济组织成员的集体净资产,按照一定标准、采取股份的形式,在现集体经济组织成员之间进行合理分配。建立起能够增强集体经济组织内部凝聚力、最大限度地发挥广大农民群众发展集体经济积极性的产权制度,是农村集体经济产权制度改革的根本要求。股份量化是为实现农村集体经济产权制度改革目的,合理设置新型农村集体经济组织产权结构的基本途径。

一、新型农村集体经济组织的股份种类

新型农村集体经济组织可以设集体股和个人股两大类股份。其中,个人股可以包普通股和优先股两种。个人普通股股东一般应为现集体经济组织成员。优先股股东一般为按照《改制方案》的规定,可以成为股东的原集体经济组织成员。

个人普通股根据改制集体经济组织的不同情况,可以进一步划分为土地承包经营权股、劳动贡献股、山场(水面、滩涂、草地等)自然资源股、户籍股、新农村建设股、现金股等多种股份。各改制单位应当根据本组织的实际情况和本组织农民群众的意愿,按照公开、公平、公正的原则,灵活运用多种股份的不同组合,达到合理量化股份的要求。

二、集体股份

1. 集体股份的所有权

集体股份是新型农村集体经济组织个人股东共同共有的资产，其股份所有权由全体个人股东集体行使。

2. 设置集体股份的目的

在推进农村集体经济产权制度改革的初期，也就是在 20 世纪八九十年代，对集体股份的认识是肤浅的。当时设置集体股的目的有三种说法。

①为了体现新型农村集体经济组织的合作经济性质。当时人们认为，按照国际惯例，合作经济应当有不可分割的集体积累，所以新型农村集体经济组织作为合作经济也必须留有一定数量的集体股份。

②为了体现新型农村集体经济组织的集体经济性质。当时人们认为，集体股份是集体经济的基本体现，如果不设置集体股，那么新型农村集体经济岂不成了私有经济，所以必须保留一定数量的集体股。

③为了解决集体经济组织扩大再生产和集体管理费用、集体公益事业费用问题。

在工作实践中，我们发现一些地方在集体股设置中出现了偏差：一是有的新型农村集体经济组织为了规范集体股管理，专门成立了集体资产管理委员会，造成一个村内管理机构过多、各部门职责不清的问题。二是有的新型农村集体经济组织规定，集体股代表可以不经民主选举直接进入董事会，从而违反了新型农村集体经济组织管理干部必须实行民主选举的原则，成为少数干部垄断集体经济事务的一个新的借口。三是集体股分红所得并不能全部解决集体扩大再生产所需资金问题。有的地方干脆实行集体股不参与股份分红。

经过将近二十年的实践和理论探索，我们对设置集体股份的目的有了全新的认识。首先，认识到所谓合作经济必须有不可分割的集体积累，主要应当从经营利润中提取公积金、公益金来解决，而无关产权设置问题。其次，认识到所谓集体经济是建立在个人所制基础之上的社会所有制，不是集体股越多越体现集体经济性质。第三，认识到集体扩大再生产支出应当通过提取集体公积金的途径来解决；集体公益事业费用应当通过提取集体公益金的途径来解决；而集体经济管理费用则属于经营费用，应当在企业税前列支、纳入成本费用核算。

所以，在农村集体经济产权制度改革中，保留集体股份的主要目的，是为了用于处置遗留问题、可能需要补缴的费用、本集体经济组织成员社会保障支出和一些必要的社会性支出。例如，有的村产权制度推进得比较早，改制时没有设置土地承包经营权股，造成享有集体土地承包经营权的儿童合法权益受到侵犯。针对这个问题，一些村按照《中华人民共和国农村土地承包法》的要求，从集体股中划出一部分份额转化为农村土地承包经营权股，按照集体经济组织成员人口进行平均量化，有效地解决了集体经济产权制度改革与落实农户土地承包经营权政策的衔接问题。

3. 集体股份的比例

按照集体经济产权制度改革的方向和改革原则，一般情况下集体股占新型农村集体经济组织总股本的比例应掌握在30%以下。集体股占新型农村集体经济组织股本总额的具体比例，应当因地制宜，由本集体经济组织成员民主决定。农民已经全部转为城镇居民、集体土地已经全部转为国有土地、集体经济组织成员中的成年人已经享有城镇居民社会保障、没有历史遗留问题的新型农村集体经济组织，也可以从一开始改制就不设集体股。除此类地方之外，一般的新型农村集体经济组织在设立初期，应当保留一定比例的集体股份。

4. 集体股份代表的确定

乡镇集体经济组织在改制以后所设置的集体股份，可以由集体经济组织成员大会选举产生的集体资产管理委员会行使集体股的权利。村集体经济组织改制以后所设立的集体股份，应当由全体股东代表共同行使集体股的权利。如果村级再成立集体资产管理委员会，则会造成村级机构过多、管理混乱的问题。新型农村集体经济组织内部可以设立集体资产管理部，作为职能部门专门负责集体资产的运营工作。

5. 集体股份的取消与再量化

在新型农村集体经济组织经过较长时间正常运行，处理完遗留问题、没有需要补缴的费用、集体土地已经全部转为国有土地、农民全部转为城镇居民、集体经济组织成员中的成年人全部纳入城市社会保障体系，且其他条件成熟时，可以取消集体股，其份额按照改制时的个人股比例进行量化。

三、个人普通股

个人普通股为现集体经济组织成员所持有的股份。根据已经进行产权制度改革地方的经验，个人普通股可以包括以下八种股份：一是按照集体经济组织成员劳动工龄设置的劳动贡献股；二是按照集体经济组织成员所持有的土地承包经营权设置的基本股；三是按照集体经济组织成员所持有的集体山场（水面、滩涂、草地等）承包经营权设置的自然资源股；四是按照集体经济组织成员人口设置的户籍股；五是按照新型农村集体经济组织章程和股东代表大会的决议，由集体经济组织成员以现金投入形成的现金股；六是新农村建设股；七是原始入社股金折算成现值以后，按照集体经济产权制度改革方案和持有人意愿，保留在新型农村集体经济组织的股份；八是为调动新型农村集体经济组织经营管理干部的积极性而设置的经营管理期权股。

1. 劳动贡献股

在集体经济组织产权制度改革中，设置劳动贡献股的理论依据是马克思主义关于劳动是剩余价值的源泉的理论。劳动贡献股量化的数量依据是每个集体经济组织成员在本集体经济组织的劳动年限。劳动贡献股占总股本的比例，由新型农村集体经济组织股东代表民主决定。从改制实践来看，在城乡结合部地区，劳动贡献股一般占到新型农村集体经济组织总股本的 70% 左右。而在一般农区，一些地方只承认实行农村家庭联产承包之前集体统一劳动时的劳动贡献，称之为历史劳动贡献股，其占新型农村集体经济组织股份总额的比例在30% 左右。

劳动贡献股量化的标准。在城乡结合部地区，由于劳动贡献股所占比例较大，为了平衡在职股东与退休股东之间的经济利益，采取了按照不同历史时期，对劳动工龄打分的办法。例如，将集体经济组织成立以来的 50 年，划分为四个时段。第一个 15 年每个劳动工龄的系数为 1 分；第二个 15 年每个劳动工龄的系数为 2 分；第三个 15 年每个劳动工龄的系数为 3 分；最后 5 年每个劳动工龄系数为 4 分。众所周知，集体经济组织在不同历史时期形成的经济效益和集体积累有很大差异。现有农村集体资产中的绝大部分是改革开放以后形成的。按不同时期的劳动工龄系数确定不同的股份量化标准，可以更好地体现劳动者实际创造的价值。根据一些改革先行地区的经验，采取打分的办法，对不同时期的劳动工龄确定不同的股份量化标准，既保护了参加集体生产劳动时间较长的成员的利益，也有利于调动现在在岗工作的中青年成员的积极性，有利于集体经济的发展和集体资产经营效益的提高。但在量化过程中，也要充分认识增量集体资产是由多种因素创造和形成的，要统筹兼顾，照顾好方方面面的利益，防止不同时期股份量化标准的过分悬殊。

2. 基本股

在农村集体经济产权制度改革中，设置基本股的依据是马克思主义关于土地资本化的理论。土地是集体经济组织赖以生存、发展的重要生产资料，在土地资源稀缺的市场经济条件下，土地从自然资源转化为资本。基本股量化的数量依据是每个集体经济组织成员享有的土地承包经营权。

基本股量化的标准是享有土地承包经营权的集体经济组织成员人口。在改制基准日，由于升学等政策性原因，已经转为非农业户口的集体经济组织成员，不论他们是否在校读书，还是已经毕业就业，只要他们享有土地承包经营权，那么他们就应当享有参与基本股量化的资格。

基本股在新型农村集体经济组织总股本中的比例，由新型农村集体经济组织成员大会或者成员代表大会民主决策。在土地资源较少的城乡结合部地区，基本股一般占新型农村集体经济组织总股本的20%左右。在土地资源较少但拥有山场等其他自然资源的山区，基本股一般占到新型农村集体经济组织总股本的30%左右。而在土地资源较多的一般农区，基本股一般占到新型农村集体经济组织总股本的50%左右。有的地方规定，实行计划生育的独生子女家庭，可以给独生子女父母各增加半个基本股。这种做法与《中华人民共和国农村土地承包法》存在矛盾。土地承包法没有对独生子女家庭增加土地承包经营权的规定，所以在集体经济产权制度改革中，也没有必要采取股份的形式对独生子女家庭进行奖励。正确的做法，应当是从集体公益金中单独列支独生子女家庭奖励费用。但是，如果新型农村集体经济组织成员大会或者成员代表大会决议，采取增加基本股的形式给独生子女家庭奖励，也应当尊重群众民主决策的权利。

集体经济组织成员按照人口取得新型农村集体经济组织的基本股以后，其所持有的农户土地承包经营权的使用权就自然地流转给了新型农村集体经济组织。新型农村集体经济组织通过对全村集体土地的统一经营、深度开发利用，取得比分户经营更高的收益，并通过股份分红确保农户长期而稳定的土地承包经营权权益得到有效保护。

3. 自然资源股

在拥有山场、水面、滩涂、草地等自然资源的山区、牧区、渔村，在进行集体经济产权制度改革时候，应当根据不同情况设置自然资源股。自然资源已经按照人口平均承包到户的，没有必要设置自然资源股。如果这些自然资源没有按照人口平均分配到每个集体经济组织家庭承包经营，而是由集体统一经营或者发包专业经营、租赁经营，由于全体集体经济组织成员都应当享有集体自然资源使用权，所以在进行产权制度改革的时候，应当设置自然资源股。

自然资源股按照改制基准日集体经济组织成员人口进行平均量化。其占新型农村集体经济组织总股本的比例，由集体经济组织成员大会或者成员代表大会民主决策。设置基本股的地方，自然资源股一般占到新型农村集体经济组织总股本的20%～30%。没有设置基本股、集体账内资产又比较少的地方，自然资源股一般占到新型农村集体经济组织总股本的50%左右。

4. 户籍股

一些地方设置户籍股的目的，是为了解决改革基准日，一部分集体经济组织成员在新型农村集体经济组织既没有劳动贡献股也没有土地承包经营权股的问题。这部分集体经济组织成员主要是在落实农户土地承包经营权以后，新出生和新结婚迁入的集体经济组织成员衍生的农业户籍人口。这部分集体经济组织成员的问题，如果在产权制度改革之初不采取适当措施加以解决，那么在改制以后就会给新型农村集体经济组织埋下不安定的因素。所以，户籍股是经过集体经济组织成员大会或者成员代表大会民主决议而专门设立的一种个人股份。

设置户籍股的依据是在共同共有产权制度下，集体经济组织成员的衍生农业户籍人口拥有天赋土地所有权。量化户籍股的对象是改制基准日，改制单位集体经济组织成员中拥有本村农业户籍的人口。户籍股占新型农村集体经济组织总股本的比例，一般在10%～20%左右。

5. 现金股

现金股是集体经济组织成员以现金出资的形式，对新型农村集体经济组织的增量投资。现金股与劳动贡献股、基本股、自然资源股等股份最大的不同之处，在于存量资产量化股是集体经济组织成员依据其拥有的集体资产所有权，从集体经济组织无偿取得的。而现金股是集体经济组织成员从自己家里掏出现金来形成的。

新型农村集体经济组织要不要设置现金股，应当由新型农村集体经济组织成员大会或者成员代表大会民主决策。新型农村集体经济组织设置个人现金股有两个好处：一是可以吸收增量资金，增强集体经济组织扩大再生产的能力，从而可以产生更多的经济效益；二是可以进一步提高股东与集体经济组织的利益相关性，使股东能够通过更加关注自身收益的实现，从而更好地为集体经济组织的经济发展作出贡献。

设置现金股的新型农村集体经济组织，首先应当遵循自愿投资的原则，不得强迫集体经济组织成员购买现金股。其次，应当按照合作制的原则，规定成员投入现金股的最低限额和最高限额，防止个别人对新型农村集体经济组织形成垄断控股。有的地方规定，在对集体经济组织成员量化劳动贡献股时，必须按照劳动贡献股的一定比例缴纳现金股。其依据是为了克服股东"捡来的孩子不怕摔"的思想观念，进一步增强股东的集体观念，提高股东对其股份收益的关切度。我们认为，这种做法只要广大股东同意是可行的。通过对这些单位的实际考察，其效果也是十分显著的。

6. 新农村建设股

新农村建设股是一些地方，为了调动广大农民群众参与小城镇建设、新型社区建设或者旧村改造而专门设立的一种个人股份。一些地方在小城镇建设、新型社区建设和旧村改造中，由集体投资建设农民集中居住小区，农民搬迁上楼。集体将农户腾退出来的宅基地，一部分用于复垦，弥补农民小区建设占用的耕地指标；一部分作为集体建设用地，建设农民就业基地，招商引资增加新型农村集体经济组织收益。新农村建设股实质上是农民宅基地股份化的一种形式。但是，这种股份不是按照农户原有宅基地面积多少进行股份量化，而是按照拥有农村宅基地使用权的集体经济组织人口进行股份配置。按照村集体经济组织民主决议，积极腾退宅基地的农户，享有新型农村建设股及其收益权；而拒不执行村集体经济组织民主决议，在规定期限内不腾退宅基地的农户，暂时不享有该股份及其收益。

7. 原始股金转化的新型农村集体经济组织股份

原始股金能不能转化为新型农村集体经济组织的个人股份，要遵照自愿和民主决策的原则进行。既不可强迫原始股金持有人将原始股金转化为新型农村集体经济组织股份，也不能一部分人的原始股金进行转化，另一部分人的原始股金不转化。原始股金转化为新型农村集体经济组织股份的，一般按照其现值进行计算。

8. 经营管理期权股

在推进农村集体经济产权制度改革的初期，一些村曾经设立过干部贡献股。后来，为了防止给农民群众造成改制得到好处的主要是干部的错觉，多数地方取消了干部贡献股。经过将近 20 年的实践，证明在新型农村集体经济组织股权结构中，设立干部经营管理期权股，有利于进一步调动广大干部发展集体经济的积极性。干部经营管理期权股不同于干部贡献股。干部贡献股是对干部在改制前管理贡献的股份量化，而干部经营管理期权股是对干部在新型农村集体经济组织成立并运行以后，管理贡献的一种奖励。经营管理股的设立相关问题，将在本书的第七章详细论述。

上述八种个人股份是对二十多年来我国农村集体经济产权制度改革股份设置情况的一个总结。具体到一个产权改革单位，不可能都设置这么多种类的个人股份。一般情况下，城乡结合部地区，改制单位个人股份设置为劳动贡献股、基本股。一般农区，改制单位个人股份设置为劳动贡献股、基本股和户籍股。山区和其他自然资源丰富地区，改制单位一般设置劳动贡献股、基本股、自然资源股。实行资源加资本股份合作制改革的村，一般设置现金股和自然资源股。实行农民投资入股股份合作制改革的村，则主要以设置基本股、现金股。各地可以根据自身实际情况加以选择，也可以发动群众，大胆创新，进一步丰富个人股份的种类。

四、个人优先股

个人优先股是根据新型农村集体经济组织章程的规定，为非现集体经济组织成员特别设置的一种股份。这种股份的持有人可能是原集体经济组织成员，也可能是与改制单位有某种业务联系的社会法人、自然人。个人优先股没有参与新型农村集体经济组织经营管理的权利，但是根据企业章程的规定，在股份分红时优先于普通股，按照固定利率分到股份分红。

新型农村集体经济组织设置优先股的好处，在于可以取得一部分长期而稳定的资产使用权，增强集体经济对社会资源的掌控力度。同时，设置优先股又有效地避免了非现集体经济组织成员对集体土地权益的侵害。新型农村集体经济组织要不要设置个人优先股，哪些人可以无偿取得或者有偿购买个人优先股以及优先股的权利、红利分配水平等，由新型农村集体经济组织成员大会或者成员代表大会民主决定。

五、个人股份的转让

新型农村集体经济组织个人股东从集体经济组织所取得的量化股份享有所有权，可以继承，在一定条件下可以在一定范围之内、通过履行一定法律程序进行转让。转让个人股份可以在新型农村集体经济组织创立大会之前进行，也可以在新型农村集体经济组织创立大会之后进行。新型农村集体经济组织设立以后个人股的转让问题将在本书第十一章第四节详细阐述。现就在新型集体经济组织设立过程中股份转让问题进行探讨。

在新型农村集体经济组织设立过程中，集体经济组织成员按照《改制的方案》，通过股份量化从本集体经济组织获得了基本股、自然资源股、户籍股和劳动贡献股以及其他种类的股份。有的地方出于方便管理、减少新型集体经济组织股东人数的考虑，规定在股份量化以后、新型集体经济组织创立大会召开之前，股东可以将量化所得股份进行转让。由于制度设计不周，导致出现三个问题：一是由集体经济组织统一收购个人股东转让的股份，导致转让以后集体股份大量增加，其所占股权比例超过了个人股所占比例，造成新的产权不清。二是一些个人股东贪图眼前利益，在转让其股份、获得现金收入以后，看到新型集体经济组织经济效益很好、没有转让股份的股东收入大幅度提高，由后悔发展到不满再发展到上访，形成新的不稳定因素。三是少数新型集体经济组织领导干部私下大量收购个人股份，企图达到个人控股的目的，形成新的腐败现象。所以，在新型集体经济组织创立大会召开之前，个人股东所持有的股份如何转让应当事先做好周密的制度设计。

集体经济组织成员通过股份量化所取得的股份，在新型集体经济组织创立大会召开之前如果要进行转让，要区别不同股份种类制定不同转让政策。

①按照集体经济组织成员人口平均量化的基本股、自然资源股和户籍股，如果持有人不愿意持有，应当视同自动放弃该股份所有权，由集体经济组织无偿收回，不得进行转让。

②按照集体经济组织成员劳动贡献量化的劳动贡献股，只能在本集体经济组织成员内部个人股东之间进行转让。转让时应当履行个人自愿申请、审查受让人资格、集体经济组织成员大会或者成员代表大会审批、进行转让公示等程序。集体经济组织应当对领导干部受让个人股份行为做出必要限制。

③一般情况下，集体经济组织不得动用集体资金收购个人股东的股份。如果因征地转居转工等特殊原因，股东自愿转让个人股份，由新型农村集体经济组织先行受让以后，必须将这部分股份全部出售给其他个人股东，以免造成集体持股过多的现象发生。

六、股份量化环节和现金入股的会计账务处理

①将量化给现集体经济组织成员的集体净资产，全部转入"实收资本"

科目。借记"资本公积"、"盈余公积"、"利润分配"等科目，贷记"实收资本"科目。

②按照新型农村集体经济组织股份设置情况和各类量化股份数量，借记"实收资本"科目，贷记"实收资本——集体股"、"实收资本——个人股——量化股"科目。个人股份应按照股份持有人设置明细账进行核算。个人所持有的各种不同类别股份，采取设置股权登记簿的方式进行明细核算。

③接受集体经济组织成员现金入股的会计核算。集体经济组织收到股东个人以现金投入的股份以及新增集体经济组织成员入社投资时，应借记"现金"、"银行存款"等科目，贷记"实收资本——个人股——现金股"科目。

第九节　股权证书与股权登记簿

集体经济组织在完成股份量化工作以后，应当及时向股东发放股权证书，并设置股权登记簿，以加强对股东股份的管理。

一、股权证书

股权证书是股东持股凭证，股东凭此证享受新型农村集体经济组织章程规定的权利，并承担相应义务。股权证书一般由新型农村集体经济组织自行印制，也可以由区、县人民政府农村合作经济经营管理部门统一印制。

股权证书可以按照股东人数发放，做到每个股东一人一个股权证书。也可以按照股东户发放，把同一户集体经济组织成员的股份统一发放给户主。这两种发放方式各有利弊，究竟采取哪种发放方式应当由股东大会或者股东代表大会民主决策。

按照股东人数发放股权证书的新型集体经济组织股权证书示范文本如下。

××投资管理公司股权证书

编号：××

公司名称：　　　　　　　　住所：

注册登记日期：　　年　　月　　日

持股人姓名：　　　　　　　身份证号：

住所：

股份类型	股份数量	每股金额	总股份金额
1. 基本股			
2. 劳动贡献股			
3. 户籍股			
4. 现金股			
5. 其他股份			
合计			

股权证书签发日期：　　　年　　　月　　　日

公司盖章

董事长签名

年　　　月　　　日

注意事项

1. 股权证书为股东持股凭证，股东凭此证享受本公司章程规定的权利，并承担相应义务。

2. 股东必须严格遵守本公司章程。

3. 本股权证书必须妥善保管，不得涂改、伪造。

4. 股东依据公司章程转让股权时，须持股权证书到公司办理有关手续。

5. 本股权证书经董事长签字并加盖公司印鉴方为有效。

以股东户为单位发放股权证书的新型集体经济组织股权证书示范文本如下。

××股份经济合作社股权证书

编　号：××

合作社名称：　　　　　　　　　住所：

注册登记成立日期：　　　年　　　月　　　日

股东户主姓名：　　　　　　　身份证号：

住所：

股份类型　持有股份人数　股份数量　每股金额　总股份金额

1. 基本股

2. 劳动贡献股

3. 户籍股

4. 现金股

5. 其他股份

合计

股权证书签发日期：　　　年　　月　　日

　　　　　　　　　　　　　　　　　　　　　　盖章

　　　　　　　　　　　　　　　　　董事长签名

　　　　　　　　　　　　　　　　　　年　　月　　日

注意事项

1. 股权证书为股东持股凭证，股东凭此证享受本社章程规定的权利，并承担相应义务。

2. 股东必须严格遵守本社章程。

3. 本股权证书必须妥善保管，不得涂改、伪造。

4. 股东依据本社章程转让股权时，须持股权证书到本社办理有关手续。

5. 本股权证书经董事长签字并加盖本社印鉴方为有效。

发放股权证书应做好以下几点：首先，要认真核对股东持股种类、数额和股份持有人的个人信息；其次，印制填写股权证书，股权证书要内容齐备，印制填写后要认真进行核实；再次，发放时应要求持股人本人领取并再次核对股份持有人的相关信息，持股人本人不能前来，要由持股人出具委托书；最后，要对领取人的信息进行登记。

二、股权登记簿

股权登记簿是新型农村集体经济组织载明全体股东股份持有情况和个人基本信息的账簿，由集体经济组织资产管理部门保管。股权登记簿应包括持股人姓名、身份证号码、所持有的股份种类、持股数额、个人合计持股数额、出资方式等。股份持有人及其所持有的股份发生变动时，新型农村集体经济组织股份管理部门应及时对股份登记簿的内容进行更新。股权登记簿应分别采取两种形式，一是纸质股权登记簿，二是电子股权登记簿。两种股权登记簿反映的内容必须保持一致。

第四章　新型农村集体经济组织设立的后续工作阶段

　　新型农村集体经济组织设立的后续工作阶段，主要任务是制定新型农村集体经济组织的章程、民主选举新型农村集体经济组织股东代表；召开新型农村集体经济组织创立大会，民主选举新型农村集体经济组织董事会、监事会，任命新型农村集体经济组织总经理；进行新型农村集体经济组织法人登记；对集体经济产权制度改革相关档案进行收集、归档。

第一节　制定新型农村集体经济组织的章程

　　新型农村集体经济组织章程是以书面形式规范新型农村集体经济组织设立的目的、宗旨、组织原则、组织机构、组织形式、经营活动方式、资金筹集、利润分配、股东的权利义务等重要事项的法律文件。

一、新型农村集体经济组织章程的内容

　　新型农村集体经济组织章程应包括如下内容。

　　①新型农村集体经济组织的名称和住所；②新型农村集体经济组织的宗旨和经营范围；③新型农村集体经济组织的设立方式；④股东的权利和义务；⑤新型农村集体经济组织注册资本、股份种类、各类股金总额、每股金额；⑥收益分配及亏损分担办法；⑦新型农村集体经济组织组织机构及其产生办法、职权、议事规则；⑧新型农村集体经济组织法定代表人；⑨新型农村集体经济组织终止的条件和程序；⑩新型农村集体经济组织章程修订程序；⑪新型农村集体经济组织章程设立日期；⑫法律、法规规定的其他事项。

二、起草新型农村集体经济组织章程应注意的问题

章程是新型农村集体经济组织行为和组织的基本规则，涉及新型农村集体经济组织根本性、方向性的事项，是新型农村集体经济组织设立及设立之后运营的准则。因此，各个改制单位要解放思想，转变观念，紧密结合本组织实际，做好章程起草工作。在起草企业章程过程中，应注意以下几个问题。

①起草企业章程应符合相关法律规定。新型农村集体经济组织组建为股份制公司的，应参照股份制公司的章程起草本组织章程；新型农村集体经济组织组建为股份经济合作社的，应参照股份合作制企业的章程起草本组织章程。

②章程内容应内容齐备完整，特别是要结合本组织实际情况对某些重要事项作出约定或规定。

③章程的内容应有利于把新型农村集体经济组织培养成具有生机和活力的市场经营主体，有利于生产要素合理流转和资源优化配置。

④章程起草过程中，必须充分听取方方面面、不同群体的意见，最大限度地保护广大集体经济组织成员的利益。

三、制定新型农村集体经济组织章程的程序

制定新型农村集体经济组织章程的过程，也是对广大干部和农民群众进一步进行合作经济思想教育的过程。所以，在制定新型农村集体经济组织章程的过程中，一定要充分发动群众，让广大农民群众参与章程制定的全过程。

①由改制单位产权改革领导小组办公室起草章程草案。

②将章程草案提交改制单位产权制度改革领导小组进行讨论。领导小组办公室根据讨论意见对草案进行修改，形成章程草案第二稿。

③由改制单位领导小组分别召开各种类型的群众座谈会，将章程草案第二稿提交各方面代表进行讨论。领导小组办公室根据群众讨论意见对章程草案第二稿进行进一步修改，并提交领导小组讨论以后，形成章程草案第三稿。

④由改制单位产权制度改革领导小组将本单位章程草案第三稿提交上级产权制度改革领导小组进行审查。根据上级审查意见，由改制单位产权制度领导小组办公室对章程草案进行修改，形成改制单位新型农村集体经济组织章程（讨论稿）。待召开新型农村集体经济组织创立大会时，再提交全体股东代表讨论通过。

新型农村集体经济组织章程示范文本如下。

××投资管理公司章程

第一章　总则

第一条　为适应××村进行城中村改造、农民整体转居、搬迁上楼的新形势，在农村城市化过程中，维护好、实现好和发展好转居农民的合法权益，充分发挥集体经济组织带领转居农民进入城市共同致富的主体作用，经××村经济合作社社员代表大会于2010年4月21日决议，对××村经济合作社举办的××农工商联合公司，按照"资产变股权、农民当股东"的方向，采取社区股份合作制的形式，进行集体经济产权制度改革，设立北京市嘉合久源投资管理公司。

第二条　本企业在地方党组织和人民政府领导下，自觉遵守国家法律、法规和相关政策，接受工商、税务、物价、农村集体资产管理等有关政府部门依法进行的管理和监督，维护国家和社会公众利益。本企业合法权益和正当经营活动受国家法律保护。

第二章　名称、住所及经济性质

第三条　企业名称：××投资管理公司

住　　　所：××

邮政编码：××

第四条　本企业经济性质为：股份合作制集体企业。实行独立核算，自负盈亏，并依法独立承担民事责任。本企业以全部账内资产为限对企业债务承担责任，股东以其在本企业的资产份额为限对本企业债务承担责任。

第三章　注册资金数额及其来源

第五条　本企业投资人为××村农工商联合公司，注册资金为××亿元，分为××亿股（每股1元）。

其来源为根据××社员代表大会于2010年7月30日讨论通过的《××村集体经济产权制度改革方案》，从经评估确认的××亿元集体经营性净资产中，提取××亿元进行股份量化。

1. 集体股份××亿元，占可量化集体净资产10%，占总股本的××%。

2. 基本股××亿元，占可量化集体净资产20%，占总股本的××%。按照截止到2010年5月5日的××村集体经济组织成员人口数量2815人，进行平均量化，每人××股。拥有基本股的股东名单及每人拥有的股份详见附件1。

3. 个人量化劳动贡献股××亿元，占可量化集体净资产总股本的70%，占总股本的××%。按照截止到2010年5月5日，在册的、具有集体经济组织劳动工龄的1799名××村集体经济组织成员的57251个劳动工龄进行量化，平均每个劳动工龄折合××股。拥有劳动贡献股的股东名单及每人拥有的股份详见附件2。

4. 个人现金投资工龄股××亿元，占总股本的××%。按照男劳动力44年工龄、女劳动力39年工龄的上限标准，凡是截至2010年5月5日，劳动工龄不足上述上限标准的，按照所差工龄年限以及个人量化劳动贡献股平均每年工龄折合股份数量，自愿购买个人现金投资工龄股。拥有个人现金投资劳动工龄股的个人股东名单及其持有的股份数量附件3。女劳动力根据自愿原则也可以延长工龄上限到44年，其中村集体经济组织负责补助2.5年的工龄购买款。

评估确认的××亿元集体经营性净资产，扣除进行股份量化的××亿元和原集体经济组织成员资产份额××亿元以后，剩余资产××亿元作为预留款项，归全体股东共同所有，用于处置改制以后可能出现的历史遗留问题。

第六条　股东的权利与义务

（一）本企业基本股、个人量化劳动贡献股、个人现金投资工龄股均为普通股，享有经营管理权、收益分配权、企业终止剩余财产分配权，依法承担企业经营风险，可以依法继承，可以按照本企业章程依法转让，但不得退股。

（二）个人股东的权利

1. 持有劳动贡献股的股东，有参加股东大会，选举或被选举为股东代表的权利；

2. 股东代表大会期间股东可委托股东代表查阅股东代表大会会议记录，了解董事会的工作和公司及其所属企业的经营状况和财务状况；

3. 持有劳动贡献股的股东，有被选举为董事会，监事会成员，被聘为公司经理，及其所属企业厂长、经理等管理人员的权利；

4. 依本章程规定获取红利，转让股权；

5. 在同等条件下，优先购买其他股东转让的股权；

6. 认购本企业新增加的股本。

7. 本企业终止后，依法分得剩余财产。

（三）股东的义务

1. 依其所持股金份额承担企业债务；

2. 本企业办理工商登记手续后，不得抽逃出资；

3. 遵守本企业章程和国家法律、法规的规定。

第四章　经营范围

第七条　本企业经营范围：投资管理、物业管理、物流仓储、房地产开发、机械加工、农业种植养殖、农产品加工、商业批发零售、餐饮服务业、技术咨询服务、旅游开发、医疗卫生、汽车销售修理等，以国家工商行政管理部门核定为准。本企业依法开展经营活动，法律、法规禁止的，不得经营；应经审批的，未获审批前不得经营；法律、法规未规定审批的，企业自主选择经营项目，开展经营活动。

第五章　组织机构及其职权

第八条　股东代表

（一）股东代表的条件

股东代表必须具备以下条件：

1. 年满18周岁、同时持有本企业个人基本股和劳动贡献股的个人股东，享有选举权和被选举权，被剥夺政治权利的除外；

2. 拥护中国共产党领导，遵守国家法律，具有较强的政策文化水平和议事能力；

3. 关心集体，熟悉情况，公道、正派、责任心强；

4. 密切联系群众，在群众中有较高威信；

5. 身体健康，能适应工作。

（二）股东代表的产生

本企业股东代表由年满18周岁、享有选举权和被选举权的个人股东民主选举产生，名额为本企业股东总数的3%，共83人。股东代表出现缺额时，应及时补选。股东应按照法定程序，向代表其行使股东权利的股东代表授予委托书。

（三）股东代表的权利与义务

股东代表每届任期五年，可以连选连任。股东代表享有下列权利：

1. 选举权和被选举权；

2. 有权参加股东代表大会，发表意见，行使表决权；

3. 有权监督董事会、监事会工作，参与重大经济问题决策；

4. 10名或1/10以上的股东代表联名，可以向股东代表大会提议罢免不称职的董事会、监事会成员。

股东代表应当忠实地履行下列义务：

1. 应遵守国家法律、法规和合作社章程；

2. 关心集体，作风正派；

3. 学习党的方针政策和科学文化知识，提高议政能力；

4. 密切联系股东，听取、反映股东的意见和要求，维护股东的正当权益；

5. 认真执行股东代表大会的决议，向股东做好宣传、解释工作。

股东代表参加股东代表会议议事时，应充分表达其所代表的股东的意见，并按照其所代表股东多数的意见进行表决。

第九条　股东代表大会

股东代表大会是本企业的最高权力机构，行使下列职权：

1. 决定本企业的经营方针和投资计划；

2. 选举和更换董事会、监事会成员；

3. 审议批准董事会和监事会的工作报告；

4. 审议批准本企业的年度财务预算、决算方案；

5. 审议批准本企业年度利润分配方案和弥补亏损方案；

6. 审议通过本企业重要规章制度；

7. 对本企业增加和减少注册资本，集体股股权转让，普通股向非股东转让股权等做出决议；

8. 本企业的分立、合并、变更组织形式，终止和清算等重大事项做出决议；

9. 决定本企业经营期限的延长；

10. 修改本企业章程；

11. 本章程规定的其他职权。

股东代表大会决议的一般事项，按照一人一票的原则进行表决，须经股东代表大会1/2以上代表通过方为有效，但就本条第2、3、7、8、9、10项做出决议时，须经股东代表大会2/3以上代表通过方为有效。

股东代表大会每半年至少召开一次，会议由董事会召集。遇有下列情况时，可召集临时股东代表大会。

1. 企业累计未弥补亏损达企业股本总额 1/3 时；

2. 本企业股东代表 30% 以上提出；

3. 董事会、监事会认为必要时。

董事会应在股东代表大会召开前 10 日内书面通知股东代表并列明所议事项。股东代表大会每次会议均需有书面报告，会议记录。会议通过的决议应是书面的，并由同意该决议的股东代表签字。会议报告、记录、决议要完整存档。

第十条　董事会

本企业设置董事会，董事由股东代表大会选举产生，任期五年。董事会对股东（代表）大会负责，由 7 人组成。董事会设董事长 1 人。董事会行使下列职权：

1. 审定新型农村集体经济组织的发展规划、年度生产经营计划；

2. 确定新型农村集体经济组织的经营方针和管理机构的设置；

3. 批准新型农村集体经济组织的规章制度；

4. 听取并审查总经理的工作报告；

5. 审查新型农村集体经济组织年度财务预算、决算方案和利润分配方案；

6. 对新型农村集体经济组织增加或者减少注册资本，分立、合并或者清算等重大事项提出方案；

7. 聘任或者解聘新型农村集体经济组织经理，根据经理提名，聘任或者解聘副经理和财务主管；

8. 决定对新型农村集体经济组织经理、副经理和财务主管的奖惩；

9. 股东代表大会和本企业章程规定的其他职权。

董事会的决议，按照一人一票的原则，须经全体董事半数以上同意方可通过。

第十一条　法定代表人

本企业的法定代表人为董事长。董事长由董事会选举产生、罢免，任期 5 年，可以连选连任。董事长任期不能超过两届，董事长一般由本企业党组织书记兼任。

董事长行使下列职权：

1. 召集和主持股东代表大会和董事会会议；

2. 检查股东代表大会决议和董事会决议的实施情况；

3. 在董事会两种意见表决票相等时，董事长有两票表决权；

4. 对外代表本企业行使法人权利；

5. 企业章程规定的其他职权。

第十二条　监事会

本企业设立监事会，任期5年。监事会对股东代表大会负责，其成员由3人组成，由股东代表大会选举确定，行使下列职权：

1. 列席董事会会议；

2. 监督董事、经理的工作；

3. 检查企业经营和财务状况；

4. 必要时，建议召开临时股东代表大会；

5. 股东代表大会授予的其他职权。

监事会设立监事长一人，副监事长一人，任期5年，由监事会选举产生，可以连选连任。监事长任期不能超过两届。监事长行使下列职权：

1. 主持召开监事会会议；

2. 列席董事会会议；

3. 代表监事会作工作报告；

4. 股东代表大会授予的其他职权。

监事会的决议必须经全体监事半数以上同意方可通过。

第十三条　总经理

本企业设置总经理1人，副总经理1人，经理5人。总经理由董事会提名，经股东代表大会表决通过，发给聘任书。副总经理及财务总监由总经理提名，报董事会通过，发给聘书。其他高级管理人员由总经理任命，并报董事会审查备案。总经理与副总经理任期为五年，可以连聘连任。

总经理在董事会的领导下，负责本企业的日常经营管理工作，对董事会负责，行使下列职权：

1. 组织实施股东代表大会和董事会决议，并向董事会报告工作；

2. 制定本企业年度生产经营计划方案，全面组织日常经营活动；

3. 决定本企业内部机构设置；

4. 提出本企业部门负责人以及下属企业、单位干部的任免建议，报董事会批准。

第十四条　内部经营管理机构

本企业根据经营和管理需要，设置办公室、党务工作部、社会事务管理部、财务管理部、资产管理部、人力资源部、审计与法制部、规划建设部、市场开发部、监察与调研部等内部管理机构。

第六章　财务管理制度和税后的利润分配形式

第十五条　财务管理制度

1. 认真执行国家财务核算制度的规定和财务纪律，结合本企业的实际情况，搞好财务管理，独立编制资产负债表、现金流量表、损益表等各种财务报表。

2. 财会人员要当好本企业的管家，做好董事会的参谋，坚决抵制一切不符合财经纪律的现象。

3. 本企业现金管理要做到日清日结，收入超过库存限额要及时存入开户银行，不得白条顶现，不得设置"小金库"，不得坐收坐支。

4. 本企业必须按照国家有关法律、法规规定，收取合法外部票据，对外开具合法票据，不得使用非法票据。

5. 财务账目管理要做到账物相符、账账相符，账实相符。做到日清月结。按国家规定保存好账目。

6. 按照规定纳税登记，照章缴纳各种税款。

第十六条　税后利润分配

本企业税后利润，按照下列顺序进行分配：

1. 冲销被没收的财务损失，支付各项税费的滞纳金和罚金；

2. 弥补本前年度亏损；

3. 提取法定盈余公积金，用于扩大本企业生产经营；

4. 提取法定公益金，用于本企业股东集体公益事业和本企业职工的福利；

5. 提取任意盈余公积金，用于扩大本企业生产经营；

6. 提取职工积累基金，定期按照新增劳动工龄量化给本企业股东，增加在职股东的劳动贡献股；

7. 支付普通股红利。

集体股分红所得的用途，由股东代表大会决定，应主要用于扩大再生产、集体公益事业、股东与职工的社会保障等。

个人股分红所得归个人所有，一般年底一次性给付，也可以采取平时按月预分、年底结算的办法给付。

企业当年亏损时，集体股、普通股均不进行分红。

第七章　劳动用工制度及报酬的分配方法

第十七条　劳动用工制度

1. 本企业以及下属企业、事业单位佣工，一律按照国家《劳动法》的规定，采用聘用制。招收新职工由总经理提出方案，报董事会批准，在同等条件下，应当优先录取本企业股东及其子女。

2. 本企业职工采取合同制。合同期根据岗位重要性决定长短，一般岗位为3年，重要岗位可以适当延长至5年。工资报酬以及福利待遇，在严格执行国家最低工资的基础上，根据企业经济效益，由股东代表大会决定。

3. 本企业职工按照国家社会保障的相关规定，给职工上各类保险。

4. 职工享有国家规定的节假日。

第十八条　劳动报酬的分配方法。本公司经营管理干部实行年薪加奖金制度。第一届董事会董事长年薪为税后30万元人民币。以后各届董事会董事长的年薪数额，要随着集体经济的发展逐步提高，具体数额由股东代表大会讨论决定。董事会五年任期结束以后，聘请有资质的会计事务所，对任期内集体经济经营成果进行审计。按照任期内集体账内净资产（所有者权益）增加数额的1%，提取董事长奖金。任期届满，未完成任期经济目标的，按照差额比例相应扣减年薪数量。其他经营管理干部的报酬由董事会制订方案，报股东代表大会批准。企业职工报酬执行月工资加年底奖金制度。

第八章　章程的修改程序和终止程序

第十九条　本章程若需修改时，由董事会提出意见，经股东代表大会讨论通过，到工商行政管理部门审核备案。

第二十条　终止程序

本企业经营期限为20年，自营业执照签发之日计算。经营期限可以延长。经营期限的延长由股东代表大会做出决议。并于期限满之前180天之前，报原登记主管机关批准。

本企业由于经营期限届满、被依法撤销、破产、不可抗力或者股东代表大会决定等原因，使本企业需终止营业时，由董事会提出书面申请，经股东代表大会或者成员代表大会通过，组成清算小组，清理债权债务、完税手续和其他善后工作，并将清算情况向全体股东公布后，到登记机关办理企业法人营业执照的注销登记手续。

第九章 其他

第二十一条 本章程若与国家法律、法规和政策相抵触时，以国家制定的法律、法规和政策为准。

第二十二条 本章程经本企业股东代表大会讨论通过，工商行政管理部门核发营业执照之日起生效。

股东代表签字：

附件1：拥有基本股的个人股东名单及其持有的股份数量（略）

附件2：拥有个人量化劳动贡献股的个人股东名单及其持有的股份数量（略）

附件3：拥有个人现金投资劳动工龄股的个人股东名单及其持有的股份数量（略）

第二节 选举股东代表

新型农村集体经济组织实行民主集中制原则指导下的民主管理。民主管理的具体实现形式是按照新型农村集体经济组织章程的规定，重大经济事项由股东民主讨论决定。由于各个新型农村集体经济组织的股东人员数量不同，民主管理的具体实现形式也不尽相同。新型农村集体经济组织股东人数较少的，可以直接召开股东大会，股东大会是新型农村集体经济组织的最高权力机构。新型农村集体经济组织股东人数较多的，为了便于议事，提高决策效率，应选举股东代表，召开股东代表大会，股东代表大会是新型农村集体经济组织的最高权力机构。是直接召开股东大会还是召开股东代表大会，决定这个问题的依据，要看是否有利于贯彻民主管理的原则，是否有利于提高新型农村集体经济组织决策效率。

一、股东代表产生的方式

股东代表产生的方式可以有以下五种。

①按户推选法。股东户数较少的新型农村集体经济组织，可以由户主代表其全家参加股东代表会议，即股东户主大会等同于股东代表大会。

②联户推选法。股东户数较多的新型农村集体经济组织，如果按户推选股东代表仍然不利于民主决策，可以采取联户推选的办法。联户推选法是由若干有血缘关系、亲戚关系、朋友关系的股东户共同推选一名或者多名股东代表。

③居住区域推选法。股东户数较多的新型农村集体经济组织，可以按照股东的居住地点，譬如自然村、街巷等居住区域，按照比例推选一名或者多名股东代表。

④工作单位推选法。股东户数较多的新型农村集体经济组织，可以按照股东在本组织下属企业工作的单位，按照比例推选一名或者多名股东代表。

⑤全体股东选举法。股东户数较多的新型农村集体经济组织，可以根据村级组织或者5名以上股东的提名，由全体成年股东民主选举产生全部或者部分股东代表。

在实际工作中，以上几种股东代表推选方法可以结合起来使用。不论采取哪种方法产生股东代表，都要使股东代表构成兼顾不同年龄、性别、经历、行业及不同经济成分，以保证代表的广泛性。

二、股东代表的名额

股东代表名额比例一般占本组织股东总数的6%~8%，具体执行中可根据新型农村集体经济组织规模大小适当调整。股东代表总人数一般控制在20~60人，最高不得超出100人。股东代表出现缺额时，应及时补选。

三、股东代表的条件

股东代表必须具备以下条件。

①年满18周岁的本集体经济组织股东，享有选举权和被选举权，被剥夺政治权利的除外；②拥护中国共产党领导，遵守国家法律，具有较强的政策水平和较高的文化水平及议事能力；③关心集体，熟悉情况，办事公道，为人正派，责任心强；④密切联系群众，在群众中享有较高威望；⑤身体健康，能适应工作。

四、股东代表的权利与义务

1. 股东代表的权利

股东代表享有下列权利。

①选举权和被选举权；②有权参加股东代表大会，发表意见，行使表决权；③有权监督董事会、监事会工作，参予重大经济问题决策；④10名或1/10以上的股东代表联名，可以向股东代表大会提议罢免不称职的董事会、监事会成员；⑤有权对本组织资产运营情况进行监督；⑥有权召集其所代表的股东会议，对本组织重大事项进行协商。

2. 股东代表的义务

股东代表应当忠实地履行下列义务。

①遵守国家法律、法规和新型农村集体经济组织章程；②认真学习党的方针政策和科学文化知识，提高议政能力；③密切联系股东，听取并及时、正确地反映股东的意见和要求，维护股东的正当权益；④模范执行股东代表大会的决议，向股东做好宣传、解释工作；⑤对新型农村集体经济组织资产运营情况进行监督，及时向董事会反映本组织资产运营中出现的问题。

五、股东代表授权委托书

股东代表大会制度是一种代议制，股东把参与新型农村集体经济组织民主决策的权利，让渡给股东代表。股东代表作为一定数额股东的代表，代表股东行使权利，应当得到股东的授权和认可。股东代表应当如实反映其所代表股东的意志。因此，由让渡民主决策权的股东向其所推选的股东代表授予委托书就显得尤其重要。通过向股东代表授予委托书，一方面明确了股东代表的权利，增加了股东代表的责任感；另一方面对出具《股东代表委托书》的股东也形成了约束机制，承担了相应法律责任。

《股东代表授权委托书》示范文本如下：

股东代表授权委托书

我们为××股份经济合作社的股东，现委托××股份经济合作社股东××代表我们行使股东权利，由此造成的后果和应履行的义务由我们承担。

特此委托

全体委托人（签名）：

受托人（签名）：

年　　　月　　　日

第三节　推选管理干部候选人

政治路线确定之后，干部就是决定性的因素，选好经营管理干部，对于新型农村集体经济组织能否高效率地运行具有十分重要的意义。新型农村集体经济组织的干部选举方式，既不同于党组织干部选举方式，也不同于村民委员会干部直接选举方式，而是采取间接选举的方式，由股东代表大会选举产生。在正式召开新型农村集体经济组织创立大会之前，需要通过合法程序，民主推选新型农村集体经济组织管理干部候选人。

一、推选新型农村集体经济组织管理干部候选人的范围

推选新型农村集体经济组织管理干部候选人的范围包括：董事会成员、董事长、监事会成员、监事长、总经理等高级经营管理干部。

二、新型农村集体经济组织管理干部候选人的推举方式

新型农村集体经济组织管理干部候选人可以采取三种方式产生：一是由同级党组织提名推荐；二是由部分新型农村集体经济组织股东联合提名推荐；三是由股东个人自荐并得到一定比例的股东签名联署。采取后两种方式产生的候选人应提交同级党组织研究讨论。

三、推举新型农村集体经济组织管理干部候选人的程序

1. 党内酝酿

推举新型农村集体经济组织管理干部候选人，同级党组织要发挥领导作用，首先要由同级党组织领导班子提出初步名单，提交属于本新型农村集体经济组织股东的全体党员大会进行酝酿、讨论。

2. 民主协商

乡镇或者村级党组织把经过党员大会民主酝酿产生的新型农村集体经济组织管理干部候选人名单，提交股东代表座谈会进行协商。为了使得新型农村集体

经济组织的管理干部能够得到全体股东的一致认可，股东代表需要召集其所代表的股东，对党组织提名的候选人名单进行沟通，听取群众的意见。

3. 上级审查

新型农村集体经济组织作为农村集体经济组织，必须坚持党的领导，加强党的领导。上级党组织要发挥党管干部的职能，对新型农村集体经济组织管理干部候选人进行组织审查和实地考察。经审查和考察确认候选人不存在政治问题、经济问题和刑事问题以后，上级党组织要向提交候选人名单的改制单位党组织发出审查意见书。

四、新型农村集体经济组织管理干部候选人必须具备的条件

新型农村集体经济组织管理干部候选人应该具备以下条件。

①拥护中国共产党的领导，遵守国家法律、法规，具有较高的政策水平；②具有较高的科学文化水平和较强的组织领导能力；③熟悉农村经济管理工作，具有较高的经营管理水平；④关心集体，熟悉情况，办事公道、为人正派、责任心强；⑤密切联系群众，在群众中有享有较高的威望；⑥身体健康，能适应工作。

新型农村集体经济组织管理干部候选人中，应当有各个方面的专业人士，每个候选人都应当有自己的特长或者专业，以便领导班子成员之间实现优势互补。

五、新型农村集体经济组织管理干部候选人的名额

由于新型农村集体经济组织管理干部实行差额选举制度，所以其候选人数应当不低于应当选的管理干部人数。应选3至5人的，差额不得少于1人；应选7至9人的，差额不得少于2人。

第四节　召开新型农村集体经济组织创立大会

召开新型集体经济组织创立大会，既是农村集体经济组织产权制度改革的总结会议，也是宣告新型农村集体经济组织诞生的里程碑。

一、会议筹备工作

在召开新型农村集体经济组织创立大会之前，要做好严密的组织、筹备工作。包括：撰写新型农村集体经济组织设立筹备工作报告、制定并印制会议议程、印制新型农村集体经济组织章程、印制管理干部选票、股东代表分组名单、明确股东小组讨论主持人和记录人、确定创立大会地点、会场布置、会议通知、会议签到簿、邀请上级领导出席名单等。

二、创立大会的程序

①由股东代表推选会议主席团，会议主席团主持会议；②会议主席团常务主席主持会议，宣布开会；③公布股东代表出席和缺席情况；④由改制单位产权制度改革领导小组负责人报告集体经济组织产权制度改革情况，也就是新型农村集体经济组织设立的筹备工作情况；⑤宣读新型农村集体经济组织《章程》（草案），并就有关问题进行说明；⑥股东代表分组讨论和大会发言；⑦解答代表提出的质询、意见和建议；⑧通过《章程》决议，由股东代表在决议文本上签字；⑨根据《章程》规定，选举董事会和监事会成员；⑩董事会举行会议选举董事长、副董事长，监事会举行会议选举监事长；⑪表决通过新型农村集体经济组织第一届第一次会议决议；⑫同级党组织书记做会议总结；⑬上级领导讲话；⑭宣布会议闭幕。

三、新型农村集体经济组织创立大会的决议

新型农村集体经济组织创立大会（同时也是第一届股东大会或者股东代表大会第一次会议）的决议应包括：

①关于新型农村集体经济组织章程的决议；③关于选举产生新型农村集体经济组织董事会成员、监事会成员的决议；③关于同意董事会和监事会选举产生的董事长和监事长的决议；④股东大会或者股东代表大会决定的其他重要事项。

新型农村集体经济组织创立大会的决议，必须经过出席会议的全体股东或者股东代表 2/3 以上同意，方为有效。会议决议必须由出席会议的全体股东或者股东代表亲笔签名，并在会后印发给全体股东或者股东代表。

第五节　新型农村集体经济组织法人登记

在成功召开新型农村集体经济组织创立大会以后，应当及时到相关政府部门办理企业登记注册工作。

一、新型农村集体经济组织的具体实现形式

农村集体经济组织进行产权制度改革的基本方向是"资产变股权、农民当股东"，构建适应市场经济发展要求的产权明晰、权责明确、政企分开、管理科学的集体经济运行机制。新型农村集体经济组织可以登记为股份经济合作社（其他法人），也可以登记为企业法人。登记为企业法人的，可以登记为股份合作制集体企业，也可以按照《中华人民共和国公司法》登记为有限责任公司或股份有限公司。

①以乡镇为单位进行集体经济组织产权制度改革的，可以辖区内村集体经济组织作为其法人股东，以量化到村集体经济组织名下的乡镇集体净资产作为出资，以股份制或者股份合作制的形式组建乡镇新型农村集体经济组织。

②对于辖区内村级集体经济组织已经全部撤销、村级集体资产已经全部进行处置的地方，以乡镇为单位进行集体经济组织产权制度改革时，以拥有乡镇集体资产所有权的集体经济组织成员为股东，以量化到集体经济组织成员名下的股份作为出资，以股份合作制的形式组建乡镇新型农村集体经济组织。

③实行乡镇级核算的，可以乡镇集体企业作为法人股东，以量化到各个企业的股份作为出资，以股份制的形式组建新型集体经济组织；也可以以拥有乡镇集体资产所有权的集体经济组织成员为股东，以量化到集体经济组织成员名下的股份作为出资，以股份合作制的形式组建乡镇新型农村集体经济组织。

④以村为单位进行集体经济组织产权制度改革的，以量化到集体经济组织成员名下的资产作为出资，以股份合作制的形式组建新型集体经济组织。

二、有限责任公司的设立

设立有限责任公司，应按照《公司法》的规定符合以下要求：股东人数不超过50个；股东出资按行业达到法定资本最低限额；股东共同制定公司章

程；有公司名称，建立符合有限责任公司要求的组织机构；有固定的生产经营场所和必要的生产经营条件。

有限责任公司设立股东会、董事会、监事会和总经理，并按公司章程行使职权。有限责任公司股东人数较少和规模较小的，可以设一名执行董事，不设立董事会。执行董事可以兼任公司经理。执行董事的职权由公司章程规定。

三、股份有限公司的设立

设立股份有限公司，应按照《公司法》的规定符合以下要求：发起人符合 5 人以上法定人数，其中须有过半数的发起人在中国境内有住所；发起人认缴和社会公开募集的股本达到法定资本最低限额；股份发行、筹办事项符合法律规定；发起人制订公司章程，并经创立大会通过；有公司名称，建立符合股份有限公司要求的组织机构；有固定的生产经营场所和必要的生产经营条件。

股份有限公司的设立，可以采取发起设立或者募集设立的方式。发起设立，是指由发起人认购公司应发行的全部股份而设立公司。募集设立，是指由发起人认购公司应发行股份的一部分，其余部分向社会公开募集而设立公司。

股份有限公司注册资本的最低限额为人民币 500 万元。股份有限公司设立股东大会、董事会、监事会和总经理，并按公司章程行使职权。

四、股份合作企业的设立

农村股份合作企业是以合作制为基础，实行农民群众劳动合作和资金联合相结合的企业组织形式。设立农村股份合作企业必须坚持自愿原则，可以采取改建或者新建的方式。股东大会或者股东代表大会是企业最高权力机构，实行一人一票，选举产生理事会、监事会并按公司章程行使职权。董事会对股东大会股东代表大会或者负责，董事长是企业的法定代表人。总经理由董事会会聘任并对董事会会负责。监事会组成人员不得少于 3 人，其中，半数以上成员应当由职工股东出任。企业的董事、总经理及财务主管等高级管理人员不得兼任监事。股份合作制企业应当制定章程，企业章程由股东大会股东代表大会或者讨论通过。

五、社区股份合作企业的设立

乡镇集体经济组织改制以后，可以登记为股份制企业，也可以登记为股份合作制企业。村集体经济组织改制以后，可以登记为股份合作制企业（经济性质为集体企业），也可以登记为股份经济合作社。

鉴于我国即将全面开展对农村集体土地的确权颁证工作，农村集体土地的所有权只能颁发给农村集体经济组织，而不可能颁发给有限责任公司或者股份公司。所以，凡是进行集体经济产权制度改革的乡村集体经济组织，在改制工作结束以后，都应当首先到区县人民政府进行农村集体经济组织登记。由区县人民政府颁发《农村集体经济组织登记证书》。新农村集体经济组织按股份制公司或股份合作制企业形式设立的，应在区县人民政府申领《农村集体经济组织登记证书》以后，按有关规定到工商行政管理部门办理股份制公司或股份合作制企业注册登记手续。新型农村集体经济组织不注册为股份制公司或股份合作制企业的，可以到区县农村合作经济经营管理部门办理合作社改建登记，领取《农村集体经济组织登记证书》。鉴于在产权制度改革中，村集体土地没有经过评估纳入新型农村集体经济组织账内核算，又鉴于村集体经济组织还担负着大量农村社区管理费用，再有就是一般新型集体经济组织股东人数都多于50人，为了切实保护农民的土地权益、减少代持股可能引起的麻烦、切实减轻新型农村集体经济组织税负，现阶段村新型集体经济组织一般不要登记为股份制企业。

六、企业法人登记程序

（1）对农村集体经济组织已经以全部集体资产投资设立的集体所有制企业（如农工商公司），需重新确认投资人和集体资产所有人，办理变更（备案）登记，除按照变更集体所有制企业法人应当提交的文件证件外，还应提交下列文件、证件。

①由参加会议所有成员或者成员代表签字（盖章）的集体经济组织成员大会或成员代表大会决议。决议应当标明下列内容：确认资产权属；确认资产的评估报告；同意集体资产由集体经济组织成员共同共有变更为按份共有；资产处置情况；资产股份量化情况；债权债务处理情况；分支机构设立情况。

②由区县农村合作经济经营管理站出具的产权界定文件。

③集体资产的评估报告。

④区县农村合作经济经营管理部门出具的确定集体资产数额的确认函。

⑤由出资人盖章确认的组织章程。

⑥投资人及新型集体经济组织董事会、监事会、总经理身份证件。

⑦其他相关证明材料。

（2）农村集体经济组织采取新设方式并以其全部集体资产投资设立集体所有制企业，应按对集体资产进行量化，明确资产所有权人和投资人后，到工商行政管理机关申请办理设立登记手续，除提交集体所有制企业设立的文件、证件外，还应提交下列文件、证件。

①由参加会议所有成员或者成员代表签字（盖章）的集体经济组织成员大会或成员代表大会决议。决议应当标明的内容：同意设立登记；确认资产权属；确认资产的评估报告；同意集体资产由集体经济组织成员共同共有变更为按份共有及股份量化情况；资产处置情况；债权债务处理情况。

②由区县农村合作经济经营管理站出具的产权界定文件。

③集体资产评估报告。

④区县农村合作经济经营管理站出具的确定集体资产数额的确认函。

⑤由出资人盖章确认的组织章程。

⑥投资人及新型集体经济组织董事会、监事会、总经理身份证件。

⑦其他相关证明材料。

七、农村股份经济合作社登记程序

（1）设立农村股份经济合作社应当由其所在的区县人民政府批准并发给《农村集体经济组织登记证书》。

（2）农村股份经济合作社的法人登记工作，由区县人民政府授权区县农村合作经济经营管理站具体负责。

（3）进行农村股份经济合作社登记并应如实提交下列文件：

①组织章程。

②集体经济组织成员大会或者成员代表大会关于选举或者任命本组织主要领导干部的决议。

③集体资产产权证书复印件。

④法定代表人身份证复印件。

（4）区县农村合作经济经营管理站对农村股份经济合作社进行法人登记以后，应当向其发放由区县人民政府盖章的《农村集体经济组织登记证》。

第六节　新型农村集体经济组织揭牌仪式与档案管理、建立新账

一、举行新型农村集体经济组织揭牌仪式

举行新型农村集体经济组织揭牌仪式的目的，是为了向社会大众展示集体经济产权制度改革的成果，昭示新型农村集体经济组织已经成立，同时起到凝聚新型农村集体经济组织内部人心，激励干部群众在新的集体经济体制下更好地团结起来，发展壮大集体实力的作用。挂牌仪式应邀请上级领导、集体经济组织老领导、股东代表和其他各方面代表参加。揭牌仪式上，新型农村集体经济组织主要领导应发表讲话，说明新型农村集体经济组织成立的意义、今后企业发展的战略方向、经营策略和工作思路。上级领导也应对新型农村集体经济组织的建立和发展提出要求，做出指示。有的新型农村集体经济组织在揭牌仪式上，还邀请工商行政管理部门现场向企业发放营业执照。有的新型农村集体经济组织在揭牌仪式上还举办舞狮、舞龙、扭秧歌、踩高跷等群众文化活动，将新型农村集体经济组织正式运营作为一个节日加以庆祝，给广大农民群众留下深刻印象。

二、新型农村集体经济组织档案管理

1. 农村集体经济产权制度改革的资料立卷归档范围

为加强档案管理工作，确保农村集体经济产权制度改革过程中形成的档案资料规范、完整和长期有效利用，农村集体经济产权制度改革进程启动后，要责成专人负责文件材料的收集整理工作。凡作为记录和反映农村产权制度改革的文件、笔录的原件及其复制件、照片、音像磁带、光盘及其他文件材料，均属收集范围。具体包括：

①农村集体经济产权制度改革领导机构和工作机构的人员名单；②农村集体经济产权制度改革的工作方案；③资产清查报表、资产评估报告、资产损失处理意见书；④集体经济组织成员人口统计和劳动工龄的统计的相关资料；⑤集体资产处置情况有关材料；⑥改革进程中，历次集体经济组织成员大会或

者成员代表大会的决议、会议记录；⑦农村集体经济产权制度改革的调查报告；⑧各种调查取证材料；⑨资产、档案移交处理意见书；⑩群众来信或来访接待记录；⑪有关农村集体经济产权制度改革计划、向上级机关提交的各类请示报告、上级机关的各类批复和其他有关材料；⑫改制进程中的各类会议、活动的原始记录资料、多媒体材料；⑬新型农村集体经济组织章程、创立大会的各类材料；⑭与农村集体经济产权制度改革有关的其他材料。

按照文书处理的有关规定，对确定立卷归档的文件材料，应检查有关程序和签批认定手续等是否完备，不符合要求的应予补救。写好立卷编目、备考表、立卷人并注明日期、检查人并填写检查日期。

2. 案卷装订注意事项

①拆除文件上的金属物；②破损和褪色的文件材料，应进行修补或复制；③文件材料装订部分过窄或有字的，用纸加宽装订；④文件材料字迹难以辨认的，应附抄件并加以说明；⑤装订时文件的右边和下边要取齐；⑥装订要牢固、整齐、美观、不丢页、不压字；⑦录音带、录像带、照片等声像档案，应逐件登记单位、时间、内容、制作者。

3. 归档注意事项

①文件归档要做到登记清楚、手续完备，责任明确；②对立好的案卷，应由农村集体经济产权制度改革负责人和档案人员逐卷检查，不符合要求的应予补救或返工；③对立好的案卷，按有关规定划注保管期限；④案卷立好并经验收后，除在本组织档案室保存原件以外，应在规定时间内向区县或者现在乡镇档案馆（室）移交相关档案的原件或者复制件。

三、新型农村集体经济组织建账工作

新型农村集体经济组织设立成功以后，要按照《会计法》的规定，将原集体经济组织全部资产、负债和所有者权益转到新型农村集体经济组织名下，并启用新的会计账簿。启用新会计账簿的时点为新型农村集体经济组织注册登记时日。启用新账，必须填写账簿启用表，并编制目录。旧账结清后，要及时整理，装订成册，归档保管。启用新的会计账簿时，应当在账簿封面上写明单位名称和账簿名称。在账簿扉页上应当附启用表。其内容包括：启用日期、账簿页数、记账人员和会计机构负责人、会计主管人员姓名，并加盖人名章和单位公章。记账人员或者会计机构负责人、会计主管人员调动工作时，应当注明交接日期、接办人员或者监交人员姓名，并由交接双方人员签名或者盖章。启用订本式账簿，应当从第一页到最后一页顺序编定页数，不得跳页、缺号。使用活页式账页，应当按账户顺序编号，并须定期装订成册。装订后再按实际使用的账页顺序编定页码。另加目录，记明每个账户的名称和页次。新型农村集体经济组织实行统分结合的双层经营体制，实行承包经营的企事业单位所发生的经济业务不记入新型农村集体经济组织的账内。

第五章 新型农村集体经济组织经营管理概述

第一节 强化新型农村集体经济组织经营管理的意义

农村集体经济产权制度改革,按照资产变股权、农民当股东的方向,将实行共同共有产权制度的传统集体经济组织,改造成为实行按份共有产权制度的新型农村集体经济组织。新型农村集体经济组织,也可以称之为社区型股份合作制企业。它是以土地为主要纽带联系起来的一定社区(乡镇或者村组)范围内的农民群众,按照合作制的原则,采取股份的形式,实行劳动联合与资本联合相结合,通过对传统集体经济组织进行产权制度改革而组建起来的一种新型农村集体经济组织。

新型农村集体经济组织脱胎于传统集体经济组织。传统农村集体经济组织经过产权制度改革,演变为新型农村集体经济组织以后,集体经济的产权制度由其成员共同共有转变为由其成员按份共有,资产变股权,农民当股东,集体经济组织体制发生了翻天覆地的质的变化。

但是,由于半个多世纪以来,传统思想观念和管理习惯的影响,新型农村集体经济组织内部存在的众多深层次矛盾与问题,不会随着产权制度的改变而自然而然地消失。虽然产权制度改革为农村集体经济组织在市场经济条件下实现更好、更快地发展提供了制度上的可能性,但是要把这种可能性变为现实,还需要做更加艰苦细致的努力。虽然体制的变化为集体经济的快速发展奠定了坚实的制度基础、提供了机遇,但要把这种机遇转变为现实,必须进一步转变观念,深化改革,强化管理,抓好发展,才能使广大农民群众真正享受到改革的丰硕成果,才能在农村城镇化过程中真正维护好、实现好和发展好农民群众的根本利益,才能真正实现农村社会的稳定与和谐。

因此，强化新型农村集体经济组织经营管理，有利于巩固农村集体经济产权制度改革成果，是实现农村集体经济产权制度改革目标的需要；有利于优化新型农村集体经济组织资源配置，是实现农村集体资产保本增值的需要；有利于增加新型农村集体经济组织成员财产性收入，是在农村城镇化过程中实现集体经济组织成员共同富裕的需要；有利于保护集体经济组织成员民主管理的权利，是维护农村稳定建设和谐社会的需要；有利于促进农村党风廉政建设，是巩固党在农村基层执政地位、密切党群关系干群关系的需要。

反之，如果不强化新型农村集体经济组织经营管理，新型集体集体经济组织虽然名称变了，但是仍然按照传统集体经济组织的老一套办法来运行，"穿新鞋走老路"，"新瓶装老酒"，"换汤不换药"，集体经济经营效益得不到大幅度提升，农民群众享受不到改革的成果，党在农民群众中的威信就会一落千丈，农村社会就不可能安定团结，建设和谐社会的目标就不可能实现，农村集体经济产权改革也就失去了意义。所以，强化经营管理是关系新型农村集体经济组织生死存亡的重大问题，必须引起各级领导和广大干部群众的高度重视。

第二节　经营管理是新型农村集体经济组织各项活动的总称

一、经营管理的概念

所谓经营管理，是指为确保企业建设、采购、生产、销售等各项业务和资金、技术、劳动力各种资源，按照企业预定的经营目标顺利地进行、有效地调整而进行的一系列管理、运营活动。经营管理是对企业整个生产经营活动进行决策，计划、组织、控制、协调，并对企业成员进行激励，以实现其任务和目标的一系列工作的总称。经营管理包括：合理确定企业的经营形式和管理体制，设置管理机构，配备管理人员；搞好市场调查，掌握经济信息，进行经营预测和经营决策，确定经营方针、经营目标和生产结构；编制经营计划，签订经济合同；建立、健全经济责任制和各种管理制度；搞好劳动力资源的利用和管理，做好思想政治工作；加强土地与其他自然资源的开发、利用和管理；搞好机器设备管理、物资管理、生产管理、技术管理和质量管理；合理组织产品销售，搞好销售管理；加强财务管理和成本管理，合理进行好收益和利润的分配；全面分析评价企业生产经营的经济效益，开展企业经营诊断等方面的内容。

经营管理是人类各种活动中最重要的活动之一。自从人们形成群体去实现个人无法达到的目标以来，管理工作就成为协调个人努力必不可少的因素。由于人类社会日益依靠集体的努力来完成任务，组织起来的群体也变得越来越重要。管理就是设计和保持一种良好的环境，使人在群体里高效率地完成既定的目标。经营管理具有计划、组织、人事、领导和控制五项职能。

①编制计划包括选择任务、目标和完成计划的行动。编制计划需要决策，也就是说在各种方案里，选择将来的行动路线。

②组织工作的任务是旨在建立起一个经过策划的角色结构，分配给机构中的每一个成员。

③人事工作是给组织结构设置编制、配备人员和保持满员，并使他们能够高效率和高效益地完成任务。

④领导工作是对工作人员施加影响，使他们对组织和集体的目标作出贡献。

⑤控制工作是衡量和纠正下属人员的各种活动，从而保证事态的发展符合计划要求。

把个人的力量协调起来，以完成集体的目标，每一项管理工作职能都是为了促进协调，所以协调是管理工作的核心。

二、经营与管理的区别与联系

1. 任何企业运营都包括经营和管理这两个主要环节

经营是指企业进行市场活动的行为，而管理是指企业理顺工作流程、发现问题的行为。经营管理是相互渗透的，人们经常把经营管理放在一起讲。实际情况也是经营中的科学决策过程便是管理的渗透，而管理中的经营意识可以讲是情商的体现。把经营和管理严格区分开来是误区，也是务虚的表现。经营是对外的，追求从企业外部获取资源和建立影响；管理是对内的，强调对内部资源的整合和建立秩序。经营追求的是效益，要"开源"，要赚钱；管理追求的是效率，要"节流"，要控制成本。经营是扩张性的，要积极进取，抓住机会，胆子要大；管理是收敛性的，要谨慎稳妥，要评估和控制风险。经营与管理是密不可分的。经营与管理，好比企业中的阳与阴，相互依赖，密不可分。忽视管理的经营是不能长久的，忽视经营的管理是没有活力的，是僵化的，为了管理而管理，为了控制而控制，只会把企业管死。企业发展必须有规则，有约束，但也必须有动力，有张力，否则就是一潭死水。

2. 经营是龙头，管理是基础，管理必须为经营服务

企业要做大做强，必须首先关注经营，研究市场和客户，并为目标客户提供有针对性的产品和服务；然后基础管理必须跟上。只有管理跟上了，经营才可能继续往前进，经营前进后，又会对管理水平提出更高的要求。企业发展的规律就是：经营—管理—经营—管理交替前进，撇开管理光抓经营是行不通的，管理扯后腿，经营就前进不了。光抓管理，就会原地踏步甚至倒退。经营是剑，管理是柄，管理是基础。管理始终贯穿于整个经营的过程，没有管理，就谈不上经营。管理的结果最终在经营上体现出来，经营结果代表管理水平。管理思想有一个相对稳定的体系，但企业的经营方法却要随着市场供应和需求因时因地而变化，但它又是靠管理思想来束缚。反过来，管理思想又要跟着经营、环境、时代、市场而调整。经营是人与事的互动，管理则是企业内人与人的互动。经营是选择对的事情做，管理是把事情做对。所以经营是指涉及市场、顾客、行业、环境、投资的问题，而管理是指涉及制度、人才、激励的问题。简单地说，经营关乎企业生存和盈亏，管理关乎效率和成本。这就是两者的区别。

三、经营的实质是经营某项资产的所有权和使用权的权利

经营资产实质上是一种权利，是知识转化来的权利，而这种权利的对象不是有形的、占有空间的，而主要是无形的、观念的。因此，经营资产的本质是一种无形的权利。所谓运营资产就是运营这种无形权利。

无形资产的运作与经营比有形资产的经营具有更大的运作空间，企业无形资产的升值相对有形资产的扩张来说，可以具有更高的速度和更大的空间。一些国际知名企业的价值大于甚至几倍于企业的有形资产就是例证。无形资产经营是企业资产运营的高级阶段。高明的资产经营者主要是利用无形资产经营，减少有形资产的投入，即以无形资产输出为手段，在更大的空间和范围内实施控股或参股，通过无形资产运营代替有形资产投入，实现少投资甚至不投资也能收购企业、合并企业或建立战略联盟。知识经济时代的到来，使各种无形资产——品牌、知识产权、软件、媒体内容和技能的价值迅速升值。一方面，新兴产业和高新技术企业的资产占全部资产比例愈来愈大，无形资产日益成为创造财富的主动力；另一方面，经济全球化刺激世界各地对国际名牌的消费需求

扩大，更加速了无形资产在全球的扩张。资产的运作与经营是企业资产经营的核心。其主要运作与经营的方式是企业并购。现实经营过程中，企业并购失败的主要原因是收购战略失误、管理粗放、整合失败等问题。因此，在资产经营中要通过无形资产的经营，减少有形资产经营的投入，通过转换经营机制、提高管理水平、战略协同、文化融合、技术改造、资产重组、制度创新等确保并购成功。企业要有效地运营资产，必须使管理运营形成完整的运营体系，包括策划、开发、运营、评估、保护等环节。

第三节　新型农村集体经济组织经营管理现状

据农业部农村经济体制与经营管理司和农村合作经济经营管理总站统计，截止到 2010 年底，全国完成产权制度改革的村设立股东 1718.6 万人（个），比 2009 年增长了 61.6%。其中，集体股东 2.87 万个，社员个人股东 1503.1 万人，分别占股东总数的 0.17% 和 87.5%。截止到 2010 年底，完成产权制度改革的村累计股份分红达 440.6 亿元。2010 年当年股金分红为 87.8 亿元，平均每股分红 511 元，集体经济产权制度改革的成效初步显现出来。

一、我国新型农村集体经济组织强化经营管理的主要经验

通过对我国部分新型农村集体经济组织经营收益情况的调查分析，我们可以得出一个肯定的结论，那就是推进农村集体经济产权制度度改革，确实是在社会主义市场经济条件下和在农村城镇化过程中，贯彻落实科学发展观，维护好、实现好和发展好农民群众合法权益，巩固发展集体经济，实现共同致富的必由之路。在改制初期，一些改制单位改革的效果马上就显现出来，在一些改制单位其改革的成效可能并不是马上就显现出来，但是随着时间的推移，随着新型农村集体经济组织不断完善管理，改革的巨大作用也必将逐渐显露出来，新型农村集体经济组织运行时间越长，改革效果越明显。通过对部分新型农村集体经济组织典型案例调查，我们发现我国新型农村集体经济组织经营管理的经验主要是实现了以下"五化"。

1. 切实实行民主化管理

凡是经营管理规范的新型农村集体经济组织，都建立健全了以民主管理为

核心的法人治理架构。新型农村集体经济组织与传统集体经济组织区别之一，就在于是否真正实行民主管理。传统集体经济组织往往是大事小事一律由党支部、村委会少数干部说了算。而新型农村集体经济组织决策机制中，虽然村党组织仍然处在核心地位，但是村党组织不能替代股东进行民主决策。党组织的意志要通过新型农村集体经济组织的法人治理架构来体现。股东民主选举股东代表、股东代表根据股东的意志进行民主决策，董事会、监事会对股东代表大会负责的新型治理架构，确保了股东一人一票民主决策权的有效实现。

例如，石榴庄村金石庄源投资管理公司，除建立健全了股东代表、董事会、监事会等机构以外，村里成立了群众工作协会、老年人工作协会、民主理财小组、工会等群团组织。群众工作协会、老年人工作协会都是由农民自己推选代表组成。每年定期召开两次工作会议，由村党总支、村委会和负责经济的主要领导汇报上一阶段的工作情况和下一时期的发展规划，逐项听取并落实农民提出的问题。群众有话有地方讲，有意见有地方说，保证了农民参政议政权利。公司董事会利用电子触摸屏和公开栏对干部报酬、公司财务收支、经营状况、村务、党务等重要事宜按季度进行公开，做到清晰明确，透明集中。在村里主要位置悬挂11个意见箱，以便收集群众的意见。股东代表大会由75名股东代表组成。这75名股东代表均是通过民主选举产生，每个股东都给各自的股东代表签发了具有法律效力的《股东委托书》。公司董事会坚持每年两次股东代表大会制度，对于群众关心的热点、难点问题、大额开支、重要项目等均要召开股东代表会进行决策。每次会议前董事会把议题通知股东代表要求他们征求股东意见。股东代表会议结束以后，要求股东代表向各自所代表的股东发放股东代表大会决议、传达股东会议精神。另外，公司董事会还通过股东代表对村级干部从德、能、勤、绩四方面进行民主测评，对不称职的干部进行教育和调整。总之，通过实行民主化管理，确保了新型农村集体经济组织决策的科学性和效益性。

2. 切实实行企业化管理

新型农村集体经济组织与传统集体经济组织的区别之二，就在于是否实行了企业化管理。传统集体经济组织与村民委员会之间往往混为一体，集体经济活动与社会管理活动混为一谈，公益性投资与生产性投资混在一起，村民福利与集体经济收益分配没有区别，也就是通常所说的政社不分、政企不分，集体经济缺乏严格的经济核算。而新型农村集体经济组织虽然也要在一定时期、一定范围内对村民自治组织给予资金支持，对村内集体福利事业给予一定投资，但是这些都需要经过股东代表会议民主决策决定。新型农村集体经济组织严格按照现代企业的要求，建立健全成本核算体制，实行企业化管理。按照市场经济的要求，结合本村实际，扬长避短，因地制宜，优化资源配置，确立企业经营战略和主导产业。

例如，果园村鑫福海工贸集团抓住"退一、优二、进三"产业结构调整和地区环境整治的机遇，投资建设大红门服装商贸城，大力发展第三产业。除了安置 402 名股东及其子女就业，还安置了 385 名社会人员和下岗失业人员就业，同时为 30000 多外来务工经商人员提供了经商和就业机会。目前，该市场已经发展成为华北地区及全国闻名的大型服装批发市场，年交易额逐年提高。据北京市商委的统计，大红门服装批发市场年交易额占全市同类商品总交易额的 54.5%。果园村先后成立了顺福海货运中心、大红门物流有限公司、福海伟业物业管理公司、大红门海兴商贸市场、鑫福海农贸市场等企业，推动了本地区餐饮、住宿、客运、货运、交通、广告、加工、教育、劳动力市场等其他各项配套产业的发展。其他一些经营管理规范的村，有的发展以花卉为龙头的企业链，有的发展以民俗旅游为龙头的农村旅游业，有的以房地产开发为主导产业，有的以现代都市工业为主导产业，有的则以物流、物业为主导产业。总之，通过企业化管理，确保了新型农村集体经济组织资产不断保本增值、农民增收。

3. 切实实行专业化管理

凡是经营管理规范的新型农村集体经济组织，都建立健全了激励机制与约束机制，实行了专业化管理。新型农村集体经济组织与传统集体经济组织的又一个区别就在于是否实行了专业化管理。传统集体经济组织不但产权不明晰，而且管理责任不明确，对管理人员奖惩不清，既无激励机制又没有约束机制，导致资产流失、效益低下。而新型农村集体经济组织则在进行产权制度改革的同时，改革内部劳动用工制度和人事管理制度，落实岗位责任制，建立健全激励机制和约束机制，实行专业化管理。

例如，草桥实业总公司在进行产权制度改革以后，针对过去企业管理中存在的问题，按照精简高效的原则，完善管理制度，实行专业化管理。公司内部设有办公室、财务室、劳资办、规划城建等十个职能科室。建立财务中心，实行会计委派制，财务中心负责对所属各企业财务实行集中管理、分户核算。公司不断制定和完善了现金管理办法、财务支出审批制度、电算会计岗位责任制、内部审计制度、劳资用工制度、督察制度、村民回访制、首问负责制等内部控制制度、会计档案管理办法及财会、库房、采购人员的工作职责等。成立法务办公室，规范公司对外各种经济行为，建立合同评审制度，为公司各企业的健康顺利发展起到了保驾护航的作用。公司制定了《草桥实业公司内部审计工作制度》，于 2001 年 4 月成立了公司审计办公室。通过实施内部审计工作，增强了集体资产使用的合理性，降低了企业经营的风险，有效地确保了财会信息的真实，严肃了财经纪律，杜绝了渎职现象。制定了公司所属企业经理、厂长收入分配制度，按照企业与总公司签订的经济责任合同，将企业上交总公司利润的 5% 至 15% 之间作为干部的收入分配指数。总之，通过实行专业化管理，既防止了各种腐败行为的发生，又充分调动了各级干部发展集体经济的积极性。

4. 切实实行精细化管理

凡是经营管理规范的新型农村集体经济组织，都在确定企业经营战略的基础上，制订实施企业战略的具体措施，实行精细化管理。新型农村集体经济组织与传统集体经济组织的一个重要区别就是是否实行精细化管理。传统集体经济组织由于产权不清、责任不明，导致管理制度不完善，管理措施不落实，管理漏洞百出、经济效益低下。而新型农村集体经济组织在进行产权制度改革以后，明晰了产权，明确了管理责任，干部在经营决策时不再粗心大意，在花费集体财物时不再大手大脚，勤俭持家、勤俭办社的优良传统得到恢复和发扬光大。

例如，榆树庄投资管理公司在进行产权制度改革以后，针对骨干企业经济效益下降的问题，采取了一系列增收节支的措施。他们精简机构，减少了二十多名领导干部和将近 1/4 的后勤人员。他们重用工程技术人员，实践科技引领行业，科技引领社会，给科技人员创造良好的工作环境，让"熊猫享受熊猫待遇"。科技人员进入企业决策层，直接参与企业重大决策，进行技术创新。他们改革原材料采购模式，针对原材料采购环节存在的问题，采取公平、公正、公开的招标方式，通过寻价确定原材料供应商和价格。对企业长期、大批量采购的钢材、水泥、砂石、粉煤灰、外加剂等原材料，与有品牌有实力的供应商建立长期战略合作伙伴关系，并就采购价格优惠等事项达谅解。通过建立长期采购合作伙伴关系，大幅度降低了材料采购成本。仅 2006 年一年的时间，全厂原材料采购费用就节约了 2610 万元。总之，通过实行精细化管理，使得"细节决定成败"的理论在新型农村集体经济组织成功实践，保证了集体经济在激烈的市场竞争中立于不败之地。

5. 切实实行多元化管理

经营管理规范化的新型农村集体经济组织，大多实行多元化管理，不仅在筹集发展资金方面实现了融资渠道的多元化，而且采取多元化经营战略化解市场风险。新型农村集体经济组织与传统集体经济组织的一个重要区别，就在于是否实现了多元化管理。传统集体经济组织由于产权不清、管理责任不明，导致投资主体单一、筹资渠道单一，发展经济主要靠银行贷款。在资金使用上，上项目办企业由集体经济组织一家承担风险。新型农村集体经济组织在明晰产权的基础上，采取多种渠道广泛筹集发展资金，采取多种措施联合各个方面的力量实现共同发展，努力化解经营风险。在我们调查的典型中，有的在改制时就明确设立个人现金股，吸收股东的现金投资；有的设置社会法人股，吸收具有经济实力和技术专长的社会法人投资入股。有的在兴办企业或者上新项目遇到资金紧缺时，通过召开股东代表大会决议的方式，按照自愿的原则发动股东向企业投入现金，避免或者减少了向银行贷款。有的则采取乡与村之间联合、村与村之间联合、新型农村集体经济组织与城镇企业联合的办法，采取股份制或者股份合作制的形式，共同投资兴办企业。

例如，太平庄股份经济合作社采取合作、自投资金等多种形式新建符合城市功能的商服业，形成近20万平方米的优良资产。在资产经营上采取委托经营、自主经营等方式取得了较好的经济效益和社会效益。到2009年底总资产达到92998万元，比改制前增加5.2亿元，增长1.3倍，股金分红占股本的比率达到12%。总之，通过实行多元化管理，这些新型农村集体经济组织集体经济实力明显增强、经济效益显著提高，确保了企业年年有进步，年年都跃上一个新台阶。

二、我国新型农村集体经济组织经营管理中存在的主要问题

我国新型农村集体经济组织从总体上来看，通过改革呈现经营管理方式不断改进、经营管理水平不断提高的趋势，积累了丰富的经营管理经验，涌现了一大批管理水平高、经济效益好的先进企业，培养出一批优秀的农民企业家和经营管理干部。但是，由于多方面因素的共同作用，新型农村集体经济组织在经营管理方面也存在着不少薄弱环节，"穿新鞋走老路"、"换汤不换药"的隐患并没有完全消除。存在的问题主要表现在以下几个方面。

1. 一些企业财务风险过高

从企业资产状况来看，一些新型农村集体经济组织资产质量较差，存在较

高的财务风险。在北京市经管站抽样调查的 782 个新型农村集体经济组织中，资产负债率超过 80% 的有 106 个，占 13%。其中有 28 个新型农村集体经济组织负债率超过了 100%，实际上已经资不抵债。同时，由于兑现原集体经济组织成员资产份额、处置不良资产等多方面的原因，有 259 个新型农村集体经济组织总资产比改制之前有所减少，占 33%；有 298 个新型农村集体经济组织净资产比改制之前减少，占 38%。

2. 一些企业经营效益过低

从企业经济效益来看，一些新型农村集体经济组织经营效益不高，存在亏损的风险。在北京市经管站抽样调查的 782 个新型农村集体经济组织中，有 275 个企业 2009 年度营业收入比改制之前减少，占 35%；有 375 个企业经营净利润比改制之前减少，占 46%；有 278 个企业发生经营亏损，占 36%。

3. 股份分红企业过少

从股东收益情况来看，在北京市经管站抽样调查的 782 个新型农村集体经济组织中，2009 年度进行股份分红的企业只有 213 个，仅占 27%；而没有向股东进行股份分红的企业有 569 个，占 73%。即便是运行一年以上的企业中，2009 年度进行股份分红的也只有 179 个，仅占这些企业总数的 41%。

4. 一些企业内部控制松散

从企业内部控制制度来看，也存在众多问题。有的企业改制之后没有严格按照新型农村集体经济组织章程建立健全法人治理结构。有的不按照章程召开股东代表大会进行企业重大事务决策，大事小事仍然由少数人说了算，甚至干部任期届满也不及时进行换届选举。有的没有建立健全集体资产管理制度，集体经济合同签订不公开、不透明，合同内容不完善、不合理。多数企业没有建立健全完备激励机制与约束机制。

5. 企业社会负担较重

从企业内外部关系上来看，政社不分、政企不分的问题没有完全解决。村集体经济组织与村民委员会之间事权不分、财务不分的问题尤为突出。新型农村集体经济组织社会负担重的问题，在城乡结合部地区表现得尤为严重。北京郊区有的新型农村集体经济组织每年用于垃圾清扫收集、公共厕所保洁、社会治安管理的费用就达到 200 多万元。而在远郊区县，虽然近年来各级政府加大了新农村建设投资，但是村集体举债进行新农村配套设施建设的现象比较普遍；虽然政府建立了村级社会管理费用固定补贴制度，但是村级社会管理费用缺口仍然很大。一些村将新型农村集体经济组织的经营收益全部或者多数拿去进行社区公共设施建设和社会事务管理，股东却分不到红利。

6. 少数企业法纪观念不强

从遵纪守法情况来看，少数企业存在违法违纪行为。由于企业经营管理制度的缺失，个别企业负责人个人擅自决定集体重大资产处置，个人从中牟取私利，给企业带来重大损失，走上犯罪道路。个别企业在处理经济合同纠纷时，采取武力威胁胁迫的办法，从而触犯国家法律，受到法律制裁。这都给这些新型农村集体经济组织发展和社会和谐稳定带来重大隐患。

综上所述，我们认为强化新型农村集体经济组织经营管理，已经是一件刻不容缓的重大任务，必须引起各级党委和政府以及新型农村集体经济组织的高度重视。通过强化新型农村集体经济组织经营管理，转变新型农村集体经济组织经营管理干部思想观念，及早发现和解决新型农村集体经济组织经营管理中存在的问题，制定强化新型农村集体经济组织经营管理的政策、措施，促进新型农村集体经济组织完善制度、改善管理，提高集体资产经营效益，增加新型农村集体经济组织成员收益，在农村城镇化进程中维护好、实现好和发展好农民群众的权益，促进农村社会稳定、和谐。

第四节　强化经营管理要从转变思想观念入手

针对新型农村集体经济组织经营管理的现状，我们认为进一步强化新型农村集体经济组织经营管理，需要采取标本兼治的办法。首先必须切实转变思想观念。不断解放思想、切实转变观念，是强化新型农村集体经济组织经营管理的基本前提。新型农村集体经济组织与传统集体经济组织相比，已经发生变化的是产权制度，没有发生变化的是人。也就是说，产权制度虽然变化了，但股东仍然是原来的集体经济组织成员，董事会成员等领导干部仍然是原来的书记、村长和经济合作社社长。由于再好的体制机制也需要人来执行，人的因素就显得特别重要。新的产权制度、新的运行机制体制，需要有全新思想观念的人来贯彻执行。所以，转变股东、干部的思想观念，是强化新型农村集体经济组织经营管理的基本前提。转变思想观念需要树立以下五个意识：一是企业意识，二是民主意识，三是合作意识，四是法治意识，五是改革意识。

一、要全面树立企业意识，真正把新型农村集体经济组织作为一个企业来经营

企业是指依法设立的以营利为目的的，从事生产经营活动的独立核算的经济组织。企业有以下四个特征：第一，企业是社会经济组织。企业作为社会组织，是由多个人组成，有自己的机构及工作程序。企业作为一种社会经济组织，表明其主要从事经济活动，并有相应的财产。因此，企业是一定人员和一定财产的组合。第二，企业是以营利为目的的从事生产经营活动的社会经济组织。所谓生产经营活动是指创造社会财富或者提供服务的活动，包括生产、交易、服务等。企业从事生产经营活动的目的是为了营利。第三，企业是实行独立核算的社会经济组织。核算含有计量、记录、计算的意思。实行独立核算即是要单独计算成本费用，以收抵支，计算盈亏，对经济业务作出全面反映和控制。不实行独立核算的社会经济组织不能称其为企业。第四，企业是依法设立的社会经济组织。企业通过依法设立，可以取得相应的法律地位，获得合法身份，得到国家的认可和保护，并且依法承担民事法律责任。

农村集体经济组织从本质上来说，是从事商品生产经营或者提供劳务服务的企业，是市场竞争主体。既然是市场竞争主体，就必须使自己所提供的产品或者服务所耗费的物化劳动和活劳动形成的成本，等于或者低于社会平均成本。也就是要使自己的个别劳动转化为社会劳动，个别成本转化为社会成本。市场主体之间的竞争在于产品或者劳务的价格竞争，而价格竞争的实质在于产品或者劳务成本的竞争。如果某一个市场竞争主体所提供的同等质量的产品或者劳务成本低于部门平均成本，就能在激烈的市场竞争中立于不败之地。如果其产品或者劳务成本高于部门平均成本，就有可能被淘汰，列入清算破产的行列。农村集体经济组织在实行产权制度改革之前，由于共同共有的产权制度带来的制度性弊病，造成集体企业所提供的产品和劳务成本往往高于社会平均成本。具体表现为"四高、四低"。"四高"：一是物质消耗高，二是人力成本消耗高，三是管理成本高，四是财务成本高；"四低"：一是劳动力素质低，二是科技水平低，三是管理水平低，四是投入多产出少经济效益低。相当多的集体经济组织所兴办的集体企业在激烈的市场竞争中败下阵来。实行社区股份合作制改革，革除了集体经济组织存在的制度性弊病。但不等于说集体经济经营管理中存在的这些问题就自然而然地解决了。产权制度改革工作基本结束以后，作为股份合作企业的管理层，必须对集体经济经营管理中存在的这些问题

进行认真的反思，认真研究和探索解决这些问题的改革措施和途径，在产权明晰的基础上，逐步推进村庄企业化，实现传统意义上的村庄向现代企业转变。

村庄与企业是内涵与外延完全不相同的两个范畴。传统意义上的村庄，一般来说是以家族血缘关系联系起来的、以自给自足农业生产为主业的农户聚集地。村庄的规模受到可以开发利用的土地等自然资源数量的约束。村庄生产方式和居民生活质量与农业生产力水平和生产关系紧密相连。现代经济学意义上的企业，是从事商品生产经营或者提供商业服务的人们，以节约交易成本增强市场竞争能力为目的，采取资本集中等方式组建起来的经济组织。企业的规模受到资本资源、区位市场、人员素质、管理能力等多重因素的制约。企业的经济效益和从业人员的生活质量与企业经营方式和生产关系紧密相连。所谓村庄企业化，是在社会主义市场经济条件下，在一个村的社区范围内，农民群众以共同致富为目的，在自愿互利的基础上，将全村土地、资金、劳动力等生产要素有效地组合起来，按照市场需求进行商品生产或者提供商业服务的过程。村庄企业化是一个从根本上改变村庄功能、改变村庄生产力水平、改变村庄生产关系、改变村庄生产方式、改变农户生活方式的一场革命，是村庄概念从内涵到外延质的飞跃。高级阶段的村庄企业化，不仅包括主导产业的非农化，还包括土地资源的资本化、所有制结构的混合化、集体经济组织成员的股东化、农村劳动力的职工化、农民生活方式的市民化、管理阶层的专业化、农村社区管理的社会化。

从我国一些村庄实现村庄企业化的发展历程，我们看到传统村庄到现代企业的演变过程，是一个不断转变思想观念、不断积累经验、不断积聚资本、不断完善运行机制、不断提高市场竞争能力的痛苦磨炼和艰苦创业过程；是在村庄党组织的领导下，扬长避短充分发挥本村资源优势、区位优势、经济优势，充分发挥本村农民聪明才智的过程；是一个不断克服封闭性对外开放，广泛吸收外来资金、技术、人才和管理经验的过程。推进村庄企业化，必须树立现代企业经营理念。自给自足的小农思想观念，是在农业生产规模狭小、生产力水平低下的历史条件下产生的。其主要特点是生产的产品数量少，主要用于生产者自己消费，商品率很低。所以小农经济是不怎么讲究成本核算，不怎么考虑市场竞争的。而实现村庄企业化，必须克服小农经济思想观念，面对充满变数的市场，按照市场经济的基本规律，确定企业发展战略和经营方针，根据市场消费者的需求来组织生产经营。

村庄企业化的实质是在社会主义新农村建设变革过程中，将原来意义上的村庄所具有的社区公共服务功能与企业经营功能，实现分离或者剥离的过程。

通过社会主义新农村建设，将村庄原有为居民提供公共服务的功能，交给由政府财政提供财力支持的新型农村社区，实现农村社区与城镇社区在公共服务方面的均等化，实现城乡统筹。村庄原来所具有的生产经营功能全部由新型农村集体经济组织承担。村庄所有的可以开发利用的资源、资产、资金全部交由新型农村集体经济组织按照市场规则统一经营。

二、要全面树立民主意识，真正把股东当成集体经济组织的主人

农村集体经济组织进行社区股份合作制改革，是要真正恢复其合作经济组织的本来面目。通过改革，让农民成为决策主体，实现决策过程向民主化、科学化转变。通过改革让农民成为经营主体，实现合作社事务由"一言堂"向"群言堂"转变。合作经济组织是在商品经济高度发达的资本主义条件下产生的。它是劳动者为打碎资本家阶级所加给他们的枷锁，为与资本主义生产方式相抗衡而出现的。发达资本主义国家的合作经济组织之所以能够在激烈的市场竞争中得以生存、发展，除了政府的扶持与法律保护外，最根本的原因是由于合作社建立了一种能充分发挥集体和个人两个积极性的产权制度和运行机制。股份合作是一种建立在个人所有制基础上的差异性共有制。首先，股份合作制企业产权清晰。它要求每个成员入社都必须入股，但成员之间入股数量可以有差异，不强求一律。每个成员对于自己在合作组织的产权数量是十分清楚的。其次，股份合作制企业实行民主管理。它对成员入股数量既有最低要求，也有最高限额，不允许少数人控股，以保证一人一票、民主管理原则的贯彻实行。再次，生产性的股份合作制企业是由劳动控制资本，其生产资料和劳动成果集体占有。成员既是股东又是劳动者或经营者，劳动者自愿联合起来共同筹集资金，共同占有生产资料，共同使用生产资料，共同享有劳动成果。

《中华人民共和国宪法》第十七条明确规定："集体经济组织在遵守有关法律的前提下，有独立进行经济活动的自主权。集体经济组织实行民主管理，依照法律规定选举和罢免管理人员，决定经营管理的重大问题。"农村集体经济组织在进行产权制度改革之前，由于共同共有的产权制度带来的制度性弊病，使得农民群众缺乏产权主体意识，集体经济经营管理权集中在少数干部手中，集体经济搞得好或者不好完全取决于少数干部思想觉悟的高低与管理水平的高低，集体经济事实上成为干部经济。长期以来，我们的农村集体经济组织的干部习惯于少数人说了算，甚至个别人说了算，封建家长制的思想观念在我

们一些同志的头脑中根深蒂固。虽然实行产权制度以后，集体资产产权量化到成员名下，为实行民主管理、民主决策提供了制度基础。但是能不能按照股份合作制企业的章程规定去实行民主管理、民主决策，主要的还要靠干部思想观念的彻底转变。新型农村集体经济组织的所有干部和经营管理人员，都要真正把股东作为新型农村集体经济组织的主人来对待，把自己真正当成广大股东的服务员来看待，甘心做主人的仆人，而不是把自己当成主人。所以，基本完成产权制度改革的新型农村集体经济组织，要建立健全各项民主选举、民主管理、民主监督、民主决策的制度。当然，我们所讲的民主管理是建立在民主集中制基础上的民主，在充分听取各个方面意见和经过科学论证的基础上，实行少数服从多数的决策机制，而不是多数服从少数，或者议而不决。在讲民主的同时也要讲法治。除了国家的法律、法规和政策以外，股份合作制企业的根本大法就是企业章程。能不能严格按照股份合作制企业的章程规定的程序进行决策，是检验各个企业是否真正做到民主管理、依法管理的试金石。

三、要全面树立合作意识，真正按照合作社的原则办好 新型农村集体经济组织

所谓合作意识是个体对共同行动及其行为规则的认知与情感，是合作行为产生的一个基本前提和重要基础。合作意识也可以称之为协作精神。而协作精神是指若干人或若干单位通过互相配合来共同实现某种目标、完成某个任务的意识。协作精神的实现，不仅需要协作的各方有共同的追求目标，相互取长补短，还需要各方有大局、全局意识，能牺牲局部利益换取整体利益，即能够舍小我，求大我。有了协作精神，各方就能扬长避短，就能形成一股合力，拧成一股绳，团结起来共同努力达到圆满完成任务的目的。国际合作社联盟在其章程中列举了合作原则时，特别强调了成员权利与义务，强调对成员的培训与教育。其中就包括对成员进行合作思想的教育。

由于长期以来集体经济实行的是共同共的产权制度，农民群众对于自己在集体资产中所占的份额模糊不清。集体资产增加了是大家的，能有我多少？集体资产减少了，我又能有多大损失？由于经济利益不直接，多数农民群众对损害集体经济利益的事、对集体资产的流失采取事不关己高高挂起的自由主义的态度。由于长期以来集体经济的大事小情完全由少数干部做主，在农民群众中普遍存在对干部的依赖思想，只想享受集体经济带来的各种实惠，不愿承担责任，不愿承担风险。而当干部工作中出现过错或者闪失的时候，或者个人利益

受到损害的时候，又从对干部的极度信任变成对干部的深度猜疑，造成集体经济组织内部的不团结与不稳定。

实行产权制度改革以后，农民群众的这种思想观念如果不能得到转变，就必然会对新型集体经济的运行带来不良影响。新型农村集体经济组织，要加强对股东的思想政治教育。不仅要进行政治理论的教育，也要进行合作思想的教育和市场经济知识的教育，帮助农民群众认清自己的责任，认清股份合作制改革的本质，真正树立资产主体意识，增强集体经济的内部凝聚力和向心力。新型农村集体经济组织当前特别要教育股东转变事不关己高高挂起的自由主义思想观念，克服只顾个人利益忽视集体利益的极端个人主义思想，只顾眼前利益而忽视长远利益的短视思想，树立风险共担、利益共享的观念，正确履行股东权利与义务。

四、要全面树立法治意识，真正做到依法治企

所谓法治包含两重意义：已成立的法律获得普遍的服从，而大家所服从的法律又应该本身是制定得良好的法律。这就是说，所谓法治，即良法与守法的结合。"法制"是法律制度的简称，"法治"则是一种与"人治"相对应的治理社会的理论、原则、理念和方法。法制是一种社会制度，属于法律文化中的器物层面；法治是一种社会意识，属于法律文化中的观念层面。与非正式的社会规范相比，法制是一种正式的、相对稳定的、制度化的社会规范。法治与人治则是相对立的两种法律文化，前者的核心是强调社会治理规则（主要是法律形式的规则）的普适性、稳定性和权威性；后者的核心是强调社会治理主体的自觉性、能动性和权变性。虽然法律也是由人来制定的，而且法治也不排斥人的能动性，但从法律的制定、执行到修改都必须按照法律本身制定的规则，人的能动性只能在法律规定的范围内发挥作用，而不能超越法律，这正是法治内在的本质要求。

我们的国家是实行社会主义市场经济体制的社会主义国家。市场经济的本质就是法治经济。社会主义市场经济的本质就是在中国共产党领导下的法治经济。在党的领导下，任何组织、任何个人都必须在法律的范围内进行活动。新型农村集体经济组织的章程里面已经明确企业要严格遵守国家的法律、法规和政策，自觉接受国家行政管理机关依法进行的监督。作为农民群众持股的新型农村集体经济组织，必须按照企业章程的规定，把自己的各项经营活动、各项管理活动，都规范在党和国家的法律、法规和政策之内，容不得半点马虎和敷

衍。那种"占山为王"、蔑视法律的"土匪习气"、"哥们义气"、"流氓作风"
在法治社会没有立足之地。勾结黑恶势力来摆平问题的做法更是搬起石头砸自
己脚的愚蠢行为，必然要受到法律的严厉制裁。所以，强化新型农村集体经济
组织经营管理，必须牢固树立法治意识和法制观念，才能使企业永远立于不败
之地。

五、全面树立改革意识，继续深化改革扩大开放

胡锦涛同志在庆祝中国共产党成立90周年大会上的讲话中明确指出："新
时期最鲜明的特点就是改革开放。改革开放是党在新的历史条件下领导人们进
行的伟大革命，是决定当代中国命运的关键抉择，是坚持和发展中国特色社会
主义、实现中华民族伟大复兴的必由之路。""要继续坚持社会主义市场经济
的改革方向、提高改革决策的科学性，增强改革措施的协调性，找准深化改革
的突破口，明确深化改革开放的重点，不失时机地推进重要领域和关键环节改
革⋯⋯"新型农村集体经济组织是我国农村改革的产物，没有改革开放就不
可能实现传统集体经济向新型集体经济转变。新型农村集体经济组织设立以
后，仅仅是"万里长征的第一步"，要实现改革的目标必须继续深化改革，继
续扩大开放。新型农村集体经济组织的全体股东，特别是经营管理干部必须按
照胡锦涛同志讲话精神，全面树立继续深化改革、扩大开放的意识，根据本组
织实际，因地制宜地找准改革突破口，明确深化改革的重点。一是要深化管理
体制改革，建立健全法人治理结构；二是要深化劳动人事制度改革，全面提高
企业管理人员和员工素质；三是要深化利益分配制度改革，完善激励与约束机
制；四是要深化集体资产经营方式改革，努力提高集体资产经营效益；五是要
深化产权交易方式改革，实现集体资产的市场化配置。丰台区南苑村新型农村
集体经济组织设立以后，针对改革之前少数干部低价占有集体大量资产的问
题，以环境整治为突破口，解除了200多份不合理的集体资产承包、租赁合
同，拆出集体建设用地1000余亩，在此基础上采取集体主导、社会资本参与
的方式，大力发展都市型现代服务业，使得集体经济组织年可支配纯收入由改
革之前的1000万元，增长到2010年的5500万元，预计到"十二五"末期，
全村年集体可支配纯收入可以达到2亿元。众多新型农村集体经济组织深化改
革的实践都证明，产权制度改革以后深化改革的重点就是要进行集体资产经营
体制和经营方式改革，根除集体资产运营过程中的种种弊病。

第六章　新型农村集体经济组织的法人治理结构

2003 年 10 月召开的十六届三中全会通过了《中共中央关于完善社会主义市场经济体制若干问题的决定》。该决定指出要"完善公司法人治理结构。按照现代企业制度要求，规范公司股东会、董事会、监事会和经营管理者的权责，完善企业领导人员的聘任制度。股东会决定董事会和监事会成员，董事会选择经营管理者，经营管理者行使用人权，并形成权力机构、决策机构、监督机构和经营管理者之间的制衡机制。企业党组织要发挥政治核心作用，并适应公司法人治理结构的要求，改进发挥作用的方式，支持股东会、董事会、监事会和经营管理者依法行使职权，参与企业重大问题的决策。要坚持党管干部原则，并同市场化选聘企业经营管理者的机制相结合"。建立健全新型农村集体经济组织的法人治理结构，要认真贯彻执行中共中央的上述决定精神，并结合新型农村集体经济组织的实际落实到每一个企业。

第一节　现代企业制度

新型农村集体经济组织是经过产权制度改革，建立在按份共有产权制度基础之上的现代企业形式之一。建立新型农村集体经济组织的法人治理结构，首先必须按照现代企业的要求，建立起现代企业制度。

一、现代企业

现代企业是在现代社会经济条件下，按照投资者、国家和社会所赋予的受托责任，从事生产、流通或服务性等活动，为满足社会需要并获得盈利，进行自主经营，自负盈亏，独立核算，独立地享有民事权利和承担民事责任的团体法人。

作为一个现代企业必须具备以下五个基本特征。

①现代企业是拥有因投资者投入而形成的全部法人财产权、具备独立享有民事权利并独立承担民事责任的法人。

②现代企业以其全部财产对企业债务承担有限责任，依法自主经营，自负盈亏，独立核算，照章纳税，并对投资者承担资本保值增值的责任。

③现代企业的投资者按照其投入企业资本份额，享有企业所有者的权益，并按照投入企业的财产份额对企业承担有限责任。

④现代企业必须按照市场和社会需求组织生产经营，不断提高劳动生产率，并且切实履行保护环境、合理利用社会资源的责任，达到企业经济效益、环境效益和社会效益的三重目的。

⑤现代企业必须建立科学的企业领导体制和组织管理制度，合理调节企业所有者、经营者和职工的关系，形成激励和约束相结合的经营管理机制，建立起股东大会（或者代表大会）、董事会、监事会和高层经理人员的相互制衡关系。

二、现代企业制度

我国的现代企业制度是指在社会主义市场经济条件下，以完善的企业法人制度为主体，以有限责任制度为核心，以按份共有产权制度为基础，以产权清晰、权责明确、政企分开、管理科学为条件的新型企业制度。

现代企业制度是企业产权制度、企业组织形式和经营管理制度的总和。企业制度的核心是产权制度，企业组织形式和经营管理制度都是以产权制度为基础建立起来的。这三者分别构成企业制度的不同层次。企业制度是一个动态的范畴，它随着商品经济的发展而不断创新和演进。

从企业发展的历史来看，具有代表性的企业制度有以下四种。

1. 业主制

这一企业制度的物质载体是小规模的企业组织，即通常所说的独资企业。在业主制企业中，出资人既是财产的唯一所有者，又是经营者。企业主可以按照自己的意志经营，并独自获得全部经营收益。这种企业形式一般规模小，经营灵活。正是这些优点，使得业主制这一古老的企业制度一直延续至今。但业主制也有其缺陷，如资本来源有限，企业发展受限制；企业主要对企业的全部债务承担无限责任，经营风险大；企业的存在与解散完全取决于企业主，企业存续期限短等。因此业主制难以适应社会化商品经济发展和企业规模不断扩大的要求。

2. 合伙制

这是一种由两个或两个以上的人共同投资，并分享剩余价值、共同监督和管理的企业制度。合伙企业的资本由合伙人共同筹集，扩大了资金来源。合伙人共同对企业承担无限责任，可以分散投资风险。合伙人共同管理企业，有助于提高决策能力。但是合伙人在经营决策上也容易产生意见分歧，合伙人之间可能出现偷懒的道德风险。所以合伙制企业一般都局限于较小的合伙范围，以小规模企业居多。

3. 公司制

现代公司制企业的主要形式是有限责任公司和股份有限公司。公司制的特点是公司的资本来源广泛，使大规模生产成为可能；出资人对公司只负有限责任，投资风险相对降低；公司拥有独立的法人财产权，保证了企业决策的独立性、连续性和完整性；所有权与经营权相分离，为科学管理奠定了基础。

4. 合作制

合作制企业是由联合起来的劳动者共同筹集资金，共同占有生产资料，共同使用生产资料，共同享有劳动成果的经济组织。经过一百多年的发展，合作制企业已经成为一个国际性的运动，形成了其特殊的运作规律和国际公认的组织原则。国际合作联盟章程规定："只要以促进其成员的经济与社会进步为目标、以互助合作为基础的企业，并遵循罗须代尔所确立的、被国际合作联盟第23届代表大会所修订的合作社原则的，均可被视为是合作社组织。"该章程在解释合作社原则时指出：参加合作社应自觉自愿；合作社是民主性组织，实行民主选举、民主管理；合作社的盈余应归全体成员所有，扣除发展基金后，按成员的业务交往量比例大小分配。根据这些原则，把合作经济组织和其他合资经营的企业清楚地区分开来。

三、现代企业制度的基本特征

我国现代企业制度是适应现代社会经济条件下社会化大生产和市场经济体制要求而产生的企业制度。1993年11月召开的中共十四届三中全会通过了《中共中央关于建立社会主义市场经济体制若干问题的决议》。该《决议》把现代企业制度的基本特征概括为"产权清晰、权责明确、政企分开、管理科学"十六个字。

1. 产权清晰

所谓产权清晰，主要有三层含义：一是资产所有权界定清晰，任何一项资产只有一个所有者，各个产权主体之间对同一资产没有产权争议。二是资产数量边界清晰，自然资源资产有明确的边界和数量登记，其他能够以货币计量的资产全部在账面上得到全面反映。三是管理主体明晰，有具体的部门和机构代表资产所有者对资产行使占有、使用、处置和收益等权利。

2. 权责明确

权责明确是指合理区分和确定企业所有者、经营者和劳动者各自的权利和责任。

从权利方面来说，企业所有者按照其对企业的出资份额，享有资产经营收益、企业重大经营决策和选择企业经营管理者的权利；企业破产时则以其出资为限，对企业债务承担相应的有限责任。企业在其存续期间，对由各个投资者投资形成的企业法人财产拥有占有、使用、处置和收益的权力，并以企业全部法人财产对其债务承担责任。企业经营者受企业所有者的委托，在一定时期和范围内拥有经营企业资产及其他生产要素的使用权，并获取相应收益的权利。劳动者按照与企业的合约拥有就业和获取相应收益的权利。

从责任方面来说，企业的所有者有按照出资协议向企业投入资本的责任，同时承担投资风险的责任。企业经营者有按照企业所有者的委托，开展各项生产经营活动，确保企业资产保本增值的责任，同时承担确保企业劳动者合法权益的责任。企业劳动者则有按照劳动合同的规定，正确履行自己职责的责任。

3. 政企分开

所谓政企分开是指政府行政管理职能、宏观和行业管理职能与企业经营职能分开。政企分开要求政府将原来与政府职能合一的企业经营职能分开后还给企业。政企分开还要求企业将原来承担的社会职能分离后交还给政府和社会。

4. 管理科学

管理科学要求企业在经营管理的各个方面，如质量管理、生产管理、供应管理、销售管理、研究开发管理、人事管理等方面实现科学化管理。科学管理致力于调动人的积极性、创造性，其核心是建立健全激励与约束相结合的企业运行机制。要使企业管理实现科学化，必须学习、创造，引入先进的管理方式，包括国际上先进的管理方式。考核企业管理是否科学，不仅要从企业所采取的具体管理方式是否具有先进性来判断，同时还要从管理的经济效率，即管理成本和管理收益上做出评判。

四、现代产权制度

党的十六届三中全会作出的《中共中央关于完善社会主义市场经济体制若干问题的决定》指出："建立健全现代产权制度。产权是所有制的核心和主要内容，包括物权、债权、股权和知识产权等各类财产权。建立归属清晰、权责明确、保护严格、流转顺畅的现代产权制度，有利于维护公有财产权，巩固公有制经济的主体地位；有利于保护私有财产权，促进非公有制经济发展；有利于各类资本的流动和重组，推动混合所有制经济发展；有利于增强企业和公众创业创新的动力，形成良好的信用基础和市场秩序。这是完善基本经济制度的内在要求，是构建现代企业制度的重要基础。要依法保护各类产权，健全产权交易规则和监管制度，推动产权有序流转，保障所有市场主体的平等法律地位和发展权利。"

按照中共中央的上述决定，现代产权制度不仅仅适用于国有经济，也适应于集体经济；不仅适用于公有制经济，也适用于非公有制经济和各种混合所有制经济。我国的现代产权制度是权责利高度统一的制度，其基本特征是归属清晰、权责明确、保护严格、流转顺畅。产权主体归属明确和产权收益明确是现代产权制度的基础；权责明确、保护严格是现代产权制度的基本要求；流转顺畅、财产权利和利益对称是现代产权制度健全的重要标志。

第二节　现代企业的法人治理结构

所谓现代企业的法人治理结构，是指企业的领导机制和组织机制，建立完善的法人治理结构是现代企业的基本要求，也是新型农村集体经济组织的基本要求。

一、法人

1. 法人的概念

法人与自然人不是同一个范畴的概念。自然人是以生命为存在特征的个人。社会上的每个人都是自然人。法人不是自然人。法人是具有民事权利能力和民事行为能力，依法独立享有民事权利和承担民事义务的组织，是社会组织在法律上的人格化。法人制度是规范经济秩序以及整个社会秩序的一项重要法律制度。世界各国法人制度具有共同的特征，但其内容不尽相同。不同的法人形成了不同的法人制度理论。法人制度理论成为世界各国建立和完善法人制度、规范经济秩序以及整个社会秩序的理论基础。

2. 法人是社会化大生产的产物

一般认为，法人制度肇始于罗马法。罗马法有关法人人格的理念主要体现在"团体"之类的组织中，"为了形成一个真正的团体，即具有法律人格的团体，必然有数个（至少为三人）为同一合法目标而联合并意图建立单一主体的人"。罗马法中对"团体"之法律人格的赋予，被认为是民法理论研究和制度设计中最富想象力和技术性的创造。

在西方古代社会，由于当时的简单商品经济主要是单个个人活动，所以在古代罗马法律上，虽然某些团体已具有某种法律上的地位，但作为民事主体的只能是自然人。随着社会生产力的发展，出现人的结合，即合伙（二人以上，共同出资，共同经营）。合伙靠契约（合伙合同）维系，目的是经营共同事业，其种类无限制，成立方式十分灵活。但合伙最大的特点在其系于合伙人个人的信用，未脱离个人色彩。合伙虽然具有团体性，但合伙人的自有财产和信誉，却是建立合伙的商业信誉的基础。因此，在合伙经营活动过程中，对于合伙所欠他人的债务，如果合伙财产不足以清偿，则合伙人必须用自己的其他个人财产负责清偿。合伙人的这种责任称为无限责任。同时，对于合伙的债务，合伙人相互之间还必须承担连带责任。在合伙关系中，当事人相互依赖，个人风险很大，不适合大规模事业的经营，也不利于资本的大规模集中。

随着资本主义工业的发展，生产规模日益扩大，需要资本的高度集中，需要更多人的结合，而且需要通过分散的投资而分散风险。于是，经过长时期的逐步发展，法人制度应运而生。1900年施行的《德国民法典》第一次对法人制度作了系统规定。随后，各国民法纷纷仿效，在其民法法典中对法人制度作了明确规定。法人人格理念之根本在于：当一个组织或实体得到法律的承认，因而可以以其名义实施法律行为、拥有法律利益，进行诉讼与被诉讼的自我保护，并以此与其成员或任何第三人相区别时，即可称该主体为法人，亦可认为该法人拥有法律上可以独立存在的、与其成员或任何第三人不同的人格。至于某一组织或实体的成员对该组织或实体是否承担有限责任，不是用来衡量该组织或实体是否是法人的标准。

二、法人必须具备的条件

法人作为民事法律关系的主体，必须具备以下条件。

1. 依法成立

即法人必须是经国家认可的社会组织。在中国成立法人主要有两种方式：一是根据法律、法规或行政审批而成立。如机关法人一般都是由法律法规或行政审批而成立的。二是经过核准登记而成立。如工商企业、公司等经工商行政管理部门核准登记后，成为企业法人。

2. 有必要的财产和经费

法人必须拥有独立的财产，作为其独立参加民事活动的物质基础。独立的财产，是指法人对特定范围内的财产享有所有权或经营管理权，能够按照自己的意志独立支配，同时排斥外界对法人财产的行政干预。

3. 有自己的名称、组织机构和场所

法人的名称是其区别于其他社会组织的标志符号。名称应当能够表现出法人活动的对象及隶属关系。经过登记的名称，法人享有专用权。法人的组织机构即办理法人一切事务的组织，被称作法人的机关，由自然人组成。法人的场所是指从事生产经营或社会活动的固定地点。法人的主要办事机构所在地为法人的住所。

4. 能够独立承担民事责任

指法人对自己的民事行为所产生的法律后果承担全部法律责任。除法律有特别规定外，法人的经营管理人员及其他组织不对法人的债务承担责任，同样，法人也不对除自身债务外的其他债务承担民事责任。

三、法人治理结构

法人治理结构是现代企业制度中最重要的组织架构。狭义的法人治理主要是指企业内部股东、董事、监事及经理层之间的关系，广义的法人治理还包括与利益相关者（如员工、客户、存款人和社会公众等）之间的关系。企业作为法人，也就是作为由法律赋予了人格的团体人、实体人，需要有相适应的组织体制和管理机构，使之具有决策能力、管理能力，正确地行使权利，依法承担责任，才能使企业法人能有效地运转起来。

1. 法人治理结构的组成

法人治理结构由四个部分组成。

①股东大会或者股东代表大会，由企业股东或者股东代表组成，所体现的是所有者对企业的最终所有权。

②董事会，由企业股东大会或者股东代表大会选举产生，对企业的发展目标和重大经营活动作出决策，维护出资人的权益。

③监事会，是企业的监督机构，对企业的财务和董事会以及经营者的行为行使监督权利。

④经理，由董事会聘任，是企业生产经营活动的实际执行者。

2. 法人治理结构设置的原则

①法定原则。企业法人治理结构关系到企业投资者、决策者、经营者、监督者的基本权利和义务，凡是法律有规定的，应当遵守法律规定。

②职责明确原则。企业法人治理结构的各组成部分应当有明确的分工，在明确分工的基础上各行其职，各负其责，避免因职责不清、分工不明而导致的混乱。

③协调运转原则。企业法人治理结构的各组成部分是密切地结合在一起运行的，只有相互协调、相互配合，才能有效率地运转，有成效地治理企业。

④有效制衡原则。企业法人治理结构的各部分之间不仅要协调配合，而且还要有效地实现制衡，包括不同层级机构之间的制衡，不同利益主体之间的制衡。

3. 法人治理结构的作用

企业法人治理结构的作用主要表现在以下两个方面。

①协调股东与企业的利益关系。完善的企业法人治理结构必须能够确保企业投资者（即股东）的合理投资回报。在企业所有权与经营权分离的情况下，由于股权分散，股东有可能失去对企业的控制权，企业被内部人（即管理者）所控制。这时控制了企业的内部人有可能做出违背股东利益的决策，侵犯股东的利益。如果出现这种情况，必然会引起投资者不愿投资或股东"用脚表决"的后果，给企业的长期发展带来严重损害。法人治理结构就是要从制度上确保企业所有者（股东）对企业的控制权于与收益权。

②协调企业内部各个利益集团之间的关系。包括对经理层与其他员工的激励以及对高层管理者的制约。正确地解决这个问题不仅有助于处理企业内部各

个利益集团之间的关系，而且可以避免因高管决策失误给企业造成的不利影响。

4. 法人治理结构的模式

①股东治理模式。英美重视个人主义的不同思想，在企业中的组织是以平等的个人契约为基础。股份有限公司制度依据契约，向作为剩余价值的要求权者并承担经营风险的股东赋予一定的企业支配权，使企业在股东的治理下运营。这种模式可称为股东治理模式。它的特点是公司的目标仅为股东利益服务，其财务目标是单一的，即股东利益最大化。在股东治理结构模式下，股东作为物质资本的投入者，享受着至高无上的权利。它可以通过建立对经营者行为进行激励和约束的机制，使其为实现股东利益最大化而努力工作。但是，由于经营者有着不同于所有者的利益主体，在所有权与控制权分离的情况下，经营者有控制企业的权利。在这种情况下，若信息非对称，经营者会通过增加消费性支出来损害所有者利益，至于债权人、企业职工及其他利益相关者会因不直接参与或控制企业经营和管理，其权益也必然受到一定的侵害，这就为经营者谋求个人利益最大化创造了条件。

②共同治理模式。日本和欧洲大陆重视"人合"，在企业的经营中，提倡集体主义，注重劳资的协调，与英美形成鲜明对比。在现代市场经济条件下，企业的目标并非唯一的追求股东利益的最大化。企业的本质是系列契约关系的总和，是由企业所有者、经营者、债权人、职工、消费者、供应商组成的契约网。契约本身所内含的各利益主体的平等化和独立化，要求治理结构的主体之间应该是平等、独立的关系。契约网触及的各方称为利益相关者。企业的效率就是建立在这些利益相关者基础之上。为了实现企业整体效率，企业不仅要重视股东利益，而且要考虑其他利益主体的利益，建立起一个采取不同方式的对经营者的监控体系。具体讲就是，在董事会、监事会当中，要有股东以外的利益相关者代表，其目的旨在发挥利益相关者的作用。这种模式可称为共同治理模式。

从我国新型农村集体经济组织治理现状来看，目前绝大多数地方实行的是股东治理模式，不仅股权是封闭的，而且管理层也是封闭的。非本集体经济组织成员一般很难参与新型农村集体经济组织的经营管理，更不用说参与董事会和监事会了。这种状况，对于新型农村集体经济组织向现代企业过渡非常不利，必须加以改变。

第三节　新型农村集体经济组织的法人治理结构

新型农村集体经济组织作为合作企业，必须按照现代企业制度的要求和合作制的原则，建立健全以民主管理为核心的法人治理架构，这是强化新型农村集体经济组织经营管理的基础。新型农村集体经济组织究竟应当采取股东治理模式还是共同治理模式？我们应当看到，股东治理模式有其独特的优越性，共同治理模式也有其独特的治理经验。从建立和谐社会以及科学发展观的角度来分析，我们认为，作为社会主义公有制经济的新型农村集体经济组织，应当综合考虑股东利益与社会利益，以实现企业长远发展目标。

一、新型农村集体经济组织的法人治理层次

新型农村集体经济组织的法人治理架构包括股东、股东（代表）大会、董事会、监事会和总经理、经营管理部门五个层次。其中，股东是新型农村集体经济组织的投资者、所有者，是企业的主人，是法人治理架构的基础和治理权的来源。股东（代表）大会是新型农村集体经济组织的最高权力机构，对企业的重大事项拥有决策权。董事会是新型农村集体经济组织的常设管理机构，对股东（代表）大会负责，按照股东代表大会的决议履行日常管理职能。监事会是新型农村集体经济组织的监督机构，对股东（代表）大会负责，按照股东（代表）大会的授权，对董事会和经理以及经营管理干部进行监督。总经理在董事会的领导下，对董事会负责，负责本企业的日常经营管理工作。新型农村集体经济组织的经营管理部门在总经理的领导下开展工作。

二、新型农村集体经济组织各项权利在法人治理架构之间的分配

1. 股东的权利

股东享有企业经营管理权、收益分配权、企业终止剩余财产分配权，依法承担企业经营风险。个人股份可以依法继承，可以按照本企业章程依法转让，但不得退股。个人股东有权参加股东大会，选举或被选举为股东代表；股东代

表大会期间股东可委托股东代表查阅股东代表大会会议记录，了解董事会的工作和公司及其所属企业的经营状况和财务状况；被选举为董事会、监事会成员，被聘为公司经理及其所属企业厂长、经理等管理人员。

2. 股东代表的权利

股东代表享有选举权和被选举权；有权参加股东代表大会并发表意见，行使表决权；有权监督董事会、监事会工作，参与重大经济问题决策；10 名或 1/10 以上的股东代表联名，可以向股东代表大会提议罢免不称职的董事会、监事会成员。股东代表应当遵守国家法律、法规和合作社章程；关心集体，作风正派；学习党的方针政策和科学文化知识，提高议政能力；密切联系股东，听取、反映股东的意见和要求，维护股东的正当权益；认真执行股东代表大会的决议，向股东做好宣传、解释工作。

3. 股东代表大会的权利

股东代表大会负责决定企业的经营方针和投资计划；选举和更换董事会、监事会成员；审议批准董事会和监事会的工作报告；审议批准企业的年度财务预算、决算方案；审议批准本企业年度利润分配方案和弥补亏损方案；审议通过本企业重要规章制度；对本企业增加和减少注册资本，集体股股权转让，普通股向非股东转让股权等做出决议；就企业的分立、合并、变更组织形式、终止和清算等重大事项做出决议；决定本企业经营期限的延长；修改本企业章程；企业章程规定的其他职权。

4. 董事会的权利

董事会负责审定新型农村集体经济组织的发展规划、年度生产经营计划；确定新型农村集体经济组织的经营方针和管理机构的设置；批准新型农村集体经济组织的规章制度；听取并审查经理的工作报告；审查新型农村集体经济组织年度财务预算、决算方案和利润分配方案；对新型农村集体经济组织增加或者减少注册资本，分立、合并或者清算等重大事项提出方案；聘任或者解聘新型农村集体经济组织经理，根据经理提名，聘任或者解聘副经理和财务主管；决定对新型农村集体经济组织经理、副经理和财务主管的奖惩；股东代表大会和本企业章程规定的其他职权。

5. 监事会的权利

监事会有权列席董事会会议；监督董事、经理的工作；检查企业经营和财务状况；必要时，建议召开临时股东代表大会；股东代表大会授予的其他职权。

6. 总经理的权利

总经理负责组织实施股东代表大会和董事会决议，并向董事会报告工作；制订本企业年度生产经营计划方案，全面组织日常经营活动；决定本企业内部机构设置，部门负责人以及下属企业、单位干部的任免，报董事会备案。

7. 内部经营管理机构的权利

企业根据经营和管理需要，设置办公室、党务工作部、社会管理、财务部、资产管理部、人力资源部、审计与法制部、规划建设部、市场开发调研部等内部管理机构，在总经理领导下开展工作。

三、健全的新型农村集体经济组织法人治理架构的核心是切实贯彻民主管理的原则

作为社区型股份合作企业的新型农村集体经济组织，股东把属于个人所有的股份投入企业以后，就将其股份的占有权和使用权让渡给了新型农村集体经济组织，新型农村集体经济组织便拥有了法人财产权。但股东并未丧失其财产所有权。股东不仅拥有参与企业经营管理的权利、参与按劳分配和按股分红的权利，而且还拥有其投入财产的最终处置权。强化新型农村集体经济组织经营管理，核心的问题是如何确保股东的权利与意志在经营管理过程中得到正确体现。

1. 以户为单位行使股东权利

新型农村集体经济组织个人股东中，既有年满18周岁的成年人，也有未满18周岁的未成年人，甚至还有刚刚出生的婴儿。如果简单地按照一人一票的原则来进行决策，在实际工作中很难操作。所以，我们认为应当以户为单位来行使股东的权利。对于新型农村集体经济组织的重大事项的意见，首先在一个户的股东内部进行统一思想，形成一种意见，推选出股东户代表。

2. 股东代表由户代表推举产生

股东人数较少的新型农村集体经济组织，应当直接召开股东户代表会议进行决策。而股东户数超过100户以上的企业则应当选举股东代表，召开股东代表大会进行决策。从理论上来说，股东代表应由享有选举权和被选举权的集体经济组织成员民主选举产生。股东代表的名额按照各个企业的实际，按照既有广泛代表性又有利于议事的原则合理确定。在实际工作中，股东代表应当按照

比例由一定数额的股东户代表推举产生。

3. 股东应当向股东代表进行授权

股东应按照法定程序，向代表其行使股东权利的股东代表授予委托书。股东应当在委托书中承诺对股东代表在股东代表大会上的行为负法律责任。

4. 股东代表应当按照股东的意见参与表决

董事会应在股东代表大会召开前十日内书面通知股东代表并列明所议事项。股东代表应当深入到户征求其所代表的股东的意见。股东代表参加股东代表会议议事时，应充分表达其所代表的股东的意见，并按照其所代表股东多数的意见进行表决。

5. 股东代表大会的决议应当及时传达到股东户

股东代表大会每次会议均需有书面报告，会议记录。会议通过的决议应是书面的，并由参加股东代表大会的股东代表签字。代表大会决议应当注明同意该决议的有多少股东代表，不同意该决议的有多少股东代表，他们分别代表了多少股东以及分别占股东代表和股东总数的比例。会议报告、记录、决议要完整存档。股东代表大会形成决议以后，新型农村集体经济组织应当把股东代表会议的决议印制成书面材料，由股东代表发放到其所代表的股东户手中，并负责对股东代表大会决议进行宣传解释。

四、建立健全法人治理结构必须认真贯彻民主集中制的原则

新型农村集体经济组织具有股份合作经济的本质，必须实行民主管理。但是，民主管理是要按照多数股东的意见来决策，而不是按照每一个股东的意见来决策，也就是要按照民主集中制的原则决策。在决定企业重大事务之前，通过召开党员座谈会、户代表座谈会、股东代表座谈会等多种形式，广泛征求各个方面的意见，在此基础上通过召开股东代表大会或者股东代表大会进行决策。一般事务采取简单多数的办法进行决策，重大事务按照2/3以上股东或者股东代表的意见进行决策。一经合法程序做出的决策，每一个股东无论个人是否同意，都应当坚决贯彻执行，不得以任何理由抵制或者拒绝执行，更不得采取聚众示威等非正常手段胁迫多数股东。

五、健全法人治理结构需要强化信息沟通

俗话说知己知彼方能百战百胜。要做到知己知彼，必须广泛收集和掌握信

息。所以，信息沟通是把有组织的活动统一起来的手段，是把组织中的成员联系起来以实现共同目标的手段。换句话来说，信息沟通是把社会各种输入信号注入社会系统的手段，也是一种改变行为、实现变革、使信息发挥积极作用和达到企业目标的手段。没有信息沟通就不可能进行群体活动，没有信息沟通既不可能进行协调，也不可能实施变革。所谓变革是指对有助于企业利益的活动施加影响。信息的有效沟通，不仅促进了企业各项管理职能的有效实施，而且也把企业同外部环境联系起来了。企业主管通过信息交流了解客户的需要、供应商的可供能力、政府的法规条例以及社会团体的关切事项等。任何组织只有通过信息沟通才能成为一个与外部环境发生相互作用的开放系统。社区股份合作制企业管理人员所面临的重大挑战就是如何在合适的时间以合适的方式得到合适的信息。对信息进行精加工需要高级智力和设计。新型农村集体经济组织都要及时配备必要的电脑设备，每一个高级企业管理干部，特别是主要干部都要认真学习和掌握管理信息电算化的必要知识。新型集体经济组织各个治理层次之间要加强信息沟通，把决策层的意见转变为各个治理层次的共同意见。各个治理层内部也要加强沟通，协调好人与人之间的关系，沟通感情，交流思想，化解误会，避免矛盾，增进团结。

六、健全法人治理结构必须坚持党的领导

要正确处理新型农村集体经济组织与村级党组织的关系。新型农村集体经济组织要自觉接受村级党组织的领导。但并不等于说村级党组织可以直接给新型农村集体经济组织下达指令。村级党组织对新型农村集体经济组织的领导，主要应当通过股东代表、董事会、监事会中的党员模范作用来体现。有的新型农村集体经济组织在企业章程中明确由村党组织书记兼任董事长。如果董事长的书记职务被罢免，那么其董事长的职务也就自动被罢免。我们认为，这样的规定如果股东一致通过也是可以的。但是，也不是绝对说新型农村集体经济组织的董事长必须由村党组织书记兼任。在一些经济规模比较大的企业，也可以实行董事长与书记分设。村级党组织对新型农村集体经济组织重大事务的建议，应当首先在村党组织委员会和党员大会上进行充分讨论。同时，村党组织应当教育股东和股东代表中的党员带头模范地执行股东代表大会的决议，维护集体经济的长远利益和集体的整体利益。

七、健全法人治理结构必须坚持改革开放

目前，我国多数新型农村集体经济组织还属于内部人治理，也就是在董事会、监事会以及经营管理层面的干部，绝大多数属于本集体经济组织的股东。企业高级管理层基本上对外是封闭的，外人很少进入成为董事、监事或者经理。这种法人治理结构基本属于股东治理模式，其优点在于能够全力维护本集体经济组织成员的利益；其不足之处在于在信息不对称的条件下，企业职工、债权人以及其他利益相关集团的利益容易受到侵犯。如果民主监督不到位，也可能给经营管理层违反法律、以权谋私提供方便，从而侵害广大股东的合法利益。针对这种情况，有必要对新型农村集体经济组织法人治理结构不断进行深化改革，经营管理干部的选拔与提升实行对外开放。所谓的对外开放就是要逐步在董事会、监事会和高级经营管理干部队伍中吸收非集体经济组织成员进入，例如实行独立董事、独立监事制度，对社会公开招聘高级管理人员等。

第七章　新型农村集体经济组织的
激励与约束机制

　　　建立健全新型农村集体经济组织的激励与约束机制，是新型农村集体经济组织实现科学管理的基础，是确保最大限度地调动广大集体经济组织成员和企业经营者社会主义积极性，增强新型农村集体经济组织内部凝聚力和向心力的制度保障。我国农村改革开放三十多年来最宝贵的一条基本经验就是，不断以深化改革来充分调动广大农民群众的积极性。让农民像种自留地一样来种集体的土地，这一目标通过家庭承包经营实现了。那么，不断巩固发展壮大集体经济提高集体资产经营效益的目标，就要通过建立健全新型农村集体经济组织的激励与约束机制来实现。所以，建立健全新型农村集体经济组织激励与约束机制的目标就是要让广大集体经济组织成员和企业经营者像干个体户那样来干集体。

第一节　新型农村集体经济组织的激励机制体系

　　新型集体经济组织的激励机制针对的是本组织的员工和经营管理者。他们同时又是生活在现代社会中的个人，其生活方式和思维方式受到社会上各种外在因素的影响。所以，建立健全激励机制不仅要考虑本企业的实际，也要综合考虑社会上各种外在因素。新型集体经济组织的激励机制是一个建立在以人为本基础之上的完整体系。

一、建立新型农村集体经济组织激励机制的理论基础

　　马斯洛的需求层次理论是研究组织激励时应用得最广泛的理论。马斯洛理论把人的需求分成生理、安全、社会、尊重和自我实现五类，依次由较低层次

到较高层次。

①生理需求。生理需求是人们对食物、水、空气和住房等需求。这类需求的级别最低，人们在转向较高层次的需求之前，总是尽力满足这类需求。一个人在饥饿时不会对其他任何事物感兴趣，他的主要动力是得到食物。即使在今天，还有许多人不能满足这些基本的生理需求。

②安全需求。安全需求包括对人身安全、生活稳定以及免遭痛苦、威胁或疾病等的需求。与生理需求一样，在安全需求没有得到满足之前，人们唯一关心的就是这种需求。对许多企业职工而言，安全需求表现为安全而稳定的工作岗位以及有医疗保险、失业保险和退休福利等。

③社会需求。社会需求包括对友谊、爱情以及隶属关系的需求。当生理需求和安全需求得到满足后，社会需求就会突出出来，进而产生激励作用。在马斯洛需求层次中，这一层次是与前两层次截然不同的另一层次。

④尊重需求。尊重需求既包括对成就或自我价值的个人感觉，也包括他人对自己的认可与尊重。有尊重需求的人，希望别人按照他们的实际形象来接受他们，并认为他们有能力，能胜任工作。他们关心的是成就、名声、地位和晋升机会。这是由于别人认识到他们的才能而得到的。当他们得到这些时，不仅赢得了人们的尊重，同时其内心因对自己价值的满足而充满自信。不能满足这类需求，就会使他们感到沮丧。如果别人给予的荣誉不是根据其真才实学，而是徒有虚名，也会对他们的心理构成威胁。

⑤自我实现需求。自我实现需求的目标是自我实现，或是发挥潜能。达到自我实现境界的人，接受自己也接受他人。解决问题能力增强，自觉性提高，善于独立处事，要求不受打扰地独处。要满足这种尽量发挥自己才能的需求，他应该已在某个时刻部分地满足了其他的需求。当然自我实现的人，可能过分关注这种最高层次的需求的满足，以至于自觉或不自觉地放弃满足较低层次的需求。

新型农村集体经济组织建立激励机制，一方面要认真学习和掌握马斯洛有关人的需求理论，另一个方面更要深入学习和贯彻我们党关于以人为本的科学发展观的理论，按照物质奖励与精神奖励相结合原则，根据本企业实际制定灵活的激励机制，以最大限度地调动广大股东、企业经营者和职工的积极性。

二、新型农村集体经济组织激励机制激励的对象

新型农村集体经济组织建立激励机制的适用对象，包括以下几个层次的利

益集团。

①普通职工。普通职工是指按照劳动合同，在新型农村集体经济组织举办的企事业单位就业的人员。

②基层干部。基层干部是指在新型农村集体经济组织举办的企事业单位担任班组长以上干部的人员。

③中层干部。中层干部是指新型农村集体经济组织科室负责人及其下属企事业单位的负责人。

④工程技术人员。工程技术人员是指具有中、高级专业技术职称，在新型农村集体经济组织及其下属企事业单位从事财务会计、工程设计、市场营销等技术工作的人员。

⑤高级管理人员。高级管理人员包括新型农村集体经济组织的董事、董事长、监事长、总经理、副总经理、财务总监等人员。

上述五类人员中，按照是否具有股东身份，可以分为两类人员：一类人员是具有本集体经济组织成员身份的职工，也就是在本集体经济组织就业的股东；另外一类人员是新型农村集体经济组织及其下属企业外聘的工作人员。作为新型农村集体经济组织的职工，无论是否具有本集体经济组织成员身份，都应当在政治上和经济上做到一视同仁，不能厚此薄彼。

三、新型农村集体经济组织激励机制的主要内容

1. 薪酬激励

薪酬激励属于满足企业职工生理需求的最基本的激励机制。如果企业职工还在为生理需求而忙碌时，他们所真正关心的问题就与他们所做的工作无关。企业在用满足这类需求来激励职工时，是基于这样一种假设，即人们是为报酬而工作，主要关心收入、舒适等。所以在激励时，试图利用增加职工工资、奖金等薪酬的办法来调动职工的积极性。

①要建立健全企业职工岗位工资报酬体系。认真贯彻各尽所能、按劳分配的社会主义分配原则，按照各类职工的劳动技能、专业技术职称以及不同工作岗位，制定完善的企业职工岗位工资体系。企业职工岗位工资应当是公平、公开、公正透明的，让全体职工都知道在什么岗位、担任什么职务就可以拿多少工资。新型农村集体经济组织不要搞神神秘秘的密薪制。所谓密薪制不仅不能调动广大职工积极性，反而只会起到挫伤职工积极性、分裂职工队伍的作用。随着企业经济效益的增长以及劳动力再生产物质条件的改善、社会物价水平的

提高，企业职工工资水平也要逐步提高和增长。

②要建立健全企业职工奖金报酬制度。奖金是对企业职工付出额外劳动的报酬。企业职工的奖金要与企业经济效益和职工的贡献严格挂钩，奖金的分配要坚持公平、公开、公正的原则，使之真正起到奖勤罚懒的作用。

③要实行年薪制。具备条件的地方，可以实行与企业全年经营效益和长远发展后劲挂钩的年薪制。适用年薪制的人群主要为新型农村集体经济组织的高级管理人员及其下属经营实体的主要负责人。是否实行年薪制以及年薪的标准应当经过股东大会或者股东代表大会集体讨论决定并报上级党委、政府批准。干部年薪标准应当与股东股份分红以及职工收入标准直接挂钩。集体经济组织干部年薪与股东和职工收入相差不得过于悬殊。未经股东大会或者股东代表大会同意和上级党委、政府审批，不得自行确定干部年薪标准。

④净资产增值部分按比例分成。新型集体经济组织董事长或者经营管理团队，在任期届满以后，其任期经营成果经过具有资质的会计事务所审计以及上级政府经营管理部门认定，可以从集体净资产增值部分中提取一定比例的奖励基金，作为董事长或者经营管理团队的奖金。但是，净资产增值部分中，由于集体土地被征用而获得的土地补偿收入不得提取奖励基金。是否实行净资产增值部分按比例分成，首先要经过本组织股东大会或者股东代表大会决议，同时要经过上级党委、政府审批同意方可实行。

2. 福利激励

新型农村集体经济组织的福利，包括为股东和长期就业的固定职工提供住房福利、为全体股东和职工提供社会保障福利、改善劳动条件、组织股东和职工带薪休假以及退休制度等方面。福利激励属于安全需求激励的层面。福利激励使得股东和广大职工有稳定就业的安全感，做到劳动有岗位、疾病有医疗、住房有保障、老有所养，从而能够安心地在集体经济组织就业，并发挥出个人全部智慧与力量。

3. 才华激励

所谓才华激励，是在企业开展丰富多彩的技能比赛、读书心得讲演、体育活动、歌咏比赛等社交活动，丰富企业职工的业余生活，让每个职工获得展示自己才华的机会，并通过这些活动增强职工之间、职工与领导之间的感情联系。才华展示激励属于社会需求激励范畴。通过才华展示激励，使得工作被职工视为寻找和建立温馨和谐人际关系的机会，能够提供同事间社交往来机会的职业会受到重视。同时，通过开展丰富多彩的集体活动提高职工的集体意识，增强遵守集体规章制度的自觉性。

4. 荣誉激励

荣誉激励是给予为集体经济组织及其企事业单位发展作出突出贡献员工的荣誉奖励。荣誉激励属于尊重需求的范畴。通过荣誉激励，使得广大职工充分发挥自己的主观能动性和创新能力，为企业发展提供建设性的建议。无论哪种工作都可以进行创新，创造性并非管理人员独有，而是每个人都期望拥有的。为了使工作有意义，强调自我实现的管理者，会在设计工作时考虑运用适应复杂情况的策略，会给身怀绝技的人委派特别任务以施展才华，或者在设计工作程序和制定执行计划时为员工群体留有余地。新型农村集体经济组织可以根据本企业实际，采取建立星级职工评选活动、星级职工家庭评选活动、模范职工评选活动、优秀员工评选活动、模范共产党员评选活动、优秀企业管理者评选活动、设立技术发明奖等形式来调动广大职工和管理阶层的积极性。

5. 股权激励

①股权激励的概念。股权激励制度是以职工获得企业股权的形式给予其一定的经济权利，使其能够以股东的身份参与企业决策、利润分享，并承担经营风险，使员工自身利益与企业利益更大程度地保持一致，从而勤勉尽责地为企业的长期发展而服务的一种制度。股权激励对改善企业治理结构、降低代理成本、提升管理效率、增强企业凝聚力和市场竞争力起到非常积极的作用。

②股权激励的原理。经理人和股东实际上是一个委托代理的关系。股东委托经理人经营管理资产。但事实上，在委托代理关系中，由于信息不对称，股东和经理人之间的契约并不完全，需要依赖经理人的道德自律。股东和经理人追求的目标是不一致的，股东希望其持有的股权价值最大化，经理人则希望自身效用最大化。因此，股东和经理人之间存在道德风险，需要通过激励和约束机制来引导和限制经理人行为。在不同的激励方式中，工资主要根据经理人的资历条件和企业情况预先确定，在一定时期内相对稳定。因此与企业的业绩的关系并非非常密切。奖金一般以财务指标的考核来确定经理人的收入，因此与企业的短期业绩表现关系密切，但与企业的长期价值关系不明显。经理人有可能为了短期的财务指标而牺牲企业的长期利益。但是从股东投资角度来说，他关心的是企业长期价值的增加。尤其是对于成长型的企业来说，经理人的价值更多地在于实现企业长期价值的增加，而不仅仅是短期财务指标的

实现。为了使经理人关心股东利益，需要使经理人和股东的利益追求尽可能趋于一致。对此，股权激励是一个较好的解决方案。通过使经理人在一定时期内持有股权，享受股权的增值收益，并在一定程度上承担风险，可以使经理人在经营过程中更多地关心企业的长期价值。股权激励对防止经理的短期行为，引导其长期行为具有较好的激励和约束作用。建立新型农村集体经济组织股权激励机制是深化改革、完善按份共有产权制度的需要。新型农村集体经济组织建立股权激励机制的对象：一是给予现为企业股东的高级管理人员、工程技术人员更多的股份；二是给予现为非股东的高级管理人员、工程技术人员一定的股份。

③新型农村集体经济组织股权激励的途径。建立新型农村集体经济组织股权激励，一般应当采取按照岗位设置经营管理期权股的方式。经营管理岗位期权股的持有人范围以及数量，需经由股东大会或者股东代表大会民主决定，并报上级党委、政府审批方可实行。经营管理岗位期权股的持有人在取得该股份的同时，应当向企业缴纳相等数量的经营风险抵押金。当年盈利时，可以按照其所持有的经营管理岗位期权股数量参与企业红利分配，其交纳的风险抵押金可以按照同期企业股份分红的比例获得资金占用费。企业当年亏损时，应当按照其所负责任大小，从其风险抵押金中扣除一定数量。经营管理岗位期权股持有人在企业相关工作岗位连续工作一定时期（例如15年以上）以后，可以拥有该股份的所有权，可以继承。其所缴纳的风险抵押金可以转为普通股。如果该股份持有人在规定年限之内离职，或者触犯刑律，或者给企业造成重大损失，其所持有的该股份由新型农村集体经济组织收回，其交纳的风险抵押金剩余部分退还本人。

经营管理岗位期权股是以其持有人缴纳风险抵押金为前提无偿取得的，有利于在企业中形成一种按照不同岗位和承担责任大小，享有预期股权收益的激励机制。这种经营管理期权股在一定期限内，只有收益权没有所有权，随着经营管理人员岗位的变动，其所持有的经营管理期权股也要随之发生变动。也可以采取由经营管理干部按照岗位和承担责任大小，采取现金购买的方式取得经营管理股。经营管理者用现金购买的经营管理股，拥有所有权和收益分配权，可以有稳定的预期股金分红收益，便于稳定经营管理干部队伍。但是，用现金购买的经营管理股，也存在一旦持有人职务变动如何处置，以及新上任的经营管理者是否可以购买的问题。上述问题，需要新型农村集体经济组织在实践中加以探索，在实践的基础上不断完善。

建立新型农村集体经济组织激励机制必须从各个企业的实际情况出发，激励的强度要循序渐进，不可过强也不可过弱。激励强度过强会失去激励的发挥空间，诱发人们过高的激励期望，增加企业过重负担。激励强度过弱，则起不到激励作用，同样影响企业的长期发展。所以，激励机制贵在坚持，有持续性和连续性。

第二节　新型农村集体经济组织的约束机制体系

新型农村集体经济组织不但要建立健全激励机制，与此相适应也必须建立健全约束机制。没有约束的权力必然产生腐败，没有约束机制的企业必然管理混乱。所以，建立健全约束机制是确保新型农村集体经济组织正常运转的必要条件

一、约束机制的概念

约束机制是指为规范组织成员行为，便于组织有序地运转，充分发挥其作用，而经法定程序制定和颁布执行的具有规范性要求、标准的规章制度和手段的总称。约束包括国家的法律、法规，行业标准，组织内部的规章制度，以及各种形式的监督等。企业行为的约束机制指商品社会经济运行中，对企业行为构成的约束的要素及其相互关系和综合作用，使企业行为限制在不越出规定范围的制约机能。

二、约束机制的种类

约束企业行为的各种条件及其对企业行为的约束作用，构成企业行为的约束机制。约束机制可分为企业外部约束和企业内部约束。

①企业外部约束也就是市场约束，可分为供给约束、需求约束、法律约束和行政约束，其中需求约束是最主要的。供给约束是指市场对企业投入的约束。企业生产的正常进行必须能在市场上购买到足够的生产资料，聘用有各种专长的工人和技术人员、管理人员等。这些生产要素中任何一种供应的短缺或垄断，都会影响企业的经营决策，约束企业行为。市场约束主要是需求约束。对于一个企业来说，能不能把产品销售出去，是关系到企业再生产能否顺利进行的"惊险的跳跃"。企业为追求商品价值的实现，必须根据市场行情的变化调整自己的生产经营活动。因此，市场需求是约束企业行为的重要的外部条件。除

此以外，企业的外部约束还有法律约束和行政约束。法律约束是为保证正常的市场经济秩序，通过各种经济法规的制定和实施而对企业行为的法律规范。

②企业内部约束主要是企业内部各项规章制度约束和监督机制约束，包括企业组织制度规范体系、内部控制制度体系以及各项规章制度体系。

三、新型农村集体经济组织的制度规范体系

制度是组织管理过程中借以约束全体组织成员行为，确定办事方法，规定工作程序的各种章程、条例、守则、规程、程序、标准、办法的总称，是合理组织集体协作行为，规范个人活动，实行科学管理，维系组织正常运转的手段。制度规范包括：

①集体经济组织的基本制度。包括涉及集体经济的法律和财产所有形式、章程、董事会规范、高层管理组织规范等方面的制度和规范。它规定了集体经济组织所有者、经营管理人员、股东各自的权利、义务和相互关系，确定了财产的所有关系和分配方式，制约着集体经济组织活动的范围和性质，是涉及集体经济组织所有层次、决定集体经济组织根本的制度。

②管理制度。管理制度是对集体经济组织管理各基本方面规定活动框架，调节集体协作行为的制度。管理制度是比基本制度略低的制度规范。它是用来约束集体性行为的成体系的活动和行为的规范，主要针对集体而非个人。如各部门、各层次的职权、责任和相互之间的配合、协调关系，各项专业管理规定（人事、财务、业务），信息沟通、命令服从等方面的制度。在组织管理体系中，有相当一部分是管理制度，它是把单独分散的个人行为整合为有目的的集体化行为的必要环节，是管理赖以依托的基本手段。

③技术规范。技术规范是涉及某些技术标准、技术规程的规定。

④业务规范。业务规范是针对业务活动过程中的那些大量存在、反复出现，又能摸索出科学处理办法的事务所制定的作业处理规定。

⑤个人行为规范。个人规范是所有对个人行为起制约作用的制度规范的统称，是其他约束机制能否有效实现的先决条件。

新型农村集体经济组织制定管理制度的要求：一是从实际出发；二是根据需要制定；三是要建立在法律和社会道德规范的基础上；四是要求系统配套；五是要合情合理；六是要求具有先进性。

四、新型农村集体经济组织的内部控制制度体系

内部控制是指新型农村集体经济组织各级管理层，为了保护其经济资源的安全、完整，确保经济和会计信息的正确可靠，协调经济行为，控制经济活动，利用单位内部分工而产生的相互制约、相互联系的关系，所形成的一系列具有控制职能的方法、措施、程序，并予以规范化，系统化，使之成为一个严密的、较为完整的体系。建立内部控制制度要遵循的原则包括：相互牵制原则、协调配合原则、程序定位原则、成本效益原则。新型农村集体经济组织的内控制度包括以下九个方面的内容。

1. 结构控制

内部控制制度的建设及有效运行，有赖于企业内部良好的法人治理结构。现代企业的所有权与经营权的分离，使得客观上需要明确股东会、董事会、监事会和经理层的职责，以保障有关各方的合法权益。董事会维护出资人权益，对股东大会负责，对公司的发展目标和重大经营活动做出决策；监事会对董事会、公司的财务工作及经营者执行法律和公司章程情况进行监督；同时还应设立满足企业监控需要的职能机构如审计部、稽查部，这些部门对董事会负责并在业务上受监事会指导。同时，公司要推行职务不兼容制度，杜绝高层管理人员交叉任职，形成各负其责、协调运转、有效制衡的法人治理结构，保证企业的正常运转。

2. 授权批准控制

授权批准是指新型农村集体经济组织在处理经济业务时，必须以授权批准的形式来进行控制。新型农村集体经济组织一般由股东会授权给董事会，然后再由董事会授权给企业的总经理和有关管理人员。企业每一层次的管理人员既是上级管理人员的授权客体，又是对下级管理人员授权的主体。单位内部某个部门或某个职员在处理经济业务时，必须经过授权批准才能进行，否则就无权审批。授权批准有一般授权和特定授权两种形式。授权批准控制的基本要求是：首先，要明确一般授权与特定授权的界限和责任；其次，要明确每类经济业务的授权批准程序；再次，要建立必要的检查制度，以保证经授权后所处理的经济业务的工作质量。实践证明，权力应受到制约，失去制约的权力极易导致腐败。

3. 会计系统控制

会计系统控制是企业内部控制的核心。企业应依据会计法和国家统一的会计控制规范，制定适合本企业的会计制度，明确会计凭证、会计账簿和会计报表的处理程序，建立和完善会计档案保管和会计交接办法，实行会计人员岗位责任制，以充分发挥会计的反映和监督职能。

4. 资产保护控制

资产保护控制是对企业实物的采购、保管、发货及销售等各个环节进行限制接近、定期盘点、记录保护、账实核对、财产保险等控制。在实际工作中，现金、银行存款、其他货币资金、有价证券和存货等变现能力较强的资产必须限制无关人员直接接触，货币资金的收支管理只能限于特定的出纳员。支票等重要票据的签发，必须是单位指定的负责人。存货等实物保护可以由专职的仓库保管员控制。对一些特殊的存货还应采取一些必要的其他保护措施，达到保护单位资产的安全完整性，防止资产流失。

5. 职工素质控制

企业内控制度能否得到有效落实以及落实程度的好坏与否，取决于执行者。职工素质控制是执行企业内部控制制度的保证。单位在招聘、使用、培养、奖惩等方面对职工素质要进行控制。招聘是重要环节，单位的人事部门和用人部门应共同对应聘人员的素质、水平、能力等有关情况进行全面的测试、调查，以确保受聘人员能够适应工作的要求。同时，应注重人力资源的合理配置，打破平均主义的分配制度，推行优胜劣汰的用人机制，充分调动劳动者的积极性，使企业充满生机和活力。

6. 预算控制

预算控制是保证内部控制结构运行质量的监督手段。预算管理是将企业的目标及其资源的配置方式以预算方式加以量化，并使之得以实现的企业内部控制活动或过程的总称。预算管理由预算编制、预算执行、预算控制、预算考评等环节构成。预算控制的内容可以涵盖单位经营活动的全过程，包括融资、采购、生产、销售、投资、管理等诸多方面，也可以就某些方面实行预算控制。预算方案由董事会制订，组织实施由总经理执行。

7. 风险控制

企业要针对每个控制点建立有效的风险管理系统，通过风险预警、风险识别、风险评估、风险分析、风险报告等措施,对财务风险和经营风险进行全面的防范与控制。主要包括筹资风险控制、投资风险控制、信用风险控制、合同风险控制。

8. 审计控制

审计控制主要是指对新型农村集体经济组织的内部审计。内部审计是对会计的控制和再监督。对会计资料进行内部审计,既是内部控制的一个组成部分,又是内部控制的一种特殊形式。内部审计是在一个组织内部对各种经营活动与控制系统的独立评价,以确定既定政策是否得到有效贯彻,建立的标准是否遵循资源的利用规定以及单位的目标是否达到。内部审计的内容十分广泛,一般包括内部财务审计和内部经营管理审计。内部审计对会计资料的监督、审查,不仅是内部控制的有效手段,也是保证会计资料真实、完整的重要措施。

9. 经济责任控制

新型农村集体经济组织应当按照责、权、利相统一的原则,建立健全企业内部各级经营管理干部的经济责任制。建立健全新型集体经济组织董事长以及下属企事业单位主要负责人的任期经济目标责任。经济目标主要包括任职期间集体经济总收入及利润增长指标、集体资产保本增值目标、职工收入与股东分红收入增长指标等。经济责任主要包括在集体资产管理、财务收支、经济核算以及有关经济活动应当负有的责任。新型集体经济组织经营管理干部报酬应当与经济责任目标完成情况紧密挂钩。

五、新型农村集体经济组织的内部监督体系

新型农村集体经济组织应以效益为中心,以资产的保值增值为目标,加强资产经营管理,建立健全内部控制体系。

1. 健全民主监督制度

按照一人一票的原则实行民主管理,是新型农村集体经济组织与合伙企业、私营企业、股份制企业的最大区别。新型农村集体经济组织的民主管理包括民主选举制度、民主决策制度、民主监督制度。建立健全民主管理制度是新型农村集体经济组织约束机制的基本内容。除了必须按照企业章程的规定定期召开股东大会或者股东代表大会,就企业重大问题进行民主决策以外,平时遇到重大问题时,也必须按照企业章程的规定及时临时召开股东大会或者股东代表大会进行决策。除此之外,企业经营管理层要经常向股东通报企业经营情

况，听取股东意见。健全民主理财制度，实行财务公开，在一个会计年度的中期和年底，必须及时编制并公布资产负债表、财务收支表。有的新型农村集体经济组织采取设置群众意见箱，组织老年协会、群众工作协会等方式，定期听取股东和广大职工的意见，收到了很好的效果。

2. 健全资产管理监督制度

新型农村集体经济组织要切实加强资源、资金和资产的管理，全部资产应登记造册并定期组织开展资产清查核实工作。明确各类资产管理使用的责任制，做到定岗、定人、定责，明确责任人责、权、利。未经股东大会或者股东代表大会批准，新型农村集体经济组织及其下属及所属企事业单位严禁为本组织以外的法人和个人提供借款和经济担保。健全固定资产折旧制度，应按照有关会计制度规定的年限足额提取折旧费。重大固定资产的购置或者报废必须经股东大会或者股东代表大会讨论决定。

3. 健全财务会计监督管理制度

新型农村集体经济组织必须按照《会计法》的规定，建立健全会计监督机制，如实反映企业各项经济活动，并对各项经济活动进行会计监督。新型农村集体经济组织必须按照国家相关规定依法开展资金筹集、运营活动，确保企业资金运营的安全与顺畅。加强各项经济活动的成本核算，不断开源节流，严格控制非生产性开支。对企业管理人员的招待费、公车费用、公费出访费用、通讯费用等非生产性开支实行定额包干制度。

4. 健全内部审计监督制度

新型农村集体经济组织的审计监督包括外部审计监督与企业内部审计监督两部分。外部审计监督由农村合作经济经营管理部门实施，内部审计监督由企业内部审计机构实施，或者由企业聘请会计事务所进行。

5. 健全监事会监督制度

充分发挥新型农村集体经济组织监事会对企业经营管理层的监督约束作用。监事会除了对企业重大经济活动进行必要的监督以外，重点要对企业董事会和经理的各项公务活动进行监督，对企业财务活动进行监督。目前监事会成员大多是企业股东，基本属于内部人自己监督自己，发挥作用有限，有的甚至流于形式。针对这种现状，有必要在监事会成员中增加非本组织股东参与监事会工作。充分发挥监事会的监督作用，必须建立健全监事会工作机制。包括：

一是参会制度，新型集体经济组织在召开董事会会议时，应当邀请监事会成员列席，实施现场监督；二是审计制度，新型农村集体经济组织设立内部审计机构的，应当明确划归监事会领导，没有设立内部审计机构的，应当明确监事会有权聘请外部审计机构进行审计；三是培训制度，对现有监事会成员要加强业务培训，特别是财务会计知识的培训，不断提高监事会成员的履职能力。丰台区南苑村规定，财务开支票据除了经办人、部门负责人、财务经理、董事长（总经理）签字以外，必须经过监事长签字方可报销，强化了监事会的监督作用。

6. 健全经济合同监督制度

新型农村集体经济组织对外签订各类经济合同必须经过合法程序。健全经济合同监督的关键点是要健全印章管理制度。集体经济组织印章应由董事会成员专人负责管理，董事长不得直接保管印章。印章使用的审批人与保管人不得为同一人。印章保管人由董事会提名，并经股东大会或者股东代表会议讨论后决定。凡涉及贷款、承包、对外签订重大合同等经济事项需使用新型农村集体经济组织印章时，董事会应及时召开会议研究决定，经股东（代表）会议讨论同意并经董事长签字后方可使用。新型农村集体经济组织要建立印章使用登记、备案制度。对违反印章使用管理规定的，要视情节严重给予批评教育，造成严重后果的，要追究当事人的法律责任。新型农村集体经济组织董事会换届选举结束后，上一届董事会必须及时移交印章。未经集体研究讨论决定，任何人不得动用新型农村集体经济组织印章与其他法人和自然人签订各类合同。

7. 健全法律监督制度

新型农村集体经济组织及其高级管理层必须强化法律意识，用法律的武器维护本组织合法权益。具备条件的新型农村集体经济组织可以设置法制监督部门，负责对企业管理层提供法律保障，对广大职工提供法律咨询，对企业各项经济活动进行法律层面的把关审查。不具备条件的新型农村集体经济组织可以聘请社会上的法律事务所提供法律服务。

8. 健全纪检监督制度

新型农村集体经济组织的各级干部特别是党员领导干部，要自觉接受本级党组织纪检监察部门的监督，按照党中央关于农村干部廉洁自律的有关要求，严格要求自己，规范自己的言行，在政治上与党中央保持高度一致；在经济活动中严格执行相关法律法规的规定和本组织相关规章制度；在人事管理上坚持任人唯贤，不搞裙带关系；在日常生活上坚持勤俭节约，不搞奢侈浪费。

新型农村集体经济组织内部监督体系案例

北京市通州区新型农村集体经济组织干部廉洁自律九不准

北京市通州区就新型集体经济组织干部廉洁自律做出如下硬性规定：

①不准以各种名目非法占有、侵吞、窃取、骗取集体财物，或私自占用公款、公物从事营利活动、非法活动。

②不准违反财经纪律将应由本人或亲属个人支付的费用，由农村社区（股份）合作社或其他单位支付、报销；不准公款私存、私借。

③不准用公款相互宴请、吃请；不准接受可能影响公正履行职责的宴请；不准索取收受管理、服务对象的礼金、礼品、有价证券和各种支付凭证。

④不准超越村股份合作社负担财力配备和使用高档小汽车，购置汽车必须上报镇（乡）人民政府批准；不准以任何理由代用、占用下属企业或其他单位的车辆；不准用公款支付学习驾驶技术的费用。

⑤不准擅自用公款配备、使用通信工具，通信费用支出必须符合镇（乡）有关规定；不准用公款购买私人住房和个人商业保险。

⑥不准参与任何形式的赌博和封建迷信活动；不准利用职务上的便利大操大办婚丧喜庆事宜，甚至借机敛财或侵犯农村社区（股份）合作社、股东利益。

⑦不准违反镇（乡）党委、政府的规定，擅自提高和发放各种形式的报酬；不准未经批准兼任企业领导职务，未经批准不准领取比重报酬或多头收入。

⑧不准擅自决定集体资产的处置、投资建设、土地征用和出让，以及涉及股民切身利益的事宜；不准违反有关法律规定及程序损害股东的合法利益。

⑨不准利用职务之便为配偶、子女经商办企业提供便利条件；不准违反有关工程招投标的规定，擅自安排亲属农村社区（股份）合作社承担建设工程；不准未经民主推荐或民主选举，擅自安排亲属担任农村社区（股份）合作社领导职务和财务管理等重要岗位工作。

第三节　新型农村集体经济组织审计监督

审计监督是新型农村集体经济组织约束机制的一个重要组成部分。审计监督按照审计监督的时间划分，可以分为事前审计、事中审计、事后审计；按照审计主体划分可以分为内部审计、外部审计；按照审计内容划分可以分为财务收支审计、经济效益审计、财经法纪审计、固定资产审计、流动资产审计、现金收支审计、干部经济责任审计、企业经营成果审计等。现主要对干部经济责任审计、财经法纪审计和经济效益审计简介如下。

一、干部任期经济责任审计

1. 经济责任审计的概念

新型农村集体经济组织董事长以及下属企事业单位主要负责人的任期经济责任，是指其任职期间在资产管理、财务收支、经济核算以及有关经济活动应当负有的责任，包括主管责任和直接责任。干部经济责任审计是指以新型农村集体经济组织制定的干部任期经济目标和本组织的规章制度以及国家的政策、法规为依据，在干部任期结束、升任、调离、退休或者免职时候，对其任职期间应承担或者应解脱的经济责任进行审查、评价和鉴定的一种专门审计。

2. 经济责任审计对象

新型农村集体经济组织董事长以及下属企事业单位主要负责人任职期满，或者在任期内办理免职、辞职、退休等事项前，应当接受任期经济责任审计。未经审计不得解除其任期经济责任。审计结束要布公审计结果，要向股东公开。

3. 经济责任审计原则

新型农村集体经济组织经济责任审计要遵循以下原则。

①权责对应的原则。应根据审计对象享有权利的大小，来确定其承担经济责任的范围和程度。在贯彻权责对应原则的同时，还应注意区分不同责任期间的责任归属问题，不能把前届干部的责任划为本届，也不能把本届干部的责任推给下届。

②界定责任原则。影响干部任期经济目标完成或者承包合同指标实现的因素是多方面的，在新型农村集体经济组织经济责任审计中，必须客观地界定各个方面的责任。

③全局利益原则。即微观利益不得损害宏观利益、当前利益不得损害长远利益、经济利益不得损害社会效益和生态效益。坚持这一原则，就可以防止和制止少数干部为了扩大政绩采取短期行为，或者妨碍公共利益，从而保护国家、集体和社会公共利益。

④实事求是和客观公正原则。审计过程中要划清主流与支流、改革中的失误与钻改革的空子之间的界限，既不能放纵违法违纪的行为，又不能单纯找问题，挫伤干部的积极性。

4. 任期经济责任审计的主要内容

干部任期经济责任审计的内容包括：各项经济指标以及财务收支计划的完成情况；各项支出的内部控制制度及其执行情况；资产的管理、使用、保值增值情况；重大投资项目的经济效益情况；遵守有关财经法规以及各项财务管理制度情况；其他需要审计的情况。总体上可以分为以下两个方面。

（1）审计被审对象所在单位集体财务收支活动的合法性、合规性以及经营成果的真实性、效益性。

①关于财务收支审计。要注意审计被审对象是否有下列违纪行为：一是有无将其本人及其亲属的生活费用混入集体支出中报销的问题；二是有无利用职权在经济合同签订过程中和企业购销活动中索取回扣以及其他非法收入的问题；三是有无未经集体经济组织股东大会或者股东代表大会审议、上级党委政府审批，擅自超标准获取工资、补贴、奖金、福利费等问题；四是有无将生产性支出列入固定资产购置费用，形成虚增利润的问题。

②关于经营成果和各项积累计提、使用的审计。一是要审查被审对象是否存在虚报经营成果，骗取荣誉和奖金的问题；二是审查是否存在扩大管理费用支出、增加干部工资和福利的问题。

③关于集体资产完整性、完好性和增减情况的审计。审查重点：一是集体资产的管理制度是否健全、是否得到严格执行；集体资产是否完好无损；对各种资产、设备的维修、保养是否得当，有无为服务眼前利益而拼设备，造成不合理损毁的问题。二是资产账实是否相符，有无丢失、非法转让或者转卖，以及侵吞公物的问题。三是待处理资产报废的审批手续是否完备，有无多报或者少报资产损失的问题。四是借出的财物是否到期收回，有无被审计对象或者其

亲属长期无偿占用的问题；五是干部任期届满以后，集体资产是增加了还是减少了，所更新或者增加的各种资产的数量、质量、价值是否达到任期经济责任计划目标的要求，有无因管理松懈而造成集体资产损失浪费、流失的问题。

④关于集体债权、债务真实性、合法性的审计。在审计债权时，重点是审计被审计对象是否存在利用职权长期占用集体资金、资产的问题；是否存在用虚增债权的手法来虚增收入的问题；是否存在长期借用集体资金不还的应收款项以及呆账，原因何在；在审查各项债务的时候，重点是审计是否存在将非法收入或者销售收入挂在往来账户上，虚增债务的问题；是否存在利用应付账款报销不正当费用的问题。此外，还要审计集体经济组织债务的增加是否符合国家关于严格控制农村债务的规定，是否具有还债能力，债务的增加是否会给企业的长远发展带来不良影响。

（2）审查和评价干部任期经济责任计划目标的合理性、完整性以及主要经济指标的完成情况。

在审查任期目标是否合理、完整的前提下，对主要经济指标完成情况的审计，主要应采取对比的方法，将指标的实际完成数量与任期目标指标数量、与任期之前年度实际完成数量、与同行业先进指标数量进行对比分析。

5. 经济责任审计的方法

干部经济责任审计的方法：一是查账与调查研究相结合的方法；二是查账与分析资料相结合的方法；三是任期届满审计与年度审计相结合的方法。

6. 经济责任审计评价

新型农村集体经济组织干部经济责任审计结束以后，在审计报告中，应当对干部任职期间的经济责任从以下三个方面进行合理评价。

①财务责任评价。财务责任是干部任职期间在管理、使用集体资金方面应承担的责任。包括：是否依法组织财务收支；是否照章纳税；是否及时清理债权债务，保证集体资金正常运转；实现的利润是否真实、合法；是否按照任期经济目标计划进行收益分配；资产、资金是否完整，并按照计划实现保本增值。

②经营管理责任评价。经营管理责任是指干部在行使经营管理职权时，对有效组织经营活动、提高经济效益等方面应承担的责任。包括：经营方针和决策是否科学，有无失误或者造成重大经济损失浪费；是否建立行之有效的规章制度，并照章办事；是否合理配置生产要素；实现高效优化；是否努力增加收

入、厉行节约，勤俭办事。

③财经法纪责任评价。财经法纪责任评价是指干部在行使经营管理职权时候，有无直接或者间接违反财经法纪的行为。包括：是否依照党和国家的财经法令和政策办事；是否按照农村集体经济组织会计制度办事；是否执行新型农村集体经济组织的规章制度；有无贪污、行贿、索贿、受贿和以权谋私的其他行为；有无因管理不善、失职而给集体经济组织造成重大损失、浪费的问题等。

二、财经法纪审计

1. 财经法纪审计的概念

财经法纪审计是指对在新型农村集体经济组织的财务管理和经济活动中，违反国家财经法规和财经纪律的贪污、盗窃、侵占集体资产、损害国家、集体经济组织的经济利益等行为进行专案审查核实，以揭露和纠正违纪、违法行为为主要目的的一种专门审计。

2. 财经法纪审计的原则

在新型农村集体经济组织财经法纪审计中必须贯彻以下原则。

①必须依靠当地党委、政府进行专案审计，取得被审计单位和主管部门的配合，排除来自各方面的干扰；②必须正确执行有关政策；③必须注重证据；④必须注意保密；⑤必须讲究策略；⑥必须采取防范保护措施；⑦必须实事求是、客观公正。

3. 财经法纪审计的内容

①违反国家税法，严重截留应上交国家财政收入的案件。

②违反国家关于支农资金使用规定，弄虚作假、骗取国家拨款或者补贴的案件。

③违反集体经济管理法规，在集体经济经营管理工作中，玩忽职守，不负责任，错误决策，造成集体经济重大损失的案件。

④违反国家刑法，贪污、盗窃、索贿、行贿、侵占集体资产的案件。

⑤违反国家物价法规和关于减轻农民负担的政策，巧立名目，乱涨价，乱收费，乱摊派，滥收罚款，增加农民负担的案件。

⑥违反国家有关法规，任意提高开支标准，扩大开支范围，严重挥霍浪费集体财物的案件。

⑦违反国家和集体经济组织资金管理法规、政策和制度，私设小金库，截留集体收入，化公为私的案件。

⑧违反国家法规、政策，截留私分优抚金、救灾扶贫款、集体土地补偿款的案件。

⑨违反国家土地管理法规和集体经济组织相关制度，擅自将集体土地、山场和其他集体资产转让给他人经营，自己从中谋取私利的案件。

⑩在集体经济合同签订过程中，出卖集体利益，谋取个人私利，严重损害集体经济利益的案件。

⑪其他严重违反财经法纪的案件。

4. 财经法纪审计的任务

①审计查明违反财经法纪的全部事实及其危害程度。对查清的问题要取得三证（主证、旁证和物证）。

②审计查明违法违纪事项的性质，严格区分违纪行为和过失错误。

③审计查明违法违纪案件中当事人的责任。

④向上级机关和相关部门提出对违法违纪案件的处理建议。

5. 财经法纪审计的查证

财经法纪审计的方法主要是查账的方法与调查的方法。

（1）原始凭证的审计。对原始凭证主要审计其真实性、有效性和合法性。审计时应注意以下几个方面。

①原始凭证是否正规，是否使用国家统一规定的凭证。对于白条或者非正规的收据，应重点审查是否故意不用正规凭证，以逃避税务监督，或者设置账外小金库，或者从中贪污。

②原始凭证的内容是否完整，手续是否齐全。

③原始凭证内容是否有含糊不清或者计算错误。对于这类凭证应审查其具体内容，是否有掩盖事实、浑水摸鱼的问题。

④原始凭证是否有书写矛盾、随意涂改的情况。对于这类凭证应当视为无效凭证，并追查责任。

⑤原始凭证的内容是否超出其签发单位的经营范围。

⑥原始收入凭证上所载价格是否异常。

⑦原始支出凭证的内容是否合法、节约。

利用原始凭证进行舞弊的主要表现形式有：窃取空白凭证，冒收货款，冒领工资；伪造、涂改凭证单据虚报开支，冒领现金；撕毁单据，收到货款后将销货发票撕毁，进行贪污；对收款、收料的原始凭证加总时故意少计，对费用、工资、发料的原始凭证加总时故意多计，从中营私舞弊；采取"大头小尾"的方法，对外收款开大数，对内报账开小数，从中贪污。

（2）记账凭证的审计。记账凭证包括现金收入凭证、现金支出凭证和转账凭证。它们根据原始凭证编制。作为记账依据，记账凭证的合法性，基本上取决于原始凭证，但也可能出于不正当意图不按原始凭证编制的情况发生，或者不按会计制度规定，歪曲经济业务及财务指标。审查记账凭证，既可以考察它与原始凭证的符合性，又可以查核账簿记载的合规性、正确性。

①记账凭证舞弊的表现形态主要有：一是填制记账凭证不按所属原始凭证合计金额填列，故意少计收入，多列支出。二是利用编制记账凭证，搞乱账目，浑水摸鱼。例如将经营收入、其他收入列作应付账款，伺机贪污。

②记账凭证审计的主要内容有：记账凭证的内容和手续是否完备；会计科目及其对应关系是否运用正确，账务处理是否符合会计制度、银行结算规定和现金管理制度；记账凭证与原始凭证的有关要素（经济内容、日期、业务单位、金额等）是否相符。

（3）账簿的审计。

①账簿审计的一般要求。不论对哪种账簿进行审计，都要做技术性审查，包括登记是否及时、摘要是否清楚、数字是否正确、余额结算是否正确、各种账页是否顺序连续登记、发生差错是否按规定进行改正、摘要所反映经济业务与该账户的核算内容是否一致。

②账簿舞弊的主要表现形态。收入的现金迟迟不登记现金日记账，长期挪用或者贪污；虚列账户，掩盖不法的交易或者私设小金库等舞弊行为；篡改账目，从中舞弊。

6. 财经法纪审计的终结定案

在对被审计单位违法财经法纪行为进行定性时，应把握以下几点。

①首先必须确定是否违反财经法纪。构成违反财经法纪的行为应具有五个条件：一是必须是一种行为；二是行为主体必须是集体经济组织的工作人员；三是行为主体在主观上必须是故意或者过失行为；四是行为本身必须是违反了财经法纪；五是行为实施后造成一定的后果。

②在对违反财经法纪行为进行定性时应注意划清四个界限：一是划清过失错误与违法违纪行为的界限；二是划清一般违法行为与经济犯罪行为的界限；

三是划清改革中出现的某些失误与钻改革空子的界限；四是划清犯罪与不正之风的界限。

③应以国家现行的财经法律、法规和政策为准。对法律、法规、政策不明确的地方，要及时请示上级。

④要分清责任。在定案、定性时，对造成的经济损失，要如实计算。经济损失要分清直接损失与间接损失，并且以直接损失作为定案定性的主要依据。

三、经济效益审计

1. 经济效益审计的概念

经济效益是以尽可能少的劳动消耗和物质消耗，生产出更多的符合社会需要的产品或者提供社会需要的服务，也就是在社会生产和再生产过程中，劳动消耗与物质消耗的投入与产出之间的比较或者所得与所费之间的比较。所谓经济效益审计是为了改善新型农村集体经济组织及其所属企事业单位的经营管理，提高其经济效益，由审计机构对被审计单位的经济效益状况和影响经济效益的因素所进行的审查、分析和评估的活动。

2. 经济效益审计的内容

①投资和工程项目的可行性研究。投资和工程项目的可行性研究，是新型农村集体经济组织审计的一项重要内容，它属于事前控制。如果投资和工程项目不进行可行性研究和审计，盲目上马，盲目投资，就会给集体经济造成经济上的巨大损失和浪费。通过开展投资和工程项目的可行性审计，以便评估其是否正确、适当、合理，论证是否充分。

②经济计划和经营目标的制定。新型农村集体经济组织及其企事业单位进行生产经营活动，都应当制定经营计划，确定经营目标。经济效益审计就是要审查这些计划和目标的适宜性、可行性、先进性和科学性，以及计划的完成情况和目标的实现情况。

③组织机构和人员设置。一个企业如果机构臃肿，人浮于事，工作效率低下，那么这个企业就不会有很好的经济效益。相反，如果机构精炼、人员精干，工作效率高，那么肯定有很好的经济效益。经济效益审计就是要审查新型农村集体经济组织机构设置是否适当，人员是否有较高的政治素质和业务素质，机构设置和人员配备是否符合精简的原则。

④各项经济业务活动。新型农村集体经济组织的各项经济业务活动主要包

括：对集体资产进行资产运营、签订各项农村经济合同、为集体及组织成员提供生产和生活服务，对其下属生产性企业单位进行生产管理、劳动管理、设备管理、市场开发和技术开发等。经济效益审计是要审查这些经济业务活动是否有效，是否取得了效益。

⑤人、财、物的使用。新型农村集体经济组织要进行生产经营活动就需要投入一定的人力、财力、物力。投入的人力、财力、物力的是否合理，直接关系到企业有无经济效益。因此，人、财、物的审计是经济效益审计的一项重要内容。

⑥各项管理制度的执行效果。新型农村集体经济组织的各项管理制度是实现经营目标和计划的保证。如果各项管理制度健全，且得到严格执行，那么就为提高经济效益创造了条件。经济效益审计就是要审查各项规章制度是否健全，是否行之有效，是否严格执行。

⑦法律、法规的遵守情况。进行法律法规遵守情况的审计的目的，是为了防止企业出现在违法违纪情况下取得的假效益。

3. 经济效益审计的方法

新型集体组织经济效益审计的方法，主要有比较分析法、比率分析法、趋势分析法和因素分析法四种。

①比较分析法是通过经济指标的数量上的比较，来揭示经济指标的数量关系和数量差异的一种方法。比较分析法有三种形式：一是实际指标与计划（定额）指标的比较；二是本期指标与上期指标或者历史最好水平的比较；三是本单位指标与国内外先进指标的比较。

②比率分析法是通过计算经济指标的比率，来确定经济活动变动程度的分析方法。比率是相对指标，采用这种方法，要把分析对比的数值换算成相对数，计算出各种比率指标，然后再进行比较，从确定的比率差异中发现问题。比率指标有构成比率、效率比率、相关比率三种。

③趋势分析法是将两期或者连续数期财务报告中的相同指标或者比率进行对比，求出它们增减变动的方向、数额和幅度的一种分析方法。采用这种方法可以揭示企业经济效益和生产经营情况的变化趋势、分析引起变化的主要原因、变动的性质，并预测企业未来的发展前景。

④因素分析法是用来确定几个相互联系的因素对分析对象——某个经济指标的影响程度的一种分析方法。因素分析法在经济效益审计中，既可以全面分析各个因素对某一个经济指标的影响，也可以单独分析某个因素对某一个经济

指标的影响。

4. 经济效益审计评价的标准

经济效益审计的评价标准包括指导性标准和技术性标准两个方面。

（1）指导性标准是审计人员进行经济效益审计根本依据。主要包括四个方面的内容：①正确处理微观经济效益与宏观经济效益的关系；②正确处理长远经济效益与近期经济效益的关系；③正确处理直接经济效益与间接经济效益的关系；④正确处理经济效益与社会效益与生态效益的关系。

（2）技术性标准是审计人员对被审计单位的经济效益好坏、经济效益实现途径和资源开发利用情况进行评价的依据。其主要内容是能评价企业经济效益的各项技术经济指标。如：权益利润率、资本金利润率、总资产利润率、销售利润率、各项资产占用比率和周转率、权益总资产率、成本费用利润率、每股股金分红比率、应收账款周转率、存货周转率、流动资产周转率、固定资产周转率、劳动生产率、土地利用率等。

四、其他几个特别需要强化审计监督的问题

①要强化对新型农村集体经济组织现金收支的审计监督，认真查处私设小金库、公款私存、设立账外账等舞弊行为，并建立健全预防机制。

②要强化对新型集体经济组织"三公"经费的审计监督，严格控制公车消费支出、公款出国旅游支出和公款招待支出，建立健全"三公"经费的定额制度。

③要强化对新型农村集体经济组织应收账款、应付账款的审计监督，严防利用应收、应付账户进行舞弊的行为发生。

④要强化对新型农村集体经济组织土地补偿费收入的审计监督，严防贪污、挪用、拖欠集体经济土地补偿费的行为发生。

第四节　预防新型农村集体经济组织职务犯罪

新型农村集体经济组织干部为集体经济的改革、开放与发展付出了大量心血，作出了重要贡献，涌现出一大批农民企业家和优秀基层干部。从总体上来看，广大新型农村集体经济组织干部是值得信赖的，是我们党建设中国特色社

会主义和新农村建设的重要依靠力量。但是，由于我国仍然处于社会主义初级
阶段，新型农村集体经济组织干部队伍中，难免鱼目混珠，干部违法违纪，甚
至职务犯罪行为时有发生。认真研究新型农村集体经济组织职务犯罪的规律、
特点，加强对职务犯罪的防治，对于纯洁干部队伍，密切党群、干群关系，保
护农民群众合法权益，确保新型农村集体组织资产的安全完整，维护农村社会
稳定和谐具有重要意义。正如胡锦涛同志在庆祝中国共产党成立90周年大会
的讲话中指出的那样，"坚决惩治和有效预防腐败，关系到人心向背和党的生
死存亡，是党必须始终抓好的重大政治任务"，能否坚决惩治和预防职务犯罪
也是关系新型农村集体经济组织生死存亡的重大任务。

一、干部职务犯罪的概念

所谓的"职"，指的是职责、职权、职掌。所谓的"务"，指的是由"职"
而产生的应承担的义务。所以，所谓职务，指的是具有一定的权力，相应地承
担一定的责任。

所谓新型农村集体经济组织职务犯罪指的是在新型集体经济组组织中担任
一定职务的工作人员，利用职务上的便利，进行非法活动或者对工作严重不负
责任，不履行或者不正确履行职责，破坏国家在农村的管理职能，依照刑法应
当受到处罚的行为的总称。

1. 新型农村集体经济组织职务犯罪主体

新型集体经济组织职务犯罪的主体有两类，一类是受村集体经济组织的委
托，担任村级组织相关职务，拥有管理村集体经济组织集体资产职务的人员；
另一类是受乡镇集体经济组织委托，拥有管理乡镇集体经济组织集体资产职务
的人员。

2. 新型农村集体经济组织职务犯罪的客体

新型农村集体经济组织职务犯罪侵害的是集体经济组织的财产或者国家对
农村、农民、农业的扶持资金和补偿资金，也就是广大农民群众的合法经济权
益、人身权益以及政治权益。集体所有制是我国社会主义公有制经济的重要组
成部分。农村集体资产是广大农民群众赖以生存的最基本的生产资料和生活保
障。新型农村集体经济组织职务犯罪，主要的、大量的是对农村集体资产、资
源和资金的非法侵占与掠夺。新型农村集体经济组织职务犯罪不仅是对农村集
体所有制的侵害，也是对我国社会主义经济体制的侵害，同样是对国家管理职

能的破坏。

3. 新型农村集体经济组织职务犯罪的客观要件

新型农村集体经济组织职务犯罪的客观要件主要有以下三种形式：一是利用职务之便侵占集体财物；二是滥用职权；三是严重不负责任，不履行或不正确履行职务。

4. 新型农村集体经济组织职务犯罪的种类

新型农村集体经济组织职务犯罪可以分为三大类。

一是贪污贿赂犯罪。贪污贿赂犯罪包括贪污罪、挪用公款罪、受贿罪、单位受贿罪、行贿罪、对单位行贿罪、介绍贿赂罪、巨额财产来源不明罪、隐瞒境外存款罪等。

二是渎职罪。渎职罪包括滥用职权、玩忽职守、签订和履行合同被骗罪等。

三是侵犯公民人身权利、民主权利的犯罪。侵犯公民人身权利、民主权利犯罪包括利用职权实施的非法拘禁罪、利用职权实施的非法搜查罪、刑讯逼供罪、暴力取证罪、报复陷害罪、破坏选举罪等

新型集体经济组织职务犯罪是在农村集体经济组织中掌握一定管理、支配集体资产、人事关系等各种实权的经营管理干部，滥用职权、谋取私利、侵犯集体利益的犯罪。其本质特征是以权谋私、权钱交易。主要表现是贪污贿赂、挪用公款等经济犯罪和渎职侵权犯罪，是腐败现象最突出的表现。腐败制造社会矛盾，引发社会冲突，对经济建设和政局稳定起着破坏作用，使国家和人民深受其害，必须严厉打击。

二、新型农村集体经济组织职务犯罪的表征

所谓新型农村集体经济组织职务犯罪的表征，指的是职务犯罪的表现形式与特征。古语说：君子爱财，取之有道。平常人追求与职务犯罪人员所追求的都是名与利。但是，平常人与犯罪人员最大的不同是，一个是合法取得，而犯罪人员是非法取得。

新型集体经济组织职务犯罪的表现形式主要为：

①在集体经济组织财务支出环节，少数犯罪分子采取虚报谎报支出的手段攫取集体资产。包括：少支多报、未支报已支、支东报西、私支公报。

②在集体经济组织财务收入环节，少数犯罪分子采取截留集体收入的手段

攫取集体资产。包括：收入不入账、坐收坐支、设置小金库、白条顶现、借用账号转移收入等。

③在集体经济组织资金使用环节，少数犯罪分子采取挪用公款的手段攫取集体资产。包括：挪用公款为自己办企业，私自将集体资金借给自己的亲友办企业、做买卖，私自将集体资金借给愿意给自己好处的单位或者个人使用，私自核销应收账款等。

④在集体资产对外承包、出租等环节，少数犯罪分子采取签订虚假经济合同的手段攫取集体资产。

⑤在集体土地与山场管理环节，少数犯罪分子不惜牺牲集体利益，非法占用、出卖本村土地、山场，捞取蝇头小利。

⑥在处理本村与外部关系的环节，少数犯罪分子采取"明修栈道，暗度陈仓"的手段，攫取集体资产为自己捞取利益，就是打着正当利益的旗号，谋取私利。

⑦在集体资产处置环节，少数犯罪分子采取低价出卖集体资产从中收取贿赂、回扣的手段攫取集体资产。

⑧在集体土地征占和房屋拆迁环节，少数犯罪分子采取浑水摸鱼的手段攫取集体或者国家财产。

⑨在发放干部报酬环节，少数犯罪分子采取非法手段多领取工资报酬。

⑩在公车、公款招待、公费旅游等环节，少数犯罪分子采取多种手段攫取集体资产。

⑪在农村民主管理、民主监督环节，少数犯罪分子采取打击陷害、非法拘押对自己有意见或者上访群众。

⑫在集体经济事务管理环节，少数犯罪分子采取恐吓胁迫、暴力强制、毁坏私人财产等手段，对农民群众强行推行自己的意志。

三、新型农村集体经济组织职务犯罪的防治

长期以来，面对农村职务犯罪，往往采取阶级斗争的办法、群众运动的办法，如"三反五反"、整党整社、"四清"、文化大革命，都是企图用政治手段来解决经济问题和刑事犯罪问题。其结果，都是前清后乱，"穿新鞋走老路"，有的农村职务犯罪问题甚至越演越烈。我们认为，造成农村干部职务犯罪的原因是复杂的，有农村干部理想破灭、思想沉沦、目无法纪、道德败坏的因素，也有机制体制不完善、规章制度不严、约束控制不到位的因素，更有监督检查

不力、有法不依、执法不严的因素。现在办假票、假证的问题泛滥成灾，一些合法商店、企业为了促销，也给客户开具虚假发票，这些都给农村职务犯罪分子提供了极大的方便。因此，防治农村职务犯罪是一个系统工程，必须采取综合治理措施。

①强化新型农村集体经济组织经营管理完善法人治理结构，建立健全各项内部控制制度，从制度上建立预防职务犯罪的长效机制。

②建立健全农村生产要素流转市场，规范农村集体经济产权交易行为，用市场的力量预防农村职务犯罪。

③完善新型农村集体经济组织监督管理机制，构筑群众民主监督与外部专业监督相结合的农村职务犯罪预防体系。

④加强新型农村集体经济组织干部队伍建设，注意对新型农村集体经济组织干部队伍的政治思想和法纪教育，构筑防范职务犯罪的思想防线。职务犯罪的干部大多数没有良好的思想基础。在市场经济的大潮中，受拜金主义、享乐主义和极端个人主义等腐朽思想文化的影响、侵蚀，在经济利益的驱动下，世界观、人生观错位，价值观扭曲，以权谋私、权钱交易，把集体利益扔到了脑后。究其根本原因是丢掉了全心全意为人民服务的基本思想，动摇了理想信念。所以，防治职务犯罪首要的是要加强对新型农村集体经济组织干部的教育、培养。把不合格干部淘汰出局，建设一支思想过硬的干部队伍。

⑤健全对新型集体及组织职务犯罪的惩处机制，做到有法必依、执法必严，让职务犯罪行为无处可逃。对新型农村集体经济组织领导干部要建立廉政档案，推行民主评议、个人重大事项报告、财产公开等制度，及时掌握他们的遵纪守法和廉政情况，有针对性地督促其加强防范，纠正存在的问题。同时必须及时、严肃地查处各种职务犯罪案件，尤其要查处那些严重危害改革、发展稳定的案件、严重侵害群众权益的案件。利用典型案件对党员干部进行教育，达到查处一案教育一片的目的。

第八章　新型农村集体经济组织
人力资源开发与管理

　　新型农村集体经济组织是一种特殊的企业。它与其他一般意义上的企业相比的特殊之处，就在于它是拥有土地等自然资源的企业，同时它还要担负着安置本社区范围之内的农民群众就业和实现共同致富的重任。本社区之内的农民群众既是本集体经济组织的股东，同时也是本企业的职工。新型农村集体经济组织是实行劳动联合与资金联合相结合的特殊企业。新型农村集体经济组织劳动力资源一般比较丰富，这是相对其数量而言。从另一个方面来说，新型农村集体经济组织又是一种劳动力资源匮乏的企业，这是相对其劳动力质量或者说劳动力素质而言。新型农村集体经济组织要想在社会主义市场经济中与其他社会企业进行竞争，就要比一般企业更加重视人力资源的管理和开发。人力资源开发与管理是新型农村集体经济组织经营管理工作的一项重要内容。

第一节　人力资源开发与管理概述

一、人力资源开发与管理的概念

　　人力资源是指能够推动整个经济和社会发展的具有智力劳动和体力劳动能力的人们的总和。

　　人力资源开发与管理是指根据企业发展战略的要求，有计划地对人力资源进行合理配置，通过对企业员工的招聘、培训、使用、考核、激励、调整等一系列过程，调动员工的积极性，发挥员工的潜能，为企业创造价值，确保企业战略目标的实现的一项管理工作。新型农村集体经济组织的人力资源开发与管理，是运用现代管理方法，对人力资源的获取、开发、保持和利用等方面所进行的计划、组织、指挥、控制和协调等一系列活动，最终达到实现集体经济组织发展目标的一种管理行为。人力资源开发与管理工作负责制定企业人力资源战略、员工的招募与选拔、培训与开发、绩效管理、薪酬管理、员工流动管理、员工人事关系管理、员工安全与健康管理等。

新型农村集体经济组织要从质和量两个方面加强人力资源开发与管理。对人力资源进行量的管理，就是根据人力和物力及其变化，对人力进行恰当的培训、组织和协调，使二者经常保持最佳比例和有机的结合，使人和物都充分发挥出最佳效应。对人力资源进行质的开发，需要采用现代化的科学方法，对人的思想、心理和行为进行有效的管理（包括对个体和群体的思想、心理和行为的协调、控制和管理），以充分发挥人的主观能动性，以达到组织目标。

二、人力资源开发与管理理论的演变

人力资源开发与管理是一门新兴的学科，问世于 20 世纪 70 年代末。人力资源开发与管理的历史虽然不长，但人事管理的思想却源远流长。从时间上看，从 18 世纪末开始的工业革命，一直到 20 世纪 70 年代，这一时期被称为传统的人事管理阶段。从 20 世纪 70 年代末以来，人事管理让位于人力资源开发与管理。

1. 人事管理阶段

人事管理经历了科学管理阶段、工业心理学阶段、人际关系管理阶段。

①科学管理阶段。20 世纪初，以泰勒等为代表，开创了科学管理理论学派，并推动了科学管理实践在美国的大规模推广和开展。泰勒提出了计件工资制和计时工资制，提出了实行劳动定额管理。1911 年，泰勒发表了《科学管理原理》一书，这本著作奠定了科学管理理论的基础，因而被西方管理学界称为科学管理之父。

②工业心理学阶段。以德国心理学家雨果·芒斯特伯格等为代表的心理学家的研究结果，推动了人事管理工作的科学化进程。雨果·芒斯特伯格于 1913 年出版的《心理学与工业效率》标志着工业心理学的诞生。

③人际关系管理阶段。1929 年美国哈佛大学教授梅奥率领一个研究小组到美国西屋电气公司的霍桑工厂进行了长达 9 年的霍桑实验，真正揭开了对组织中人的行为研究的序幕。

2. 人力资源开发与管理阶段

人力资源这一概念，早在 1954 年就由彼得·德鲁克在其著作《管理的实践》提出并加以明确界定。20 世纪 80 年代以来，人力资源管理理论不断成熟，并在实践中得到进一步发展，为企业所广泛接受，并逐渐取代人事管理。进入 20 世纪 90 年代，人力资源开发与管理理论不断发展，也不断成熟。人们更多地探讨人力资源开发与管理如何为企业的战略服务，人力资源部门的角色如何向企业管理的战略合作伙伴关系转变。战略人力资源开发与管理理论的提出和发展，标志着现代人力资源开发与管理的新阶段。人力资本管理阶段将人视为一种资本来进行管理。人力作为资本参与到生产活动中，具有以下特点：人力资本可以产生利润；人力作为资本，可以自然地升值；对人力资本的投资，可以产生利润；人力资源作为一种资本，应当参与到利润分配中。

三、人力资源的价值

马克思认为，劳动力的价值表现为维持劳动力再生产的生活资料的价值。人力资源价值的范围则要宽泛得多，知识、技能、信息是人力资源的核心，构成人力资源价值的主体。因此，人力资源价值就表现为：维持人力资源再生产的生活资料价值；维持人力资源家庭成员再生产的生活资料价值；提高人力资源价值的活动费用（教育、培训、医疗、保健、卫生、迁移等费用）。

人力资源价值计量是人力资源开发与治理的核心。人类进入 21 世纪以来，知识经济迅猛发展。人力资源作为企业最宝贵的财富，在企业发展中起着举足轻重的作用。要充分发挥人力资源的价值和作用，就必须加强人力资源的开发与治理工作。人力资源开发与治理中一个很重要的问题就是要对人力资源价值进行计量。假如不对人力资源价值进行计量，不能正确反映人力资源价值量，人力资源的效绩也就无法定量，收益分配、价值核算以及激励约束机制的建立等都因缺乏科学根据而无所适从，所以说人力资源价值计量是人力资源开发与治理的核心。

四、人力资源开发与管理的目标

人力资源开发与管理的目标是指企业人力资源开发与管理需要完成的职责和需要达到的绩效。人力资源开发与管理既要考虑组织目标的实现，又要考虑员工个人的发展，强调在实现组织目标的同时实现个人的全面发展。

人力资源开发与管理目标，包括全体管理人员在人力资源开发与管理方面的目标任务与专门的人力资源部门的目标与任务。显然两者有所不同，属于专业的人力资源部门的目标任务不一定是全体管理人员的人力资源开发与管理目标与任务，而属于全体管理人员承担的人力资源开发与管理目标任务，一般都是专业的人力资源部门应该完成的目标任务。

无论是专门的人力资源开发与管理部门，还是其他非人力资源开发与管理部门，进行人力资源开发与管理的目标与任务，主要包括以下三个方面：一是保证组织对人力资源的需求得到最大限度的满足；二是最大限度地开发与管理组织内外的人力资源，促进组织的持续发展；三是维护与激励组织内部人力资源，使其潜能得到最大限度的发挥，使其人力资本得到应有的提升与扩充。

五、人力资源开发与管理的制度设计

制度是当今世界里人们共同的行为准则，是一个组织成员核心意志的体现，同时又对所有组织成员具有约束力和公信力。好的制度容易使员工遵循，并心甘情愿地履行；同时好制度能解决许多企业管理问题，体现企业的价值观和高层意图，在员工中得以实施和履行。人力资源开发与管理制度是对企业员工的各项工作习惯和行为的基本界定，也是在本组织框架下，对各项人力资源开发与管理活动开展的规定与约束，是一项调节企业全员协作行为的制度。因而人力资源开发与管理制度是企业人力资源开发与管理规范和有效执行的基本保障。在制定企业人力资源开发与管理制度时，必须注意以下四个方面。

1. 人力资源开发与管理制度必须坚持实事求是的原则

制订人力资源开发与管理制度一定要符合新型农村集体经济组织实际情况。制度设计目的要明确，适用范围要明确，能够让大多数员工接受和通过，并乐意遵守和执行。好的人力资源开发与管理制度，必须对大多数员工具有激励性，对偷懒、工作态度消极、工作行为不良的员工有约束力和纠错惩罚力，能使得全员的工作行动以企业核心价值观为中心，符合本企业实情和发展需要。新型农村集体经济组织在发展，经营管理情况也是在不断变化的，所以再好的制度也应根据具体情况不断修正完善，以确保它的有用性和有效性。

2. 人力资源开发与管理制度必须符合国家和地方的法律、法规

新型农村集体经济组织在制订、修改和完善人力资源开发与管理制度时，一定要确保制订的制度是合法的，符合国家法律法规的要求。即不得侵犯员工的合法权益，也要能切实保护企业的合法权益，使得制订的制度在法律层面没有漏洞和问题。因此，在起草制度时，应当聘请法律顾问或律师进行审阅，让他们提出意见，以确保制度合法，不受内部员工或外部客户的投诉，保护劳资双方的权益。

3. 人力资源开发与管理制度必须注重系统性和配套性

人力资源开发与管理制度应当围绕企业战略和目标进行设计。一般有：基本人事制度、组织设计管理制度、人力资源招聘管理制度、员工培训管理制度、员工绩效管理制度、员工薪酬福利管理制度、员工关系管理制度（劳动合同管理、离辞职管理、竞业禁止协议）、职涯规划制度、企业文化管理制度等。人力资源开发与管理制度必须具有系统性、完整性，既要有目标、有范畴、有流程、有章程，也要有责任、有奖惩、有审核、有修改说明、有实施起止日期等。

4. 人力资源开发与管理制度必须保持合理性、前瞻性

由于新型农村集体经济组织人力资源开发与管理制度执行对象是人，为提高制度执行的有效性，在制定制度时必须考虑人性化、合理化等特征。人性的特点是客观规律，是人的一种需求的满足，是一种人格的尊严，因此只宜尊重，不宜违背。一个好的制度除了合理性以外，在设计时要考虑前瞻性，保持制度的先进性，而不要朝令夕改，要使制度能跟得上企业改革和发展之需。所以制定制度时制度的合理性、前瞻性两点要求要和谐统一，既要具有促使本集体经济组织经营计划能如期实现的功能，又要极具人性化。

六、人力资源开发与管理的职责与功能

1. 人力资源开发与管理的职责

人力资源开发与管理的职责，是指人力资源开发与管理者需要承担的责任和任务。加里·德斯勒在他所著《人力资源开发与管理》一书中，列举了一家大公司人力资源开发与管理者，在有效的人力资源开发与管理方面所负的责任，描述为以下十大方面。①把合适的人配置到适当的工作岗位上；②引导新

雇员进入组织并熟悉环境；③培训新雇员适应新的工作岗位；④提高每位新雇员的工作绩效；⑤争取实现创造性的合作，建立和谐的工作关系；⑥解释公司政策和工作程序；⑦控制劳动力成本；⑧开发每位雇员的工作技能；⑨创造并维持部门内雇员的士气；⑩保护雇员的健康以及改善工作的物质环境。

2. 人力资源开发与管理的功能

人力资源开发与管理的功能包括以下五个方面。

①获取。所谓获取就是根据企业目标确定的所需员工条件，通过规划、招聘、考试、测评、选拔、获取企业所需人员。获取职能包括工作分析、人力资源规划、招聘、选拔与使用等活动。工作分析是人力资源开发与管理的基础性工作。在这个过程中，要对每一职务的任务、职责、环境及任职资格做出描述，编写出岗位说明书。人力资源规划是将企业对人员数量和质量的需求与人力资源的有效供给相协调。需求源于组织工作的现状与对未来的预测，供给则涉及内部与外部的有效人力资源。招聘与挑选员工应根据对应聘人员的吸引程度选择最合适的招聘方式，如利用报纸广告、网上招聘、职业介绍所等。挑选有多种方法，如利用求职申请表、面试、测试和评价中心等。使用就是经过上岗培训，给合格的人安排工作。

②整合。所谓整合就是通过对企业文化宣传、信息沟通交流、建立和谐的人际关系、解决矛盾冲突等的有效整合，使企业内部的个体、群众的目标、行为、态度趋向企业的要求和理念，使之形成高度的合作与协调，发挥集体优势，提高企业的生产力和效益。

③保持。保持就是通过薪酬、考核，晋升等一系列管理活动，保持员工的积极性、主动性、创造性，维护劳动者的合法权益，保证员工在一个安全、健康、舒适的工作环境中工作，以增加员工满意度，使之安心满意地工作。保持职能包括两个方面的活动：一是保持员工的工作积极性，如公平的报酬、有效的沟通与参与、融洽的劳资关系等；二是保持健康安全的工作环境。保持功能要求制定公平合理的工资制度；公平地对待每一个员工，与其疏通关系、沟通感情，让其参与管理；同时要认真处理劳资关系方面的纠纷和事务，促进劳资关系的改善。

④评价。评价就是对员工工作成果、劳动态度、技能水平以及其他方面做出全面考核、鉴定和评价，为做出相应的奖惩、升降、去留等决策提供依据。评价职能包括工作评价、绩效考核、满意度调查等。其中绩效考核是核心，它是奖惩、晋升等人力资源开发与管理及其决策的依据。

⑤发展。发展就是通过员工培训、工作丰富化、职业生涯规划与开发，促进员工知识、技巧和其他方面素质提高，使其劳动能力得到增强和发挥，最大限度地实现其个人价值和对企业的贡献率，达到员工个人和企业共同发展的目的。发展功能要求根据个人、工作、企业的需要制订培训计划，选择培训的方式和方法，对培训效果进行评估。职业发展管理就是帮助员工制定个人发展计划，使个人的发展与企业的发展相协调，满足个人成长的需要。

第二节　人力资源开发与管理的指导思想

新型农村集体经济组织人力资源开发与管理的指导思想是以人为本。以人为本，是科学发展观的核心，是中国共产党人坚持全心全意为人民服务根本宗旨的体现，也是新型农村集体经济组织存在、发展、壮大的根本目的。胡锦涛同志在庆祝中国共产党成立 90 周年大会上的讲话指出："人才是第一资源，是国家发展的战略资源，全党同志和全社会都要坚持尊重劳动、尊重知识、尊重人才、尊重创造的重大方针牢固树立人人皆可成才的观念、敢为事业用人才，让各类人才都拥有广阔的创业平台、发展空间，使得每个人都成为对祖国、对人民、对民族的有用之才，特别是要抓紧培养造就青年人才，形成人才辈出、人尽其才、才尽其用的生动局面。"这段精辟论述应当成为新型农村集体经济组织人力资源开发与管理的重要指导思想。

一、坚持以人为本实现人的全面发展

以人为本思想是中国共产党针对当前我国发展中存在的突出问题和实际工作中存在的一种片面的、不科学的发展观而提出来的。这种片面的、不科学的发展观认为，发展就是经济的快速运行，就是国内生产总值的高速增长，它忽视甚至损害人民群众的需要和利益。这种发展观见物不见人，其实质是一种以物为本的思想，它和以人为本所代表的是两种不同的发展观。

改革开放以来，中国共产党始终强调把发展生产力作为社会主义社会的根本任务。科学发展观并不否认经济发展、国内生产总值增长，它所强调的是经济发展、国内生产总值增长，归根到底都是为了满足广大人民群众的物质文化需要，保证人的全面发展。人是发展的根本目的。提出以人为本的科学发展观,目的是以人的发展统领经济、社会发展,使经济、社会发展的结果与中国共产党的性质和宗旨相一致,使发展的结果与发展的目标相统一。正如胡锦涛同志所说,坚持以人为本,就是要以实现人的全面发展为目标,从人民群众的根本利益出发谋发展、促发展,不断满足人民群众日益增长的物质文化需要,切实保障人民群众的经济、政治和文化权益,让发展的成果惠及全体人民。

以人为本,不仅主张人是发展的根本目的,回答了为什么发展、发展为了谁的问题;而且主张人是发展的根本动力,回答了怎样发展、发展依靠谁的问题。为了谁和依靠谁是分不开的。人是发展的根本目的,也是发展的根本动力,一切为了人,一切依靠人,二者的统一构成以人为本的完整内容。只讲根本目的,不讲根本动力,或者只讲根本动力,不讲根本目的,都不符合唯物史观。毛泽东同志指出,人民群众是历史的主人;同时指出,人民,只有人民,才是创造世界历史的动力。胡锦涛同志说,相信谁、依靠谁、为了谁,是否始终站在最广大人民的立场上,是区分唯物史观和唯心史观的分水岭,也是判断马克思主义执政党的试金石。以人为本,就是以实现人的全面发展为目标,从人民群众的根本利益出发谋发展、促发展,不断满足人民群众日益增长的物质文化需要,切实保障人民群众的经济、政治和文化权益,让发展的成果惠及全体人民。坚持以人为本,树立全面、协调、可持续的发展观,促进经济社会和人的全面发展。这一新论断,深刻阐明了中国共产党人新发展观的本质特征,是对马克思主义人的全面发展理论的继承、丰富和发展。

二、坚持以人为本的管理理念

以人为本的直接解释是以人为根本。严格意义上说,以人为本是人力资源开发与管理的范畴,建立健全人力资源开发与管理机制才能真正做到以人为本。坚持以人为本的管理理念,指在管理过程中以人为出发点和中心,围绕着激发和调动人的主动性、积极性、创造性展开的,以实现人与企业共同发展的一系列管理活动。以人为本的管理,必须在企业管理过程中,坚持以人为出发点和中心的指导思想。以人为本的管理活动围绕着激发和调动人的主动性、积极性和创造性来展开。以人为本的管理致力于人与企业的共同发展。以人为本管理的重要性在于它是提高企业知识生产力的重要条件。企业的知识生产力指企业利用其知识资源创造财富的能力,是适应企业国际化经营的基本管理方式,是建立企业中人与其他要素良好关系的必要条件,是企业持续发展的基石。

以人为本的管理理念认为，人是企业管理中最基本的要素，人是能动的，与环境是一种交互作用。创造良好的环境可以促进人的发展和企业的发展。个人目标与企业目标是可以协调的，将企业变成一个学习型组织，可以使得员工实现自己目标，在此过程中，企业进一步了解员工，使得企业目标更能体现员工利益和员工目标。以人为本的管理要以人的全面发展为核心，人的发展是企业发展和社会发展的前提。

三、以人为本的管理机制

以人为本的管理机制，主要包括以下内容。

①激励机制。包括物质激励和精神激励。管理者应能找准员工的真正需要，并将满足员工需要的措施与组织目标的实现有效地结合起来。

②压力机制。包括竞争压力和目标责任压力。竞争经常使人面临挑战，使人有一种危机感。正是这种危机感和挑战，会使人产生一种拼搏向前的力量。目标责任制在于使人有明确的奋斗方向和责任，迫使人去努力履行自己的职责。

③约束机制。包括制度规范和伦理道德规范。制度是一种有形的约束。伦理道德是一种无形的约束。制度指企业的法规使人的行为有所遵循，使人知道应当做什么，如何去做并怎样做对，是一种强制约束。伦理道德是自我约束和社会舆论约束。

④保证机制。包括法律保证和社会保障体系的保证。法律保证主要是指通过法律保证人的基本权利、利益、名誉、人格等不受侵害。社会保障体系主要是保证员工在病、老、伤、残及失业等情况下的正常生活。在社会保障体系之外的企业福利制度，则是作为一种激励和增强企业凝聚力的手段。

⑤竞争机制。主要指员工有自由选择职业的权利，有应聘和辞职、选择新职业的权利，以促进人才的合理流动。与此同时，企业也有选择和解聘的权利。

⑥环境机制。主要指人际关系和工作本身的条件和环境。和谐、友善、融洽的人际关系，会使人心情舒畅，在友好合作、互相关怀中愉快地进行工作。创造良好的人际关系环境和工作条件环境，让所有员工在欢畅、快乐的心境中工作和生活，不仅会促进工作效率的提高，也会促进人们文明程度的提高。

第三节　开发新型农村集体经济组织人力资源的途径

一、新型农村集体经济组织人力资源开发与管理存在的问题

由于受各种历史的与现实因素的制约，长期以来我国农村社会基本上就是一种封闭的熟人社会，农村集体经济组织基本上就是在一定社区范围内由熟人在血缘、土地等纽带联系下建立起来的封闭、半封闭组织。在人力资源的管理方面存在的问题主要有以下几个方面。

1. 人力资源大量流失

在计划经济时代，由于城乡分割的二元管理体制，造成城乡之间公共产品投入严重失衡，城乡经济发展差距不断扩大，城乡居民福利待遇不平等。这些导致农村优质劳动力资源通过城镇企业招工、国家机关招干、农民子女升学、部队招兵以及婚姻嫁娶等途径流入城市。

改革开放以后，实行家庭承包经营极大地解放了农村生产力。在农村劳动生产率提高的前提下，农村劳动力资源出现大量富余，农村劳动力向二、三产业转移。在 20 世纪 80 年代中期以前，主要是向乡镇企业转移。20 世纪 80 年代中期以后，随着乡镇企业市场竞争能力下降以及城市大规模建设的展开，数亿农村劳动力向城市转移，导致中西部地区许多地方农村青壮年劳动力奇缺，留守在农村的基本上都是老人和孩子。在东部地区，由于农村土地大量被国家征用，也使得大批失地农村劳动力转为城镇居民。由于东部地区总体城市化水平较高，大批农村劳动力涌入城市就业，优质农村劳动力资源呈现向城市流动的趋势。

2. 人力资本投资不足

人力资本投资是投资者通过对人进行一定的资本投入（货币资本或实物），增加或提高了人的智能和体能，这种劳动力素质的提高最终反映在劳动产出增加上。目前，我国农村集体经济组织总体上缺乏人力资本的投资意识，多数地方只关心眼前为劳动力发放工资报酬，而不愿意在劳动力资源开发培训上投资，也很少作长期的人力资源预测、规划和开发。这样就使一些渴望学习

新技能、掌握新知识的优秀员工得不到培训的机会。有的地方即便开展劳动力资源培训，也存在培训内容枯燥、考核脱离实际等问题，并没有真正达到培训的目的。

3. 引进外来劳动力资源存在政策障碍

当前，我国城乡社会保障制度存在差距，城镇企业职工和农村企业职工社会保障制度分为两个不同体系运行，导致城镇优质劳动力资源不能直接进入农村企业就业。同时，农村集体经济组织成员普遍存在排外心理，对外来职工有高人一等的优越感，导致外来人才很少能够在农村集体经济组织及其企事业单位长期就业。

二、开发农村劳动力资源需要进一步解放思想

做好新型农村集体经济组织劳动力资源管理工作，首先必须进一步解放思想。

1. 要有危机感

新型农村集体经济组织作为一个企业，再好的机制体制都需要人来运行，劳动力资源的质量是确保先进的产权制度、正确的机制体制正常运行的关键。新型农村集体经济组织虽然建立起了符合市场规律的按份共有的产权制度，但是管理者、经营管理人员和劳动力基本队伍没有变。新型农村集体经济组织与一般社会企业相比，具有的主要优势是拥有一定数量的土地、山场等自然资源，除此以外可以说并不具备其他优势。而新型农村集体经济组织与一般社会企业相比最大的劣势就是人才匮乏。如果新型农村集体经济组织不能充分认识到，市场的竞争说到底是人才资源的竞争，仍然满足于现状，不在劳动力资源的开发利用上下大力气，下大本钱，那么新型农村集体经济组织就是有再先进、再好的产权制度，也会在市场竞争中败下阵来。所以，劳动力资源的开发利用是涉及新型农村集体经济组织生死存亡的一个大课题。作为新型农村集体经济组织的管理者必须要有这种危机感。

2. 要有长远眼光

新型农村集体经济组织要想彻底改变人力资源匮乏的局面，就必须加大对人力资源的开发力度，增加人力资源开发的资金投入。这种投入可能不会起到立竿见影的作用，但是对于新型集体经济组织的长远发展具有关键性的作用。所以，作为新型农村集体经济组织的管理层和广大股东来说，必须彻底改变只

顾眼前利益而忽视长远利益的小农经济思想观念。从现在开始，从企业税后利润中设立人力资源开发基金，确保人力资源开发有足够的经费支撑。

3. 要有广阔胸怀

新型农村集体经济组织人力资源开发利用是一项系统该工程。不仅要强化具有本组织股东身份的劳动力资源的开发，而且要跳出本组织的范围，从更广阔范围，登上更高台阶来考虑人力资源的开发利用问题。在我国新型农村集体经济组织经营管理实践中，凡是管理水平高、集体经济实力提升得快的企业，实际上都大量引进了外来的经营管理人才。一些村在进行改制时，就对有特殊贡献的专业技术人员、经营管理人员开了口子，不但允许他们投资入股，而且给他们量化一部分劳动贡献股。有的新型农村集体经济组织从国有企业高薪聘请来优秀人才担任总经理。有的村集体经济组织在进行产权制度改革以后，投资兴办的各类具有市场竞争能力的企业，其高层管理人员大多是高薪聘请的外来人才。

我国台湾省的农会经过近百年的运作，积累了丰富的管理经验。在他们那里，农会的理事、理事长可能都是农民，而农会的干事长绝大多数都不是土生土长的农民，而是从社会上招聘来的高素质管理人才，大多具有硕士、博士学历，有的甚至是"海归"，还有的是大学的教授。正因为引进了外来人才，这些农会都成为具有极强市场竞争能力的企业，他们的产品不仅行销亚洲，而且打入欧美市场，取得了良好的经济效益。

大陆地区一些新型农村集体经济组织通过引进社会上的高素质人才，不仅挺进房地产开发市场、建筑市场，而且挺进金融市场和高端服务业。所以，新型农村集体经济组织人力资源开发要有更广阔的眼光，克服长期以来排斥外来人才、不敢引进外来人才的保守观念，克服"武大郎开店——容不下高个子"的陈旧思想观念，打破封闭的干部路线，广泛招贤纳士。正如胡锦涛同志在庆祝中国共产党成立90周年庆祝大会上所讲的那样，"我们要以更宽的视野、更大的气魄，广开进贤之路，把各方面优秀干部及时发现出来、合理使用起来"。

三、开发农村劳动力资源必须深化改革

必须坚持不断深化改革，扩大开放，这是我国改革开放三十多年来的一条重要经验。改革开放初期，通过实行家庭承包经营，极大地调动了广大农民群众的社会主义积极性，促进了农业生产力的大发展，解决了长期以来困扰我们

的农产品供给不足的问题。之后，通过深化改革，大力发展乡镇企业，涌现了一大批农民企业家，促进了小城镇的兴起与发展。近些年来，通过产权制度改革，进一步焕发了农民群众发展集体经济的积极性。所以，新型农村集体经济组织开发与管理农村劳动力资源，也必须进一步深化改革。

1. 深化集体经济劳动用工制度改革

深化新型农村集体经济组织改革，必须进一步改革劳动用工制度。目前，我国一些新型集体经济组织，特别是在一些城乡结合部地区，农民群众就业还由集体经济组织统一安排。集体经济组织没有劳动岗位的地方，集体还要给下岗农民发放生活补贴。有的村农民不上班就业每年也能拿到好几万元的补贴。这样一种制度设计的后果，养成了一部分人的懒汉心理，只想从集体索取，不想付出，更不想自己创业。一些人即便是在集体企业就业，也是出勤不出力。因此，开发新型农村集体经济组织劳动力资源，需要逐步破除这种不合理的劳动用工制度。作为集体经济组织，要舍得出资为股东及其子女提供就业培训和就业指导，鼓励股东及其子女通过多种渠道自主就业。对自主创业的股东，缺乏启动资金的，集体经济组织可以采取补贴或者借款的方式，给他们一定扶持。新型农村集体经济组织下属集体企业的劳动就业岗位，要采取向社会公开招聘的方式，集体经济组织股东及其子女要想在集体企业就业，应当与社会上的劳动力一样参与竞争。在同等条件下可以优先录取本组织股东就业，但是如果股东及其子女的条件不如社会劳动力优越，那就应当录取社会劳动力。

2. 深化集体经济社会保障制度改革

建立完备的社会保障制度是贯彻落实科学发展观，坚持以人为本开发管理农村劳动力资源的基本要求之一。长期以来，我国农民养老主要依靠家庭为主，集体补助为辅。进入 21 世纪以来，在建设社会主义新农村过程中，我们国家党和政府加大了对农村社会保障体系建设的力度，新型农村合作医疗制度、农村养老保障制度逐步建立起来，并且不断加大政府补贴额度，农民群众从中真正得到了实惠。但是，从总体上来看，农村社会保障制度与城镇职工社会保障制度之间还存在保障程度的差距。针对这种状况，新型农村集体经济组织社会保障制度改革，要区别不同地区，因地制宜地进行。作为广大农区的新型农村集体经济组织，由于自身实力不足，从目前来看，主要措施还是要逐步提高农村合作医疗和农民养老保障中集体补助标准。作为城乡结合部地区或者开发区内的新型农村集体经济组织，由于城市化水平比较高，并且多数农民群众逐步要转为城镇居民户口，在完善社会保障制度方面步伐应当更大些。在国家征用、征收集体土地的时候，应当从征地费用中，为失地农民留足社会保障资金，按照国家相关政策，为失地农民办理各项城镇社会保险。在暂时没有国家征地的地方，新型农村集体经济组织可以企业招工的形式，为本组织股东和外聘职工办理城镇社会保险，实现集体经济组织社会保障与城镇职工社会保障的接轨。

3. 深化集体经济收益分配制度和集体福利制度改革

现行的集体经济组织的分配制度和福利分配制度，从根本上来说，还带有浓厚的平均主义的色彩。一些集体经济组织的成员不实际参加生产经营活动，或者上班不做事，也能领取几万的工资报酬。一些村集体福利事项多而杂，名目繁多，而真正按照股金进行分配的比例有很小。凡是存在这一类问题的地方，要逐步扩大股金分红在整个收益分配盘子中的比例，逐步缩小平均主义的各种福利性质的"均补乱贴"。结合劳动用工制度改革，对所属企业用工情况进行必要清理，减少冗员，提高效率。深化新型农村集体经济组织收益分配制度改革的另外一个重要内容，就是要在税后利润的分配中，提取职工积累基金。具体做法是，在提取法定公积金、公益金之后，提取一定比例的职工积累基金，然后再提取任意公积金和进行股金分红。各个会计年度提取的职工积累基金累计到一定数量以后，按照在职股东新增加的劳动工龄进行股份量化，转为新增个人股本。这样做的目的，不仅真正体现了股份合作制企业按劳分配与按股分红相结合的原则，而且有利于化解产权制度改革以后，股东之间持有股份不平衡的问题，调动在职股东发展集体经济的积极性。

4. 深化集体经济股权设置改革

目前，新型农村集体经济组织最大的问题就是封闭性太强。由于新型农村集体经济组织的土地资源属于集体所有，在没有上市交易之前，其价值无法正确进行估价。所以，土地资源没有纳入新型农村集体经济组织的股份。这就造成了在进行产权制度改革时，多数地方规定确定只有拥有集体土地所有权的人员才可以成为新型农村集体经济组织的股东。从理论上来说，股东资格的封闭性造成了人力资源开发利用的封闭性。非新型农村集体经济组织成员的员工，无论你有多大的本事，也不可能进入企业董事会，不可能成为新型农村集体经济组织的主要管理干部。非集体经济组织成员的员工不论你在集体经济组织就业多久，为集体经济发展做出多大贡献，你也始终是个外人。集体经济组织股权设置的封闭性不利于人力资源的开发与利用，不利于新型农村集体经济组织的长远发展。所以，开发利用人力资源，要求打破这种封闭性。

具体的实现形式可以是在约定土地资源所有权享有范围的前提下，对在集体经济组织关键岗位就业，并且为集体经济作出贡献的外聘人员设置经营管理期权股份。这种期权股份在一定时期内，其持有人只有红利分配权没有所有权。如果离职、离岗或者违法违纪，其所持有的期权股份由集体经济组织收回。如果没有出现上述情况，在达到一定年限以后，这种期权股份的所有权归持有人所有，可以继承，可以按照规定在一定范围之内转让。新型农村集体经济组织股东的子女，除了按照组织章程依法继承其父辈的股份以外，凡是在新型农村集体经济组织关键岗位就业并且有突出贡献的，可以与外聘人员一样享有相关股份。

四、开发农村劳动力资源的重点是提高管理阶层的素质

"政治路线确定之后，干部就是决定性的因素。"中国共产党作为无产阶级的政党，无论是在夺取政权的革命战争中，还是在巩固政权进行社会主义建设中，干部都是革命事业成败的关键。中国有一句古话说"兵怂怂一个，将怂怂一窝"，说的也是这个道理。作为市场竞争主体的新型农村集体经济组织，要想在激烈的市场竞争中立于不败之地，关键是要建设一支高素质的经营管理队伍。新型农村集体经济组织要通过"三个一批"的途径，建设一支高素质的经营管理干部队伍。

1. 提高一批

所谓提高一批就是通过对现有经营管理干部的培训，提高他们的素质，提升他们的管理水平。近年来，各地在对新型农村集体经济组织经营管理干部培训方面做了许多有益探索，取得了一定成效。例如，2003 年，中共北京市委、北京市人民市政府在《关于进一步深化农村集体经济体制改革加强集体资产管理的通知》（京发〔2003〕13 号文件），明确要求："加强农村集体经济组织经营者队伍建设，建立农村集体经济组织主要负责人任职资格培训和岗位技能培训制度，提高他们发展集体经济、带领农民群众致富的能力。"从 2004 年开始，北京市农村合作经济经营管理站曾经多次举办新型农村集体经济组织主要负责人培训班。各区县党委组织部门、农村合作经济经营管理部门、党校联合举办各种形式的新型集体经济组织干部培训班。但是，也有一些地方培训效果不十分明显。一是培训时间短，大多只有一两天时间；二是参加人员不理想，很多新型农村集体经济组织的主要干部没有参加；三是培训内容不够全

面。解决这个问题，要从以下五个方面入手：一是要提高对强化新型集体经济组织经营管理干部培训紧迫性的认识；二是要建立健全新型集体经济组织经营管理干部培训制度，实行经营管理干部岗位证书制度；三是要明确专门的培训机构，在各级党校或者农业职业学院设置专门的专业，加强师资队伍建设；四是要确保培训经费来源，从财政预算中单独设立新型集体经济组织经营管理干部专项经费；五是要改进培训方法，采取理论培训与现场教学、案例教学、挂职锻炼等多种灵活多样的方式，提高培训的实效性。

2. 召回一批

所谓召回一批，就是从已经在外工作、具有新型农村集体经济组织股东子女身份、愿意回村从事集体经济经营管理工作的高学历人才中召回一批。这个问题涉及在进行产权制度改革时的一个重大政策。教育部门规定农业户口的新生到学校报到时必须将农业户口转为非农业户口，但是，在进行农村集体经济组织产权制度改革时，许多地方规定，农民子女考上大学以后，由于丧失了农民身份，不承认他们的集体经济组织成员身份。这个问题在集体土地没有确权确地的地方表现得尤为突出。我们认为，这个规定貌似合理，实际上是一种开历史倒车的行为。打击先进、鼓励后进，实质上就是逆历史潮流而动。在改革开放之前，农民子女考上大学，毕业以后就取得了国家干部身份，由国家统一分配工作，这批人不具有集体经济组织成员身份是合法合理的。改革开放以后，特别是近十年来，大学毕业生都是自主就业，许多人毕业后并没有找到稳定的工作，因为他们考上大学就剥夺其集体经济组织成员身份，这是一种合法不合理的政策。新型农村集体经济组织要打破传统思想观念束缚，从这些人员中召回一批，经过适当的培训与实际锻炼，充实到经营管理干部队伍中来。

3. 引进一批

所谓引进一批，就是采取招聘的办法，从社会上引进人才。根据新型农村集体经济组织经营管理工作的实际需要，缺什么人才就引进什么人才，可以是经济管理人才，也可以是工程技术人才，还可以是法律人才、公关人才等等。在引进人才中，可以引进具有长期工作经验的高级管理人才，也可以引进新毕业的大学生、硕士生、博士生，根据他们各自特长分配适当工作。有实际工作经验的可以委以重任，没有工作经验的可以通过实际工作锻炼逐步增长他们的才干。还可以聘请退休的高级知识分子、管理干部充当新型农村集体经济组织的顾问甚至独立董事，充分发挥他们的聪明才智。对于引进人才也有一个如何使用的问题。人才引进来了，你对他不放心不给他实权，不给他发挥才能的机会与空间，就是一种人才的浪费。同样，人才引进来了，你不关心他的思想状况、生活状况，在政治上不关心他，也不能充分发挥其才智。

第四节　人力资源开发管理中的思想政治工作

做好新型集体经济组织的思想政治工作，就是要通过各种灵活多样的形式，向广大股东和员工宣传马克思主义、毛泽东思想、邓小平理论、"三个代表"重要思想以及科学发展观，灌输热爱祖国、热爱社会主义、热爱集体的思想观念，激发广大股东和员工的努力工作、报效祖国的社会主义积极性，增强新型农村集体经济组织的内部凝聚力和向心力。

一、加强基层党组织建设

基层党组织是新型农村集体经济组织的领导核心，要按照党中央关于在党的基层组织和党员中深入开展创先争优活动的战略部署，切实加强基层党组织建设和党员教育，把服务群众、做群众工作作为基层党组织的核心任务和基层干部的基本职责，使基层党组织成为推动发展、服务群众、凝聚人心、促进和谐的坚强战斗堡垒。

1. 进一步完善农村基层党组织职能

发挥好农村基层党组织的组织管理职能。紧紧围绕新形势、新任务对党领导农村工作提出的新要求、新挑战，创建先进基层党组织，不断增强基层党组织的创造力、凝聚力、战斗力，重点发挥好基层党组织三方面的作用。一是政治上的领导核心作用。按照"总揽全局、协调各方"的原则，健全以党组织为核心、以股东代表大会为决策机构、以董事会为执行机构、以广大股东为主体的新型农村集体经济组织民主政治体系，改进领导方式和工作方法，真正发挥好农村基层党组织的作用和功能。二是思想上的教育引导作用。通过政策宣传、技术指导、教育培训等方式，引导、教育农民群众，增强他们的政策法纪观念和科技文化意识，提高他们的素质，调动他们干事创业的积极性。三是经济上的引领作用。带领广大群众建设社会主义新农村，理清发展思路、制定发展目标、完善发展措施，走共同富裕道路。

发挥好农村基层党组织的服务协调职能。要强化服务意识，坚持以科学发展观为指导，强化理想信念教育，增强党的宗旨意识，确立"关怀农民、服务农民"的理念，把实现好、维护好、发展好群众利益作为一切工作的出发点和落脚点。要转变干部作风，坚持党的群众路线，善于与群众沟通，倾听群众意见，"常思亲民之举，善谋富民之策，多办为民之事"，不断提高服务水平。要针对不同类型、不同层面、不同领域的服务对象，突出重点，分类指导，对已被实践证明行之有效的制度要固定下来，探索建立"党员干部受教育、科学发展上水平、人民群众得实惠"的长效机制。

2. 加强带头人队伍建设

建立完善选任程序和机制，选好配强农村党支部书记。按照党的十七届四中全会提出的"守信念、讲奉献、有本领、重品行"的要求，把那些德才兼备、党员群众信得过的人选拔到村党支部书记岗位上来。打破地域、年龄、身份、资历、职业的界限，扩大选人视野，拓宽选任渠道，创新选拔机制，注重从农村致富带头人、退伍军人、回乡青年、外出务工人员以及大学生"村官"中选拔村党支部书记，提高选任工作的公信度。积极探索选派机关党员干部到村任职、村党支部书记跨村任职等选任途径。农村党组织带头人要自重、自省、自警、自励，讲党性、重品行、做表率。做到立身不忘做人之本，为政不移公仆之心，用权不谋一己之私，永葆共产党人的政治本色。

建立健全教育培训机制，不断提高农村党支部书记综合素质。大力弘扬理论联系实际的学风，把学习理论同研究解决农民群众最关心最直接最现实的利益问题结合起来，着力提高支部书记的理论素养和解决实际问题的能力。通过日常教育、集中培训、有计划轮训、专题辅导等，加强对政策法规、农村工作规范、办事程序和群众工作基本方法、实用技能等的学习，丰富知识、开阔眼界、更新观念。

3. 加强党员队伍建设

全面提升新型农村集体经济组织党员的整体素质。抓好党员的政治教育，组织他们学习党的路线、方针和政策，用中国特色社会主义理论体系武装头脑，加强党性观念教育，认真贯彻落实党在农村的各项方针政策，使他们自觉争当优秀共产党员，争当新型农村集体经济组织的优秀股东，优秀员工。结合农村党员实际，深入开展学习实践科学发展观活动，将党员承诺制与党性分析、民主评议等结合起来，制定切实可行的目标，用目标考党员、管党员、促党员。抓好技能教育，提高农村党员的工作能力和致富本领。

打造农村党员发挥先锋模范作用的平台。注重培养党员的先锋模范意识，以实际行动在人民群众中树立良好形象。积极推行党员联户制、党员服务承诺制、重大事项公示制，开展党员设岗定责活动，使每个党员有岗有为，有为有位。发挥党员在宣传政策法律、传播实用技术、调解邻里矛盾、维护社会稳定等方面的作用，开展丰富多彩的党建主题活动，调动和激励农村党员的积极性创造性，使他们真正成为新农村建设的组织者和推动者。加强股东代表中党员的教育和培训工作，使他们成为股东代表中的骨干力量。

充分利用互联网创新党员教育管理工作。利用互联网扩大对党员的教育，使他们能够不受时间、空间、地域的限制，全方位地接受理论辅导、时事政治、财经法律、科技知识等方面信息或参加现代远程教育学习；利用互联网加强对党员的管理，通过开设"党建信息网"、设立网上信箱等形式，使基层党组织和党员群众特别是外出务工等流动党员随时随地都可以开展组织生活、进行学习交流；利用互联网开展党务工作，推进党务公开，落实党员的知情权、参与权、选举权和监督权，提高党建工作透明度。

二、加强基层群众组织建设

基层群众组织是我们党密切联系人民群众的桥梁，新型农村集体经济组织应当采取多种措施，加强基层群众组织建设，充分发挥各种群众组织作用，并通过这些群众组织听取各个阶层群众的意见，传达党组织和企业决策层的意志，化解企业内部矛盾，增进股东和员工之间的感情联系，建立企业和谐、友善、融洽的人际关系。

1. 加强基层共青团组织建设

共青团是党的群众工作的重要组成部分，是党联系广大青年群众的桥梁和纽带。共青团组织是党的助手和后备军，共青团工作是一项富有朝气、充满活力的工作，做好新型农村集体经济组织共青团工作，对于扩大党的群众基础，提高党的群众工作水平，提高新型农村集体经济组织资产运营水平，具有十分重要的意义。

①提升素质，加强学习。在充满机遇和挑战的形势下，新型农村集体经济组织里的团员青年只有提高自身素质，用知识武装自己，才能肩负起历史赋予的重任。广大团员青年要把加强书本知识的学习与投身社会实践结合起来，立足于现代化建设的现实需要，结合本职工作，在实践中找准努力方向，到实践

中经受锻炼，从实践中汲取知识和智慧，增长才干。要大胆探索解决实际问题的新思路、新方法，提高适应和驾驭市场经济的能力，努力使自己成为各行各业的带头人。

②新型农村集体经济组织团组织活动要经常化、制度化、正规化，要建立健全各项制度。首先要对团员实行科学的组织领导和管理，按团章要求开展正常的、多种形式的活动。要抓好团内生活制度的建立和执行。行之有效的制度要坚持，已订的制度要落实，缺少的制度要补建。村团组织干部特别是主要领导要带头执行制度，做出表率。通过完善制度并严格执行，形成有效的激励和约束机制，增强团组织一班人的事业心、进取心及责任感，以便更好地发挥先锋模范作用，把团组织真正建成政治坚定、团结战斗、务实创新的坚强战斗堡垒，成为党的助手和后备军。

③加大发展团员工作的力度，把发展团员工作作为加强农村团员队伍建设的重要任务来抓。要及时吸收政治素质好、能力强的优秀青年入团，成熟一个发展一个，不断增加新鲜血液，团员发展工作中要注意"坚持标准、保证质量"。

④选好农村团组织的负责人。大量实践证明，选配好一个带头人，就能够盘活一批人，带动一群青年，干出一番事业。必须改进选人办法，更新用人观念，按照发展社会主义市场经济的要求和德才兼备的标准，采取多种形式选准配好合格的农村团组织带头人。

2. 加强农村妇女组织建设

妇女是"半边天"，妇女组织是农村妇女的"娘家"，是党联系广大妇女群众的桥梁和纽带，加强农村妇女组织的建设是强化新型农村集体经济组织人力资源管理与开发的一项重要工作。

①新型农村集体经济组织应当鼓励妇女组织围绕经济建设这个中心，为广大农村妇女增收致富提供更有效的服务。全国妇联推出"科技致富工程"，就是为了适应这一阶段性变化的要求，更好地配合政府，帮助农村妇女依靠科技，走向富裕。"科技致富工程"是在新形势下对"双学双比"活动的深化和发展，使农村妇女工作有一个新的更高的起点。新型农村集体经济组织的妇女组织要积极落实"科技致富工程"，把引导农村妇女发展质量效益型农业，尽快增收致富，作为农村妇女工作的首要任务。要根据不同地区的发展水平和经济发展战略，突出不同的工作重点。帮助妇女依靠科技进步和艰苦奋斗，多渠道地寻找增收致富门路，尽快摆脱贫困；要适应市场需要，发挥区域比较优势，帮助妇女掌握专业技术，不断增强市场竞争能力，并促进妇女劳动力向

二、三产业转移。要围绕农业现代化的发展目标，帮助妇女运用新技术，推进深度开发，大力发展名特优新品种，发展农业产业化经营。针对农村妇女在转产和生产经营活动中遇到的困难和问题，妇联要为她们提供更有效的服务。要引导妇女更新观念，抓住机遇，根据市场需求，生产适销对路的经济作物和多种经营产品，依靠科技进步，创优质高效的农业名牌产品。

要发挥女科技人员、妇女专业技术协会和专业合作组织的作用，做好新品种的引进、繁育、加工、销售工作，为农村妇女增收致富提供资金、技术、信息、市场服务。要积极培养、扶持农村妇女营销队伍，帮助她们开拓市场，打通农产品销售渠道。要抓好妇字号龙头企业和"三八"科技示范基地、"三八绿色工程"基地的建设，发挥其示范、辐射作用。要积极协助政府，推进农业社会化服务体系、农产品市场体系以及各种有利于农民增收的产业体系的建立。

②根据农村妇女增收致富的需要，要进一步加大科技培训力度，利用妇女学校、妇女之家、妇女活动中心等阵地，开展多层次、多门类、多样化的培训。要重点抓好文化教育和先进实用的种、养、加技术培训，帮助妇女掌握脱贫致富的一技之长。要加强专业技术培训和市场经济知识培训，引导妇女闯市场、快致富、奔小康。要加强新技术培训，带领妇女向高质量、高效益、高科技含量的生产领域迈进。培训工作要务求实效，在应用推广和成果转化上下工夫。妇联组织要重视妇女人才的培养，鼓励有较高文化程度并掌握一定生产技术的妇女上农函校学习，积极发展妇女科技指导中心、妇女专业技术协会、妇女科技示范户，发挥她们在开发新产业、推动农业现代化进程中的生力军作用。

③在农村社会主义精神文明建设中，广大农村妇女既是建设者，又是受益者，尤其在家庭美德建设中具有特殊重要作用。要坚持"以尊老扶幼为荣，努力树立和保持良好的家风"。"文明家庭"创建活动是妇联面向家庭开展的一项很有特色的活动，要在总结经验的基础上不断深化，继续纳入创建"文明村镇"的活动中。要努力实施好"家庭文明工程"，围绕家庭读书、家庭教育、家庭健康、家庭文化、家庭环保、家庭服务、家庭评选等方面开展活动，使家庭建设工作再上一个新台阶。要对广大农村妇女进行爱国主义、集体主义、社会主义教育和党的基本路线、方针政策教育，引导妇女树立"四有"、"四自"精神，履行对国家、集体、社会的义务，发扬顾全大局、互助友爱、扶贫济困的精神，走勤劳致富、共同富裕的道路。要大力倡导尊老爱幼、男女平等、夫妻和睦、勤俭持家、邻里团结的家庭美德建设，引导妇女正确处理家

庭、邻里关系，尤其要尊重老人、赡养老人。要重视对家庭教育的指导，办好家长学校。要面向农村家庭倡导科学、文明、健康的生活方式，引导教育农村妇女移风易俗，革除陋习，反对封建迷信活动，增强环保意识，改善生活环境，实行计划生育，加强自我保健，开展健康有益的文化活动，为促进农村精神文明建设作出应有的贡献。

④要在农村妇女中大力普及法律知识，帮助她们增强法制观念，养成遵纪守法的习惯，学会用法律武器保护自身的合法权益。要主动配合有关部门，加强执法监督，针对妇女儿童发展中的突出问题，深入调查研究，提出解决的对策，积极向政府和有关部门反映，推动各级政府采取有力措施予以解决。要进一步发动农村妇女参与农村社会治安综合治理，预防各种违法犯罪活动和犯罪行为。要旗帜鲜明地反对家庭暴力，反对黄、赌、毒，组织妇女参与禁黄、禁赌、禁毒等活动，扼制社会丑恶现象的蔓延，同各种侵害妇女儿童合法权益的犯罪行为作斗争。要继续发挥农村妇联组织信访网络的作用，把各类与妇女儿童权益相关的矛盾和纠纷解决在基层，促进农村安定团结，改善妇女儿童生存发展环境。

4. 加强其他农村群众组织建设

在加强新型农村集体经济组织党、团、妇三大组织建设的同时，对于其他农村群众组织也要予以高度重视，充分发挥他们的作用。

①加强农村民兵组织建设。要按照有关民兵组织建设的法规和政府有关部门的要求，健全新型农村集体经济组织内部的民兵组织体系，确保目标训练所需要的经费和时间保证。同时，通过健全民兵组织，开展国防教育和民兵训练，培养广大青年的国防意识，磨炼广大青年的意志，增强广大青年职工的体魄，更好地为企业的发展贡献力量。同时，民兵组织也是一支确保新型农村集体经济组织所在社区社会和谐稳定的重要力量。

②加强农村人民调解组织建设。人民调解又称诉讼外调解，是指在人民调解委员会主持下，以国家法律、法规、规章和社会公德规范为依据，对民间纠纷双方当事人进行调解、劝说，促使他们互相谅解、平等协商，自愿达成协议，消除纷争的活动。几十年以来，人民调解组织在维护农村社会稳定、化解农村矛盾方面发挥了极其重要的作用。新型农村集体经济组织要继续建立健全人民调解组织，提高人民调解员的素质，提高调节能力，为促进社会和谐、经济发展发挥应有作用。

③加强农村老年协会建设。老年协会是社区老年人互助组织，其宗旨是维

护老年人合法权益，增进老年人社会福利水平。新型集体经济组织要重视老年协会的建设，为老年协会提供必要的活动经费和固定的活动场所，使其在党组织的领导下，组织老年人开展丰富多彩、适应老年人需求的活动。同时，通过老年协会定期通报新型农村集体经济组织经营管理情况，听取老年人的意见和建议。

三、加强企业文化建设

一提到文化建设，许多人就会认为无非是组织大家唱唱歌、跳跳舞、看看书、搞搞体育比赛。这是一种对企业文化的片面认识。唱歌、跳舞、看书、读报、体育活动仅仅是企业文化的一部分。严格来说，企业文化是指企业长期形成的共同理想、基本价值观、作风、生活习惯和行为规范的总称，是企业在经营管理过程中创造的具有本企业特色的精神财富的总和，对企业成员有感召力和凝聚力，能把众多人的兴趣、目的、需要以及由此产生的行为统一起来，是企业长期文化建设的反映。

企业文化包含价值观、最高目标、行为准则、管理制度、道德风尚等内容。它以全体员工为工作对象，通过宣传、教育、培训和文化娱乐、文艺联谊等方式，以最大限度地统一员工意志，规范员工行为，凝聚员工力量，为企业总目标服务。切实加强企业文化建设是新型农村集体经济组织人力资源开发利用的重要环节，是新型农村集体经济组织政治思想工作的一项重要内容。

1. 企业文化是以人为本的管理科学

现代企业越来越重视人在企业发展中的重要作用，所以，打造独具特色的企业文化，牢牢把握企业文化建设的着力点，对增强企业的向心力和凝聚力具有十分重要的意义。企业要实现可持续发展，必须有一个长远的发展目标和发展规划。企业今后朝什么方向发展、如何发展等问题都应让全体员工尽快了解。发展战略只有得到全体员工的认同，才能发挥出应有的导向作用，才能成为全体员工的行动纲领。

在企业文化建设中，要充分利用网络等载体，采取灵活多样的形式，搞好企业发展战略的宣传和落实。通过积极开展企业战略文化建设，进一步理清工作思路，明确企业的发展方向，激发员工的工作热情。人才是企业发展的宝贵资源。在新形势下，企业需要一大批不同层次、不同专业的人才。企业必须把人才队伍建设作为企业文化建设的一部分，通过在企业内部营造尊重人、塑造人的文化氛围，增强员工的归属感，激发员工的积极性和创造性。随着科技的不断发展，更新员工知识结构的课题也摆在了企业的面前。企业应努力营造良好的学习氛围，搭建人才成长的平台，使全体员工增强主人翁意识，与企业同呼吸、共成长。要通过对员工进行目标教育，使他们把个人目标同企业发展目标紧密结合在一起，自觉参与到企业的各项工作中。

企业发展目标的实现，离不开员工之间的相互协作。只有通过培养团队精神，企业才能不断创造新业绩，在激烈的市场竞争中立于不败之地。企业文化建设的重要任务，就是在企业内部营造有利于企业发展的良好氛围，使领导与领导、领导与员工、员工与员工之间精诚合作，促进企业目标顺利实现。同时，要恰当处理企业外部各方面的关系，尽可能地减少摩擦和矛盾，争取方方面面的理解和支持。创新可以为企业文化注入活力，提升企业文化建设水平。

2. 企业文化建设的原则

新型农村集体组织企业文化建设要以《中共中央关于深化文化体制改革、推动社会主义文化大发展大繁荣若干重大问题的决定》为指导，以在企业员工中全面树立社会主义价值观为核心。党的十七届六中全会指出："社会主义核心价值体系是兴国之魂，是社会主义先进文化的精髓，决定着中国特色社会主义发展方向。必须把社会主义核心价值体系融入国民教育、精神文明建设和党的建设全过程，贯穿改革开放和社会主义现代化建设各领域，体现到精神文化产品创作生产传播各方面，坚持用社会主义核心价值体系引领社会思潮，在全党全社会形成统一指导思想、共同理想信念、强大精神力量、基本道德规范。要坚持马克思主义指导地位，坚定中国特色社会主义共同理想，弘扬以爱国主义为核心的民族精神和以改革创新为核心的时代精神，树立和践行社会主义荣辱观。"

新型农村集体经济组织文化建设要遵循以下原则。

①必须坚持社会主义方向。企业是为提高人民的物资文化生活而存在，这是社会主义国家中企业存在的最基本的价值观。企业在从事商品生产和商品流通的过程中，必须促进生产发展，满足社会日益增长的物质和文化生活的需要。企业进行文化建设应把这作为它的经营思想和宗旨，使之具有明确的社会主义特征。

②必须强化以人为中心。文化以人群为载体，人是文化生成的第一要素。企业文化中的人不仅仅是指企业家、管理者，应该包括企业的全体职工。企业文化建设中要强调关心人、尊重人、理解人和信任人。企业团体意识的形成，首先是企业的全体成员有共同的价值观念，有一致的奋斗目标，才能形成向心

力，才能成为一个具有战斗力的整体。

③必须坚持表里一致，切忌形式主义。企业文化属意识形态的范畴，但它又要通过企业或职工的行为和外部形态表现出来，这就容易形成表里不一致的现象。建设企业文化必须首先从职工的思想观念入手，树立正确的价值观念和哲学思想，在此基础上形成企业精神和企业形象，防止搞形式主义，言行不一。形式主义不仅不能建设好企业文化，而且是对企业文化概念的歪曲。

④必须坚持注重个异性。个异性是企业文化的一个重要特征。文化本来就是在本身组织发展的历史过程中形成的。每个企业都有自己的历史传统和经营特点，企业文化建设要充分利用这一点，建设具有自己特色的文化。企业有了自己的特色，而且被顾客所公认，才能在企业之林中独树一帜，才有竞争的优势。

⑤不能忽视经济性。企业是一个经济组织，企业文化是一个微观经济组织文化，应具有经济性。所谓经济性，是指企业文化必须为企业的经济活动服务，要有利于提高企业生产力和经济效益，有利于企业的生存和发展。前面讨论的关于企业文化的各项内容中，虽然并不涉及"经济"二字，但建设和实施这些内容，最终目的都不会离开企业经济目标的实现和谋求企业的生存和发展。所以，企业文化建设实际是一个企业战略问题，称文化战略。

⑥必须继承传统文化的精华。新型农村集体经济组织的企业文化建设应该是在传统文化的基础上进行增值开发出来的，否则企业文化就会失去存在的基础，也就没有生命力。增值开发就是对传统文化进行借鉴，去其糟粕，取其精华。我国传统文化中的民本思想、平等思想、务实思想等都是值得增值开发的内容。新型农村集体经济组织要为企业职工提供平等竞争的机会，倡导按劳分配，同工同酬的运行机制。务实精神要求人们实事求是、谦虚谨慎、戒骄戒躁、刻苦努力、奋发向上。

3. 注重培养企业核心价值

新型农村集体经济组织文化核心是企业价值观念的培养，是企业文化建设的一项基础工作。企业组织中的每个成员都有自己的价值观念，但由于他们的资历不同、生活环境不一样、受教育的程度也不相同等原因，使得他们的价值观念千差万别。企业价值观念的培育是通过教育、倡导和对模范人物的宣传感召等方式，使企业职工扬弃传统落后的价值观念，树立正确的、有利于企业生存发展的价值观念，并达成共识，成为全体职工思想和行为的准则。

企业价值观念的培育是一个由服从，经过认同，最后达到内化的过程。服从是在培育的初期，通过某种外部作用（如人生观教育）使企业中的成员被动地接受某种价值观念，并以此来约束自己的思想和行为。认同是受外界影响（如模范人物的感召）而自觉地接受某种价值观念，但对这一观念未能真正地理解和接受。内化不仅是自愿地接受某种价值观念，而且对它的正确性有真正的理解，并按照这一价值观念自觉地约束自己的思想和行为。

企业价值观念的培育是一个长期的过程。在这个过程中，企业组织中个体成员价值观念的转变还可能由于环境因素的影响而出现反复，这更增加了价值观念培育的复杂性。价值观念的培育，需要企业领导深入细致的思想工作，善于把高度抽象的思维逻辑变成员工可以接受的基本观点。这其中，思想政治工作十分重要，它能唤起职工对自己生活和工作意义的深思，对自己事业的信念和追求。由于企业价值观念是由多个要素构成的价值体系，因此在培育中要注意多元要素的组合，即既要考虑国家、企业价值目标的实现，又要照顾职工需求的满足。

4. 构塑企业精神

企业精神构塑是在企业领导者的倡导下，根据企业的特点、任务和发展走向，使建立在企业价值观念基础上的内在的信念和追求，通过企业群体行为和外部表象而外化，形成企业的精神状态。企业精神与企业价值观是既有区别，又密切相关的两个概念，价值观是企业精神的前提，企业精神是价值观的集中体现。价值观具有分散性和内隐性，如存在的价值、工作价值、质量价值等，它是人们的信念和追求。但企业精神则不同，它比较外露，容易被人们所感觉。企业价值观和企业精神共同构成了企业文化的核心。

企业精神构塑，一是要根据企业的行业特点，确定和强化企业的个性与经营优势，通过这种确定和强化唤起职工的认同感，增强职工奋发向上的信心和决心，形成企业的向心力、凝聚力和发展动力。二是以营销服务为中心，引导和培育企业职工创名牌、争一流、上水平的意识和顾客第一、服务至上的经营风尚，使企业在市场竞争中立于不败之地。三是大力提倡团结协作精神，使企业形成一个精诚合作的群体，建立和谐的人际关系。四是发扬民主，贯彻以人为本，造就尊重人、关心人、理解人的文化氛围，激励职工参与意识，使他们把自己与企业视为一体，积极为企业的兴旺发达献计献策。五是提炼升华，将企业精神归纳为简练明确、富有感召力的文字表达，便于职工理解和铭记在心，对外形成特色加强印象。

企业精神的形成具有人为性，这就需要企业的领导者根据企业的厂情、任务、发展走向有意识地倡导，亲手培育而成。在构塑企业精神的过程中，特别应将个别的、分散的好人好事从整体上进行概括、提炼、推广和培育，使之形成具有代表性的企业精神。

5. 开展丰富多彩的文化体育活动

新型农村集体经济组织由生长于传统的农村社区，而农村社区正是我国传统文化的发源之地，有着许多丰富的文化内涵。各地新型农村集体经济组织要根据本地特点，采取多种形式组织广大股东和企业员工开展传唱红色歌曲、地方传统戏曲，组织读书会、歌咏队、秧歌会、锣鼓队、划龙舟、企业体育比赛等文体活动。通过这些活动，达到发挥股东和员工特长、调节人际关系、活跃企业气氛、提高股东和员工身心健康水平的目的。

第九章　新型农村集体经济组织的"三资"管理

所谓的农村"三资"管理，从会计学的角度来说是一种不够严谨、不够科学的提法。"三资"指的是农村集体经济组织所拥有的资源、资金和资产。其实，资源也好，资金、资产也罢，都属于集体资产的范畴。所以，"三资"管理其实就是集体资产管理。现在，中央有关文件明确要求强化农村"三资"管理，就是针对目前我国农村集体资产管理中存在的突出问题，把资源管理、资金管理从资产管理中单独提出来加以规范的。作为农村新型农村集体经济组织，要严格执行中央和各地制定的"三资"管理的相关法律、法规和政策，确保"三资"安全完整，切实提高集体资产经营效益。

第一节　"三资"管理概述

农村新型集体经组织的"三资"管理综合起来就是财务管理。新型农村集体经济组织财务管理要严格执行中共中央办公厅、国务院办公厅《关于健全和完善村务公开和民主管理制度的意见》（中办发〔200〕17号）及农业部办公厅《关于印发农村集体财务管理规范化管理办法的通知》（农办经〔2006〕6号）以及各省、区、市相关地方法规、制度的规定。新型农村集体经济组织财务管理的基本任务是：坚持民主决策、民主管理、民主监督的原则，做好各项财务收支的计划、控制、核算、分析和考核工作，依法合理筹集资金，有效利用集体各项资产，增加集体收益。

一、新型农村集体经济组织的财务活动

新型集体集体经济组织（以下简称企业）财务活动就是企业再生产过程

中的资金运动，它的实质是企业的财务活动及其与有关各方面所发生的经济关系。企业的生产经营活动除了要利用实物形式进行计算以外，还必须利用价值形式进行核算。企业的生产经营活动，既是使用价值的生产和交换过程，同时又是价值的形成和实现的过程。在这个过程中，具体表现为物资运动和资金运动两个方面。企业的资金运动包括资金的筹集、使用、耗费和收入分配等四个方面的经济内容。

①企业筹资引起的财务活动。筹集资金是新型农村集体经济组织生产经营活动的前提条件。在社会主义市场经济条件下，企业要想从事经营，必须筹集一定数量的资金。企业通过吸引集体经济组织成员投资、向银行和信用社借款及发行债券等方式筹集资金，表现为企业资金的收入。企业偿还借款，支付利息、股金以及各种筹资费用等，则表现为企业资金的支出。这种因为资金筹集而产生的资金收支，便是由企业筹资而引起的财务活动。企业从各种渠道筹集资金是资金运动的起点。

②企业投资引起的财务活动。企业筹资的目的是为了把资金运用于生产经营活动以便取得盈利。企业把筹集到的资金投资于企业内部用于购置固定资产、无形资产等，便形成企业对内投资。企业把筹到的资金投资于购买其他企业的股票、债券或与其他企业联营进行投资，便形成企业的对外投资。无论企业购买内部所需各种资产还是购买各种有价证券，都需支付资金。而当企业变卖其对内投资的各种资产或收回其对外投资时，则会产生资金的收回。这种因企业投资而产生的资金收支，便是由投资引起的财务活动。

③企业经营引起的财务活动。企业在正常经营过程中会发生一系列的资金收支。企业要进行生产经营首先要采购原材料或者商品，以便从事生产和销售活动。企业在把产品或者商品售出以后，便可以取得收入，收回资金。如果在生产经营中现有资金不能满足企业经营的需要，还要采取短期借款等方式来筹集所需资金。这些方面产生的企业资金收支属于企业经营而引起的财务活动。

④企业分配而引起的财务活动。企业在经营过程中会产生利润，也会因投资活动而分得利润。这表明企业有了资金的增殖或取得了投资报酬。企业的利润要按照规定的程序进行分配。一是要依法纳税；二是要用来弥补亏损，提取公积金、公益金；三是要向集体经济组织成员分配利润。这种因利润分配而产生的资金收支便属于利润分配而引起的财务活动。

企业在筹资、投资、经营、分配活动中引起的四个方面的财务活动，既有一定的区别，又相互联系、相互依存，从而构成了完整的企业财务活动。这四个方面也就是财务管理的基本内容：企业筹资管理、企业投资管理、企业营运资金管理和企业利润分配管理。

二、新型农村集体经济组织的财务关系

新型农村集体经济组织（简称企业）财务关系是指企业在财务活动过程中与各有关方面发生的经济关系。企业的筹资活动、投资活动、经营活动、利润及其分配活动与企业内部和外部各个方面存在广泛的联系。企业的财务关系可以概括为以下六个方面。

①企业同股东之间的财务关系。新型农村集体经济组织的股东要按照企业的章程履行出资的义务，以便形成企业的资本金。企业利用资本金进行经营，实现利润以后，应按照企业的章程和股东代表大会的决议，向股东进行分配红利。企业同股东之间的这种财务关系，体现了新型农村集体经济组织的性质，反映了经营权和所有权的关系。

②企业同债权人之间的财务关系。企业在生产经营活动过程中所需要的资金，除了股东股金等自有资金以外，还要靠借款来解决。企业同债权人之间的财务关系就是企业借入资金并按照借款合同向债权人按时支付利息和归还本金所形成的经济关系。企业同债权人的关系体现的是债务与债权关系。

③企业同其被投资单位的关系。企业在生产经营过程中，为了合理地配置其资源以便获得更大的收益，可能会产生对外投资行为。企业同其被投资单位的财务关系，就是企业将其闲置资金以购买股票或者直接投资的形式向其他企业投资所形成的经济关系。企业同其被投资企业的关系是体现所有权性质的投资与受资的关系。

④企业同其债权人的财务关系。这主要是指企业将其资金以购买债券、提供商业信用等形式出借给其他单位所形成的经济关系。企业在将资金借出以后，有权要求其债务人按照约定的条件支付利息和归还本金。企业同其债务人的关系体现的是债权与债务的关系。

⑤企业内部各单位之间的财务关系。新型农村集体经济组织在生产经营过程中，必须在内部进行合理的分工，建立供应、生产和销售部门。在分工的基础上企业内部形成了多个利益主体。企业内部各单位的财务关系，是它们在生产经营各环节相互提供产品或者劳务所形成的经济关系，是一种内部的经济利益关系。

⑥企业与职工之间的财务关系。新型农村集体经济组织的股东具有所有者

和劳动者的双层身份。企业的职工除了股东以外，要扩大经营规模，还必须聘用具有不同层次技术或者技能的劳动者。企业要用产品或者劳务收入向职工支付工资、津贴、奖金等劳动报酬。企业向职工支付劳动报酬过程中所形成的经济关系，就是企业同其职工之间的财务关系，体现了企业和职工在劳动成果上的分配关系。

三、新型农村集体经济组织财务管理的特点与目标

1. 新型集体经济组的财务管理具有综合性的特点

新型农村集体经济组织的管理工作，在分工、分权的过程中形成了一系列专业管理。包括使用价值的管理、价值的管理、劳动要素的管理、信息管理等等。财务管理主要是运用价值形式对生产经营活动实施管理。通过价值形式，把新型集体经济组织的一切物资、经营过程和经营结果都合理地加以规划和控制，达到集体经济效益不断提高、财富不断增加的目的。在企业管理中，决策是否得当，经营是否合理，技术是否先进，产销是否顺畅，都可以迅速地在企业财务指标中得到反映。

2. 新型农村集体经济组织财务管理的目标

所谓新型农村集体经济组织财务管理的目标，是企业进行财务管理所要达到的目的，是评价企业财务活动是否合理的标准。由于企业财务管理工作的内容具有层次性，因而企业财务目标也具有层次性。企业财务管理目标包括三个层次，一是整体目标，二是分部目标，三是具体目标。

①新型农村集体经济组织财务管理的整体目标。新型农村集体经济组织财务管理的整体目标，可以总产值最大化为目标，也可以利润最大化为目标，还可以财富最大化为目标。由于前两个目标存在难以克服的缺点，所以在现代管理中，通常是以财富最大化为目标。财富最大化是指通过企业的合理经营，采用最优的财务政策，在考虑货币的时间价值和风险报酬的情况下不断增加企业的财富，使企业总价值达到最大。一般而言，报酬与风险是共存的，报酬越大，风险越大，报酬的增加是以风险的增大为代价的。而风险的增加会直接威胁企业的生存。因此，新型农村集体经济组织必须在考虑报酬的同时考虑风险。企业的价值只有在报酬与风险达到比较好的均衡时才能达到最大。以财富最大化作为新型农村集体经济组织财务管理的目标有四个优点。一是财务最大化目标考虑了取得报酬的时间因素，并用货币时间价值原理进行了科学的计

量。二是财富最大化目标能克服企业在追求企业利润上的短期行为。三是财富最大化目标有利社会财富的增加。四是财富最大化目标科学地考虑了风险与报酬之间的关系，能有效地避免企业财务人员不顾风险的大小，只片面追求利润的倾向。

②财务管理的分部目标。企业筹资管理的目标是，在满足生产经营需要的前提下，不断降低资金成本和财务风险。企业投资管理的目标是，认真进行投资项目的可行性研究，力求提高投资报酬率，降低投资风险。企业营运资金管理的目标是，合理使用资金，加速资金周转，不断提高资金的利用效果。企业利润管理的目标是，采用各种措施，努力提高企业利润水平，合理分配企业利润。

四、新型农村集体经济组织财务管理的原则、方法

1. 新型农村集体经济组织财务管理的原则

财务管理的原则是从企业理财实践中抽象出来了并在实践中证明是正确的行为规范，它反映着理财活动的内在要求。新型集体经济组织财务管理工作应当遵循以下原则。

一是系统性原则。财务管理从资金筹集开始到资金收回为止，经历了资金筹集、资金投放、资金耗费、资金收回与资金分配等几个阶段，这几个阶段互相联系、互相作用，组成一个整体，具有系统的性质。为此，做好财务管理工作，必须从各个组成部分的协调和统一出发，这就是财务管理的系统原则。按照这个原则，做好财务管理工作必须确定正确的财务管理目标；必须把财务管理系统作为一个整体来分析，使整体效益达到最优；必须按照财务管理不同层次的职能，明确各自的权、责、利；必须认真研究财务管理的客观环境，适应环境，利用环境，根据环境的变化，调整理财战略。

二是平衡性的原则，力求使资金的收支在数量上和时间上达到动态的平衡。资金收支动态的平衡公式为：目前现金余额＋预计现金收入－预计现金支出＝预计现金余额。如果预计的现金余额远远低于理想的现金余额，则应积极筹措资金，以弥补现金的不足；如果预计的现金余额远远大于理想的现金余额，应积极偿还借款或者进行对外投资，以保持资金收支上的动态平衡，实现收支相抵，略有结余。

三是弹性原则，即在财务管理中，必须在追求准确和节约的同时，留有合理的伸缩余地。在财务管理实践中，对现金、存货留有一定的保险储备，在编

制财务计划时必须留有余地。

四是优化原则，即通过对多个理财方案和因素的分析、比较和选择，以排除次优方案，选择最优方案，确定最优总量，确立各因素之间的比例关系。

五是民主管理的原则，即在财务管理过程中，编制财务预算和计划要充分听取集体经济组织成员的意见，预算和计划的执行情况要向集体经济组织成员公布、公开。

2. 财务管理的方法

财务管理的方法是为了实现财务管理目标，完成财务管理任务，在进行理财活动时所采取的各种技术和手段。财务管理的方法可以按多种标准进行分类。根据财务管理的具体内容，可以分为资金筹集方法、投资管理方法、营运资金管理方法和利润分配方法；根据财务管理的环节，可以分为财务预测方法、财务决策方法、财务计划方法、财务控制方法和财务分析方法；根据财务管理的特点，可分为定性财务管理方法和定量财务管理方法；根据财务管理的具体工作，可以分为会计核算方法、成本核算方法、清产核资方法和审计监督方法等。

第二节　自然资源的管理

新型农村集体经济组织的自然资源包括依法归农村集体组织所有的耕地、集体建设用地、林地、山场、滩涂、草地等，以及依法归集体经济组织使用的国有土地。新型农村集体经济组织对自然资源的管理，要依照国家制定的《土地管理法》、《农业法》、《农村土地承包法》以及集体经济组织的相关规章制度。

一、摸清底数，建立管理台账

新型农村集体经济组织应当对依法归本组织所有或者依法归本组织使用的国有土地以及其他自然资源进行全面勘探丈量，摸清各类自然资源的面积、坐落地点、经济性质、使用现状、承包（租赁）期限、承包（租赁）人）。在此基础上设立纸质登记台账和电子登记台账，绘制自然资源分布图，对上述信息进行全面登记，并对上述信息的变动情况进行及时变更和反映。

二、切实保护农户土地承包经营权，稳定农村土地承包关系

土地承包经营是指本集体经济组织与其成员，为发包、承包农民集体所有的土地，通过签订承包合同，约定双方的权利义务，使承包者在该土地上从事种植业、林业、畜牧业、渔业生产的行为。土地承包经营的期限是30年，农民的土地承包经营权受法律保护。在土地承包经营中，作为发包方的村集体经济组织享有发包本集体经济组织所有的或者国家所有依法由本集体使用的农村土地、监督承包方依照承包合同约定的用途合理利用和保护土地、制止承包方损害承包地和农业资源的行为、法律、法规规定的其他权利。同时发包方应维护承包方土地承包经营权，不得非法变更、解除承包合同；尊重承包方的生产经营自主权，不得干涉承包方依法进行正常的生产经营活动；依照承包合同约定为承包方提供生产、技术、信息等服务；执行县、乡（镇）土地利用总体规划，组织本集体经济组织内的农业基础设施建设；法律、法规规定的其他义务。承包方享有依法享有承包地使用权、收益、和土地承包权轮流转的权利，有权自主组织生产经营和处置产品承包地被依法征用、占用的，有权依法获得相应的补偿；法律、行政法规规定的其他权利。同时承包方应履行维持土地的农业用途，不得用于非农建设；依法保护和合理利用土地，不得给土地造成永久性损害；法律、行政法规规定的其他义务。凡是采取确权确地方式落实农户土地承包经营权，土地由集体经济组织成员分户承包经营的新型农村集体经济组织，都应当严格按照《土地承包法》的要求，认真行使发包方的权利、履行发包方的义务。同时严格保护承包方的承包经营权，监督承包方严格履行其义务。凡是采取确权确利或者确权确股方式落实农户土地承包经营权，集体土地由集体经济组织统一经营的，集体经济组织要将农用地经营收益分配给拥有土地承包经营权的集体经济组织成员。新型农村集体经济组织将农村土地发包给本集体经济组织以外的单位或者个人承包的，应当事前先经2/3以上的股东或者2/3以上的股东代表同意，并报乡（镇）人民政府批准。

三、积极推进农户土地承包经营权流转

农户土地承包经营权是在农村集体经济组织家庭承包经营、统分结合双层经营体制下，由于农村集体土地（耕地、林地、草地）所有权与使用权分离而衍生的一种用益物权。依据《物权法》的规定，农户对其拥有的土地承包

经营权享有占有、使用和收益的权利。耕地的承包期为 30 年。草地的承包期为 30 年至 50 年。林地的承包期为 30 年至 70 年；特殊林木的林地承包期，经国务院林业行政主管部门批准可以延长。承包期届满，由土地承包经营权人按照国家有关规定继续承包。土地承包经营权自土地承包经营权合同生效时设立。县级以上地方人民政府应当向土地承包经营权人发放土地承包经营权证、林权证、草原使用权证，并登记造册，确认土地承包经营权。土地承包经营权人依照农村土地承包法的规定，有权将土地承包经营权采取转包、互换、转让等方式流转。通过招标、拍卖、公开协商等方式承包荒地等农村土地，依照农村土地承包法等法律和国务院的有关规定，其土地承包经营权可以转让、入股、抵押或者以其他方式流转。农户土地承包经营权流转的实质是土地承包经营权使用权的流转，土地承包经营权的占有权和收益权仍然归原持有农户享有。

农户土地承包经营权流转应当遵循平等协商、自愿、有偿的原则，任何组织和个人不得强迫或者阻碍承包方进行土地承包经营权流转；不得改变土地所有权的性质和土地的农业用途；流转的期限不得超过承包期的剩余期限受让方须有农业经营能力；在同等条件下，本集体经济组织成员享有优先权。土地承包经营权流转的主体是承包方。承包方有权依法自主决定土地承包经营权是否流转和流转的方式。

土地承包经营权流转的转包费、租金、转让费等，应当由当事人双方协商确定。流转的收益归承包方所有，任何组织和个人不得擅自截留、扣缴。土地承包经营权采取转包、出租、互换、转让或者其他方式流转，当事人双方应当签订书面合同。采取转让方式流转的，应当经发包方同意；采取转包、出租、互换或者其他方式流转的，应当报发包方备案。土地承包经营权采取互换、转让方式流转，当事人要求登记的，应当向县级以上地方人民政府申请登记。未经登记，不得对抗善意第三人。承包方可以在一定期限内将部分或者全部土地承包经营权转包或者出租给第三方，承包方与发包方的承包关系不变。承包方将土地交由他人代耕不超过一年的，可以不签订书面合同。承包方之间为方便耕种或者各自需要，可以对属于同一集体经济组织的土地的土地承包经营权进行互换。承包方有稳定的非农职业或者有稳定的收入来源的，经发包方同意，可以将全部或者部分土地承包经营权转让给其他从事农业生产经营的农户，由该农户同发包方确立新的承包关系，原承包方与发包方在该土地上的承包关系即行终止。承包方之间为发展农业经济，可以自愿联合将土地承包经营权入股，从事农业合作生产。

新型农村集体经济组织要积极支持本集体经济组织成员依法、自愿、有偿进行承包经营权流转，但是不得以任何理由强迫农户进行土地承包经营权流转，不得截留、扣缴农户土地承包经营权流转收益。对于按照《农村土地承包法》应当经发包方同意、备案而不报批、备案的土地流转行为进行制止。在具备条件的地方，新型农村集体经济组织应当为农户土地承包经营权流转提供相应服务，推动土地适度规模经营。

四、加强保护耕地

新型农村集体经济组织对经国务院有关主管部门或者县级以上地方人民政府批准确定的粮、棉、油生产基地内的耕地；有良好的水利与水土保持设施的耕地，正在实施改造计划以及可以改造的中、低产田；蔬菜生产基地等国家划定的基本农田要加强保护。禁止占用耕地建窑、建坟或者擅自在耕地上建房、挖砂、采石、采矿、取土等。禁止占用基本农田发展林果业和挖塘养鱼。禁止任何单位和个人闲置、荒芜耕地。已经办理审批手续的非农业建设占用耕地，一年内不用而又可以耕种并收获的，应当由原耕种该幅耕地的集体或者个人恢复耕种，也可以由用地单位组织耕种；一年以上未动工建设的，应当按照省、自治区、直辖市的规定缴纳闲置费；连续两年未使用的，经原批准机关批准，由县级以上人民政府无偿收回用地单位的土地使用权；该幅土地原为农民集体所有的，应当交由原农村集体经济组织恢复耕种。承包经营耕地的单位或者个人连续两年弃耕抛荒的，原发包单位应当终止承包合同，收回发包的耕地。非农业建设必须节约使用土地，可以利用荒地的，不得占用耕地；可以利用劣地的，不得占用好地。

新型集体经济组织要配合国家机关对下列行为进行严格处理：买卖或者以其他形式非法转让土地的，由县级以上人民政府土地行政主管部门没收违法所得；对违反土地利用总体规划擅自将农用地改为建设用地的，限期拆除在非法转让的土地上新建的建筑物和其他设施，恢复土地原状，对符合土地利用总体规划的，没收在非法转让的土地上新建的建筑物和其他设施。

五、加强集体建设用地保护，深挖集体建设用地潜力

乡镇企业、乡（镇）村公共设施、公益事业、农村村民住宅等乡（镇）村建设，应当按照村庄和集镇规划，合理布局，综合开发，配套建设；建设用地，应当符合乡（镇）土地利用总体规划和土地利用年度计划，并依法办理

审批手续。农村集体经济组织使用乡（镇）土地利用总体规划确定的建设用地兴办企业或者与其他单位、个人以土地使用权入股、联营等形式共同举办企业的，应当持有关批准文件，向县级以上地方人民政府土地行政主管部门提出申请，按照省、自治区、直辖市规定的批准权限，由县级以上地方人民政府批准；其中，涉及占用农用地的，依照《土地管理法》第四十四条的规定办理审批手续。乡（镇）村公共设施、公益事业建设，需要使用土地的，经乡（镇）人民政府审核，向县级以上地方人民政府土地行政主管部门提出申请，按照省、自治区、直辖市规定的批准权限，由县级以上地方人民政府批准；其中，涉及占用农用地的，依照《土地管理法》第四十四条的规定办理审批手续。

农村村民一户只能拥有一处宅基地，其宅基地的面积不得超过省、自治区、直辖市规定的标准。农村村民建住宅，应当符合乡镇土地利用总体规划，并尽量使用原有的宅基地和村内空闲地。农村村民住宅用地，经乡镇人民政府审核，由县级人民政府批准；其中，涉及占用农用地的，依照《土地管理法》有关"农用地转用"的规定办理审批手续。农村村民出卖、出租房屋后，再申请宅基地的，不予批准。农村村民未经批准或者采取欺骗手段骗取批准，非法占用土地建住宅的，由县级以上地方人民政府土地行政主管部门责令退还非法占用的土地，限期拆除在非法占用的土地上新建的房屋。

我国土地资源十分紧缺，大城市郊区土地资源更加稀缺。随着我国经济发展和各项事业发展的需要，对建设用地的需求越来越多。解决城市建设用地问题，传统的思路就是不间断地、大面积地征用农村集体土地。大片良田变为楼宇街区，大批农民失地失业。城市的持续繁荣与村庄的迅速消失成为一对"孪生兄弟"。商业资本的挺进与农民利益的退缩成为深埋在人们心头的隐疼。历史已经或者即将证明，这是一种与科学发展观背道而驰的城市发展方式。在城市建设中如何有效地化解城市建设需求与保护农民利益之间的矛盾，实现城乡统筹协调发展，成为摆在各级党委、政府面前的一项重大课题。进入新世纪以来，一些村庄在上级党委、政府的大力支持下，开展农村宅基地的集约经营与利用，积累了一些值得研究与推广的经验。这些经验归结起来就是一句话："深挖农村土地资源潜力"。在严格保护耕地的大前提下，所谓"深挖农村土地潜力"，指的是深挖农村集体建设用地的潜力。而农村集体建设用地又主要地是指村庄占地、农户宅基地以及适宜利用的荒山、荒坡。

深挖农村土地资源潜力是贯彻落实科学发展观的客观要求。所谓科学发展，要求在实现城市的繁荣与发展的同时，实现农村的繁荣与发展；在满足城市建设用地需求的同时，满足农民群众安居乐业的需求；在实现经济增长的同时，实现生态环境的净化美化；在不断满足人民群众物质文化需求的同时，最大限度地节约各种资源特别是土地资源的消耗与投入。北京郊区一些村庄试点的经验证明，对集体建设用地特别是农户宅基地的集约经营与利用，有效地达到了城市与农村、国家与农户双赢的目的。深挖农村土地资源潜力又是建设社会主义新农村的内在要求。建设社会主义新农村的基本要求是"生产发展、生活宽裕、乡风文明、村容整洁、管理民主"。其中，生产发展是新农村建设的根基，是其他几项指标得以实现的物质基础。从大城市郊区农村的实际情况来看，真正掌握在农民群众手中、能够由农民群众当家做主的重要生产资料只有土地资源。在国家严格限农用地用途的前提下，农民群众和集体经济组织要想发展二、三产业，必须对农村宅基地等集体建设用地进行集约经营与利用。深挖农村土地资源潜力同时又是确保城市建设需求的必然要求。目前许多大城市中心城区可以开发利用的土地资源已经所剩无几，郊区农村作为城市社会经济发展的战略腹地，承担着承接城市功能转移、城市资源向农村扩散的重要任务。为有效地发挥郊区农村战略腹地的作用，必须把目前星罗棋布在将近四千个村庄和千家万户的集体建设用地进行必要的资源整合，优化资源配置，提高资源集约经营程度。

深挖农村土地资源潜力，必须坚持政府规划指导、农民群众主体、社会力量参与、因地制宜的原则。所谓政府规划指导，就是在充分尊重农民群众和集体经济组织意愿的前提下，由市、区（县）两级政府，按照城市建设总体规划和各个功能区的划分，确定农村集体建设用地的规划和用途，制定必要的扶持政策。所谓农民群众主体，就是要在农村集体建设用地的开发、置换等环节，充分提取农民群众和基层干部的意见，由乡村集体经济组织、农民专业合作社和农户充当开发利用主体和受益主体，最大限度地保护农民群众的土地权益。所谓社会力量参与，就是要制定适当的机制体制和政策，鼓励国内外有实力的工商企业、金融机构等社会力量，参与到农村集体建设用地的开发利用中来，充分调动社会力量参与新农村建设的积极性，同时采取措施严格限制社会资本对农民利益特别是长远利益的侵害。所谓因地制宜，就是要根据不同地区、不同村庄的实际情况，采取不同的建设用地集约经营与利用模式。平原地区可以采取整体拆迁、农民集中上楼的途径，腾退出大面积的集体建设用地。半山区可以采取农宅原址改建、扩建、新建的办法，建设具有生活、生产双重功能的新型民居。深山区以及具有保护、开发利用价值的古村落，则主要是由农户在宅基地上对现有民居进行维修与利用。

凡是有利于提高郊区农村土地资源利用效率的做法，都应当鼓励农民群众依法进行大胆创新、大胆试验。

深挖农村土地资源，进行农村集体建设用地的集约经营与利用，必须进一步解放思想，完善各项法规政策，创新机制与体制。在集体建设用地和农户宅基地确权颁证和农民自愿的基础上，采取股份制或者股份合作制的办法，发动农民群众以宅基地使用权入股、资金入股组建各类新型集体经济组织。可以采取资源加资本的方法，在合理评估集体建设用地的资本价值的基础上，吸引社会资本进行共同开发。还可以结合新型社区建设，实现大村与小村、经济发达村庄与经济薄弱村、若干个相邻小村之间的联合开发。总之，通过深挖农村建设用地资源潜力，要达到城市得到发展、农民得到实惠、土地资源利用效率最大化的目的。

六、在土地征占中切实维护集体利益

国家为了公共利益的需要，可以依法对土地实行征收或者征用并给予补偿。党的十七届三中全会通过的《中共中央关于推进农村改革发展若干问题的决定》明确要求："改革征地制度，严格界定公益性和经营性建设用地，逐步缩小征地范围，完善征地补偿机制。依法征收农村集体土地，按照同地同价原则及时足额给农村集体经济组织和农民合理补偿，解决好被征地农民就业、住房、社会保障。在土地利用规划确定的城镇建设用地范围之外，经批准占用农村集体土地建设费公益性项目，允许农民依法通过多种方式参与开发经营并保障农民合法权益。"

农村土地具有双重功能，既是农民最基本的生产资料，又是农民最基本的社会保障。凡是依法征收农村集体土地的，必须项目合法、程序合法、补偿合法。所谓项目合法是指必须符合城市土地利用总体规划并经过国家土地管理部门依法审批立项。所谓程序合法，是指征收农民集体土地必须依照国家土地管理法规定依据有关程序办理征地手续，其中最基本的一个程序就是必须经过农民集体经济组织成员（村民）大会或者代表大会讨论同意。补偿合法，是指征收农民集体土地必须依照法律规定给农民足够经济补偿。征地补偿费包括：青苗补偿费、建筑物补偿费、农村劳动力安置费、超转人员生活费、劳动力社会保障费用以及土地补偿费等。

新型农村集体经济组织对于项目不合法、程序不合法以及补偿不合法的征地行为必须予以坚决抵制。目前，在实际工作中许多地方打着国家重点工程的旗号，在未取得合法审批手续、未经农民讨论同意、未给予农民征地补偿的情况下强行征用农村集体土地，从而严重损害农民利益，引发社会矛盾。一些地方党委、政府甚至采取组织手段要求村级党组织按照下级服从上级的组织原则，背着农民群众签订土地征用合同。对这些严重违法、违纪的行为，新型农村集体经济组织都要依法予以抵制，并向上级机关举报。同时，对于集体土地被整体征收、征占的村，新型农村集体经济组织应当按照《土地法》关于"地方各级人民政府应当支持被征地的农村集体经济组织和农民从事开发经营，兴办企业"的要求，积极争取留地安置、实物安置，为新型农村集体经济组织留下发展空间。

新型农村集体经济组织要切实加强对征地补偿费用的管理。被征地的农村集体经济组织应当将征收土地的补偿费用的收支状况向本集体经济组织的成员公布，接受监督。对于侵占、挪用被征用土地单位的征地补偿费用和其他有关费用的行为要坚决抵制。按照谁投资谁所有的原则，合理分配青苗补偿费、建筑物补偿费；按照农户剩余土地承包期，在农户与集体经济组织之间合理分配土地补偿费；及时为失地农民发放劳动力安置费、办理各项社会保障。新型农村集体经济组织所取得的土地补偿费，应当按照拥有基本股的股东人数进行平均量化到每一个集体经济组织成员名下。土地补偿费不得用于发放干部工资，不得用于购置小轿车、移动电话等非生产型财产，不得用于招待费、差旅费等非生产型日常开支。依法归集体经济组织所有的青苗补偿费可以纳入当年收益分配。依法归集体经济组织所有的地上物补偿费，应当在扣减地上物剩余残值以后，分别列入固定资产损失或者集体公积金。

第三节　集体资金的管理

一、现金的管理

现金管理的内容包括编制现金收支计划、对日常现金支出进行控制、确定合理的现金余额。

现金的日常控制包括加速收款、控制支出、综合控制现金收支等三项工作。新型农村集体经济组织要严格执行国家《现金管理暂行条例》，建立健全现金内部控制制度。向单位和农户收取现金要手续完备，使用统一规定的收款凭证，并及时入账；不准以白条抵库，不准坐支，不准挪用，不准公款私存，不准保留账外公款，不准单位之间互相借用现金，不准向开户银行谎报用途套取现金；库存现金不得超过规定限额。

要建立健全现金开支审批制度，严格现金开支审批手续，及时、准确地核算现金收入、支出和结存，做到日清月结，账款相符。按开户银行核定的库存现金限额标准保管和存放现金，超限额部分应及时送存银行。各个新型集体经济组织库存现金限额具体标准，送乡镇备案。超限额部分应督促其及时送存银行。现金收入必须由财会人员统一办理，其他人员不得经管本村现金。取得现金收入时必须开具正式票据或区县农村合作经济管理部门统一印制的内部收据，并及时入账，按规定送存银行。业务人员借支现金时，必须填制"借款单"，并据以入账。借出现金，应限期收回。

二、银行存款的管理

新型农村集体经济组织必须依法在银行开设银行存款账户，同时设置银行存款日记账和银行存款总账，对除现金以外的集体资金进行核算管理。新型集体经济组织对银行存款账户的使用，应明确财务开支审批人员、审批权限、审批程序及财务收支审批人员的责任等。

新型集体经济组织开设银行存款账户，根据不同情况，可以采取以下三种方式。

①开设一个基本账户，全部银行存款通过这一个基本账户进行管理。

②开设一个基本账户，对除土地征占补偿费以外的银行存款进行管理；同时，按照上级人民政府或者农村合作经济经营管理部门的规定，在指定的银行单独开设"集体土地征占补偿费"专户，专门对集体土地征占补偿费进行管理。动用"集体土地征占补偿费"专户银行存款，必须经集体经济组织成员大会或者成员代表大会审议，并经上级人民政府或者农村合作经济经营管理部门审查批准。

③在同一银行开设"基本账户"和"集体大额资金专储账户"。通过基本账户对集体经济组织日常各项经济开支进行管理；通过专储账户对集体经济组织大额资金进行管理。

第三种管理办法案例

北京市通州区集体经济组织大额资金管理办法

（一）基本账户

1. 基本账户：用于存储备用金，支付日常各项经济业务开支及由"专储账户"划拨的"大额资金"开支。

2. 基本账户由村级组织按照有关财务规定管理，由村民主理财小组负责监督。

3. 基本账户实行"定额备用金制度"。备用金以一个月正常开支为限，各村根据实际情况确定具体数额，并报乡镇备案，不足时由"集体大额资金专储账户"划拨。

（二）专储账户

1. 集体大额资金专储账户：用于存储村级集体经济组织除备用金以外的全部资金，用于与本村基本账户之间的资金划拨及收入转存，不能发生对外支付业务，更不能支取现金。

2. 各村集体大额资金专储账户在不改变其归属和性质的前提下，实行村级管理，乡镇级监督。

3. 对集体资金的使用，坚持"先报后用"。各村根据自身的实际情况，做出在一定时间内所需资金的项目及数额的预算，按资金民主决策程序决议后，填写"资金使用核实单"，连同民主决策程序相关手续资料，一并报乡镇"村级集体资金监督管理领导小组"，由其对大额资金支配、使用的决策程序及合法性进行监督，核实无误后，签署意见并加盖"村级集体资金监督管理领导小组"专用章；然后把资金从本村的"专储账户"划拨到"基本账户"中，用于支付村级各项开支。"核实单"一式三份，一份交"农村财务服务中心"作为划拨款项原始凭证，一份由村自行留底保存，一份留大额资金管理办公室存档。

（三）账户的管理

每月末，与开户银行进行各存款账户的余额核对，做到账账相符，账款相符。

（四）专储账户资金使用原则

村级集体大额资金专储账户资金的使用，坚持"民主决策、民主监督"的原则，实行"四级决策，三级核实"。

对于生产性开支的决策程序：开支在一定限额以下的，由村领导班子集体研究决策，主管乡镇长负责核实；开支在一定限额以上的，由村民会议决策，主管乡镇长、乡镇长、乡镇"村级集体资金监督管理领导小组"逐级负责核实。

对于非生产性开支的决策程序：开支在一定限额以下的，由村领导班子集体研究决策，主管乡镇长负责核实；开支在一定限额以上的，由村民会议决策，主管乡镇长、乡镇长、乡镇"村级集体资金监督管理领导小组"逐级负责核实。

三、村级票据管理

票据包括村级经济活动使用的结算凭证、往来票据、有价证券等各类票据一律由财会人员按规定负责保管和签发，村财务负责人负责保管"财务专用章"。各类票据一律按编号顺序使用，不得跳号，出现差错应注明"作废"，连同存根一起保存，不得销毁。严格执行银行结算纪律，不得签发远期支票、空头支票、空白支票。空白支票不得提前盖章。从外部取得的结算凭证，应为正式票据，因特殊原因确实不能取得正式票据时，必须由对方写出书面证明并签字盖章，作为会计事项发生的最初凭证，财务员据此填制支出凭证，经财务负责人、财务专管员、经手人共同签章后方可作为正式原始凭证。对外发生经济业务，必须开具正式票据；与村民的内部往来，必须开具区县农村合作经济管理部门统一印制的内部收据。内部收据只限于与本村村民个人往来结算使用，严禁对外发生经济业务时使用。

四、有价证券的管理

新型农村集体经济组织的有价证券包括集体经济组织购买的国债、地方政府债券、企业债券、企业股票等。新型农村集体经济组织财务管理部门对有价证券应当如实登记入账，并且设立有价证券登记簿，按照有价证券的种类和兑现期限分门别类进行详细登记。有价证券兑付期满的应当及时兑付，有价证券收益及时登记入账。

第四节　集体资产管理

本节所谓资产管理是指新型农村集体经济组织资产总额中扣除现金、银行存款、有价证券等以后的其他集体资产的管理。

一、应收账款以及预付款项的管理

新型农村集体经济组织应收与预付款项包括：应收票据、应收账款、其他应收款、预付货款、待摊费用等。在市场经济条件下，企业提供商业信用，采取赊销、分期付款等销售方式，可以扩大销售，增加利润。所以应收账款具有增加销售和减少存货的功能。应收账款也是一种必要的投资。但是应收账款的增加，也会造成资金成本、坏账损失等费用增加。所以投资于应收账款也要付出成本，包括应收账款的机会成本和应收账款的管理成本（如调查顾客信用的成本、收集各种费用的成本、收账费用等）。企业应收账款管理的目标，就是要在充分发挥应收账款功能的基础上，降低应收账款的成本，使提供商业信用、扩大销售所增加的收益大于有关费用。企业要管好应收账款，必须制订合理的信用政策，确定企业的信用标准、信用政策和收账政策。企业信用政策确定以后，要做好应收账款的日常控制工作。日常控制工作包括三项。一是对顾客的信用进行调查。信用调查，可以由企业指派调查人员到被调查单位直接进行调查，也可以通过对被调查单位财务报表进行分析、委托信用评估机构和银行等单位进行间接调查。然后要对调查来的信用资料进行分析，按照顾客的品德、能力、资本、抵押品和一般经济情况等五个方面对顾客信用进行评估。当企业应收账款有关合同到期以后，应当采取积极措施开展收账工作。加强应收账款的日常管理必须建立健全以下十项制度。一是建立健全结算制度；二是健全完善合同制度；三是建立信用调查制度；四是完善职工借支制度；五是严格应收账款的审批制度；六是严禁收益性和费用性的应收款；七是编制应收账款账龄分析表；八是建立、健全坏账损失审批制度；九是建立健全应收账款的核对制度；十是建立应收账款的管理报告制度。村经济合作社可以于年度终了，按照年末应收账款余额的1%计提坏账准备金，计入管理费用。发生的坏账损失，冲减坏账准备金；收回已经确认核销的坏账，增加坏账准备金。不计提坏账准备金的村经济合作社，发生的坏账损失，计入管理费用；收回已经核销的坏账，冲减管理费用。

二、存货的管理

新型农村集体经济组织存货包括原材料、农用材料（种子、饲料、肥料、农药）、低值易耗品、在产品、幼畜和育肥畜、产成品、商品等。用现代管理的眼光来看，存货具有四项职能：一是储存必要的原材料和在产品可以保证生产正常进行；二是储存必要的产成品有利于销售；三是适当储存原材料和产成品，便于均衡生产，降低产品成本；四是留有各种存货的保险储备可以防止意外事件造成的损失。当然，企业持有一定数量的存货，必定发生采购成本、订货成本和储存成本。企业进行存货管理的目标就是要控制存货水平，在充分发挥存货功能的基础上，降低存货成本。企业对存货的日常控制方法有四种。第一，要建立健全存货的分级分口控制。第二，要对企业存货进行经济批量控制。第三要进行订货点控制。第四是采用 ABC 控制法来进行控制，种类少而占用资金多的为 A 类，应严格管理；种类繁多而占用资金不多为 C 类，不必花大力去管理；介于 A、C 两类之间的为 B 类也应给予相当的重视。同时，要建立健全计划控制制度、职能分管控制制度、定额控制制度、定期盘点控制制度和账簿体系控制制度。

新型农村集体经济组织必须建立健全存货的保管、领用制度。存货入库时，由会计填写入库单，保管员根据入库单清点验收，核对无误后入库；出库时，由会计填写出库单，主管负责人批准，领用人签名盖章，保管员根据出库单出库。存货应当定期盘点核对，做到账实相符，年度终了前必须进行一次全面的盘点清查。盘盈的存货，冲减管理费用；盘亏、毁损和报废的存货，扣除过失人或者保险公司赔款和残料价值之后，计入管理费用。存货毁损属于非常损失的部分，扣除保险公司赔款和残料价值后，计入营业外支出。

三、固定资产的管理

固定资产是指使用期限在一年以上的房屋、建筑物、机器、机械、运输工具、产畜和役畜、养殖池以及其他与生产经营有关的设备、器具、工具等。不属于生产经营主要设备的物品，单位价值在 2000 元以上，并且使用期限超过两年的，也应当作为固定资产。固定资产的计价原则如下。

①购入的固定资产，不需要安装的，按买价加采购费、包装费、保险费、

运杂费等计价；需要安装或改装的，还应加上安装费或改装费。

②新建的房屋及建筑物等固定资产，按竣工验收、交付使用的决算价计价。

③接受捐赠的固定资产，应按发票所列金额加上实际发生的运输费、保险费、安装调试费等计价；无所附单据的，按同类设备的市价计价。

④在原有固定资产基础上进行改造、扩建的，按原有固定资产的价值，加上改造、扩建而增加的费用，减去改造、扩建工程中发生的变价收入计价。

⑤投资者投入的固定资产，按照评估确认或者合同、协议约定的价值加上新发生的包装费、运杂费和安装费等计价。

⑥育成转作产畜、役畜时，按市价计价。

⑦盘盈的固定资产，按重置完全价值计价。

对固定资产进行管理的要求是，保证固定资产的安全完整、提高固定资产的利用效果、正确核定固定资产的需要量、正确计提固定资产折旧、有计划地进行固定资产的投资预测。固定资产投资管理，要建立健全以下九项内部控制制度：一是建立固定资产购建的审批制度；二是建立固定资产的验收制度；三是健全固定资产减少的审批制度；四是健全固定资产清查盘点制度；五是健全固定资产内部转移制度；六是实行固定资产计划维修制度；七是健全固定资产保管责任制；八是建立固定资产"出门证"制度；九是实行固定资产账、簿、卡相互制约的制度。

新型农村集体经济组织必须建立固定资产折旧制度，按月提取固定资产折旧，所提的折旧费应保证对固定资产损耗价值的补偿。发生的固定资产修理费用计入当期成本、费用。修理费用发生不均衡、数额较大的，可以采用分期待摊或者预提的办法。大中型固定资产的变卖和报废处理，须经股东大会或股东代表大会讨论通过后执行，其变卖和清理报废的变价净收入与其账面净值的差额计入营业外收入或支出。村经济合作社应当定期或者不定期对固定资产盘点清查，年度终了前必须进行一次全面的盘点清查。盘盈的固定资产，按其原价减估计折旧的差额计入营业外收入；盘亏及毁损的固定资产，按照原价扣除累计折旧、变价收入、过失人及保险公司赔款后的差额计入营业外支出。

五、无形资产和递延资产的管理

无形资产是指新型农村集体经济组织长期使用但是没有实物形态的资产，包括专利权、商标权、著作权、土地使用权、非专利技术、商誉等。无形资产按取得时的实际成本计价，并从使用之日起，按照不少于十年的期限平均摊销，计入管理费用。转让无形资产取得的收入，计入其他业务收入，其成本计入其他业务支出。递延资产是指不能全部计入当年支出，应当在以后年度内分期摊销的各项费用。递延资产按不少于五年的期限分期摊销，计入营业成本或管理费用。

六、对外投资的管理

新型农村集体经济组织对外投资的目的主要有以下四个方面：第一，对外进行投资以便充分利用闲置资金增加企业收益；第二，对外投资可以分散资金投向降低投资风险；第三，向有业务联系的单位投资，以稳定与客户的关系，保证企业正常的生产经营；第四，对外投资以提高企业资产的流动性，增强合作社的偿债能力。

对外投资作为企业生产经营活动的一个重要方面，其总体原则应和企业的整体经营方针相一致。具体来说，应当遵循四项原则。一是效益性原则。企业在进行对外投资决策时应广泛搜集资料，了解市场行情，正确选择投资机会和投资对象，以获得比较好的效益。二是分散风险原则。企业在对外投资时为减少投资风险，应当把资金分布在不同的投资项目上，将高收益与高风险的投资和低收益与低风险的投资项目进行不同的投资组合。三是安全性原则。企业在进行长期对外投资决策时要对被投资企业的资信、经营环境、企业管理者的素质、发展前景等进行深入细致的分析。在保证所投资金安全、完整的情况下，才能进行投资。四是整体性原则。企业对外投资都必须服务于企业的总体目标，不能偏离企业的战略目标。

对外投资的方式与日常管理。新型农村集体经济组织对外投资的方式主要有三种：一是股票投资；二是债券投资；三是联营投资。根据国家法律、法规规定，可以采用货币资金、实物、无形资产或者购买股份、债券等有价证券方式向其他单位投资。大额对外投资项目，要经社员大会或社员代表大会讨论决定。对外投资分得的利润和利息等计入投资收益。出售、转让和收回对外投资时，按实际收到的数额与其账面价值的差额，计入投资收益。新型农村集体经济组织要加强对各种有价证券的管理。要建立有价证券登记簿，详细记载有价证券的名称、券别、购买日期、号码、数量和金额。

第五节　预决算与财务分析

一、新型农村集体经济组织制定预决算的重要性

新型农村集体经济组织的预算是一个综合性的财务计划，包括经营预算、资本预算和财务预算。经营预算是对企业收入、费用和利润做出的预计；资本预算是对企业的资本性投资方案所进行的计划和评价；财务预算则是在经营预算和资本预算的基础上所做出的现金流量的安排，以及一定时期内的损益表和一定时期末的资产负债表的预计。财务预算管理是企业预算管理的一个分支，也是预算管理的核心部分。决算是对预算执行情况的总结，与部门预算不可分割。通过决算工作可以对预算的执行情况进行认真分析，促进预算的合理编制，从而提高财政经费的使用效益。

新型农村集体经济组织的预算是行为计划的量化，这种量化有助于管理者协调、贯彻计划，是一种重要的管理工具。预算有助于管理者通过计划具体的行为来确定可行的目标，同时能使管理者考虑各种可能的情形。总预算能协调组织的活动，使得管理者全盘考虑整个价值链之间的相互联系，预算是一个有效的沟通手段，能触及企业的各个角落。通过预算管理各项目标的预测、组织实施，能促进企业各项目标的实现，保证企业各项目标的不断提高和优化，是体现企业业绩的一种好的管理模式。预算的过程会促进管理者及全体员工面向未来，促进发展，有助于增强预见性，避免盲目行为，激励员工完成企业的目标。

全面预算管理已经成为现代化企业不可或缺的重要管理模式。它通过业务、资金、信息、人才的整合，明确适度的分权授权，战略驱动的业绩评价等，来实现企业的资源合理配置并真实地反映出企业的实际需要，进而对作业协同、战略贯彻、经营现状与价值增长等方面的最终决策提供支持。全面预算管理是为数不多的几个能把组织的所有关键问题融合于一个体系之中的管理控制方法之一。

二、新型农村集体经济组织预算管理的内容

1. 投资预算

投资决策过程是投资预算的编制、不同预算方案优选的过程。投资预算是

对固定资产的购置、改建、改造、更新，在可行性研究的基础上对何时进行投资、投资多少、资金来源、获得收益期限、投资回报率、每年的现金净流量、需要多少时间回收全部投资等。借助于计算机建立投资预算决策模型，把采集到的经济信息、投入产出转化为数量，优化组合成不同的预算方案，并进行方案的优选。

2. 生产经营预算

生产经营预算是企业在某一时期为实现经营目标而编制的计划，描述了在该时期发生的各项基本活动的数量标准，包括销售预算、生产预算、直接材料采购预算、人力资源预算、间接成本预算（包括制造费用预算、行政管理费用预算、销售费用预算和财务费用预算）、经营损益预算、现金流量预算。通过建立预算模型，把销售预算等各分部的预算输入生产经营预算模型进行模拟，优化组合，选择最佳预算方案为执行方案。经营预算同样反映了公司的业务量、收入与支出一览表。向公司及各部门主管解释如何达到工作目标，预算项目和数量是否合理，明确各个部门每个工作责任者的工作标准是什么。

3. 财务预算

财务预算是反映企业某一方面财务活动的预算，如反映现金收支活动的现金预算；反映销售收入的销售预算；反映成本、费用支出的生产费用预算（又包括直接材料预算、直接人工预算、制造费用预算）、期间费用预算；反映资本支出活动的资本预算等。综合预算是反映财务活动总体情况的预算，如反映财务状况的预计资产负债表、预计财务状况变动表，反映财务成果的预计损益表。上述各种预算间存在下列关系：销售预算是各种预算的编制起点，它构成生产费用预算、期间费用预算、现金预算和资本预算的编制基础；现金预算是销售预算、生产费用预算、期间费用预算和资本预算中有关现金收支的汇总；预算损益表要根据销售预算、生产费用预算、期间费用预算、现金预算编制，预计资产负债表要根据期初资产负债表和销售、生产费用、资本等预算编制，预计财务状况表则主要根据预计资产负债表和预计损益表编制。

4. 预算管理的原则

①责任制原则。指对负责的工作范围可控制事项负责。如我们把各责任区域的成本划分为可控成本和不可控成本，各责任区域对本区域发生的可控制成本负责。

②例外管理原则。是要把注意力集中在超乎常情的情况，因为实际发生的

情况往往与预算有出入。如发生的差异不大，一般不逐一查明其原因，只把注意力集中在非正常的例外事项。如某一段时间我们发现生产用刀具等用品特别节约，经过核查，是外方管理专家的非程序性采购造成记录的时间差和因非程序性采购造成的工作混乱、数量差错。这是一种不合情理的节约。于是公司重新修正公布了新的采购控制程序，并随时检查该程序的有效性。

③有效性原则。是指预算编制不要过于繁琐，预算控制程序要有可操作性，避免预算管理失效。

④经济效益原则。是将控制所费与所得效益相比，后者应大于前者。

⑤量入为出、以收定支，留有余地的原则。

5. 新农村集体经济组织年度预决算的程序

新型农村集体经济组织的预算与决算一般应当以一个会计年度进行编制。预决算编制时间一般在上个会计年度结束、下个会计年度开始之时，也就是年底年初。编制预决算的程序如下。

①由新型农村集体经济组织总经理召开预决算编制工作部署会议，由新型农村集体经济组织内设财务、生产、销售、工程等职能部门以及村民委员会，分别编制已经结束会计年度的决算，同时编制下一个会计年度的预算。

②在各个部门编制预决算的基础上，由企业财务部门对各个部门分别编制的预决算进行汇总，编制能够反映新型农村集体经济组织经营状况全貌的总决算报告和总预算报告。

③由新型农村集体经济组织总经理对企业预决算总报告进行审核以后，提交董事会审议，并抄报企业监事会审查。

④新型农村集体经济组织董事会和监事会分别对企业预决算总报告进行审查，提出修改意见并由总经理负责进行修订。

⑤召开年度新型农村集体经济组织股东大会或者股东代表大会，由董事会董事长授权总经理（或者财务经理）作预决算报告；由监事会作企业财务情况的监察报告。

⑥新型农村集体经济组织股东大会或者股东代表大会对预决算报告进行审议。根据审议结果进行修改以后，做出批准预决算报告的审议决议。

四、财务分析

1. 盈利能力分析

盈利能力是指获取利润的能力。反映盈利能力的指标，主要有营业收入利润率、成本费用利润率、资产总额利润率、资本金利润率。

①营业收入利润率是指利润总额与营业收入净额的比率。其计算公式为：营业收入利润率＝（利润总额/营业收入净额）×100%。该项比率越高，表明为社会新创价值越多，贡献越大。

②成本费用利润率是指利润总额与成本费用总额的比率。计算公式为：成本费用利润率＝（利润总额/成本费用总额）×100%。该比率越高，表明一定的耗费所取得的收益越高。

③资产利润率是指利润总额与资产平均总额的比率。其计算公式为：总资产利润率＝（利润总额/资产平均总额）×100%。该项比率越高，说明资产利用的效果越好。

④资本金利润率是指利润总额与资本金总额的比率。计算公式为：资本金利润率＝（利润总额/资本金总额）×100%。这一比率越高，说明企业资本金的利用效果越好。

2. 营运能力分析

营运能力是指通过生产经营资金周转速度的有关指标所反映出来的资金利用的效率。生产经营资金周转的速度越快，表明资金利用的效果越好，效率越高，管理人员的经营能力越强。营运能力审计分析包括流动资产周转情况审计分析、固定资产周转情况审计分析和总资产周转情况审计分析。

①应收账款周转率。应收账款周转率是指一定时期内赊销收入净额与应收账款平均余额的比率。计算公式为：应收账款周转次数＝赊销收入净额/应收账款平均余额。应收账款周转率也可以用应收账款的周转天数表示。计算公式为：应收账款的周转天数＝计算期天数/应收账款周转次数。

②存货周转率。存货周转率是指一定时期内销货成本与存货平均余额间的比率。计算公式为：存货周转率＝销货成本/存货平均余额。存货周转率也可以用周转天数表示，计算公式为：存货周转天数＝计算期天数/存货周转次数。

③流动资产周转率。流动资产周转率是流动资产的平均占用额与流动资产在一定时期所完成的周转额之间的比率。计算公式为：流动资产周转次数＝流动资产周转额/流动资产平均余额。流动资产周转率也可以用周转天数来表示，计算公式为：流动资产周转天数＝计算期天数/流动资产周转次数。

④固定资产周转率。固定资产周转率是指年营业收入净额与固定资产平均净值的比率。其计算公式为：固定资产周转率＝营业收入净额/固定资产平均净值。固定资产周转率越高，表明固定资产利用充分，同时也能表明固定资

投资得当，结构合理，能够充分发挥效率。运用固定资产周转率时，需要考虑固定资产净值因计提折旧而逐年减少，因更新重置而突然增加的影响，还要考虑采用不同折旧方法对净值的影响。

第六节　会计核算

一、新型农村集体经济组织会计核算的原则

村经济合作社会计核算的要求。村经济合作社作为一种经济组织，必须遵守《中华人民共和国会计法》、《企业会计准则》和有关财务会计制度的规定，根据会计业务的需要，设置会计机构，或者在有关机构中设置会计人员并指定会计主管人员；不具备设置条件的，应当委托经批准设立从事会计代理记账业务的中介机构代理记账。从事会计工作的人员，必须取得会计从业资格证书。依法设置会计账簿，并保证其真实、完整。必须根据实际发生的经济业务事项进行会计核算，填制会计凭证，登记会计账簿，编制财务会计报告。

会计核算的一般原则是企业进行会计核算的基本指导思想，是企业选择会计核算方法和设计会计核算程序时所必须依据的标准。遵循一般原则，能够保证会计核算具有科学性、客观性，减少会计核算的随意性，提高会计核算的资料的可靠性。其主要内容如下。

①合法性原则。是指会计核算必须符合国家有关的法律、法规的要求。

②真实性原则。真实性原则也称客观性原则。是指企业会计核算的对象必须是真实的、客观存在的经济业务。实际不存在的经济业务不能成为会计核算的对象。

③一贯性原则。是指会计核算采用的会计处理方法必须前后一致。

④可比性原则。是指会计信息必须具有横向的可比性。社会各经济部门各企业都应使用大体一致的核算方法和核算程序进行会计核算，保持大体一致的口径。

⑤及时性原则。是指会计事项的处理必须在经济业务发生后及时进行。

⑥明晰性原则。明晰性原则又称可理解性或可辨认性原则。它是指企业的会计记录和会计报表必须数量关系清晰，反映的经济业务之间的逻辑关系正

确，便于报表使用者从中获得所需要的信息。

⑦收入与费用配比原则。配比原则的基本内容就是指企业某项营业收入必须与为取得该项收入而支付的成本、费用相对应并进行比较，只有这样才能衡量企业从销售产品、提供劳务中取得的真正收益。

⑧历史成本原则。是指企业的各项资产必须按其取得时的实际成本计价，或按建造时发生的实际成本计价。

⑨权责发生制原则。会计核算应当以权责发生制为基础。权责发生制的含义是，凡是当期已实现的收入和已经发生或当期应承担的费用，无论当期款项是否支付，都应作为当期的收入和费用；凡不属于当期的收入和费用，无论是否收付，都不能作为当期的收入和费用。

⑩划分收益性支出和资本性支出原则。会计核算应当合理划分收益性支出和资本性支出。凡支出效益仅与本会计年度相关的，应当作为收益性支出；凡支出的效益与几个会计年度相关的，应当作为资本性支出。

⑪全面性原则。是指企业的会计核算要全面反映企业的财务状况和经营成果。全面反映包括三个方面：一是提供关于企业资金运营的静态资料；二是提供关于企业资金运营的动态资料；三是提供按规定必须提供的资料以外的，对说明企业经营活动十分必要的或有助于有关方面深入了解企业经营状况的资料。

⑫重要性原则。是指对重要的经济业务，要严格按照《企业会计准则》的规定进行核算和详细说明；对不重要的事项，企业可以灵活处理，进行简化。

⑬稳健性原则。是指会计核算应尽可能地预计可能发生的损失，不要高估资产的价值，也不应预计可能发生的权益、高估所有者权益。

二、新型农村集体经济组织会计核算的要求

根据上述原则，新型农村集体经济组织的会计核算工作应当做到以下几点。

①会计核算应当以实际发生的交易或事项为依据进行确认、计量和报告，如实反映村合作经济组织的财务状况、经营成果和现金流量。

②应当按交易或事项的经济实质进行会计核算，而不应当仅仅按照它们的法律形式作为会计核算的依据。

③提供的会计信息应当能够反映与村合作经济组织财务状况、经营成果和与现金流量有关的所有重要交易或者事项，以满足会计信息使用者的需要。

④会计核算方法前后各期应保持一致，不得随意变更。如有必要变更，应当将变更的内容和理由等，在会计报表附注中予以说明。

⑤会计核算应当按照规定的会计处理方法进行，会计指标应当口径一致，相互可比。

⑥会计核算应当及时进行，不得提前或延后。

⑦会计核算和编制的财务会计报告应当清晰明了，便于理解和使用。

⑧会计核算应当以权责发生制为基础。凡是当期已经实现的收入和已经发生或应当负担的费用，不论款项是否收付，都应当作为当期的收入和费用；凡是不属于当期的收入和费用，即使款项已在当期收付，也不应当作为当期的收入和费用。

⑨在进行会计核算时，收入与其成本、费用应当相互配比，同一会计期间内的各项收入和与其相关的成本、费用，应当在该会计期间内确认。

⑩会计核算应当合理划分收益性支出与资本性支出的界限。凡支出的效益仅及于本会计期间（或一个营业周期）的，应当作为收益性支出；凡支出的效益及于几个会计年度（或几个营业周期）的，应当作为资本性支出。

三、新型农村集体经济组织会计制度

新型农村集体经济组织应当按照企业经营规模大小和经济业务繁简程度以及企业登记情况，分别执行相关会计制度。凡是在工商行政管理部门等级为企业法人的规模较大企业，应当执行《企业会计制度》；规模较小的企业应当执行《小企业会计制度》。凡是按照有关法规或者政策登记为村股份经济合作社且经济规模较小的，应当执行2005年财政部与农业部联合颁布的《村集体经济组织会计制度》；经济规模较大且经济业务繁杂的村集体经济组织应当在《村集体经济组织会计制度》的基础上，增加若干会计科目进行核算。

《村集体经济组织会计制度》会计科目[①]

101 现金。本科目核算村集体经济组织的库存现金。

102 银行存款。本科目核算村集体经济组织存入银行、信用社或其他金融机构的款项。

---

① 摘自《村集体经济组织会计制度》2005年，财政部、农业部联合颁布。

111 短期投资。本科目核算村集体经济组织购入的各种能随时变现并且持有时间不准备超过一年（含一年）的股票、债券等有价证券等投资。

112 应收款。本科目核算村集体经济组织与外单位和外部个人发生的各种应收及暂付款项。

113 内部往来。本科目核算村集体经济组织与所属单位和农户的经济往来业务。

121 库存物资。本科目核算村集体经济组织库存的各种原材料、农用材料、农产品、工业产成品等物资。

131 牲畜（禽）资产。本科目核算村集体经济组织购入或培育的牲畜（禽）的成本。本科目设置"幼畜及育肥畜"和"产役畜"两个二级科目。

132 林木资产。本科目核算村集体经济组织购入或营造的林木的成本。本科目设置"经济林木"和"非经济林木"两个二级科目。

141 长期投资。本科目核算村集体经济组织不准备在一年内（不含一年）变现的投资，包括股票投资、债券投资和村集体经济组织举办企业等投资。

151 固定资产。本科目核算村集体经济组织所有的固定资产的原值。

152 累计折旧。本科目核算村集体经济组织所有的固定资产计提的累计折旧。

153 固定资产清理。本科目核算村集体经济组织因出售、报废和毁损等原因转入清理的固定资产净值及其在清理过程中所发生的清理费用和清理收入。

154 在建工程。本科目核算村集体经济组织进行工程建设、设备安装、农业基本建设设施大修理等发生的实际支出。购入不需要安装的固定资产，不通过本科目核算。

201 短期借款。本科目核算村集体经济组织从银行、信用社和有关单位、个人借入的期限在一年以下（含一年）的各种借款。村集体经济组织借入的期限在一年以上（不含一年）的借款在"长期借款及应付款"科目核算。

202 应付款。本科目核算村集体经济组织与外单位和外部个人发生的偿还期在一年以下（含一年）的各种应付及暂收款项等。

211 应付工资。本科目核算村集体经济组织应付给其管理人员及固定员工的报酬总额。上述人员的各种工资、奖金、津贴、福利补助等，不论是否在当月支付，都应通过本科目核算。村集体经济组织应付给临时员工的报酬，不通过本科目核算，在"应付款"或"内部往来"科目中核算。

212 应付福利费。本科目核算村集体经济组织从收益中提取，用于集体福利、文教、卫生等方面的福利费（不包括兴建集体福利等公益设施支出），包括照顾烈军属、五保户、困难户的支出，计划生育支出，农民因公伤亡的医药费、生活补助及抚恤金等。

221 长期借款及应付款。本科目核算村集体经济组织从银行、信用社和有关单位、个人借入的期限在一年以上（不含一年）的借款及偿还期在一年以上（不含一年）的应付款项。

231 一事一议资金。本科目核算村集体经济组织兴办生产、公益事业，按一事一议的形式筹集的专项资金。

301 资本。本科目核算村集体经济组织实际收到投入的资本。

311 公积公益金。本科目核算村集体经济组织从收益中提取的和其他来源取得的公积公益金。

321 本年收益。本科目核算村集体经济组织本年度实现的收益。

322 收益分配。本科目核算村集体经济组织当年收益的分配（或亏损的弥补）和历年分配后的结存余额。本科目设置"各项分配"和"未分配收益"两个二级科目。

401 生产（劳务）成本。本科目核算村集体经济组织直接组织生产或对外提供劳务等活动所发生的各项生产费用和劳务成本。

501 经营收入。本科目核算村集体经济组织当年发生的各项经营收入。

502 经营支出。本科目核算村集体经济组织因销售商品、农产品、对外提供劳务等活动而发生的实际支出。

511 发包及上缴收入。本科目核算农户和其他单位承包集体耕地、林地、果园、鱼塘等上缴的承包金及村（组）办企业上缴的利润等。本科目设置"承包金"和"企业上缴利润"两个二级科目。

521 农业税附加返还收入。本科目核算村集体经济组织收到的乡（镇）农税征收部门返还的农业税附加、牧业税附加等资金。已免征农业税和牧业税的地区，不使用该科目。

522 补助收入。本科目核算村集体经济组织收到的财政等有关部门的补助资金。

531　其他收入。本科目核算村集体经济组织除"经营收入"、"发包及上交收入"、"农业税附加返还收入"和"补助收入"以外的其他收入。如罚款收入、存款利息收入、固定资产及库存物资的盘盈收入等。

541　管理费用。本科目核算村集体经济组织管理活动发生的各项支出，如管理人员的工资、办公费、差旅费、管理用固定资产的折旧和维修费用等。

551　其他支出。本科目核算村集体经济组织与经营管理活动无直接关系的其出。如公益性固定资产折旧费用、利息支出、农业资产的死亡毁损支出、固定资产及库存物资的盘亏、损失、防汛抢险支出、无法收回的应收款项损失、罚款支出等。

561　投资收益。本科目核算村集体经济组织对外投资取得的收益或发生的损失。

在村集体经济组织会计制度的基础上，对外投资业务比较多的新型农村集体经济组织可以增设以下会计科目①：

资产类科目

1012　其他货币资金。本科目核算村合作经济组织的银行汇票存款、银行本票存款、信用卡存款、信用证保证金存款、存出投资款、外埠存款等其他货币资金。

1131　应收股利。本科目核算村合作经济组织应收取的现金股利和应收取其他单位分配的利润。

1132　应收利息。本科目核算村合作经济组织因债权投资而应收取的利息。村合作经济组织购入到期还本付息的长期债券应收的利息，在"长期债权投资"科目核算，不在本科目核算。

1511　长期股权投资。本科目核算村合作经济组织持有的采用成本法和权益法核算的长期股权投资。

1513　长期债权投资。本科目核算村合作经济组织购入的在1年内（不含1年）不能变现或不准备随时变现的债券和其他债权投资。

1701　无形资产。本科目核算村合作经济组织持有的无形资产成本，包括专利权、非专利技术、商标权、著作权、土地使用权等。

1702　累计摊销。本科目核算村合作经济组织对使用寿命有限的无形资

---

① 摘自《北京市村合作经济组织会计制度实施细则》2010年，北京市经管站颁布。

产计提的累计摊销。

1801 长期待摊费用。本科目核算村合作经济组织已经发生但应由本期和以后各期负担的分摊期限在 1 年以上的各项费用，如以经营租赁方式租入的固定资产发生的改良支出等。

负债类科目

2211 应付薪酬。本科目核算村合作经济组织根据有关规定应付给村干部、村务人员的各种薪酬。

2221 应交税费。本科目核算村合作经济组织按照税法等规定计算应交纳的各种税费，包括增值税、消费税、营业税、所得税、资源税、土地增值税、城市维护建设税、房产税、土地使用税、车船使用税、教育费附加等。

2231 应付利息。本科目核算村合作经济组织按照合同约定应支付的利息，包括分期付息到期还本的长期借款、村合作经济组织债券等应支付的利息。

2232 应付股利。本科目核算村合作经济组织分配的现金股利或利润。

2241 其他应付款。本科目核算村合作经济组织除应付账款、预收账款、应付薪酬、应付利息、应交税费、长期应付款等以外的其他各项应付、暂收的款项。

2701 长期应付款。本科目核算村合作经济组织除长期借款以外的其他各种长期应付款项，包括应付融资租入固定资产的租赁费、以分期付款方式购入固定资产等发生的应付款项等。

所有者权益类科目

4001 实收资本（股本）。本科目核算新型农村集体经济组织接受投资者投入的实收资本（股本）。

4002 资本公积。本科目核算村合作经济组织收到投资者出资额超出其在注册资本中所占份额的部分，以及收到土地补偿费中按规定用于扶持集体经济组织成员发展家庭经营外的集体积累部分等形成的资本公积。

四、会计机构队伍管理

1. 会计机构设置

新型农村集体经济组织的会计机构设置，要根据新型农村集体经济组织本身经济规模、会计核算工作量大小和会计核算工作水平，分别采取以下两种设置方式。

①凡是新型农村集体经济组织本身经济规模较大、会计业务量较多、会计核算水平较高的，应当由本经济组织自行设置会计机构。新型农村集体经济组织有下属集体企业和事业单位的，应当在新型农村集体经济组织单独设置财务会计科（室、部），对下属集体企事业单位财务会计工作实行统一管理。

②凡是新型农村集体经济组织本身经济规模较小、会计核算量较少、会计核算水平较低的，会计核算记账工作可以委托乡镇财务服务中心代理，新型农村集体经济组织本身设置财务专管员。

乡镇农村财务服务中心和村级财务会计科室的财会人员采取个人自荐、民主推荐和公开招聘相结合的方法产生，实行合同管理。受聘财会人员必须具备以下条件。

①有较高的思想觉悟，熟悉财经法规政策，并有志于农村财会工作。

②必须具有会计从业资格证书，并具有初级以上专业技术职称。

③有5年以上财会工作经历和较强的农村财会业务能力。

④有高中、中专以上学历，年龄一般在45岁以下，有一定电算化基础。

2. 乡镇农村财务服务中心记账人员主要工作职责

①负责对各村上报的收支票据进行账前审核。

②按照村级财务制度、核算方法的有关规定，使用会计科目、开设登记会计账簿、编制会计报表，及时提供会计信息，保证会计核算资料真实、准确。

③健全档案借阅手续，保证财务档案资料完整、规范、齐全。

④按照财务公开的要求，提供相关书面资料，保证资料真实、准确。

⑤参加村民主理财会议，确保村民主理财工作到位。

⑥遵守职业道德，对记账内容负有保密责任。

⑦做好农村经济管理的其他相关工作。

3. 村财务专管员必须具备的条件

村财务专管员由新型农村集体经济组织提名，经股东代表大会同意，并报乡镇备案。受聘人员必须具备以下条件。

①有较高的思想觉悟，熟悉财经法规政策，并有志于农村财会工作。

②必须具有会计从业资格证书。

③有两年以上财会工作经历。

④有初中以上学历，年龄一般在 50 岁以下。

4. 村财务专管员主要工作职责

①负责本村的现金收、支管理工作。

②负责各种收支单据的整理、汇总，对不真实、不合理的原始凭证有权不予办理，并向单位负责人汇报。

③按时登记现金日记账和银行存款日记账，做到日清月结、账款相符。

④组织召开民主理财小组会议。

⑤每月底将收支票据和"现金收支结存报告单"上报到乡镇"农村财务服务中心"。

⑥按照规定的时间、地点、形式做好财务公开工作，保证财务公开内容完整、真实可靠。

⑦负责各类统计报表的填制及上报工作。

⑧负责村级集体资产管理工作。

⑨参加村级财务管理方面的会议，提出财务管理方面的意见和建议。

⑩负责会计档案的收集、整理工作。

⑪其他与财务管理有关的工作。

五、会计报表管理

新型农村集体经济组织的财务报表分为月份（或季度）财务报表和年度财务报表。月份（季度）财务报表包括损益表和收支明细表等。年度财务报表包括资产负债表和损益表。村经济合作社财务报表，应当定期向全体成员公布。

1. 资产负债表

资产负债表是反映在某一特定日期财务状况的报表。所谓财务状况，即资产、负债、所有者权益及其结构。因此，资产负债表表达了某一特定日期（如月末、季末、年末）有关资产、负债、所有者权益及其结构或相互关系的信息。

资产负债表依据企业"资产"、"负债"、"所有者权益"之间的平衡关系而编制，从两个方面反映财务状况的时点指标。一方面它反映某一日期所拥有的总资产，即企业所拥有或控制的、能带来未来经济利益的经济资源；另一方面又反映这一日期的资产来源，即负债和所有者权益。根据资产负债表所反映的两个方面，利用该表不仅可以了解企业资产的分布及其来源渠道，还可了解短期偿债能力、资本结构和长期偿债能力。

2. 损益表

损益表是反映企业在一定时期的经营成果的报表。经营成果通常表现为某时期收入与费用配比而得的利润或亏损。为了正确地反映利润和亏损，编制损益表必须是按照收入确认原则确定的当期收入和按照配比原则确定的与之相应的费用。损益表可以反映经营效果的好坏，衡量经营管理的成功程度和经营者的绩效，还能够用于分析和预测获利能力。损益表的内容主要有：营业收入、营业成本、营业费用、营业税金及附加、经营利润、其他业务利润、管理费用、财务费用、营业利润、投资收益、补贴收入、营业外收入、营业外支出、以前年度损益调整、所得税、净利润。

营业收入是指在生产经营活动中，由于销售商品、提供劳务等取得的收入。发生的销售退回、销售折让、销售折扣，冲减当期营业收入。新型农村集体经济组织应于产品、商品已经发出，劳务已经提供，同时收讫价款或取得收取价款的凭据时，确认营业收入的实现。

新型农村集体经济组织利润总额包括营业利润、投资净收益以及营业外收支净额。营业利润是指营业收入扣除成本、费用和各种流转税及附加税费后的数额。投资净收益是指投资收益扣除投资损失后的数额。营业外收支净额为营业外收入减去营业外支出后的数额。

六、会计档案管理

新型农村集体经济组织要按照《会计档案管理办法》的规定，加强对会计档案的管理。会计档案包括各种经济合同和承包合同或协议，各项财务计划及收益分配方案，各种会计凭证、会计账簿和会计报表，会计人员交接清单，会计档案销毁清单及其他会计档案。

采用电子计算机进行会计核算的乡镇"农村财务服务中心"，必须打印出纸质的财务档案并于年终刻录光盘。乡镇"农村财务服务中心"的会计人员，每月末将会计凭证整理、装订成册。年终将各种会计资料分类整理、装订、立卷。各村的财务专管员负责日常会计档案收集、整理，会计年度终了，将各种会计档案分类整理、装订、立卷。凡涉及财务档案的，移交给本乡镇"农村财务服务中心"。当年形成的财务档案，在会计年度终了后，可暂由乡镇"农村财务服务中心"保管一年，期满后按要求移交给本乡镇档案机构，编制移交清册。财务档案可以查一般不得外借。有特殊需要的，也可以借阅或复制。查阅、借阅、复制由村委会出具证明，加盖村民委员会、支部委员会公章，经乡镇"农村财务服务中心"负责人同意，并办理登记手续，档案管理人员负责按时收回。查阅、借阅、复制财务档案的人员，严禁在财务档案上涂画、拆封和抽换。一般情况下，同一内容不可反复查阅、借阅、复制。

村级财务档案的保管期限按《会计档案管理办法》规定执行，《会计档案管理办法》中无规定的其他相关财务资料可根据需要确定。村级财务档案保管期满，需要销毁时，严格依照《会计档案管理办法》规定实施。

七、收益分配管理

1. 新型农村集体经济组织收益分配的原则

收益分配工作是新型农村集体经济组织经营管理工作的一项重要内容，合理分配当年经营收益对于调动广大股东和职工的积极性，增加农民收入，促进企业持续发展具有重要作用。在收益分配工作中要坚持以下原则。

①坚持兼顾国家、集体、个人三者利益的原则。

②坚持兼顾眼前利益与长远利益的原则。

③兼顾各方利益的原则。

2. 收益分配方案的制订

新型农村集体经济组织收益分配方案应当由财务管理部门根据本企业本年度收益情况和年初财务预算，制定出本年度收益分配草案报董事会研究以后，由董事会提交股东大会或者股东代表大会决议。

3. 新型农村集体经济组织收益分配的顺序

①依法缴纳国家税收。

②缴纳被没收财物损失，违反税法规定支付的滞纳金和罚款。

③弥补企业以前年度亏损。

④提取法定公积金。新型农村集体经济组织应当按照净利润的 10% 提取法定公积金。法定公积金可用于转增资本金和弥补亏损等。

⑤提取任意盈余公积金。新型农村集体经济组织可以根据本组织扩大再生产的需要，经过股东大会或者股东代表大会决议，从净利润中提取任意盈余公积金。

⑥按照净利润的5%提取公益金。公益金主要用于集体公益性福利设施支出。

⑦提取奖励基金。新型农村集体经济组织可以根据股东大会或者股东代表大会的决议，从税后净利润中提取一定比例的奖励基金，用于对本组织做出特殊贡献人员的奖励。奖励基金也可以成长为董事长基金，具体奖励对象和奖励标准由董事会决议。

⑧提取职工积累基金。新型农村集体经济组织可以按照股东大会或者股东代表大会的决议，从税后利润中提取一定比例的职工积累基金。职工积累基金主要用于以后年度的"以丰补歉"，保持职工分配水平的稳定。经过一段时期运行以后，如果职工积累基金结余较多，可以按照该时期股东新增工龄进行股份量化。

⑨分配红利。根据新型集体经济组织股东的股份分配红利。当年没有税后利润的，不得分配红利。

4. 依法纳税与合理避税

新型农村集体经济组织作为企业在享受国家提供的公共产品服务的同时，应当依法履行纳税的义务。但是，新型农村集体经济组织与一般的社会企业之间有存在一定的差异。这种差异主要表现在，由于城乡在公共产品供给方面存在较大差距，农村集体经济组织还肩负着为农民提供部分生产、生活服务的义务，也就是说一部分理应由国家提供的公共产品服务责任，由于二元管理体制导致由农村集体经济组织承担了。凡是不直接进行生产经营的农村集体经济组织在进行产权制度改革之前，其收缴的承包收入、租金收入等一般都不缴纳营业税和所得税。这并不是说农村集体经济组织对国家财政就没有贡献。农村集体经济组织对国家的贡献主要表现在由其直接进行生产经营的企业依法缴纳各种税费。一些地方，在新型农村集体经济组织成立以后，税务部门要求其缴纳营业税和所得税，引起农民群众的不满。对这个问题要深入研究区别不同情况来处理。

①新型农村集体经济组织的税负与经营内容与收入性质有关。从2004年农村税费改革以后，国家已经免除了农民的农业税、农林特产税、屠宰税等。所以，新型农村集体经济组织通过对农用土地、山场、草地、滩涂等自然资源的经营，所取得的收入不用缴纳营业税和所得税。集体经济组织土地被征用的，其土地补偿费等收入，依照《营业税税目注释》中"对土地所有者出让土地使用权，不征收营业税"的规定依法不征收营业税。而新型农村集体经

济组织从事二、三产业所取得的收益，则应当依法缴纳相关税费。

②新型农村集体经济组织的税负与企业登记性质有关。凡是登记为有限责任公司或者股份有限公司的新型农村集体经济组织，必须按照《公司法》的规定进行管理，依法缴纳各种税费。凡是登记为集体企业的新型农村集体经济组织，则可以按照《乡镇企业法》的规定，享受国家相关减免税负优惠。凡是登记为股份经济合作社的新型农村集体经济组织，使用税务部门提供税务发票的收入需要交纳营业税等税费，凡是不使用税务发票的收入则无需缴纳税费。

③新型农村集体经济组织的税负与核算体制有关。新型农村集体经济组织应当改革资产经营方式，相关实质性经营活动都应当由下属的企业负责，组织本身应当主要从事资产经营和投资管理。因此，各种税费主要应当由下属经营实体缴纳，年底收取承包收入或者租金收入，纳入本年收益核算。如果采取企业成本利润核算体制进行会计核算，各项收益变成本年利润，税务部门就有理由进行征税。

④新型农村集体经济组织的税负与核算办法有关。按照税法的规定，股金分红收益必须缴纳20%的个人所得税。假设某村集体经济组织财务预算确定，平时每个月向股东发放1500元的工资或者补助，股东年工资性收入为18000元。年底，新型农村集体经济组织计划向股东发放股利，平均每个人12000元。如果股利年终一次性发放，每个股东需要交纳2400元的个人所得税，按照预算，股东全年应从集体经济组织得到的总收入30000元，实际收入为27600元。根据从2011年9月开始实施的修改后的个人所得税法，个人所得税征收起点为每月3500元，全年为42000元。这就是说城镇企业职工年收入42000元全部免税，而农民全年收入30000元则缴纳了2400元的个人所得税。根据有关新型农村集体经济组织的实践，解决这个矛盾的办法是，将年终股金分红分配到每个月份进行会计处理。

计算当月工资费用时：

借：劳务成本——月工资 1500 元　　　　贷：应付工资 2500 元
　　劳务成本——预分款 1000 元

每月向股东发放工资时：

借：应付工资 2500 元　　　　　　　　　贷：现金 1500 元
内部往来 1000 元

年底发放股利时：

借：内部往来 12000 元　　　　　　　　 贷：现金 12000 元

　　如果新型农村集体经济组织全年向每个股东发放的工资和股利超过了42000元,则其超出部分再按照税法规定缴纳20%的所得税。

　　以上是对在劳动力年限范围之内的股东而言,而对退休的股东和不在劳动力范围之内的未成年股东,则应按照退休费或者福利补贴来核算,不应按照工资来核算。

第七节　民主理财与财务公开

一、民主理财

　　新型农村集体经济组织的资产管理特别是财务管理工作须坚持民主管理的原则。新型农村集体经济组织的民主理财工作由监事会负责组织。

1. 民主理财小组的组建

　　新型农村集体经济组织民主理财小组成员,经股东会议或股东代表会议选举产生,董事会成员、经营管理干部及其配偶、直系亲属不得担任民主理财小组成员。民主理财小组一般由3~5人组成,由新型农村集体经济组织监事长任组长,负责主持日常理财和协调等工作。民主理财小组成员名单需报乡镇政府备案。村民主理财小组成员应具备以下条件。

　　①坚持原则、办事公道,关心集体和群众,深得群众信任。

　　②具有一定理论水平,了解党和国家对农村的政策及相关的法律、法规等。

　　③具有一定的财会专业知识。

　　理财小组成员要保持相对稳定,不得随意变更和撤换。民主理财小组成员因疾病、迁出、死亡等原因不能履行职责的,可进行变更。对民主理财小组中不履行职责的成员,要及时对其进行撤换。变更和撤换民治理财小组成员要经过股东会议或股东代表会议讨论通过,并报乡镇政府备案。

　　民主理财小组组长负责保管"村民主理财专用章",不得由董事会成员、经营管理干部和财务人员代管。

2. 民主理财小组的职责

　　新型集体经济组织民主理财小组担负以下职责。

①每月定期召开民主理财会议，开展民主理财活动。

②参与制定经济组织的财务计划和各项财务管理制度。

③对本经济组织财务预算的执行以及财务收支、财务公开等进行监督，否决不合理开支。

④接受股东委托查阅、审核财务账目，反映有关财务问题。

⑤向股东会议或股东代表会议报告民主理财情况。

⑥向本组织董事会提出财务管理方面的意见和建议。

⑦保守本集体经济组织的财务、商业秘密。

3. 民主理财的程序

①由本组织财务人员向理财小组成员报告本月的财务收支情况。

②理财小组成员对本月的收支票据进行审核，做到客观公正，同时审核有关业务的民主程序。对于审核合规的票据，加盖"村民主理财专用章"，对于不合规的票据，拒绝盖章，退回专管员。

③新型农村集体经济组织主管财务领导应列席民主理财会议，解答理财小组成员提出的疑问。

④按民主理财结果，据实填写区县合作经济管理部门统一印制的"民主理财活动情况登记表"，并由参加理财活动的小组成员签字，对理财结果负责。"民主理财活动情况登记表"村级要存档。

对某项经济业务民主理财小组与本组织经营管理层发生意见分歧，可以提交股东会议或股东代表会议讨论决定，也可以寻求乡镇合作经济管理部门予以协调解决；对民主理财小组内部有争议的票据，在尊重事实的基础上进行充分讨论，不能达成一致意见的，以少数服从多数为原则。

二、财务公开

新型农村集体经济组织必须实行财务公开，坚持"实际、实用、实效"原则，将集体财务活动和资产状况定期公布，每季度进行一次，时间为下季度首月8日前，重大事项应随时公布。

1. 财务公开的形式

新型农村集体经济组织财务公开应采取多种形式，主动接受村民的监督，必须采取的公开形式包括以下几点。

①在便于村民阅览的地方设置财务公开栏，张榜公布。公开栏必须张贴

《村级财务收支公开表》、《集体资产公开表》等。

②每季度发放"明白纸"到户。

③列入每半年召开一次的股东会议或股东代表会议议程。

④已安装村务公开触摸屏的村，将触摸屏置于醒目位置，便于村民点击查看。

同时还可以通过广播、电视、网络、民主听证会等其他有效形式公开。

2. 财务公开的内容

根据财务管理需要，公开内容主要包括以下几点。

①财务计划，包括收入计划、收入预算；支出计划、支出预算；固定资产购建计划；农田水利基本建设计划；农村道路修建计划；集体资源发包、资产出租计划。

②各项收入，包括集体统一经营收入、承包收入、租赁收入、财政转移支付及其他村级补助收入、投资收益、救济扶贫款；土地征用补偿收入；村内一事一议筹资收入、其他收入等。

③各项支出，包括集体经营支出、合同兑现支出、福利费支出、村干部报酬、办公经费支出、五保户供养支出、村级招待费支出、农田水利基本建设、环境整治、购建固定资产支出、一事一议筹资筹劳的使用、其他支出等。

④各项财产，包括现金及银行存款、固定资产、对外投资、应收款项。

⑤债权债务，包括内部单位往来；外部单位和个人往来；欠银行、信用社贷款数额、用途；欠村干部的报酬以及村干部代垫款的本金、用途；欠施工单位的工程款项。

⑥收益分配，包括收益总额；公积公益金提取的数额、比例；福利费提取的标准、数额；分配、分红的标准、数额和对象。

⑦其他项目，包括农户承担的一事一议筹资筹劳；新型农村合作医疗补贴；种粮补贴；其他国家补贴农民或资助村集体的事项等。

3. 财务公开的程序

财务公开要遵循严格的程序，由乡镇"农村财务服务中心"提供"公开表"及"明白纸"，并加盖乡镇"农村财务服务中心"专用章；民主理财小组进行审查、认定，并加盖"村民主理财专用章"，通过后予以公布，同时要做好乡镇提供"公开表"及"明白纸"，村级公开时间、形式、内容等记录，相关负责人要签字。

　　新型农村集体经济组织财务公开后，要认真听取股东的意见和建议，设立意见簿或意见反馈栏等，对股东在财务公开中反映的问题要及时解答、解决。

　　乡镇推行"参席制"，农村财务服务中心记账人员每年参加村民主理财会次数要达到100%，同时查看财务公开情况，详细记录参会情况并存档，另外乡镇有关部门进行联合检查，并做好检查记录。

第十章 新型农村集体经济组织产业发展

第一节 新型农村集体经济组织产业发展概述

新型农村集体经济组织设立以后，能否将产权制度改革带来的制度优势转变为经济优势，是对新型农村集体经济组织经营管理层的最严重的考验。实践是检验真理的唯一标准，检验一个集体经济组织产权制度改革是否成功的主要标志就是看它是否能够实现产业发展、农民增收。

一、新型农村集体经济组织产业发展的重要意义

按照马克思主义关于生产关系一定要适应生产力发展水平的理论，当生产关系适应生产力发展水平的时候，就会对生产力起到促进作用，当生产关系落后或者超越生产力发展水平的时候，就会对生产力发展起到阻碍甚至破坏作用。传统的农村集体经济组织之所以要进行产权制度改革，就是因为长期以来这种共同共有的生产力发展不适应生产力的发展，对农村生产力的发展起到阻碍作用。所以，进行产权制度改革的目的就是为了调整与生产力发展不相适应的生产关系，达到促进生产力发展、增加农民收入的目的。新型农村集体经济组织设立以后，在建立健全法人治理结构、激励与约束机制，加强人力资源开发与管理，强化"三资"管理的基础上，必须集中精力发展产业，才能不断提高集体资产经营效益和股东收益水平。新型农村集体经济组织产业发展的重要意义主要表现在以下四个方面。

①大力发展新型农村集体经济组织产业是建设社会主义新农村的迫切需要。党中央把社会主义新农村建设的任务归结为"生产发展、生活富裕、乡风文明、环境整洁、管理民主"。其中，生产发展是第一位的任务。生存与发展是社会主义新农村建设的物质基础，是农民生活富裕和乡风文明的前提条

件。生产不发展，环境整洁就不可能长久保持，管理民主也就成为无的放矢的空话。充分发挥新型农村集体经济组织在社会主义新农村建设中的中坚作用，必须大力培育新型农村集体经济组织的主导产业。

②大力发展新型农村集体经济组织产业是贯彻落实科学发展观的迫切需要。党中央提出要按照科学发展观的要求，转变经济增长方式，实现城乡统筹协调发展，构建城乡一体化的社会经济发展新格局。实现城乡统筹协调发展，不仅需要从农村外部实行城市反哺农村、工业反哺农业的政策，加大国家对"三农"工作的扶持力度，更重要的是要在农村内部形成强大的自我发展能力和"自我造血"功能。新型农村集体经济组织作为社会主义公有制经济在农村的主要实现形式，必须勇敢地承担起带领农民群众发展产业的任务。

③大力发展新型农村集体经济组织产业是巩固农村改革成果的迫切需要。改革三十多年来，我们党在农村推行了家庭承包经营、调整农村产业结构、农村税费改革、建立农村社会保障体系等一系列改革。农村集体经济产权制度改革是在坚持党在农村的基本政策和基本经营制度基础之上的深层次改革。实践是检验真理的唯一标准。检验农村产权制度改革是否正确、是否成功的唯一标准就是农村产业是否发展了，农民收入是否提高了，股东收益是否增加了，集体资产是否达到保本增值。实现上述标准的途径就是要进一步发展新型农村集体经济组织产业。

④大力发展新型农村集体经济组织产业是提高市场竞争能力的迫切需要。新型农村集体经济组织是在传统集体经济组织的基础上演变而来的，由于设立的时间还比较短，其本身难免还带有传统集体经济组织的痕迹，承担着传统集体经济组织遗留下来的一些负担。但是，从总体上来看，新型农村集体经济组织的这些特殊性，不能改变其作为市场经济主体的性质。既然是市场经济主体，就必然要参与市场竞争，接受市场经济的考验，承受市场竞争失败带来的痛苦，享受市场竞争带来的欢乐。所以，新型农村集体经济组织作为集体企业，必须按照市场竞争的规律，勇敢地面对市场，在市场竞争中捕捉市场信息、寻求发展机遇，做大做强集体产业。

二、优化资源配置、转变经营方式是增强企业市场竞争能力的客观需要

实行股份合作制改革的目的是为了保护和发展农村生产力，增加农民收入。社区股份合作制企业办得好还是不好，最根本的要看集体经济是否发展

了，集体实力是否增强了，股东的分配水平是否提高了。许多进行产权制度改革的地方，自新型农村集体经济组织成立以来，都能够给股东进行股金分红，分红比例在5%到15%之间，广大农民群众切实得到了改革的实惠。但是，也有一些村新型农村集体经济组织设立以后，一直没有给股东分红。这些新型农村集体经济组织没有给股东进行股份分红的原因比较复杂。但是从根本上来说，还是集体经济没有得到发展，集体资产经营效益差造成的。所以，检验新型农村集体经济组织经营管理水平的最终指标就是能不能给股东分红，农民群众能不能从新型农村集体经济组织的资产经营中增加收入。集体资产与资源的优化配置与经营方式的转变涉及企业经营效益的好坏，涉及改革成效的大小，涉及新型农村集体经济组织的凝聚力与向心力是否能够得到增强，涉及企业是否能够在激烈的市场竞争中生存与发展，必须引起高度重视。

三、根据新型农村集体经济组织实际情况，确定产业发展战略

新型农村集体经济组织成立以后，首要的问题是要正确认识自己，正确认识自己所处的经营环境，正确认识自己能够干什么，不能够干什么。在正确分析形势的基础上制订企业发展战略，确定主导产业。企业发展战略是在分析外部环境和内部条件的基础上，为实现企业长期发展目标而进行的总体谋划，以期在充分运用可取得的资源的条件下，获得更好的效益。经营战略是现代企业经营管理的中心课题。在企业与外部环境的相互作用中，企业制定经营战略不仅可以使企业克服弱点，避免环境威胁并适应未来环境的变化，而且能够使企业发挥优势，利用环境机会使企业得到更快的发展。因此，制定经营战略并将其付诸实施，是企业获得利润和持续发展的重要保证。企业经营战略具有全局性、整体性、长远性、科学性、竞争性和应变性的特点和定位、导向、统筹的作用。企业经营战略按照其机能划分有：产品开发战略、市场营销战略、资源战略、投资战略、人事战略、公关战略等。新型农村集体经济组织在制定企业发展战略、确定主导产业的基础上，一定要坚持因地制宜，扬长补短，充分发挥自己的优势。例如，城乡结合部地区，要把旧村改造和房地产开发摆到重要位置。同时，对有市场、有发展前景的二、三产业项目，特别是为城市服务的商业、批发零售业、物流业、餐饮业、旅店业要大胆投资。平原地区的新型农村集体经济组织充分利用本地土地资源优势，充分利用国际化大都市的市场优势和首都科技力量雄厚的优势，大力发展都市型现代农业。而处于生态涵养区

的山区企业，则要以农村旅游为主导产业，大力发展具有本地特色的民俗旅游、工艺品制造、特色果品栽培等。总之，要围绕企业发展战略，对本身具有的各种资源进行合理组合与配置，使各种资源得到充分、合理利用。

四、按照资产经营效益最大化的原则，确定资产经营方式

集体资产经营方式可以是多种多样的。一个企业因资产与资源的差异，其经营方式也可以是多种多样的。集体资产经营方式可以是集体统一经营，也可以是分散经营；可以是自己经营，也可以是委托经营、承包经营、租赁经营；可以是独家经营，也可以是采取股份制或者股份合作制的办法进行合伙经营、联合经营。具备条件的企业，可以自己经营管理，自己没有经营管理能力的，要坚决采取租赁、委托经营等方式，发展租赁经济。本地土地资源多的企业，可以采取招商引资的办法，吸引外来企业、法人或者自然人投资。自己那里已经没有发展空间的村，可以采取走出去的发展战略，到外村、外县、外省市甚至外国寻求发展机遇。具备条件的新型农村集体经济组织也可以采取资金联合与劳动联合相结合的方式，吸引个人股东与集体共同投资举办农民专业合作社或者股份制、股份合作制企业。

第二节　新型农村集体经济组织产业发展的原则、模式与程序

一、新型农村集体经济组织发展产业的原则

20 世纪 80 年代，我国农村曾经经历过乡镇企业大发展的辉煌时期。那种村村点火、户户冒烟的场景至今让人难以忘怀。但是，好景不长，当国家启动城市改革和国有企业改革，大量私营个体企业兴起以后，大多数地方的乡镇企业很快就在市场竞争中败下阵来，大批企业倒闭破产，成千上亿的农村剩余劳动力像潮水般涌入城市，成为夹在城市与农村之间的农民工。许多人由此得出一个结论，就是农村集体经济办不好企业，农村集体经济组织再也不能办企业了。这是一种片面的认识。之所以说这种认识是片面的，一是持这种观点的人们没有对大批乡镇企业倒闭的深层次原因进行分析；二是没有看到确实有一大

批乡镇企业特别是乡镇集体企业经受了市场竞争的考验，不仅顽强地生存下来，而且成为具有强大实力的知名企业。总结农村集体经济组织兴办企业的正反两个方面的经验和教训，我们认为：新型农村集体经济组织发展产业必须坚持以下原则。

1. 坚持因地制宜、扬长避短的原则

大批乡镇企业倒闭的原因之一，就是没有从本地资源优势和经济优势出发，跟风盲目上马，"傻子过年看街坊"，别人干啥自己就干啥，别人办什么企业自己就办什么企业。其结果是形成重复建设、恶性竞争，不仅劣质企业倒闭，而且带累了优质企业。反之，那些在市场竞争中赢得胜利的优秀集体企业，都是充分发挥了本地的资源优势和经济优势，因地制宜地从本地实际出发，办出了企业特色，形成了自己的特色产品。所以，新型农村集体经济组织在发展产业工作中，必须坚持因地制宜、扬长避短的原则，牢记"到自己熟悉的海洋去游泳才不会被淹死"的格言。

2. 坚持以消费者为上帝、以市场需求为导向的原则

大批乡镇企业倒闭的原因之二，就是在开办之初就没有进行必要的市场需求调研，道听途说，自以为是。有的虽然也进行了一些市场调研，但是并没有抓住市场需求的变化规律。某项产品确实是有市场需求，但是这种产品的生产实际上已经饱和，已经没有进入这种产品生产经营的有效空间。在这种情况之下，盲目决策投资生产必然导致亏损，甚至血本无归。反之，一些成功的乡镇企业特别是乡镇集体企业，其之所以成功，就在于在投资之前就进行了大量的市场调研，从大量市场需求信息中，去伪存真，抓住机遇，找准了本组织产业和自己产品的市场定位，即便是市场上已经饱和的产品，也能通过开发这种产品的新功能、提升这种产品的新品质，达到战胜竞争对手的目的。所以，新型农村集体经济组织在发展产业、开发产品过程中，一定要坚持以消费者为上帝、以市场需求为导向的原则，认真做好市场调研和可行性分析。

3. 坚持科学技术领先、为市场提供高品质产品的原则

大批乡镇企业倒闭的原因之三，就是这些企业所生产的产品或者提供的服务，科技含量低下，产品质量低劣。许多企业的生产工艺和从设备是城市企业淘汰下来的旧工艺、旧设备，其产品也都是城镇企业不愿意再生产的落后产品。还有众多企业只是为城镇企业提供初级产品、附属产品，其命运完全被城镇企业控制，当城镇企业倒闭时，也随之倒闭关张。反之，一些成功的乡镇集

体企业从一开始就拥有自己的独立产品和知识产权。有的乡镇集体企业还举办了自己的产品研发中心和技术开发中心。有的与国内外高科技企业或者高等院校、研发中心进行合作，成功开发出具有唯一性特色的产品，占领了市场先机，取得巨大经济效益。所以，新型农村集体经济组织在发展产业过程中，必须加大技术投入，认真贯彻落实科学技术是第一生产力的指导思想。

4. 坚持社会效益与经济效益、环境效益统一的原则

大批乡镇企业倒闭的原因之四，就是这些企业在开办之初就急功近利，甚至见利忘义，片面追求经济效益而忽视社会效益和环境效益。一些乡镇企业把城市企业不允许再生产的诸如电镀厂、铸造厂、印染厂等高耗能、高污染的产品引入农村，表面上暂时获得了一些经济效益，实际上对农村环境造成了极大破坏，对农民身体健康也造成了极大危害。当国家重视环境保护、重视保护工人身体健康的时候，这些企业只能被迫关张倒闭。反之，一些成功的乡镇集体企业从开办初期就重视将企业经济效益与社会效益和环境效益有机地结合起来，注重发展循环经济、生态经济。一些乡镇集体企业在取得经济效益的之后，投入大量资金用于植树造林、发展绿色产业，保持了企业的发展后劲。所以，新型农村集体经济组织在发展产业过程中，不能再走片面追求经济效益而忽略社会效益和环境效益的老路。

5. 坚持依法建设、依法治企的原则

一些乡镇企业之所以在市场竞争中败下阵来，并不是由于其产品不符合市场需求，也不是其产品不具有市场竞争能力，而是在企业领导者脑海中缺少法治观念。有的违反城市建设总体规划或者土地利用总体规划，自作主张搞违法建设，被行政执法机关作为违章建筑强行拆除。有的企业偷税漏税，有的企业违反劳动法规定损害职工合法权益，有的私设公堂侵害员工人身权利，有的企业由于不懂法被居心不良的企业或者个人坑骗。所以，新型农村集体经济组织在发展产业过程中必须坚持依法行事，严格按照国家相关法律、法规办事，才能确保企业具有长远的发展能力。

6. 坚持产权明晰、权责利统一的原则

大批乡镇企业倒闭的重要原因之一就是企业管理混乱，产权不清、责任不明、人浮于事、产品质量低下、产品成本居高不下、资产流失、长期亏损。少数乡镇企业领导干部腐败堕落、以权谋私、化公为私，严重挫伤企业职工积极性。众多集体企业社会负担沉重，上级机关和行政执法部门向企业乱收费、乱

摊派、吃拿卡要现象严重。有的乡镇企业其实就是被沉重的社会负担拖垮了的。所以，作为实行按份共有产权制度的新型农村集体经济组织，在发展产业过程中决不能再重蹈覆辙。凡是新型农村集体经济组织举办的企业，都要建立起产权明晰的产权制度，都要实行集体投资与企业管理者、企业职工共同投资的产权结构，把集体利益与企业经营者利益、企业职工利益牢牢捆绑在一起，真正做到资金联合与劳动联合相结合，按劳分配与按股分配相结合。通过建立健全权责利相统一的企业管理模式，增强企业自觉抵制各种乱收费、乱摊派的行为，严格成本核算，努力降低产品消耗，增强产品和服务的市场竞争力。

二、新型农村集体经济组织产业发展的模式

所谓新型农村集体经济组织产业发展的模式，指的是产业项目的资金收集方式或者产权模式、产业发展的范围。

1. 按照新型集体经济组织产业发展的资金筹集方式划分

①集体经济组织独资经营模式。独资经营就是产业发展项目的全部投资全部由新型农村集体经济组织承担。采取这种投资方式的主要适用范围为投资规模相对较小的项目或者企业经营全部资源由新型农村集体经济组织独家控制的项目。这种投资方式的资金来源一部分是企业自有资本，另一部分采取从银行贷款的方式解决。采取此种投资方式的优点在于全部经营收益由新型农村集体经济组织享有，正所谓"肥水不流外人田"。其不足之处在于融资成本比较高，投资风险全部由集体经济组织独家承担，同时发展规模不可能很大，发展速度不可能很快。

②集体经济组织与股东个人或者企业职工联合投资模式。集体经济组织与股东或者职工联合投资，就是除了新型农村集体经济组织出资投资以外，发动本组织个人股东以及企业职工以现金进行投资，按照产业项目另外组建股份合作制或者股份制企业。如果资金还有缺口再向银行等金融机构贷款解决。采取这种投资方式的优点在于分散了集体经济组织的投资风险，同时将股东个人或者职工的一部分消费资金转变为生产资金，既有利于解决产业发展资金缺口问题，又有利于调动个人股东和企业职工的积极性，增强产业项目内部的凝聚力。

③若干个村集体经济组织联合投资模式。村级集体经济组织联合投资，就是两个以上的村集体经济组织按照自愿互利的原则，采取股份合作制或者股份制的形式，共同组建企业来对某项产业进行开发经营。譬如，几个村集体经济

组织共同投资组建房地产开发公司来共同开发本地的集体建设用地。采取这种投资方式最大的优点在于实现了强强联合、优势互补，有利于集体经济组织产业项目的快速发展和产业项目的升级，增强集体经济组织的市场竞争能力。采取此种投资方式的条件必须是几个相互之间有地缘联系或者互信程度比较高的集体经济组织。

④乡镇集体经济组织与村集体经济组织联合投资模式。乡镇集体经济组织与村集体经济组织联合投资，就是由乡镇党委和乡镇政府出面，由乡镇集体经济组织牵头，联合本乡镇行政区划范围之内的全部或者几个村集体经济组织共同投资进行产业开发。譬如，有的乡镇采取全乡镇统一制定土地利用规划的办法，有的村庄集体土地用于商业开发，有的村庄集体土地用于建设新型农村社区，有的村庄集体土地被规划为永久性农田或者城市绿化隔离带。经济合作社为确保土地利用规划的实施和平衡各村之间的利益关系，由各村股东代表会议做出决议将本村土地资源以股份的形式投入乡镇集体经济组织牵头举办的土地股份经济合作社。土地开发收益按照各村土地面积进行股份分红。采取这种投资方式，有利于实现乡镇范围之内的统筹协调发展，有利于小城镇建设和新型农村社区建设，有利于集中力量发展规模经营产业。

⑤集体经济组织牵头举办农民专业合作社模式。采取举办农民合作社的方式发展产业模式，就是由村新型农村集体经济组织出资、出土地，同时按照自愿互利的原则，发动本集体经济组织农户出资，共同按照《农民专业合作社法》的规定，举办专业合作社，对某项农业产业项目进行生产经营或者开发，实现农业的适度规模经营，提升农业现代化水平。许多地方的实践证明，凡是经营规模大、管理水平高、经济效益好、农民得到实惠多的农民专业合作社，大多是由村党组织通过集体经济组织牵头举办的。其中的奥秘就在于村集体经济组织掌握着个别农户掌握不了的组织资源、土地资源和经济资源，农民群众对村集体经济组织的信任程度比较高。

⑥集体经济主导、社会力量参与模式。集体经济主导、社会力量参与是新型农村集体经济组织产业发展的一个极其重要的模式。这种模式，就是新型农村集体经济组织发挥本身具有的土地资源优势以及其他社会资本不具有的优势，与社会法人组织或者社会个人采取联合投资组建股份合作制或者股份制企业的方式发展农村主导产业。在全球一体化进程加快的新时期，新型农村集体经济组织必须打破封闭状态，实施资本引进和资本跟进战略，高起点、全方位、宽领域地引进资金、引进技术、引进人才，改造传统的投资方式、经营模式和运行机制，选择优势产业、优势企业、优势项目，积极投资参股经营，优

化资源配置，提高集体资产运行质量，壮大集体经济实力。在采取集体经济主导、社会力量参与产业发展模式时候，必须充分注意保护农民合法权益，尤其是保护农民的土地权益。按照现行国家土地管理法的要求，在农村集体土地转为国有建设用地之前，土地不得作为股份出资参股。解决的办法就是集体经济组织与社会力量联合投资组建新的企业，集体土地则采取租赁的方式向合资企业收取土地租金，合资企业经营收益扣除土地租金以及其他经营费用以后，实行按股分红。有的村土地虽然不入股，也不向合资企业收取土地租赁费，但是规定在合资企业分红时，集体经济组织必须得到50%左右的红利。

⑦"筑巢引凤"模式。所谓"筑巢引凤"模式，就是新兴集体经济组织本身并不直接经营企业和产品，而是通过在集体建设用地上投资建设农民就业基地、商品批发市场的办法，吸引社会资本进驻独资开展生产经营。新型农村集体经济组织主要是为进驻企业提供经营场所以及水、电、路、气等配套服务。新型农村集体经济组织主要靠向进驻企业收取经营场所租金的方式实现农民增收。"筑巢引凤"模式减少了集体经济组织的市场经营风险，这是它的一个最大优点，不足之处就是集体经济组织没有自己的主导产业，如果出现进驻企业经营亏损或者违约的情况，集体经济组织收益就会受到极大影响。所以，选择优势企业进驻是此种产业发展的关键所在。

2. 按照新型农村集体经济组织产业发展的深度和范围来划分

①内涵式发展模式。所谓内涵式发展模式，就是新型农村集体经济组织在现有产业、现有产品或者服务的基础上，通过上规模、上水平、提高产业发展的科技含量和产品品质，挖掘现有企业内在的潜力，开发现有产品的新功能来实现产业提升与发展。内涵式发展模式有效地减少了重复建设，减少了企业开发新产品、新市场的风险，是实现经济增长方式转变的有效途径，应当大力推广。新型农村集体经济组织能否采取此种产业发展模式，取决于新型农村集体经济组织的管理水平和科学技术水平。因此，在这种产业发展模式下，必须大力提高新型农村集体经济组织领导层的管理水平，大力吸引外来科技人员。

②外延式发展模式。所谓外延式发展模式，就是新型农村集体经济组织在现有产业、现有产品或者服务的基础上，通过开发与现有产业相关联的上游或者下游产业，实现以主导产业为龙头、多业并举。譬如，有的新型农村集体经济组织现有的产业优势为花卉生产。在花卉市场的基础上，举办花卉物流企业、花卉种苗企业、花卉主题公园等企业。再如有的新型农村集体经济组织举

办了农产品批发市场或者服装批发市场，在此基础上新办与农产品物流或者服装物流相关的酒店、长途客运、长途货运，延伸了产业链条。

③跨地区发展模式。所谓跨地区发展模式，就是新型农村集体经济组织为解决本组织产业发展空间有限的制约因素，到外区县、外省市联合当地村集体经济组织实现共同发展。譬如，有的生产特色农产品的新型农村集体经济组织，利用本村技术优势、资金优势，到外省市租用农民的承包土地，扩大自身产品生产规模，同时带动当地农业产业化发展。

④"腾笼换鸟"模式。所谓"腾笼换鸟"模式，就是一些新型农村集体经济组织将现有经济收益不够高但具有安置农村劳动力功能的企业项目，转移到外地继续经营。这些外迁企业腾出来的土地资源经过新型农村集体经济组织的整理开发，完善基础设施以后，再进行招商引资，吸引高新企业入驻，为集体经济组织带来更高的经济效益。

三、新型农村集体经济组织产业发展的决策程序

①广泛收集市场信息。新型农村集体经济组织作为市场竞争主体，其主要功能除了为其成员提供生产、生活服务以外，主要的是为市场上的消费者提供适宜的产品或者服务。新型农村集体经济组织究竟应当为市场上的消费者提供哪些产品或者服务，哪些产品或者服务是消费者所需要的，某一类现有产品或者服务的提供者都有哪些，这些问题都不是靠企业经营者凭空想象可以决定的，必须对这些问题进行广泛的市场调研，广泛收集市场信息。

②根据市场信息和本组织实际，提出初步方案。新型农村集体经济组织的管理人员对于广泛收集上来的市场信息，要进行充分的分析研究，经过由表及里，去伪存真，透过现象看到本质的分析过程，将不真实、不准确、不客观的信息予以排除，从真实、准确、客观的信息中，找准企业产业发展的主要方向。在此基础上，由企业总经理向董事会提出初步产业发展方案。

③进行可行性研究。新型农村集体经济组织董事会应根据总经理提出的初步方案，组建专门的机构、明确专业技术人员或者委托咨询机构开展可行性研究。

④召开董事会对可行性研究报告进行审查。可行性研究机构应当在认真调查研究、分析的基础上，实事求是地向新型农村集体经济组织董事会提交可行性研究报告。企业董事会应当在认真听取研究机构的分析研究报告的基础上，对研究报告进行认真研究和审查，并提出审查意见。

⑤向上级机关报告。新型农村集体经济组织应当根据董事会审查意见，对可行性研究报告进行完善和修改以后，提交乡镇党委和政府以及区县相关行政管理部门，认真听取上级领导的意见。

⑥进一步完善研究报告，拟定投资方案。新型农村集体经济组织董事会应当根据上级机关的审查意见，对可行性分析进行进一步完善。

⑦听取群众意见。新型农村集体经济组织管理层应当将产业发展可行性研究报告和投资方案提交村级组织领导班子联席会议审查，并召开部分群众代表会进行座谈，充分听取群众意见。

⑧提交股东大会或者股东代表大会进行决策。根据村级组织领导班子联席会议和群众座谈会的意见，新型农村集体经济组织管理层应当对产业发展研究报告和投资方案进行修改以后，提交股东大会或者股东代表大会审议、决策。

⑨实施或者终止产业发展计划。产业发展研究报告和投资方案经股东大会或者股东代表大会审议通过的，由董事会组织班子具体实施。股东代表会议或者股东代表大会决定进一步修改投资方案的，由董事会组织班子进一步修订后，择期再议。股东会议或者股东代表大会否决投资方案的，该投资方案作废。任何组织或者个人都不得擅自决定启动该投资方案。

第三节　新型农村集体经济组织产业发展可行性研究

一、可行性研究的概念

可行性研究方法是以预测为前提，以投资效果为目的，从技术上、经济上、管理上进行全面综合分析研究的方法。可行性研究的基本任务，是对新建或改建项目的主要问题，从技术角度进行全面的分析研究，并对其投产后的经济效果进行预测，在既定的范围内进行方案论证的选择，以便最合理地利用资源，达到预定的社会效益和经济效益。

二、产业发展项目可行性研究的内容

新型农村集体经济组织产业发展项目可行性研究的主要内容包括以下 10 个方面。

①市场研究。市场研究主要是研究目标市场对新型农村集体经济组织拟发展的产业项目、所提供的产品或者服务是否有需求，现有的消费群体和潜在的消费群体有哪些特色，是否具有较强市场竞争能力。本组织所生产的产品或者所提供的服务，与市场上现有的产品或者服务有何区别。市场竞争已经相当激烈和没有消费市场或者消费市场狭窄的产业项目不具有可行性。

②法律研究。法律研究主要是研究新型农村集体经济组织拟发展的产业项目，是否符合国家的法律、法规，在法律层面上是否存在障碍，是否具有可行性。违反国家相关法律、法规的产业项目不具有可行性。

③规划研究。规划研究主要是研究新型农村集体经济组织拟发展的产业项目是否符合国家和本地区的产业发展战略和产业布局。不符合国家或者地方产业发展规划或者布局的，不具有可行性。

④资源研究。资源研究主要是研究新型农村集体经济组织拟发展的产业项目所需要利用的土地、气候等自然资源或者所需要消耗水、电、气、材料等的资源是否有可靠的供应渠道和适用性。例如，计划发展葡萄种植产业，本地的土质、积温、光照等自然条件是否适宜种植该果品，就需要进行认真分析测量。资源条件不具备的产业项目不具有可行性。

⑤技术研究。技术研究主要是研究新型农村集体经济组织拟发展的产业项目是否掌握了相关生产技术，本企业所掌握的技术是否具有先进性、适用性。不掌握先进技术或者所掌握的技术不具有竞争能力的产业项目不具有可行性。

⑥资金研究。资金研究主要是研究新型农村集体经济组织拟发展的产业发展项目是否可以筹集到充足的资金，筹集渠道是否畅通。其中，本组织现有资金有多少，可以向本组织股东集资多少，可以向合作伙伴筹集多少，可以向银行贷款多少，筹集成本是否可以承受。资金筹集渠道不畅通或者筹资成本过高的产业项目不具有可行性。

⑦人才研究。人才研究主要是研究新型农村集体经济组织拟发展的产业项目是否有掌握关键技术的工程技术人员和经营管理人才，本组织现有劳动力经过培训是否可以胜任本产业需要，劳动力市场上是否可以招聘到所需要的合格

员工。没有相关实用人才的产业项目不具有可行性。

⑧环境评估。环境评估主要是评估新型农村集体经济组织拟发展的产业项目是否符合保护生态环境的要求。对人的身体有危害的产业和污染环境的产业不具有可行性。环境评估还包括应对该产业发展项目对周边治安、卫生、市政设施、交通等城市基础设施的影响程度进行研究分析。

⑨成本研究。成本研究主要是研究新型农村集体经济组织拟发展的产业项目所生产的产品或者提供的服务物质消耗和活劳动消耗。单位产品或者服务的成本等于或者低于同行业社会平均水平的项目具有可行性，否则就不可行。成本研究不仅要考虑产业项目的生产成本、管理成本还要考虑推销成本。不仅要考虑产业项目的变动成本、固定成本，还要考虑其机会成本。

⑩效益研究。所谓效益是投入与产出的比率。效益研究主要是研究新型集体经济组织拟发展的产业项目效益是否等于或者高于社会平均利润率。低于社会平均利润水平的项目一般来说就不具有可行性。产业项目投资决策属于长期投资决策。因此在进行可行性研究的时候，不仅要考虑投资规模，还要考虑投资回收期限、考虑货币的时间价值，考虑投资的风险价值、考虑资金成本、现金流量等因素。长期投资决策的基本方法有净现值法、内含报酬率法、回收期法和现值指数法等。

三、产业发展项目可行性研究的程序

新型农村集体经济组织产业发展项目可行性研究的程序包括：下达制定可行性研究任务；组建研究小组；编制研究计划；采集市场信息、进行市场调查；对市场信息进行分析研究；优化和选择方案；编制可行性研究报告。

可行性研究的过程，是一个逐步深入的过程，一般要经过机会研究、初步可行性研究和正式进入可行性研究三个步骤。

1. 机会研究

机会研究的任务，主要是为新型农村集体经济组织产业发展投资提出建议，寻找最有利的投资机会。有许多工程项目在机会研究之后，还不能决定取舍，需要进行比较详细和可行性研究，然而这是一项既费时又费钱的工作。所以在决定要不要开展投资之前，往往需要进行初步可行性研究。机会成本是指在面临多方案择一决策时，被舍弃的选项中的最高价值者是本次决策的机会成本。

机会成本又称为择一成本、替代性成本。机会成本对于企业来说，是利用

一定的时间或资源生产一种商品时，而失去的利用这些资源生产其他最佳替代品的机会。机会成本泛指一切在作出选择后其中一个最大的损失。如，某新型农村集体经济组织有一笔可动用资产（包括现金和一块集体建设用地），现在有甲乙丙丁四个投资方案，甲方案预计受益期内总收益 1 亿元，乙方案预计受益期内总收益 1.1 亿元，丙方案预计受益期内总收益 1.2 亿元，丁方案预计受益期内总收益 1.3 亿元。在其他条件（包括安置劳动力数量等）相同的情况下，该新型农村集体经济组织按照投资收益最大化的原则，决定采用丁方案，而舍弃其他三个投资方案。那么，被舍弃的三个方案中总收益最大的是丙方案。因此，丙方案预期总收益 1.2 亿元，就成为丁方案的机会成本。当机会成本低于预期收益时，该投资方案具有可行性；当机会成本大于预期收益时，该投资方案不具备可行性。

2. 初步可行性研究

初步可行性研究是机会研究和正式可行性研究的中间环节。初步可行性研究可能出现四种结果，即：肯定，项目可以"上马"；转入正式可行性研究，进行更深入更详细的分析研究；展开专题研究，如市场考察，实验室试验，中间工厂试验等；否定，项目应该"下马"。

3. 正式进入可行性研究

①全面深入地进行市场分析、预测。调查和预测拟建项目产品国内、国际市场的供需情况和销售价格；研究产品的目标市场，分析市场占有率；研究确定市场，主要是产品竞争对手和自身竞争力的优势、劣势，以及产品的营销策略，并研究确定主要市场风险和风险程度。

②对资源开发项目要深入研究确定资源的可利用量，资源的自然品质，资源的赋存条件和开发利用价值。

③深入进行项目建设方案设计，包括：项目的建设规模与产品方案，工程选址，工艺技术方案和主要设备方案，主要材料辅助材料，环境影响问题，节能节水，项目建成投产及生产经营的组织机构与人力资源配置，项目进度计划，所需投资进行详细估算，融资分析，财务分析，国民经济评价，社会评价，项目不确定性分析，风险分析，综合评价等。

④进行专题研究。包括产品市场研究、原料及投入物料的研究、项目选址研究、成本效益研究、工艺选择研究、设备选择研究、节能研究、交通影响评价研究、环境影响评价研究等。

四、可行性研究分段实施方法

1. 初期工作阶段

①收集资料。包括市场、资源、原料、能源、运输、维修、基础设施、环境、劳动力来源、资金来源、税务、设备材料价格、物价上涨率等有关资料。

②现场考察。考察产业项目所有可利用的现有资源、资产情况。

③数据评估。认真检查所有数据及其来源，分析产业项目潜在的致命缺陷和设计难点，审查并确认可以提高效率、降低成本的工艺技术方案。

④初步报告。扼要总结初期工作，列出所收集的设计基础资料，分析项目潜在的致命缺陷，确定参与方案比较的工艺方案和投资方案。

2. 可选方案评价阶段

①制定设计原则。以现有资料为基础来确定设计原则，该原则必须满足技术方案和产量的要求，当进一步获得资料后，可对原则进行补充和修订。

②技术方案比较。对选择的各专业工艺技术方案从技术上和经济上进行比较，提出最后的入选方案。

③初步估算基建投资和生产成本。为确定初步的工程现金流量，将对基建投资和生产成本进行初步估算，通过比较，可以判定规模经济及分段生产效果。

④中期报告。确定项目的组成，对可选方案进行技术经济比较，提出推荐方案。

3. 推荐方案研究阶段

①具体问题研究。对推荐方案的具体问题作进一步的分析研究，包括工艺流程、物料平衡、生产进度计划、设备选型等。

②基建投资及生产成本估算。估算项目所需的总投资，确定投资逐年分配计划，合理确定筹资方案；确定成本估算的原则和计算条件，进行成本计算和分析。

③技术经济评价。分析确定产品售价，进行财务评价，包括技术经济指标计算、清偿能力分析和不确定性分析，进而进行企业收益分析和社会效益评价。

④最终报告。根据本阶段研究结论，按照可行性研究内容和深度的规定编制可行性研究最终报告。最终报告提交集体经济组织董事会，在得到董事会的

确认后，研究工作即告结束。如业主对最终报告有疑义，则可进一步对最终报告进行补充和修改。

五、可行性研究报告

新型农村集体经济组织产业发展项目可行性研究报告内容包括：总论；需求预测和拟建规模；资源、原材料、燃料及基础设施；建厂条件和厂址方案；设计方案；环境保护；企业组织、劳动定员和人员培训；实施进度建议；投资估算和资金筹措；社会及经济效果评价等。

第四节 产业项目管理与品牌战略

新型农村集体经济组织在发展产业过程中，必须对拟投资建设的每一个产业项目，组织专门力量进行项目管理，以确保投资工作的顺利进行和投资资金的安全以及产业项目按期投入运行。同时，作为企业的新型农村集体经济组织必须实施品牌发展战略，以提高企业的市场竞争能力。

一、项目

项目是指一系列独特的、复杂的并相互关联的活动，这些活动有着一个明确的目标或目的，必须在特定的时间、预算、资源限定内，依据规范完成。项目参数包括项目范围、质量、成本、时间、资源等。

任何一个项目都有其特性。工作总是以两类不同的方式来进行的，一类是持续和重复性的，另一类是独特和一次性的。任何工作均有许多共性。比如：要由个人和组织机构来完成；受制于有限的资源；遵循某种工作程序；要计划、执行、控制等；受限于一定时间内。任何投资项目都具有以下属性。

①一次性。一次性是项目与其他重复性运行或操作工作最大的区别。项目有明确的起点和终点，没有可以完全照搬的先例，也不会有完全相同的复制。项目的其他属性也是从这一主要的特征衍生出来的。

②独特性。每个项目都是独特的，其提供的产品或服务具有自身的特点，或者其提供的产品或服务与其他项目类似，然而其时间和地点，内部和

外部的环境，自然和社会条件都有别于其他项目，因此项目的过程总是独一无二的。

③目标的确定性。项目必须有确定的目标。包括时间性目标，如在规定的时段内或规定的时点之前完成；成果性目标，如提供某种规定的产品或服务；约束性目标，如不超过规定的资源限制；其他需满足的要求，包括必须满足的要求和尽量满足的要求。目标的确定性允许有一个变动的幅度，也就是可以修改。不过一旦项目目标发生实质性变化，它就不再是原来的项目了，而将产生一个新的项目。

④活动的整体性。项目中的一切活动都是相关联的，构成一个整体。多余的活动是不必要的，缺少某些活动必将损害项目目标的实现。

⑤组织的临时性和开放性。项目班子在项目的全过程中，其人数，成员，职责是在不断变化的。某些项目班子的成员是借调来的，项目终结时班子要解散，人员要转移。参与项目的组织往往有多个，多数为矩阵组织。他们通过协议或合同以及其他的社会关系组织到一起，在项目的不同时段、不同程度地介入项目活动。

⑥成果的不可挽回性。项目的一次性属性决定了项目不同于其他事情可以试做，做坏了可以重来；也不同于生产批量产品，合格率达 99.99% 是很好的了。项目在一定条件下启动，一旦失败就永远失去了重新进行原项目的机会。项目相对于运作有较大的不确定性和风险。

二、项目管理

1. 项目管理的概念

项目管理是在项目活动中运用知识、技能、工具和技术，以满足和超过项目授权人对项目的需求和期望。项目管理就是为了满足甚至超越项目授权人对项目的需求和期望而将理论知识、技能、工具和技巧应用到项目的活动中去。有效的项目管理是在规定用来实现具体目标和指标的时间内，对组织机构资源进行计划、引导和控制工作。

按照传统的做法，当企业设定了一个项目后，参与这个项目的至少会有好几个部门，包括财务部门、市场部门、行政部门等等，而不同部门在运作项目过程中不可避免地会产生摩擦，须进行协调，而这些无疑会增加项目的成本，影响项目实施的效率。而项目管理的做法则不同。不同职能部门的成员因为某一个项目而组成团队，项目经理则是项目团队的领导者，他们所肩负的责任就是领导他的团队准时、优质地完成全部工作，在不超出预算的情况下实现项目目标。项目的管理者不仅仅是项目执行者，还参与项目的需求确定、项目选择、计划直至收尾的全过程，并在时间、成本、质量、风险、合同、采购、人力资源等各个方面对项目进行全方位的管理，因此项目管理可以帮助企业处理需要跨领域解决的复杂问题，并实现更高的运营效率。

项目的管理者，要在有限的资源约束下，运用系统的观点、方法和理论，对项目涉及的全部工作进行有效的管理。即从项目的投资决策开始到项目结束的全过程进行计划、组织、指挥、协调、控制和评价，以实现项目的目标。企业中的"项目"说白了就是企业中的各项有始有终的工作或事务。

2. 项目管理的意义

项目管理对于新型农村集体经济组织产业发展具有重要作用。传统集体经济组织在 20 世纪八九十年代曾经举办过众多的乡镇集体企业，有的一个村内就举办了几十个集体企业。但是，后来多数乡镇集体企业都倒闭关张了。为什么传统集体经济组织办不好企业？其原因是多方面的，其中一个重要原因首先是盲目决策、盲目上马。另一个原因就是重投资轻管理，企业办起来以后企业管理无人负责。在新型集体集体经济组织产业发展中引入项目管理的概念和工作方法，就是为了在产业发展项目过程中，从可行性研究开始到项目建设再到项目的经营管理全过程，都组织起一个精干的班子来专门负责，明确责、权、利关系，从而促进产业发展项目有始有终，取得圆满成效。

3. 项目管理的范围、时间、成本、质量

①项目管理的范围是为了实现项目的目标，对项目的工作内容进行控制的管理过程。它包括范围的界定，范围的规划，范围的调整等。

②项目的管理时间是为了确保项目最终按时完成的一系列管理过程。它包括具体活动界定，活动排序，时间估计，进度安排及时间控制等项工作。

③项目管理的成本是为了保证完成项目的实际成本、费用不超过预算成本、费用的管理过程。它包括资源的配置，成本、费用的预算以及费用的控制等项工作。

④项目管理的质量是为了确保项目达到客户所规定的质量要求所实施的一系列管理过程。它包括质量规划，质量控制和质量保证等。

4. 项目管理工作内容

项目管理内容包括以下 13 个方面。

①项目范围管理，是为了实现项目的目标，对项目的工作内容进行控制的管理过程。它包括范围的界定，范围的规划，范围的调整等。

②项目时间管理，是为了确保项目最终按时完成的一系列管理过程。它包括具体活动界定，活动排序，时间估计，进度安排及时间控制等项工作。

③项目成本管理，是为了保证完成项目的实际成本、费用不超过预算成本、费用的管理过程。它包括资源的配置，成本、费用的预算以及费用的控制等项工作。

④项目质量管理，是为了确保项目达到客户所规定的质量要求所实施的一系列管理过程。它包括质量规划，质量控制和质量保证等。

⑤人力资源开发与管理，是为了保证所有项目关系人的能力和积极性都得到最有效的发挥和利用所做的一系列管理措施。它包括组织的规划、团队的建设、人员的选聘和项目的班子建设等一系列工作。

⑥项目沟通管理，是为了确保项目的信息的合理收集和传输所需要实施的一系列措施，它包括沟通规划，信息传输和进度报告等。

⑦项目风险管理，涉及项目可能遇到各种不确定因素。它包括风险识别，风险量化，制订对策和风险控制等。风险管理的流程主要是制定出全面的规划，找出潜在的麻烦，并就风险问题的解决方法达成一致，以便根除严重的问题。风险管理要想取得事半功倍的效果，就要与项目规划同时进行。进行项目工作分解安排时，注意对项目活动的不恰当理解；分配项目任务和开展评估时，寻找风险；资源匮乏或项目资源不足，或项目工作依赖于某一个人时，要知道风险的存在。分析项目工作将遇到的困难，鼓励所有参与规划的人在规划过程中，设想最坏的情况和潜在困难。

⑧项目采购管理，是为了从项目实施组织之外获得所需资源或服务所采取的一系列管理措施。它包括采购计划，采购与征购，资源的选择以及合同的管理等项目工作。

⑨项目集成管理，是指为确保项目各项工作能够有机地协调和配合所展开的综合性和全局性的项目管理工作和过程。它包括项目集成计划的制订，项目集成计划的实施，项目变动的总体控制等。

⑩项目的质量管理。质量管理提供了另一套搭建项目结构的流程，保证项目领导提出的工作要求一个不落地执行到位。项目质量的标准分两类：行业内实行的全球质量标准，公司或项目独有的质量标准。

⑪项目的问题管理。项目开展过程中问题的出现不可避免。在项目初期，在资源、工期、优先事项等其他方面为项目的问题管理确定流程。争取让团队

支持及时发现、跟踪、解决问题的流程规定。建立跟踪流程，记录当前问题。问题记录信息包括：问题描述、问题特征或表现（用于沟通）、开始时间、责任人、目前状态、预计结束时间。处理待解决问题的流程包括列出新问题的流程、定期复查待解决的问题、处理老问题的方法。对于没有太多组织管理权的项目领导而言，问题跟踪流程的力量在于让其把握了问题状态和进度的实时信息。一旦问题责任人承诺了问题解决的时限，你可以任意公布问题解决过程中的变数。不管问题责任人是本项目成员，还是其他项目或部门的成员，谁都不乐意随时将自己的大名置于人们质疑的目光中。问题清单的公开使得掌握该清单的人获得一定的影响力和控制力。

⑫项目的决策。项目管理时时有决策，快速得当的决策对于项目控制至关重要。即使项目领导掌握了控制权，完善的集体决策流程仍然裨益颇多，因为共同决策能获得更多内部支持，效果自然会更好。

⑬项目的信息管理。项目信息是非常关键的资源，如何管理值得仔细思考。有的项目使用网站和网络服务器，或信息管理系统，进行项目重要信息的存储。有的项目则使用群件来维护项目文件，并提供电子邮件等服务。不管用何种方式存储项目数据，都要保证所有项目成员能随时获得所需信息。将最新的项目文件存储在方便查找的位置，进行清楚地标记，及时删除过时信息。

5. 项目管理的步骤

项目的开发可以分成以下 5 个实施步骤。

①项目启动。启动项目，包括发起项目，授权启动项目，任命项目经理，组建项目团队，确定项目利益相关者。

②项目策划。包括制定项目计划，确定项目范围，配置项目人力资源，制定项目风险管理计划，编制项目预算表，确定项目预算表，制定项目质量保证计划，确定项目沟通计划，制定采购计划。

③项目执行。当项目启动和策划中要求的前期条件具备时，项目即开始执行。

④项目监测。实施、跟踪与控制项目，包括实施项目，跟踪项目，控制项目。

⑤项目完成。也叫收尾项目，包括项目移交评审，项目合同收尾，项目行政收尾。

三、品牌与品牌战略

1. 品牌的概念

品牌是目标消费者及公众对于某一特定事物心理的、生理的、综合性的肯定性感受和评价的结晶物。人和风景，艺术家，企业，产品，商标等等，都可以发展成为品牌对应物。我们在市场营销中说的品牌，则指的是狭义的商业性品牌，即公众对于某一特定商业人物，包括产品、商标、企业家、企业四大类型商业人物的综合感受和评价结晶物。

2. 品牌战略

品牌战略就是企业将品牌作为核心竞争力，以获取差别利润与价值的企业经营战略。品牌战略是市场经济中竞争的产物，战略的本质是塑造出企业的核心专长。"品牌竞争力是企业核心竞争力在市场上的物化和商品化的外在表现。企业现有的任何核心竞争力优势，如资源优势、技术优势、人才优势、管理优势、营销优势最终都应转化表现为企业的品牌竞争优势，只有这样企业才能够在激烈的市场经济竞争环境中取得可持续生存与发展，保证企业的长治久安、长盛不衰。"[1]

凡是具有超前意识的企业纷纷运用品牌战略的利器，取得了竞争优势并逐渐发展壮大，从而确保了企业的长远发展。在科技高度发达、信息快速传播的今天，产品、技术及管理诀窍等容易被对手模仿，难以成为核心专长，而品牌一旦树立，则不但有价值并且不可模仿，因为品牌是一种消费者认知，是一种感觉，这种认知和感觉不能被轻易模仿。

四、品牌战略的内容

所谓的品牌战略，包括品牌化决策、品牌模式选择、品牌识别界定、品牌延伸规划、品牌管理规划与品牌远景设立六个方面的内容。

①品牌化决策。品牌化决策决的是品牌的属性问题。是选择制造商品牌还是经销商品牌、是自创品牌还是加盟品牌，在品牌创立之前就要解决好这些问题。不同的品牌经营策略，预示着企业不同的道路与命运。

②品牌模式选择。品牌模式选择解决的则是品牌的结构问题。是选择综合

---

[1]　李光斗，《品牌竞争力》，中国人民大学出版社2004年版。

性的单一品牌还是多元化的多品牌，是联合品牌还是主副品牌，品牌模式虽无好与坏之分，但却有一定的行业适用性与时间性。

③品牌识别界定。品牌识别界定确立的是品牌的内涵，也就是企业希望消费者认同的品牌形象，它是品牌战略的重心。它从品牌的理念识别、行为识别与符号识别三个方面规范了品牌的思想、行为、外表等内外涵义，其中包括以品牌的核心价值为中心的核心识别和以品牌承诺、品牌个性等元素组成的基本识别。

④品牌延伸规划。品牌延伸规划是对品牌未来发展领域的清晰界定。明确了未来品牌适合在哪些领域、行业发展与延伸，用的是在降低延伸风险、规避品牌稀释的前提下，以谋求品牌价值的最大化。如海尔家电统一用"海尔"牌，就是品牌延伸的成功典范。

⑤品牌管理规划。品牌管理规划是从组织机构与管理机制上为品牌建设保驾护航，在上述规划的基础上为品牌的发展设立远景，并明确品牌发展各阶段的目标与衡量指标。企业做大做强靠战略，"人无远虑，必有近忧"，解决好战略问题是品牌发展的基本条件。

第五节 新型农村集体经济组织产业发展的重点

一、发展都市型现代农业

1. 都市型现代农业的概念

都市型现代农业概念做如下概括：都市型现代农业是具有都市特色的依托并服务都市的现代农业。它服从都市的功能定位，以市场需求为导向，以科学发展观为指导，以现代物质装备和科学技术为支撑，以现代产业体系和经营形式为载体，以现代新型农民为主体，融生产、生活、生态、示范等多种功能于一体，业态丰富、产业融合、具有创新能力和可持续发展的现代大农业体系；它是都市功能的重要组成部分，目标是实现优秀的农民、优质的产品、优势的产业、优良的生态、优美的景观五个统一；目的是不断地满足都市居民多样化的消费需求和郊区农民增长的收入需求。

2. 都市型现代农业的功能

①生产功能。生产功能是指要为都市居民提供充分的名特优、鲜活嫩的农副产品，满足不同层次尤其是高端消费人群的需求。即使不能完全满足食品需求，也可以起到补充调控作用。这里要强调指出的是：都市型现代农业生产经营是以生态经济学做理论支撑的，它与传统农业不同，传统农业是以产品经济学为基础，主要研究的是产品产出量的问题，而都市型现代农业主要研究的是产品产出质的问题，研究的是生产什么产品更"生态"，对环境保护更有益处，这是传统农业和现代农业最本质的区别。现阶段农业生产功能虽然仍是都市型现代农业的基本功能，但这种功能的含义已经被"生态化"了，并有逐渐被淡出的趋势。

②生态功能。生态功能是指要保持农业生态系统结构完整和功能协调。为此，要绿化环境、改造景观、净化空气、涵养水源、平衡生态；要控制化肥、农药的施用量，推广生物农药、有机肥料，综合治理有害生物。农业生态功能并不产出农产品，也不产生经济效益。它只是一种工具，一种手段，利用它可以使农产品拥有"生态"属性，可以使农业增加生态效益。人们对农业生态功能的理解常会出现偏差，以为开发农业生态功能就是要发展生态农业、循环农业，这是混淆了生态功能与生产功能两者的区别。发展生态农业、循环农业属于农业生产功能的范畴，是对农业生产功能的开发，而生态功能的开发，要求人们遵循生态经济学和循环经济学的原理，充分采用各种"生态"的手段和资源循环的方式，将其运用到农业其他功能的开发当中去，以保障农业的可持续发展。北京要发展，要成为宜居城市，最离不开的就是生态环境，而农业具有修复生态的功能，是生态环境的载体。农业生态功能的开发对北京宜居城市建设意义重大。

③生活功能。生活功能是指要满足人们回归自然、陶冶情趣、放松心境、享受环境的精神需求。生活功能主要体现在农业休闲观光产业中。休闲观光产业为城乡居民提供观光、休闲、采摘、度假场所，提供宁静、清新、优美的田园风景和自然景观，展示浓郁的农耕文化，升华人们生活意境和品味，满足了人们返璞归真、享受平和的心里追求。农业生活功能的开发对开拓农业发展空间具有决定性作用，也为农民开辟了一条致富门路。

④辐射示范功能。辐射示范功能是指凭借大都市的经济实力、科技、资金和人才等优势，应用现代农业设备装备、高科技，大幅度提高农业生产力，使之接近或达到国际先进水平，为推动全国现代农业发展提供经验，发挥辐射与

示范带头作用。以顺义区"三高"农业科技园区为例，在园区建设和发展中，由过去高标准、高科技、高效益的"三高"理念，提升为高端、高效、高辐射新的"三高"理念，通过高端农业科技，产生高的经济效益，达到高的辐射效果，从而使园区发展充满活力，成为现代农业的示范窗口。

3. 都市型现代农业的主要业态

①生态农业。生产农业要求人们在追求经济效益的同时，注重社会和生态效益。在开发资源的同时，注重保护资源。尤其是土地资源的开发和保护与水资源的节约和高效利用相结合。生态农业包括循环农业、有机农业、绿色农业、绿化农业、健康型农业。它是一种经久不衰的生产方式，将在未来的农业生产中占主导地位。

②循环农业。循环农业是遵循自然生态系统的物质循环和能量流动规律重构经济系统，以产品清洁生产、资源循环利用和废物高效回收为特征的生态经济发展形态。循环农业是人类向自然学习的结果，按照自然生态的循环模式，将经济活动高效有序地组织成资源利用—绿色农业—资源再生的封闭型物质循环流程，保持经济生产的低消耗、高质量、低废弃，将经济活动对自然环境的影响减少到最低程度。循环农业是人类解决资源环境制约问题的最佳途径。

③有机农业。有机农业是指农产品自身的有机和无害化生产，也是指对土地、地下水和整个生态环境的无污染开发和利用。发展有机农业，要坚持发展农业中的循环经济，坚持开发与节约并重，紧紧围绕节地、节水、节肥、节药，大力推广健康养殖，加大治理农业污染的力度，加强农业生态环境建设。要抓住农产品产地环境监测、投入品质量监管以及农产品市场准入等关键环节，整合已有的检验监测信息资源，健全认证认可制度。加强无公害、绿色农产品的认证工作，不断规范各类主体的执业行为。唯有如此，才能够夯实食品安全基础，构建从田头到餐桌的食品有机链条，这是保证城乡消费者健康的需要。

④绿色农业。绿色农业是指以水、土为中心，以太阳光为直接能源，利用绿色植物，通过光合作用生产人类食物、动物饲料的一种新型农业。它要求发展农业，不能只是一味地向大自然索取甚至掠夺，要在保护自然的基础上，合理利用不可再生资源，控制使用化学品，防止水、土、气环境污染，走"绿色农业道路"。

⑤设施农业。设施农业是通过采用现代工程技术，利用人工建造的设施，

创造最适宜的温度、湿度、光照、水肥等环境条件，在一定程度上摆脱对自然环境的依赖而进行有效生产的农业，并借以获得速生、高产、优质、高效的农产品。设施农业是一种工业化的生产方式，可以极大地提高土地的使用率和产出率，是提高农业生产率的最有效的途径。对耕地日趋减少的北京郊区，发展设施农业是都市型现代农业发展的必然选择。

⑥休闲农业。休闲农业包括休闲、旅游和观光等活动。它以农业活动为基础，利用自然环境和农业景观，结合农业生产、加工、销售，为城乡居民提供观赏、品尝、购物、休闲度假等服务，是农业由传统的第一产业结合第二产业向第三产业渗透和延伸的结果。休闲农业满足了人们两种不同的价值取向，即农业观光和农业生产；满足了市场的消费需求和农民增收的愿望，因而备受人们崇尚。正因如此，休闲农业已经成为都市型现代农业的一种重要业态。

新型农村集体经济组织发展都市型现代农业的案例

花园村发展花卉生产　小花草长成大产业
——花园村产业发展纪实

　　怀柔区杨宋镇花园村现有215户，514口人，劳动力350余人，耕地面积750亩。在社会主义新农村建设中，花园村按照"支部加协会"的发展模式，成立了苗木花卉协会，带动全村农户通过开展花卉苗木专业化生产经营实现增收致富。2009年，花园村花卉苗木种植面积达到450亩，集体总收入1509万元，比2008年的1300万元增长16%，农民人均纯收入13891元，比上年的13000元增长6.9%。这个村培育花卉苗木主导产业的主要做法如下。

一、发挥优势确定主导产业

　　花园村的土地属于冲积平原夜潮土，加上燕山山脉山前小气候的影响，非常适宜花卉苗木生产。传说历史上这里曾是辽代萧太后的御花园，村庄也就以此得名。在"以粮为纲"的年代，这个村的花卉生产被全面"砍光"。改革开放以后，实行了家庭承包经营，20个世纪的90年代，村里少数有市场经济眼光的农户，抓住北京市开展大规模城市建设和绿化美化的机遇，在自家庭院中开始了花卉苗木生产，取得了良好的经济效益，率先富裕起来。这些农户的成功实践，引起了正在为如何带领全村农民群众共同致富犯愁的村党支部的关注。党支部召开党员会议和村民代表会，征求大家对花园村产业发展问题的意见。在讨论中，大家从过去村集体企业由兴盛到衰败的经验中，认识到受多种条件的制约，花园村不能再走发展工业的道路，必须扬长避短发挥优势，而花园村的优势就是既有发展花卉苗木生产的独特自然条件，农民中又有一批具有善于花卉种植的能人。经过认真讨论，大家一致决定把花卉苗木生产确定为本村的主导产业，把花园村真正打造成从事花卉产业生产经营的大花园。从 20 世纪 90 年代末开始，花园村走上了培育花卉主导产业的道路。

花园村在打造花卉产业的起步阶段，主要生产经营模式是发展庭院经济。村党支部引导农户利用房前屋后的空闲地种植花卉。庭院式花卉生产经营模式，实现家家飘花香、户户发"花财"。产业刚起步，花卉生产品种仅有月季、鸡冠花和彩叶草三种，不仅品种单调，而且从种植方法到花色、花期、配色，再到摆放样式等都很难达到市场要求，直接影响销量。为丰富本村花卉生产品种、学习先进经营管理经验，村党支部干部采取走出去考察的办法，到处拜师学艺，良乡、丰台、大兴、各大农校、各类花市都留下了他们的足迹。最终，北京一家花卉公司帮助花园村引进了万寿菊、翠菊等优良花种 10 余类，并建立起长期合作关系，为日后的发展打下了坚实基础。

在积累了丰富经验并打开花卉苗木产品销路的基础上，花园村发展花卉产业进入了规模化经营的阶段。2006 年，花园村党支部积极响应上级党委、政府关于建设社会主义新农村的号召，在整治环境、加强基础设施建设的同时，引导土地承包农户调整种植结构，在大田里发展花卉产业扩大生产规模。2006 年，全村在承包土地上种植花卉的农户达到 93 户，占全村总户数的 51%；花卉种植面积达到 450 余亩，占全村耕地总面积的 60%；专业从事花卉生产的劳动力达到 180 人，占全村劳动力总数的 51%。其中，有 5 户农民还投资建设了温室大棚，每栋大棚年收入达到 1 万元。

二、支部加协会，公司带农户

在发展花卉生产过程中，花园村党支部认识到要把花卉产业做强做大，光靠一家一户单打独斗肯定成不了气候，必须把农户组织起来，才能提高市场竞争能力。为此，经村两委班子会、党员大会和村民代表会议民主讨论，决定在党支部领导下，成立花园村花卉产销协会。由此，花园村在花卉生产经营中，确立了支部加协会的领导模式和以专业户带动一般农户、以协会为依托带动全村的产业发展模式。

花园村花卉产销协会免费为全村从事花卉生产的农户提供提供产、供、销全程服务。为解决一些农户没有花卉种植经验的问题，村党支部和协会就组织有经验的专业技术人员，定期到花卉种植户指导，讲解定植、打顶摘心、水肥管理等技术问题。协会还统一调种、统一运输、统一结算，节省了种植户生产成本。为拓宽花卉产品销路，协会将全村苗木花卉品种和数量以及上市时间，统一登记造册，通过网站和市农业信息网向外发布信息。

2006 年，在建设社会主义新农村建设的新形势下，花园村党支部进一步创新花卉产业经营体制，在完善支部加协会模式的基础上，由协会与各会员中的专业大户共同投资，组建了花园村苗木花卉股份有限公司，形成了"支部加协会"与"公司加农户"并存的发展模式。同时，在党支部和协会会员之间建立起双向联系机制，每名党员负责联系、带动 1 至 3 个农户发展苗木花卉生产，帮助他们解决在种植、管理方面的技术问题，并全程负责联系户的产品销售问题。

在协会带动下，2006 年会员种植"十一"国庆节摆花 60 万盆，比 2005 年增加近 30 万盆，增加农民收入 100 万元。花园村苗木花卉协会会员已由当初的 10 几户，发展到 105 户。该村苗木花卉收入达 600 余万，占全村人均纯收入的 50% 以上。70 岁高龄的武文斌夫妇通过学习培训，在党员带动和协会帮助下，新增加了万寿菊、大菊花、彩叶草等花卉新品种，培育节庆摆花 8000 多盆，收入 2 多万元。

三、建设花卉园区，实行规模经营

2007 年，杨宋镇四季花卉产业园被确定为怀柔区"三园一带"重点建设工程之一。该园区以花园村花卉苗木为核心，对杨宋镇的都市型生态农业资源进行整合与升级改造。2007 年，四季花卉产业园建成高标准日光温室 78 栋，联栋温室大棚 1800 平方米。2008 年，四季花卉产业园又借助京承高速沿线发展设施农业的支持政策，新建钢架大棚 381 栋、日光温室 23 栋。在加快基础设施建设的同时，花园村加大与科技部门的合作力度，生产名优鲜切花，种植奥运、国庆花卉 200 万盆，发展百合、玫瑰、非洲菊等鲜切花，当年全村农民增收 400 余万元。2009 年 10 月 1 日是新中国成立 60 周年的喜庆之日，花园村的花农再次大展身手，为市区环境美化提供 200 多万盆国庆摆放花卉，仅此一项就使全村花农增收 350 万元。

二、推进农业适度规模经营

1. 农业适度规模经营的概念

农业适度规模经营是在一定的适合的环境和适合的社会经济条件下，各生产要素（土地、劳动力、资金、设备、经营管理、信息等）通过优化组合和有效运行，取得最佳经济效益的一种农业生产经营模式。

在不同的生产力发展水平下，农业规模经营的适应值不同，一定的规模经营产生一定的规模效益。农业经营规模的扩大必须以提高劳动生产率和土地生产率为目的，才能使农民经营种植业同经营其他行业获得相当的平均利润，从而稳定其务农积极性，才能增加农产品生产总量，满足社会日益增长的需要。许多国家在坚持家庭经营为主的条件下实现农业规模经营，并取得显著的经济和社会效益。农业劳动力的转移是实现规模经营的前提，农业科学技术的发展和普遍推广应用是规模经营的物质基础，社会化服务体系的建立是规模经营的重要保证条件。

2. 推进农业规模经营的条件

推进农业适度规模经营必须在下列基本条件的基础上进行。

①农业劳动力素质普遍得到提高。农业劳动力顺利转移是农业规模经营的前提条件。只有转移劳动力并使其获得相对稳定的职业和工作，农业劳动力人均负担的耕地面积才能增加，扩大农业经营规模才有可能；只有农业生产经营者的科技知识、管理能力等素质得到提高，农业规模经营的效益才能得到保证。

②完善的土地流转机制和农户之间利益协调机制。完善的土地流转机制和农户之间的利益协调机制，是农业规模经营的首要条件。农业规模经营往往以土地利用规模为主要的衡量标准，而在家庭承包经营的基础上，只有通过建立相应的土地流转机制才能实现土地的流转和集中。

③农民眷念土地传统观改变，完善社会保障体制。农民眷念土地的传统观念逐步改变，并在农民中建立起必要的社会保障制度。在我国，土地是农民的基本生活资料，具有社会保障的功能，一般来说，农村社会保障体系越完善，农民对土地的依恋程度越低，农业实行规模经营的可能性越大。

④完善农业机械工业体系和物质技术装备体系。完善的农业机械工业体系和物质技术装备体系，能够为农业经营规模提供必要的物质技术条件。农业物

质装备水平的提高，一方面要求通过规模经营来实现其利用效率的提高，另一方面也使以少量的家庭劳动力从事规模经营成为可能。

⑤有较为完善的社会化服务体系。较为完善的社会化服务体系，能为从事规模经营的单位和农户提供所必须的物质技术条件和产前、产中、产后一系列的服务。一般来说，较大规模经营能否成功，在相当程度上取决于农业产前、产中、产后的社会化服务状况。

⑥产业化经营。在稳定家庭承包经营的基础上，规范农地产权，建立和完善"自愿、依法、有偿"的土地流转机制，推进农业产业化经营，全方位提高农民科技文化素质和市场意识，完善农业劳动力转移机制，建立健全农村社会保障体系，降低农民的恋土情结，重视扩大生产项目的经营规模。

3. 推进农业适度规模经营必须遵循的原则

①坚持农村基本经营制度，保障农民合法权益。坚持并完善农村基本经营制度，切实保障农民对承包土地的各项权利，按照依法自愿有偿原则，发展多种形式的适度规模经营。土地承包经营权流转，不得改变土地集体所有性质，不得改变土地用途，不得损害农民土地承包权益。

②坚持尊重农民主体地位，促进农民增收致富。推进农业适度规模经营，必须充分发挥农民的主体作用，是否流转土地、开展何种形式适度规模经营要由农民作主。必须围绕增加农民收入这个中心，立足于优化配置土地资源，提高农业效益，促进农民增收。

③坚持政府引导，市场运作。既要充分发挥政府调控引导作用，通过宣传发动、典型示范、政策扶持，培育规模经营主体，推动适度规模经营加快发展；又要充分发挥市场机制作用，加快探索建立市场化的流转机制、股份化的土地经营制度、合作化的经营组织形式和产业化的经营方式，推进农业适度规模经营。

④坚持因地制宜，分类指导。要从各地实际出发，允许多种组织形式并存、多种经营方式并存、多种投入主体并存、多种实践路径并存。

新型农村集体经济组织推进农业适度规模经营的案例

前伏村农民在自家承包地上打工

通州区于家务乡前伏村位于我市东南部，紧邻京津塘高速，距采育出口仅有1.5公里，交通便利。全村农户207户，总人口481人，其中农业人口 417 人，非农业人口 64 人；劳动力总数 298 人，其中农业劳动力 106 人。全村有耕地面积 2000 亩，其中 1800 亩采取确权确地的方式承包给农户经营，主要种植玉米、小麦、蔬菜等作物。2008 年，全村粮食总产量 135 万公斤，包含国家给予的粮食直补在内，平均每亩纯收入 600 元，年总收入 120 万元。2009 年，这个村依照依法、自愿、有偿的原则，将全部耕地流转给北京神农河谷稻香农业发展有限公司，用于建设生物能源研发种植基地，全年总收入 240 万，比流转前翻了一番，农民人均增加 2877 元；全村农民人均纯收入达到 11962 元。他们的做法和经验如下。

一、解放思想是做好土地流转工作的前提

2008 年底，于家务乡党委对前伏村党支部和村民委员会领导班子进行了调整。党支部书记新班子上任时，村集体经济组织会计账上存款只有 1 万余元，而集体负债却高达 86.7 万元。由于集体经济薄弱，导致全村民心涣散，干群关系紧张，各项村务工作难以开展。面对这种情况，新的两委班子对如何改变前伏村落后面貌进行了认真讨论。经过学习党的十七大精神，他们深深认识到，要带领全村父老乡亲致富奔小康，必须按照科学发展观的要求，因地制宜、扬长避短，走适合本村条件的经济发展之路。前伏村的优势在哪里？新任两委班子通过算账，认为本村平均每个农业人口拥有耕地 4.8 亩就是最大的优势。而要让这个优势发挥出来，就必须解放思想，采取流转的办法，把分散在各户经营的土地集中起来实行规模经营。

二、民主决策是做好土地流转工作的基础

在统一思想认识的基础上，他们认识到只有干部的积极性而没有群众的积极性，土地流转工作也没有办法进行。如何把干部的意志变为全村农民群众共同意志呢？首先，村两委班子先后多次召开村民代表座谈会，向村民代表灌输土地流转的重要意义，充分听取村民代表的意见。在取得村民代表肯定的基础上，在村党支部的领导下，专门成立了由 5 人组成的土地流转工作小组。小组成员分头深入到各户调查摸底，征求农户对流转土地意向及流转价格意见。通过调查摸底，在全村形成了通过土地流转，引进设施农业、生态农业、观光农业、高效农业项目，实现土地规模经营集约经营的共识。

三、选好项目是做好土地流转工作的核心

在得到村民代表会议授权的情况下，前伏村土地流转工作小组，一方面利用通州区农村土地流转平台，向社会发布了土地流转及招商信息；另一方面调动各种社会资源，多方联系引进土地流转项目。土地流转招商的消息发布以后，有意向承租前伏村土地的单位或者个人来了一拨又一拨。村两委班子对这些外来经营者的经营能力和经营项目进行了反复筛选。最后与北京神农河谷稻香农业发展有限公司，达成了建设2000亩生物能源研发种植基地项目的合作意向。北京神农河谷稻香农业发展有限公司租用该村的土地以后，主要用途有两个方面：一是种植1300亩太空育种的甜高粱，发展农业产业循环经济；二是种植树700亩木花卉，发展园林植物精油提炼产业。该项目计划总投资4343万元。2009年6月3日，乡党委组织部长、主管农业的副乡长、村党支部书记及村土地流转小组的相关人员到北京神农河谷稻香农业发展有限公司进行了实地考察。通过考察，大家一致认为该公司的资质、资金、实力与规模具备合作条件。

四、规范程序是做好土地流转工作的关键

前伏村在与北京神农河谷稻香农业发展有限公司签订土地流转合同之前，两委班子专门召开了村民代表会议，对土地流转的用途、土地流转面积、土地流转价格、土地流转期限、违约责任等合同主要条款进行了认真讨论，形成了决议。在村民代表会议通过决议的基础上，由村土地流转工作小组深入到每个农户，宣传村民代表会议决议，征求每个承包农户对土地流转的意见。经过动员，全村有186户农户在《土地承包经营权流转委托书》上签字，确认自愿将自己承包的土地，委托村民委员会流转给公司经营，占全村农户总数的90%。对于不愿意将土地流转给公司经营的21户，由村两委班子成员分头深入到这些户进行宣传动员。由于思想动员工作深入细致，这21户也在《土地承包经营权流转委托书》签了字。

2009年6月19日，受全村土地承包农户的委托，前伏村村民委员会与北京神农河谷稻香农业发展有限公司签订了土地租赁经营合同，一次性将全村2000亩耕地整体进行流转。流转期限为二轮土地承包的剩余承包期18年。流转费用为平均每亩每年1000元人民币。合同明确了土地流转价格的增长机制，充分保证农户的长期权益。合同约定，合同期内土地租赁费随着于家务乡农用土地租赁价格的增长而同步增长。

这1000元土地流转费用包含两部分：一是土地租金800元，归拥有土地承包经营权的农户所有，全年全村农户可以收入140万元，集体机动地可以收入20万元。二是农业设施使用费200元，归村集体经济组织所有，每年可增加集体收入 40 万元。农业设施包括 2000 亩地内的机井、地埋线、高压线路、变压器、田间路。

五、体制创新是做好土地流转工作的重点

北京神农河谷稻香农业发展有限公司为了降低企业成本,在土地租赁合同中约定,将农作物从播种到收获的全部经营管理工作,委托给村集体经济组织全权负责。村集体经济组织则将播种、定苗、除草、灌溉、中耕、施肥、收获等各项工作承包给流转出土地的原土地承包户负责。神农公司负责提供种子、肥料等全部生产资料和种植技术,明确各个生产环节的质量标准,制定各个生产环节的劳动工资。甜高粱生长期为 100 天,全年可以种植两季,每亩劳务收入可以达到 400~500 元,全村村民全年预计增收80 万~100 万元。前伏村农户采取土地对外租赁的方式进行土地流转,失去的只是对自己原来所承包土地的生产经营自主权,得到的是比原来自己自主经营多出一倍的收益(土地租赁费加工资收入)。农民从拥有自主权的分散经营农户,变成了农用土地的出租者和按照统一标准进行工作的劳务承包者。从自己负责投入、自己承担经营风险的承包户,变成了零风险、零投入、具有稳定收入的农业工人。这种土地流转经营方式,神农公司不需要进行任何固定资产投入,也不需要派驻很多管理人员,既为神农公司节约了管理费、房租费、运输费,又增加了流转出土地农户和村集体经济组织的收入,真正做到农户增收、公司增效集体增强实力,做到了三方都受益、全满意。

六、保护好农民权益是做好土地流转工作的最终目的

前伏村的 2000 亩土地,2008 年的粮食总产量 135 万公斤,农民每亩纯收入 600 元(包含粮食直补),年总收入 120 万元。土地流转后,每亩租金800 元,全年土地租金收入 160 万元,工资劳务收入 80 万元,全年总收入240 万,比流转前全村增收 120 万,增收幅度翻一番。农业人口人均增加2877 元,劳动力人均收入增长 4026 元。

该农业项目的引进,可带动于家务乡农业产业结构的调整,发展循环农业,形成循环产业链(以甜高粱及其秸秆为基础原料生产糖、生物乙醇、木糖醇和中、高档纸张以及第四代生物复合肥、蛋白饲料等),可带动循环产业地域面积半径 50~100 公里。

前伏村通过土地流转,农民由原来的土地承包者,变成了农业工人,在自家承包的土地里打工挣钱。村民经济来源稳定了,经济情况变好了,精神面貌变化了，歪风邪气少了，和谐的气氛浓了。村集体经济实力增强了，有实力为村民干实事了。土地租赁流转以后，采取村集体与农户各出资 50% 的办法，为每户村民安装了有线电视。今后根据村民需求和新农村建设的需要，还要逐步加大公益事业的投入。针对土地流转后，富余劳动力增多的情况，前伏村从 2009 年开始，发展家庭手工业和特色的农家乐旅游项目，力争全村经济跃上新台阶。

三、实施乡村旅游富民工程

2009 年，国务院发出了《关于加快发展旅游业的意见》（国发〔2009〕41 号），指出旅游业兼具经济和社会功能，资源消耗低，带动系数大，就业机会多，综合效益好，提出要实施乡村旅游富民工程，把旅游业培育成国民经济的战略性支柱产业和人民群众更加满意的现代服务业。具备条件的新型农村集体经济组织，要认真贯彻落实国务院上述要求，因地制宜大力发展乡村旅游业。

1. 切实坚持以农民为本，统筹做好乡村旅游发展规划

科学发展观要求以人为本，发展乡村旅游也必须以人为本。要从维护好、实现好、发展好农民的利益出发，制定乡村旅游发展规划。建设社会主义农村首要的任务是发展农村经济，培植主导产业。在北京郊区农村特别是在生态涵养区，应当把发展乡村旅游业，作为社会主义新农村建设的一项战略举措，列入各级党委和政府的重要议事日程。要根据北京市城市发展总体规划和各个功能区的功能定位，根据各地旅游资源分布情况，从全市社会经济发展总体布局出发，制定具有约束力的北京市乡村旅游发展总体规划。要通过系统规划，有机整合乡村旅游资源，认真科学地策划好旅游开发项目。乡村旅游开发是运用一定的资金和技术，对乡村的自然旅游资源、社会文化旅游资源、公共投资、技术与人力资源、服务设施、基础设施等旅游产业要素及相关社会经济资源优化配置，使潜在的旅游资源转化为旅游者可以利用的旅游吸引物，并因此产生经济价值及其他多种价值，或对已被部分利用资源的广度和深度进行加强，从而提高旅游资源综合价值的过程。乡村旅游开发是在特定的农村环境中进行的，开发过程及开发后的经营都将对农村社会、经济和环境产生一系列的影响，因而乡村旅游的开发始终要与农村居民最直接的利益联系在一起，要使当

地农民在旅游开发中受益。因此在制定乡村旅游发展规划过程中，要充分听取农民群众的意见。要把能不能给当地农民带来切切实实的长远利益，作为制定乡村旅游发展规划的出发点和落脚点，而不能把能给当地政府带来多少税收作为规划的出发点和落脚点。

2. 切实发挥农民主体作用，制定农民旅游合作组织发展计划

目前，社会各个方面的力量都把目光投向了乡村旅游产业。是依靠外来力量开发郊区乡村旅游，还是依靠本地农民合作经济组织开发乡村旅游，实际上是把利益赋予外来力量还是赋予本地农民的问题。按照科学发展观的要求，要坚定树立依靠农民合作组织，把乡村旅游做活、做大、做好的观念，通过发展农民旅游合作组织，将农业、农民和农村发展高度结合起来，使旅游业成为乡村社区重要的产业。

要充分发挥农民在乡村旅游中的主体作用，就要认真制定好农民旅游合作组织发展计划，通过发展农民旅游合作组织，激发农民办旅游的积极性和提高农民办旅游的能力，努力开拓乡村旅游的本土特色，增加旅游收益，使广大农民真正受益。农民旅游合作组织发展计划，应当包括以下内容：一是发展农民旅游专业合作社计划，根据当地旅游资源、旅游发展规划、增加开展乡村旅游农户数量，制定引导农民组建乡村旅游合作社的计划。二是发展社区型农民旅游专业合作组织计划，根据当地旅游资源、旅游发展规划、当地农村社区型合作经济组织情况，制定引导当地社区型合作组织向开展社区型旅游专业合作组织转型的计划。三是发展社区型合作组织乡村旅游企业计划，根据当地旅游资源、旅游发展规划和当地社区型合作经济组织情况，制定引导有一定实力的社区型合作经济组织投资兴办乡村旅游企业。乡村旅游合作经济组织发展计划，不仅包括合作组织发展数量，还应当包括发展规模、发展模式、发展措施、扶持政策等方面的内容。

3. 创新合作模式，大力发展社区型乡村旅游合作组织

在村党支部和社区型合作经济组织的领导下，把从事民俗旅游的分散农户组织起来，做到村庄规划统一制定、农户经营用房统一改造、基础设施统一修建、旅游资源统一分享、旅游客源统一分配、接待标准统一制定、原材料统一购买、接待用品统一清洗、民俗技艺统一培训、信息统一咨询、劳动用功统一管理、收费价格统一制定、公共服务统一提供。在合作社内部各个民俗旅游户之间，根据各自特长进行适当分工和协作，同一个村形成不同经营档次、不同

经营风格、特色鲜明的民俗旅游户。在有条件的地方，还可以在民俗旅游户之间开展劳务合作和资金互助，互相帮工换工，互相调剂资金余缺。通过创新民俗旅游的组织形式。把分散接待的农户紧密地组织起来，共同提高自身素质、接待水平，共同分享资源、技术、信息，共同创建良好风貌和旅游品牌。

4. 切实加强资源整合，创建旅游农民合作组织品牌

目前我国乡村旅游因农户的弱质性，尚存在规模小、个体经营占主体，乡村旅游产品单一雷同、产品深层次开发不足等问题。郊区各地都在花大力气发展乡村旅游，争夺客源的竞争非常激烈，不仅有区县之间的竞争，也有乡镇之间的竞争，还有村与村之间、农户与农户之间的竞争。应当看到，乡村旅游经营者之间的竞争是乡村旅游进一步发展的内在动力，没有竞争乡村旅游就不可能健康、持续发展。但是，从另一个方面也要看到过度竞争，也会损害农民的利益。所以，在发展乡村旅游过程中，要在当地政府的引导下，按照自愿互利的原则，采取股份制或者股份合作制的形式，把在同一个流域、沟域进行旅游经营的农户、农民旅游专业合作社以及社区型旅游企业联合起来，以群体的力量形成规模效应，创立品牌，增加市场竞争力，走规模化和产业化的道路，实现乡村旅游可持续发展。

积极构建以山场、土地等旅游资源联合经营为核心的多种旅游经营联盟，探索多样化的旅游开发模式是推动乡村旅游规模发展的有效途径。实现旅游资源的有效整合，不仅要将乡村内部的资源整合起来，而且要实现乡村内部资源与外部优质资源的有效整合。检验乡村内部资源与外部资源的整合是否有效，关键点在于是否兼顾了各个方面的合法利益。目前，在乡村旅游产业发展中，一些地方采取农民以资源出资，外来社会力量以现金出资的办法，组建股份制或者股份合作制企业，联合进行乡村旅游开发，取得了良好的效果。但是，在组建乡村旅游联合企业过程中，如何对农村旅游资源的价值进行评估是一个十分重要而关键的问题。评估的原则是，既不能过低地评估资源的价值损害农民的利益，也不能过高地评估资源的价值挫伤外来投资者的积极性。

5. 切实加强政策扶持，增强农民旅游合作组织竞争力

国家从政策、经济和技术等方面加强扶持，是提高乡村旅游产业农民组织化程度的必要条件。国家对乡村旅游产业农民合作经济组织进行扶持的重点，主要包括以下几个方面：一是资金扶持。建议将扶持乡村旅游产业农民合作组织，纳入社会主义新农村建设产业发展扶持重点。对农民合作经济组织在发展

乡村旅游项目中的资金缺口,给予一次性补贴。二是信贷扶持。对农民合作组织发展旅游产业的银行贷款,从贷款利率、贷款期限、贷款抵押物、贷款担保、贷款手续等方面切实给予优惠。允许和鼓励农民旅游合作经济组织在成员内部开展资金互助,设立资金互助组织。三是用地政策扶持。在严格控制农用土地转为非农产业经营和切实保护生态的前提下,允许农民合作经济组织利用非农建设用地和山坡地进行旅游项目开发,允许利用这些资源与社会力量进行股份合作经营,建设必要的旅游设施。四是基础设施扶持。对规划为乡村旅游重点发展地区的乡镇、村和沟域,在道路修建、公共交通、污水处理、饮用水、清洁能源利用、电力、通讯、信息网络等基础设施建设方面给予优先安排和建设。五是税收优惠扶持。财政部国家税务总局《关于农民专业合作社有关税收政策的通知》(财税〔2008〕81号)文件规定的税收优惠政策应当适用于乡村旅游产业农民专业合作社。六是技术培训扶持。对农民旅游合作经济组织的干部和专业技术人员定期进行旅游企业经营管理知识的培训。对从事旅游产业的合作经济组织成员和职工进行市场营销、导游、烹饪、礼仪、卫生等方面知识和技术的培训,切实提高从业人员的素质。七是人才引进扶持。对乡村旅游产业农民合作经济组织引进管理人才和专业技术人才,要从人事、劳动、社会保障等方面给予扶持,鼓励农民合作经济组织招收应届或者往届大学毕业生。

新型农村集体经济组织发展乡村旅游业的案例

洪水口村建设股份合作制旅游景区

京西灵山脚下的门头沟区清水镇洪水口村现有农户78户,234口人,126个劳动力;地域面积22.3平方公里,其中耕地176亩,天然生态林2.8万亩。

自1997年以来,在村党支部的带领下,发动农民群众采取股份合作制的办法建设旅游景区,发展壮大了村集体经济,促进了农民增收致富。农民人均纯收入由1997年的1483元提高到2008年的10000元。2009年,全村经济总收入1244.1万元,农民人均纯收入达到11000元。

1997年以前,洪水口村经济发展缓慢,集体经济十分薄弱,外债有1.2万元。村里发展经济缺少资金,兴办企业缺少技术,"放着丰富的旅游资源不用,守着金饭碗要饭吃"是当时老百姓生活的真实写照。为改变现状，洪水口村党支部结合中央及市区各项惠民政策，紧紧围绕社会主义新农村建设"二十字"目标要求，在深入调研征求意见的基础上，充分发挥党支部在推动农村发展中的领导、服务和保障作用，利用地处灵山自然生态景区的有利区位因素，以旅游业为全村经济发展改革的切入点，优先发展旅游业，把旅游业作为促进村民增收致富的主要途径，并制定了《门头沟区清水镇洪水口村村域发展规划》。云峰山庄是洪水口兴办的第一个股份制企业，当年 12 户入股村民每户分红 4750 元，取得了巨大效益。2000年，党支部开始投入人力和物力，开发灵山古道景区，2005 年继续加大投资力度，在古道两旁增建凉亭、佛像、鱼塘等旅游设施，新建了假日公社综合服务楼，基本完成了灵山古道的开发。近几年来，随着古道景区的进一步深度开发，洪水口村的整体配套设施达到了一定水平。目前，洪水口村有农家乐 35 家，日接待能力达到 600 人次，旅游收入每年达到 250 万左右，占全村总收入的 40% 左右。2006 年村里成立了旅游协会，用于宣传洪水口村的乡村旅游、指导全村农家乐的健康发展。三年来，旅游协会在对外宣传、服务农家乐、吸引游客、增加村民收入等方面发挥了巨大的作用，促进了洪水口村旅游业的发展，使旅游业真正成为洪水口村的支柱产业。

产业要想不断发展壮大，管理模式起着关键作用。洪水口村党支部经过探索研究，顺应时代潮流，确定了新的经济发展模式，即以村民投资入股的形式，组建股份合作制企业。起初，村民都不愿接受这种合作形式，怕自己的钱打了水漂。虽然又是广播，又是入户动员，一个月下来，仍然没有一户入股。"喊破嗓子，不如做出样子"，党支部三名委员带头入股，又分别动员亲朋好友，共筹集资金 12 万元，当年 12 户股民每户分红 4750元。通过党支部引领和党员的示范带动，村民们逐渐认识了这种经济发展模式。

为了解决部分村民想入股而没有资金的问题，党支部创新了以工入股的形式，就是让没有钱入股的村民在股份合作制企业中打工，将工时折合成股金的价值后，获得相应的股份。这样既解决了项目开发中需要大量劳动力的问题，也让那些没钱入股的村民成为股民。

同时，党支部在组织农民合作发展本村经济中，又探索出外一种发展模式——社区合作制。社区合作制就是资金加服务，是一个二级合作组织，第一级是村民入股组建的股份合作制企业，以资金的形式合作；第二级是股份合作制企业积极与社会上的社会资本合作。通过社区合作制的实施，村民的股金融入社会的金融链条之中，把应全部由村民承担的风险转嫁出去，把村民承担的风险降低，为村里的资源与社会资本合作搭建平台，开辟了农民增收致富的新途径。

在新的管理发展模式得到村民们的逐渐认可后，党支部趁热打铁，先后又以股份合作制的形式成立了运输合作社、修配厂、矿泉水厂和灵山古道等八个不同产业类型的股份合作组织，进一步拓宽了农民增收致富的渠道。多种合作组织的共同存在、和谐发展，使当地资源、资本、劳动等生产要素在组合中焕发出新的生命力，推动着全村经济的发展。目前全村81户村民中，除五保户外，户户入股，股金达到了150多万元，成了名副其实的股民村。

四、大力发展绿色循环经济

传统经济是一种由"资源—产品—污染排放"单向流动的线性经济，其特征是高开采、低利用、高排放。在这种经济中，人们高强度地把地球上的物质和能源提取出来，然后又把污染和废物大量地排放到水系、空气和土壤中，对资源的利用是粗放的和一次性的，通过把资源持续不断地变成为废物来实现经济的数量增长。循环经济倡导的是一种与环境和谐的经济发展模式。它要求把经济活动组织成一个"资源—产品—再生资源"的反馈式流程，其特征是低开采、高利用、低排放。所有的物质和能源要能在这个不断进行的经济循环中得到合理和持久的利用，以把经济活动对自然环境的影响降低到尽可能小的程度。循环经济为工业化以来的传统经济转向可持续发展的经济提供了战略性的理论范式，从而从根本上消解长期以来环境与发展之间的尖锐冲突。"减量化、再利用、再循环"是循环经济最重要的实际操作原则。进入21世纪以来，我们国家正在把发展循环经济、建立循环型社会看做是实施可持续发展战略的重要途径和实现方式。一些地方在社会主义新农村建设中实施"让农村资源循环起来"工程，大力发展绿色循环经济。一些新型农村集体经济组织结合本地实际，以新能源开发为龙头，以沼气综合利用工程为基础，大力发展绿色种植、绿色养殖，生产无污染农产品，取得了良好经济效益和环境效益。一些山区以矿产资源采掘为主导产业的新型农村集体经济组织，利用矿山开采收益发展绿色产业，实行"以黑养绿"发展战略。当国家调整产业政策、关闭小煤矿和其他非煤矿山时候，其绿色产业已经培育起来，从而实现了主导产业的平稳过渡和集体经济持续发展、农民持续增收。

新型农村集体经济组织发展绿色循环经济的案例

四马台村以黑养绿　建设生态绿色"银行"

　　房山区霞云岭乡四马台村，坐落在北京西南第一高峰——白草畔的南麓，平均海拔近千米，距北京124公里。全村总面积19.1平方公里，有山场面积20091亩，林地5060亩，耕地158亩。现有314户，其中农业户265户；常住人口1100名，其中农业人口980名，510个农村劳动力。在社会主义新农村建设中，四马台村充分发挥自身资源优势，坚持走"以黑养绿，借绿兴旅"的可持续发展之路，使全村发生了翻天覆地的变化。2009年，全村经济总收入达到1.78亿元，比2008年的1.6亿元增长11.3%；农民人均纯收入达到2.35万元，比2008年的1.7万元增长38.2%；集体资产总额达到1.75亿元，农民人均拥有集体资产17.84万元。这个村的主要做法如下。

一、确定生态建设发展战略

　　在村党支部的带领下，四马台村通过组建社区型股份合作制煤矿实现了脱贫致富，集体经济实力壮大了，农民开始富裕起来。但是，煤炭资源毕竟是有限的，总有一天会枯竭，到那时，全村人民的生计又该靠什么维持呢？这个既现实又长远的问题，深深的困扰着四马台村领导。一个偶然的机会，一个来四马台村走亲戚的人给了支部班子巨大的启示，河北省涿鹿县大南河村依靠发展仁用杏使全村百姓走上了致富的道路。他们好像一下子看到了曙光，三次组织部分党员和村民代表去大河南村参观考察。在回村的路上，全体人员席地而坐，展开了激烈的讨论，分析村里的地理条件和自然条件，最终达成共识——把靠煤炭挣来的钱投入到农业上来，每年从煤矿收入中拿出40万～50万元用来发展农业生产，再造土地和林果资源优势，"以黑养绿，开发荒山，大力发展林果业，建设绿色银行"，实现可持续发展。

二、开发荒山建立仁用杏基地

　　从1993年4份月开始，村党支部和村委会干部带领全村村民上山开荒，仅用半年多的时间就垒起了2060亩梯田，当年就栽植仁用杏1000亩。

然而，由于干旱，苗木成活不足60%。部分村民开始说三道四，说放着的煤矿不好好经营，偏要在几亩薄地上打主意，这下钱打了水漂了吧。然而，党支部班子没有动摇，坚信老天不会厚此薄彼，一分耕耘就会有一分收获。第二年，吸取了失败的教训，采取保水剂和生根粉等技术措施，苗木的成活率达到了90%以上，极大地鼓舞了全村百姓的信心。经过4年坚持不懈的奋斗，全村开荒造田1038亩，建立仁用杏基地5060亩，共栽种了35万棵仁用杏。经过几年精心的管理，到2003年85%的杏树进入盛果期，总产量达30万公斤，仅此一项四马台村人均增收千元。目前，全村林木覆盖率已达到90%以上。杏花盛开时节，满山遍野，杏花如海，香气如潮。

三、开发景区发展乡村旅游

坐落在四马台村的北京西南第一高峰白草畔，山高林密、怪石秀木、花异草香、空气清新，气候凉爽。原始森林中栖息着各种珍禽野兽。山上亚高山草甸，百花争艳，山峰奇特，云海奇绝，蚁冢奇妙，松林奇美。1997年，四马台村投资700万元，建设了以白草畔为龙头鲲鹏峡谷、老道洞、松林圆城为重点的自然风景区，吸引了众多的游人前来观赏游玩。游人来此登高览胜，赏山花，观云海，看日出，踏游万亩草坪。

为改善旅游环境，2003年四马台村投资1700万元，对景区26.7公里的道路进行了水泥硬化。在主要街道两侧安装了路灯，初步完成村内的亮化工程。2004年在村内建造了宾馆、酒店、洗浴中心、商业街等旅游配套设施，旅游业开始红火起来。2004年，四马台村被评为市级民俗旅游村，民俗旅游接待户230户，其中市级民俗旅游接待户51户。

四、打造生态循环经济圈

2008年，四马台村开始在村里打造生态循环经济圈。即以农副产品加工厂为核心，设计了一套完整的循环经济产业链：用农副产品加工厂榨油后剩余的油渣作为优质的猪饲料添加剂投入到规模化养殖场，既可以提高猪的出栏率，又节约养猪成本；对养猪厂产生的粪污进行收集，配套建设大型的沼气工程，解决全村的家庭炊事、冬季取暖等能源供应；沼气池产生的沼液、沼渣经过晾干处理，进入有机肥加工厂，加工成有机肥料后施用到仁用杏标准化种植基地，进行仁用杏有机食品深加工。

由于热榨植物油的残渣只能作为饲料添加剂，利用率较低。2009年，加工厂又引进了冷榨设备，并成立了北京白草畔帅旭天然植物油压榨有限公司。新建厂房3600平方米，目前主体已完工，冷榨设备正在安装调试，同时还申请了有机食品资格认证。计划 2010 年年初正式投入生产。投产后将对核桃、杏仁、山桃等进行深加工，生产天然植物油、杏仁粉、核桃粉等产品，提高农副产品附加值，加强干果精品建设，为四马台村经济发展注入了新的活力。

最近，四马台村两委班子制订了新的发展目标，实施"五四三二"工程。即：用 5 年时间，全村农经总收入达到 4 亿元；人均纯收入 3 万元；上缴国家税金 2000 万元。并把白草畔自然风景区打造成国家 4A 级景区。

五、发展文化创意产业

文化创意产业是指依靠创意人的智慧、技能和天赋，借助于高科技对文化资源进行创造与提升，通过知识产权的开发和运用，产生出高附加值产品，具有创造财富和就业潜力的产业。联合国教科文组织认为文化创意产业包含文化产品、文化服务与智能产权三项内容。

文化创意产业属于知识密集型新兴产业，它主要具备以下特征：一是文化创意产业具有高知识性特征。文化创意产品一般是以文化、创意理念为核心，是人的知识、智慧和灵感在特定行业的物化表现。文化创意产业与信息技术、传播技术和自动化技术等的广泛应用密切相关，呈现出高知识性、智能化的特征。如电影、电视等产品的创作是通过与光电技术、计算机仿真技术、传媒等相结合而完成的。二是文化创意产业具有高附加值特征。文化创意产业处于技术创新和研发等产业价值链的高端环节，是一种高附加值的产业。文化创意产品价值中，科技和文化的附加值比例明显高于普通的产品和服务。三是文化创意产业具有强融合性特征。文化创意产业作为一种新兴的产业，它是经济、文化、技术等相互融合的产物，具有高度的融合性、较强的渗透性和辐射力，为发展新兴产业及其关联产业提供了良好条件。文化创意产业在带动相关产业的发展、推动区域经济发展的同时，还可以辐射到社会的各个方面，全面提升人民群众的文化素质。

我国文化创意产业分为信息服务业、动漫游戏业、设计服务业、现代传媒业、艺术品业、教育培训业、文化休闲旅游业、文化会展业等。进入新世纪，文化软实力在综合国力竞争中的地位和作用越来越突出。文化与经济互相交融，经济较量中的文化因素日益凸现，经济发展越来越依赖于文化的支撑。文化产品与服务已经成为独立的贸易形态，成为综合国力竞争的重要方面。文化领域已经成为政治斗争的意识形态较量的主战场。所以，胡锦涛总书记在党的十七大报告中提出要兴起社会主义文化建设的新高潮。在社会主义新农村建设中，文化建设是一个重要的方面。大力开展农村文化建设，不仅可以提高农民群众的文化水平、道德修养和职业技能，培养文明乡风，促进农村社会稳定与和谐，而且可以将文化转变为生产力。通过大力发展文化创意产业，将农村资源转化为资本，将农村剩余劳动力推向市场，拓宽农民的非农产业就业渠道，增加农民收入来源。农村文化建设要同乡村旅游有机地结合起来，通过文化建设，丰富乡村旅游的文化内涵与品质，为城乡消费者提供更多、更好的旅游产品，满足他们日益增长的物质文化需求。进行文化建设，各地要坚持因地制宜的原则，扬长避短发挥优势。

新型农村集体经济组织发展文化创意产业的案例

小堡村发展文化创意产业的成功之路

通州区宋庄镇小堡村现有 503 户，1367 口人，682 个劳动力，外来人口 4000 人，村域面积 5049 亩。2006 年，小堡村党支部抓住机遇，走文化创意产业强村富民之路，短短几年时间，实现了跨越式发展。通过发展文化创意产业，壮大了集体经济实力，提高了农民收入。2009 年，村集体资产总额达到 17789 万元，比 2008 年的 15419 万元增长 11.8%；人均集体资产达到 11.3 万元；农民人均纯收入达到 15914 元，比上年略有提高。

一、佰富工业园区不仅引来企业家也引来艺术家

1999 年，经小堡村党支部提议、村民代表会决议，确立了工业强村富民的发展思路。通过采取农户土地承包经营权流转、农户投资入股等方式，筹集 3000 万元资金建起佰富工业园区。到 2004 年 8 月底，入驻企业达到 152 家，企业投资总额已达 7.5 亿元，年产值达 5 亿元人民币，年创利税 2000 万元。工业园区良好的投资环境不仅吸引了企业家，也吸引了方力钧、岳敏君等 2000 名画家到小堡村落户，使小堡成了远近闻名的画家村。

二、转变经营战略着力发展文化创意产业

在大量艺术家入驻的新形势下，小堡村党支部决定转变发展战略，将百富工业园区改造成为文化艺术园区，大力发展文化创意产业。小堡村从治理环境入手，改善村容村貌，为文化产业区发展和农民生活创造良好条件。村集体先后投资 400 万元请来英国专家，治理企业和养殖业造成的严重污染问题，并合作进行"华北乡村水环境治理"项目。在有关部门的支持下，历时三年，完成了两个水泥厂的工业污染处理、一个屠宰场污水处理、全村粪便处理、农户冲水坐便改造等四个项目。生产、生活污水进入村北的沼气站，通过快速滤池系统进行固液分离。沼气做饭、固体施肥，沼液还可灌溉果园、绿地。通过污水处理工程，不但全村空气清爽多了，而且每天能节水100吨。全村道路四通八达，路两侧绿树花坛点缀，民宅院落排列整齐，就连家家户户的大门都是统一规格样式，每条街道都安放了专用环保垃圾箱，村里还成立了有25人的清洁卫生队，每天清扫街道。

2005年和2006年，市长王岐山、市委书记刘淇先后来到小堡村视察，充分肯定了小堡村发展文化创意产业的举措。在上级政府的支持下，小堡村先后投资6300万元进行文化创意产业园区基础设施建设。在4年的时间里，利用旧厂房和民居，先后建立艺术家聚集区10个，包括村北的艺术园区、东区艺术中心，村中的画家大院、嫘苑以及村南的国防工事艺术区等。到目前为止，小堡村文化创意展览展示平台达70余家，其中包括中国第一家农民自己建设的美术馆——宋庄美术馆，宋庄第一家农民自建的画廊——韩燕画廊，宋庄第一家外资画廊——苏蒙画廊。目前，小堡村文化创意产业园区拥有12家艺术馆、66家画廊、展览面积6万平方米、艺术品经营面积2.5万平方米、年营业收入24558万元。

三、搭建服务平台，优化文化创意产业发展环境

小堡村在搭建文化创意产业服务平台上主要做了几个方面的工作。一是搭建公共服务平台，建立文化创意企业投资绿色通道，为企业入驻提供方便。二是大力加强社会中介组织的建设。成立了文化创意产业协会、门户网站等为企业提供信息、咨询、培训等服务。三是重视环境优化，加快推进文化产业区核心区基础设施建设、景观形象提升、聚集区道路建设，为重点功能性项目落地奠定基础。四是优化招商服务环境，建设产业区服务中心，为文化产业投资商、机构和专业人才提供各项服务。强化管委会机关效能建设，提高工作效率和服务水平。良好的服务带来了更好的社会经济效益，招引来越来越多的文化企业入驻。2008年，中国唱片总公司、韩国乐天集团、嘉德拍卖公司等国内外知名企业先后来到小堡村。

四、一个村带动一个镇，中国·宋庄名扬天下

小堡村发展文化创意产业的成功经验吸引了社会广泛关注。更多的文化界人士来到小堡村周边村庄落户，带动周边有些村庄也投入到文化创意

产业中来。宋庄镇党委、镇政府因势利导，决定将文化创意产业作为全镇的主导产业来发展。在镇政府的支持下，先后成立了宋庄艺术促进会、宋庄文化产业发展服务中心、宋庄文化创意发展有限公司、中国宋庄门户网站、宋庄当代文化专项资金五大服务平台，全方位招商引资，在全镇形成了以小堡为核心的文化创意产业的格局。为扩大影响，宋庄镇政府以小堡村为中心，连续举办了三届中国·宋庄文化艺术节。

五、文化产业的发展使农民得到了实惠

小堡村为满足建设文化产业区用地需要和村民权益均不受侵害，在自愿的基础上，村集体采取土地承包经营权流转方式进行农用地的整合，搞集中规模开发。土地流转采取一次性补偿、分期补偿、股金分红三种方式进行。目前，全村共有 14 户农民选取一次性补偿方式转让土地 190 亩，402 户农民选取分期补偿方式转让土地 1450 亩，500 户农民共集资 250 万元，用于文化产业区基础设施建设。文化产业区建立后，村委会成立了企业招工办公室，将愿意到企业工作的村民按年龄、性别、专长登记存档，还针对村民进行礼仪培训和法制知识培训，几年来，共为产业区企业输送400 余名劳动力。同时，还安排了 150 名劳动力进入区内工作。目前，小堡村凡是有劳动能力的人，只要愿意工作，基本上全都解决了就业岗位，劳动力安置率达到 90%，仅安置劳动力，就提高村民人均收入 3500 元。除采取各种措施安置劳动力外，小堡村还非常重视村民福利。村里建立了老年金制度，年满 55 岁以上老年人每年可享受老年金 1500 元，村里还每年投资 50 万元，给每位村民入了保额为两万元的大病意外保险。

六、发展传统手工业

手工业是指依靠手工劳动，使用简单手工工具从事小规模生产劳动的工业。经过第二次社会大分工，手工业从农业分理出来形成独立的产业部门。手工业分为自产自销的手工业、直接为消费者服务的流通手工业和为买主或工厂进行加工的手工业。手工业可以家庭为单位组织生产，也可以手工业作坊或者工场方式组织生产。我国手工业发展历史悠久，呈现行业多、分布广、特色鲜明的特点，在国民经济中占有重要地位。1956 年以后，城镇手工业者走上了社会主义合作化道路，并逐步纳入了现代化的轨道，手工业得到了振兴，机械化水平不断提高，民族优良传统得到发扬，并有所创新。发展手工业对生产日用消费品生产和艺术珍品创作，满足人民的物质、文化生活需要，增加就业机会，促进国民经济发展起着重要的作用。改革开放以后，随着旅游业的大发展，我国手工业得到更大发展，手工业品不仅能在国内市场上畅销，而且在国际市场上受到欢迎，为国家创造外汇，增加积累，发挥一定的作用。

手工业是劳动密集型产业，特别适合劳动力资源丰富的农村新型农村集体经济组织发展。但是，由于长期以来手工业主要集中在城镇地区，农村地区从事手工业存在有劳力无技术、有产品无销路的问题。针对这些问题，一些新型农村集体经济组织采取请进来、做出去的办法。请进来，就是将城镇的手工业师傅、专家请出来手把手地传授技术、培训农民。走出去就是到市场上去寻求发展机遇、宣传本地产品、打开产品销路。在手工业发展模式上，有的采取独资办厂的方式，有的与社会资本结合联合经营。在生产过程的组织上，多数地方采取了家庭分散经营与集体统一经营相结合的方式，根据产品的不同加工环节，宜分则分宜统则统，既充分发挥农民家庭经营的积极性，使得众多家庭妇女实现了在家里就可以就业、家务劳动与商品生产两不误的愿望；在资金筹集、产品开发、产品质量监督、产品销售等环节又充分发挥集体经济组织统一经营的优势。发展传统手工业一般应当与发展乡村旅游业紧密结合起来。同时，在手工业产品的原材料上尽量采用本地可以拥有的资源。譬如：有的新型农村集体经济组织组织农民利用本地生产的各种豆子制作豆画，有的利用玉米皮、秸秆制作工艺品。有的利用荆条编制各种工艺品，不但降低了生产成本，而且变废为宝增强了农民环境保护意识。

新型农村集体经济组织发展传统手工业的案例

红灯笼照亮红庙村农民致富路

怀柔区九渡河镇红庙村是一个只有50户人家、150口人的小山村，村域面积0.65平方公里，村民世代以林果种植业为主。2006年，这个村的农民人均纯收入只有4819元。如何改变这个村的落后面貌，让农民尽快富裕起来，成为摆在红庙村党支部面前的头等大事。

2006年，九渡河镇党委、政府组织各村党支部书记到山东考察手工制作产业，山东汶上县的红灯笼制作给了红庙村党支部书记闫万军很大的启发。回来后，闫万军思考如何围绕红庙村的"红"字做文章，重点发展红色经济，号召全村制作红灯笼。当时全村没有一个人懂得红灯笼制作技术，闫万军就三次自费去山东汶上县喜庆宫灯厂学习，学完全套红灯笼制作技术后，回村手把手地教村民做灯笼。当年春节前制作销售灯笼6000盏，实现纯收入2万多元。为使灯笼产业朝市场化发展，村民们以入股的形式组建了"北京喜庆吉祥灯笼专业合作社"，使全村50多人完全实现了就近就地就业。

2007年11月，红庙村党支部书记闫万军抓住全市开展艺人下乡传手艺，农民家中学技能活动的契机，有幸成为"北京灯笼张"张明亮老先生的关门弟子。经师傅指点，该村产品从普通灯扩展到生肖灯、六角灯等。此外，红庙村还积极外出学习，虚心求教，使村内90%的农民学会了扎灯笼手艺，现在已经能制作上百个品种。为了求发展，求突破，他们在传统制作工艺上不断创新，加入现代化的声光电等科技元素，让灯笼这一传统手工艺品更加富有时代气息，更加符合市场需求。就这样，该村2007年春节前生产的20000盏灯笼全部销售一空。这一年红庙村人均收入达到10014元，从经济落后村一跃成为全镇第二富裕村。而"金源春"农副产品展厅、"五彩九渡河农副产品专卖店"的相继建成开业以及灯笼网站的开通，更是为灯笼销售创造了条件。

随着灯笼品牌的打响，奥运会期间，红庙村生产的红灯笼和异型灯彩就挂到了火炬传递沿线怀柔段、平谷段和顺义奥林匹克水上公园皮划艇赛场。2009年，建国60周年国庆期间，红庙村制作的大红灯笼，成为怀柔主城区及北京大型公园的重要布展元素，受到各界好评。新年新气象，红庙村仍在不断努力，他们希望把自己亲手制作的大红灯笼，挂到上海世博会上去。

在产业发展过程中，红庙村干部清楚地认识到，产业要发展壮大，除了产品有保障，适销对路，还要加强宣传，于是各种文化活动和行业竞赛成为红庙村稳定产业格局，崭露头角的重要媒介。在九渡河镇党委政府的帮助和扶持下，该镇"五谷丰'灯'九渡河"第五届栗花节、怀柔·九渡河首届元宵灯会、"登山观花海·九渡赏红灯"第四届杏花节、"相约五彩九渡·万盏河灯祈福"活动、畅游栗花海·九渡赏红灯——第六届栗花节暨第二届吉祥灯会等文化活动，均主打灯笼产品推介牌，为红庙村产业壮大搭建了平台。在"点亮奥运·北京2008"城市彩灯征集活动中，红庙的25盏6组彩灯全部获奖，"京郊灯笼第一村"初步形成。在北京市文化局举办的"第四届北京春节灯会·庙会文化活动"评选中，由九渡河镇选送的"怀柔·九渡河首届元宵灯会"宣传片和奖项陈述材料，在全市34家庙会灯会中脱颖而出，获得"最佳社区灯会·庙会奖"。红庙村更是逐步为外界所关注，成为媒体竞相报道的焦点。2009年，中央电视台《新闻联播》就两次对该村灯笼产业进行报道，此外，中央电视台其他频道、北京电视台、北京广播、《中国妇女报》、《怀柔报》、怀柔广播、怀柔电视台等市区媒体所进行红庙灯笼产业的专题报道，使红庙村引起了各界人士的关注。红庙村民用辛勤的劳动和执著的致富信念，赢得了大批订单，赢得了发展机遇，更打响了产品品牌。

一年打基础，二年摸经验，三年上规模。三年来，红庙村灯笼产业从无到有，从有到强，产业发展成绩显著，产品品牌逐渐被社会所认可。灯笼产业的发展，不仅解决了村民的就业问题，为红庙村带来了巨大的经济效益，更是为全镇兄弟村提供了致富经验。在红庙村的带动下，全镇灯笼产业村达到8个。为开拓市场，8个灯笼村分别确定了异型灯彩、大型宫灯、礼品灯、工艺灯、孔明灯、河灯、日韩灯、木质角灯等不同的产品定位。产品则依托红庙村建成的良好市场网络进行销售，使农民制作灯笼没有后顾之忧。

2009年，红庙村农民人均纯收入达到11672元，比2006年的4819元增长了1.4倍，成为名副其实的灯笼专业村。

七、发展农产品加工业

1. 农产品加工的概念与分类

农产品加工业是以农业物料人工种养或野生动植物资源为原料进行工业生产活动的总和。广义的农产品加工业是指以农、林、牧、渔产品及其加工品为原料所进行的工业生产活动。狭义的农产品加工业是指以人工生产的农业物料和野生动植物资源及其加工品为原料所进行的工业生产活动。

国际上通常将农产品加工业划分为5类，即：食品、饮料和烟草加工；纺织、服装和皮革工业；木材和木材产品包括家具制造；纸张和纸产品加工、印刷和出版；橡胶产品加工。我国在统计上与农产品加工业有关的是12个行业，即：食品加工业、食品制造业、饮料制造业、烟草加工业、纺织业、服装及其他纤维制品制造业、皮革毛皮羽绒及其制品业、木材加工及竹藤棕草制品业、家具制造业、造纸及纸制品业、印刷业记录媒介的复制和橡胶制品业。

2. 我国农产品加工业发展现状

改革开放以后，随着农业的快速发展和城乡居民收入水平的逐步提高，农产品加工发展明显加快。特别是"九五"以来，农业和农村进入新的发展阶段，农产品加工业得到迅猛发展。农产品加工业对支撑农业发展和竞争、保证农民收益、调整与优化农村经济结构、提高农业质量和效益、增加就业等方面发挥了积极作用，农产品加工业已成为国民经济的支柱产业。与此同时，主要农产品相对过剩现象也日益突出，从而严重影响了农民收入的增加和农村市场的繁荣，以致成为现阶段农业发展的首要问题，也是实现中国由农业大国向农业强国转变的"瓶颈"。在主要农产品由卖方市场转为买方市场后，人们对基本农产品的直接消费趋于下降，而对农产品的优质化和品种的多样化提出了更高要求。中国农产品加工能力低下与人们日益丰富的消费需求的矛盾日益突出。中国人均粮食400千克，仅是美国人均粮食的1/3，然而却出现销售不旺和农民收入锐减的严重局面，关键问题是加工能力的制约。

中国农业发展进入新的阶段，迎接入关后的激烈国际竞争，提高农产品的附加值和增加农业的整体效益，已成为农业发展的首要任务，需要农产品加工业能有较大的发展，承担起引导农业产业结构调整、增强国际竞争力和增加农民收入的伟大重任。从农产品的总产量来看，中国主要农产品如粮食、水果、肉类和奶类等已位居世界首位，成为名副其实的农业大国。但从农产品加工产值和出口创汇等指标分析，与世界先进水平相比存在较大差距。长期以来，中国农业生产处于解决温饱的阶段，因此，对农产品的深加工重视程度不够。致使农产品加工产业发展缓慢，主要表现在以下几个方面。

①对农产品加工业发展存在认识上的偏见。在生产方面，长期以追求数量为第一目标，忽视农产品加工业的发展，造成产业结构的严重失调和经济结构的不合理，也使农业收益低下。膳食结构的优化，国民的营养与健康，都有待于农产品加工业的发展。

②技术创新能力低，科技储备不足。中国农产品加工整体上处于初加工多、水平低、规模小、综合利用差和耗能高的初级阶段，技术及装备水平低是最主要的原因。中国科技工作的重点在生产中，80%以上的科技经费和研究力量投入在生产中，对产后领域的科研工作比较忽视，造成了农产品加工领域技术创新能力较低，科技储备，特别是基础性的技术储备严重缺乏。无论是企业

还是科研单位和大专院校，普遍缺乏适应农产品加工业发展的技术支撑和储备，特别是拥有自主知识产权的技术较缺乏，是中国农产品加工业落后于发达国家的根本原因。

③资源利用水平低，产品种类单一。从农产品加工的品种类别来看，国内产品种类较少，品种单调。在粮油加工业中，以专用粉为例，日本有60多种，英国有70多种，美国达100多种，而中国仅有20种左右；在食用油方面，日本专用油脂达到400多种，而中国仅有几种；果蔬、肉类和乳品加工也存在同样的问题。

④加工技术设备落后，规模小，加工成本高。先进的加工工艺必须有先进的技术装备来保障，才会生产出高质量、低成本、强竞争力和高附加值的产品。中国农产品加工企业尽管引进了一些先进的设备，但整体水平与国外相比仍存在较大差距。其原因有机械行业整体水平偏低的因素，也有对引进设备消化吸收不够的原因。同时，加工企业生产规模小，中小企业居多，具有国际竞争力的大型名牌企业较少。中小企业管理成本较高，与大企业争原料，又造成大企业设备的利用率降低，致使形成产品的生产成本居高不下和产品质量不稳定的恶性循环。另外，企业分布也不合理，过分集中或过分分散，会造成产品成本的增加和资源的难以有效利用。

3. 新型农村集体经济组织如何发展农产品加工业

新型农村集体经济组织发展农产品加工业首先应清楚自身的优势所在，要注重利用当地农产品资源优势、技术优势和地域优势，以市场需求为出发点，进行农产品加工。既要着眼于国内市场需求，又要瞄准国际市场需求，不断满足社会对农产品及其加工品的数量和多样化、多层次、优质化、方便化、安全化、营养化等需求。

①发挥区域性优势。因地制宜地发挥本地在资源、经济、市场和技术等方面的区域优势，坚持有所为，有所不为，提倡科学规划，合理布局，积极发展有明显优势的农产品加工业，逐步形成各具特色的农产品加工业区域性布局。防止低水平重复建设、低层次恶性竞争和产业结构重叠。

②采取适度规模和产业化经营。农产品加工企业的规模要与原料基地和销售市场辐射半径相适应，不宜盲目求大。要实行"大中小"结合，坚持大、中、小农产品加工企业共同发展，重点扶持一批大中型农产品加工龙头企业，实行产加销一体的产业化经营，促进其不断发展壮大，成为农业参与国际竞争的新型主体。

③加大技术引进、技术创新的力度。要把农产品加工业技术创新和科技进步放到重要位置。在保护和优化具有民族特色风味的传统工艺的同时，加大技术攻关和技术创新力度。大力引进和开发应用高新技术、设备和工艺，加快企业技术改造步伐，不断培育和提高企业自主开发能力，着重发展精深加工，提高产品品质和档次，推动农产品加工业由粗放型向集约型转变。要把安全和健康食品加工作为农产品加工业的发展重点，加快技术改造和技术创新步伐，针对农产品加工中的共性和关键技术问题，研究适应工业化生产的产业化重大共性关键技术。包括：生物工程技术、基因工程与酶工程技术、新材料技术、膜分离技术、超临界流体萃取技术、反渗透技术、分子蒸馏技术、色谱柱分离技术、淀粉改性和蛋白质修饰技术、质构重组技术、高效浓缩发酵技术、高效制汁与低温多效浓缩技术、真空冷冻干燥技术、速冻技术、喷雾干燥技术、瞬间高温杀菌技术、非热杀菌技术、无菌灌装与无菌大容器包装技术、超微粉碎技术、微胶囊技术、膨化与挤压技术、微波技术、现代包装技术、果蔬储运保鲜技术、计算机视觉技术和专用原料选育技术等。

④政府引导，综合协调管理，推动农产品加工业的整体进步。农产品加工业的发展是一个集生产、加工和销售于一体的系统工程，要求从原料的生产到加工和销售各环节的协调发展，要求以市场为导向。以技术创新为动力，以产业化经营为保障。要树立系统发展的思路。采取有效措施，打破部门和地区的界限，成立协调组织，加强对农产品加工技术创新的领导。

八、发展现代物流业

现代物流业是指原材料、产成品从起点至终点及相关信息有效流动的全过程。它将运输、仓储、装卸、加工、整理、配送、信息等方面有机结合，形成完整的供应链，为用户提供多功能、一体化的综合性服务。现代物流业是一个新型的跨行业、跨部门、跨区域、渗透性强的复合型产业。现代物流业所涉及国民经济行业具体包括：铁路运输、道路运输、水上运输、装卸搬运及其他运输服务业、仓储业、批发业、零售业。国家在"十二五"规划中制定了鼓励发展现代物流业发展的政策措施。发展现代物流产业具有以下重要作用：一是发展现代物流业是优化区域产业结构，振兴第三产业的必然选择。现代物流业的本质是第三产业，属于技术密集型和高附加值的高科技产业，是现代社会分工和专业化高度发展的产物，它具有资产结构高度化、技术结构高度化、劳动力高度化的特征，能够促进传统的运输、仓储企业的转型，整合传统经营业务，延伸服务范围。二是发展现代物流业是企业降低成本，提高经济运行质量和效益的有效途径。现代物流是流通方式的一场革命，是企业降低物资消耗，提高劳动生产率以外的"第三利润源泉"。在市场经济条件下，通过运用现代物流业，可以提高工作效率、降低生产成本，从而使企业获得更多的利润。三是发展现代物流业，是提供就业岗位、缓解就业压力的重要手段。同任何新兴产业的诞生和发展一样，现代物流业在促进国民经济产业结构调整的同时，也带动了劳动就业的扩张。四是发展现代物流业，是改善投资环境，扩大对外开放的迫切需要。

我国大城市郊区的新型农村集体经济组织参与物流业的时间比较早，大多采取利用本组织的土地资源优势，在城乡结合部地区投资举办农产品批发市场、服装批发市场、建筑材料批发市场等。这些批发市场对于推动各类工农产品特别是农产品加速流通，丰富城镇居民的菜篮子起到了重要作用，同时也涌现一批依靠举办物流企业集体经济迅速发展壮大的典型村庄。但是，从总体上来看我国物流产业发展水平不高，表现在物流企业投资不足、交通储运等基础设施差、配套服务不全、物流技术落后、信息化水不高、低水平重复建设。物流产业发展的制约因素较多，特别是交通道路不畅、公路收费过多、石油价格迅速攀升等，导致运输成本占到物流成本的大头。物流成本的增加直接导致了农产品价格不断攀升，对城乡居民生活和社会稳定产生重大影响。我国物流产业存在的问题和矛盾，说明物流产业是新型农村集体经济组织的一个发展机遇。具备条件的新型农村集体经济组织应当抓住这个机遇，因地制宜地发展相关物流企业。现有物流企业的新型农村集体经济组织要有危机感，要解放思想、转变观念、增加投入，提升物流技术水平和基础设施水平，改变经营方式，完善管理，提高服务水平。

新型集体经济组织发展现代物流业的案例

北京人的菜篮子——新发地

丰台区花乡新发地村现有常住人口 1867 户，4075 口人，2700 个劳动力，村域面积 4.69 平方公里。改革开放以来，特别是自 2006 年开始建设社会主义新农村以来，新发地村党委带领全村干部群众以新发地蔬菜批发市场为龙头，大力发展都市型现代商贸物流产业，取得了显著成效。2008年，全村经济总收入达到 4.14 亿元，纯收入达到 1.32 亿元，集体资产总额达到 13.24 亿元，农民人均纯收入达到 1.8 万元。2009 年全村总收入达到 4.39 亿元，比上年增长 6%；纯收入 1.43 亿元，比上年增长 8.3%；农民人均纯收入达到收入 20292 元，比上年增长 12.8%。

1985 年，北京市放开蔬菜价格，欢迎外地农产品进京，开始了计划经济向市场经济转轨的新时期。当时，新发地村周边的农民除了向政府交一些蔬菜外，剩余部分全拿到路边摆摊零售。这个由农民自发组织的"马路市场"由于秩序混乱，不但堵塞交通，而且破坏环境。当时，张玉玺作为新发地村的干部专门负责此处的管理。为解决脏乱差的问题，他每天早晨去"马路市场"轰人，时间一长，卖菜的农民和他玩起了"游击战"，让他伤透了脑筋。后来，在丰台工商所领导指导和村党总支的大力支持下，1988 年 5 月 16 日，张玉玺带领 14 名村民，启动村里 15 万元资金，用铁丝网圈了 15 亩地，标志着新发地农产品批发市场正式成立。

市场建成后，没有现成的经验，张玉玺就带领员工北上内蒙，南下河南卖菜、买菜，亲自当客户。在一买一卖中，他们用自己的亲身经历和切身体会总结出了搞市场必须搞好服务，这是市场发展的"命根子"。在不断的实践中，张玉玺总结摸索出了"客户请不来，叫不来，赚钱准来；赶不走，哄不走，赔钱准走"的市场建设规律和"让客户发财，求市场发展"的经营宗旨，逐步制定和完善包括管理者不能在市场买菜的"三大纪律、八项注意"的规定和一系列员工守则，并把开展规范服务、感情服务和惊喜服务活动贯穿到各项工作的始终，用真情感动客户、凝聚客户、发展客户，进而使市场不断发展壮大。在各级政府和领导的大力支持下，市场用地第二年发展到 25 亩，并逐年发展壮大，到目前已发展到 1200 多亩，现有员工 1790 人；市场收入也从第一年 8.5 万元、第二年 28.3 万元、第三年 59 万元、第四年将近 100 万元，到 2008 年收入 2.5 亿元，市场也从最初拥有固定资产 3 万元，发展到现拥有固定资产 12 亿元。

随着市场规模的不断发展壮大和收入的不断增加，新发地村相继开办了京新酒家、新发地长途客运站、丰泰新房地产、京南汽车城、新发地物流等 30 多个企业。在村民就业安置上，村党委旗帜鲜明地提出"不挑不拣，十天就业"，村民就业率达 100%。如今，新发地村天伦锦城小区、期颐百年小区等一栋栋现代化大楼拔地而起，新发地小学校、幼儿园、海子公园、绿色有机垃圾处理场等一个个人性化的便民为民场所相继建成。村民们高兴地说，现在的新发地村楼高了、路宽了、环境美了、村民富了，真正实现了"建一个市场，带一批产业，活一方经济，富一方百姓"的目标。

目前，新发地农产品批发市场承担着北京市70%的蔬菜供应、80%的水果供应和100%的进口水果供应。2009年的交易量、交易额预计突破80亿公斤、300亿元，交易量、交易额连续八年双居全国第一。其业务还辐射全国及外蒙古、俄罗斯等国家，是首都的"大菜盘子"和"大果篮子"，也是中国目前最大的农产品批发市场，直接或间接带动近百万农民就业，为服务首都百姓、繁荣首都经济、维护首都稳定、促进农民增收、解决农民就业作出了重要贡献。2009年，该市场被评为影响北京百姓生活的十大企业。与此同时，新发地村的其他30多个企业，通过不断的改革创新，也呈现出良好的发展势头。

总结新发地村发生的巨大变化，主要有以下几点启示：一是探索和实践是落实科学发展观的最好体现。新发地村的发展依靠新发地农产品批发市场，而新发地农产品批发市场的发展正是探索和实践的结晶。二是农村发展的关键是要有一个一心为民的好领导。村子好不好，关键看领导，建设行不行，主要看第一名。新发地村之所以能有今天发展关键是有一个团结战斗的好班子和好书记。三是解放思想、改革创新是村域经济和面貌不断发展的重要法宝。实践证明，新发地村每解放一次思想、改革创新一次，就会实现一次跨越式发展。

九、开发自然资源

所谓自然资源是在一定的时间和技术条件下，能够产生经济价值，提高人类当前和未来福利的自然环境因素的总称。即在自然界天然存在、未经人类加工的资源，如土地、矿藏、水利、生物、气候、海洋等资源。自然资源的定义包括广义自然资源和狭义自然资源。狭义的自然资源只包括实物性资源，即在一定社会经济技术条件下能够产生生态价值或经济价值，从而提高人类当前或可预见未来生存质量的天然物质和自然能量的总和。广义的自然资源则包括实物性自然资源和舒适性自然资源的总和。自然环境中与人类社会发展有关的、能被利用来产生使用价值并影响劳动生产率的自然诸要素，通常可分为有形自然资源（如土地、水体、动植物、矿产等）和无形的自然资源（如光资源、热资源等）。自然资源具有可用性、整体性、变化性、空间分布不均匀性和区域性等特点，是人类生存和发展的物质基础和社会物质财富的源泉，是可持续发展的重要依据之一。自然资源还可以划分为生物资源、农业资源、森林资源、国土资源、矿产资源、海洋资源、气候气象、水资源等。按照自然资源的分布量和被人类利用时间的长短，自然资源又可分为有限资源和无限资源两大类，其中有限资源又可分为可更新资源和不可更新资源。

国家对自然资源的保护非常重视，先后颁布了《土地法》、《森林法》、《草原法》、《矿产资源法》、《水法》等多部法律。同时建立了自然资源有偿使用制度、自然资源开发许可制度。从事开发利用自然资源的活动之前，当事人必须向有关管理机关提出申请，经审查批准，发给许可证后，方可进行该活动。在土地资源方面，有"土地使用权证"；在草原资源方面，有"草原使用权证"；在森林资源方面，有林木采伐许可证、木材运输证件；在矿产资源方面，有采矿许可证、勘查许可证；在渔业资源方面，有养殖使用证、捕捞许可证；在野生动物资源方面，有特许猎捕证、狩猎证、驯养繁殖许可证、允许进出口证明书；在水资源方面，有取水许可证等。

具备条件的新型农村集体经济组织。可以根据自身所处地理位置和区域范围内自然资源开发利用现状，在严格遵守国家相关法律的前提下，因地制宜地从事自然资源的开发利用活动。譬如，临近海边的新型农村集体经济组织可以发展海水养殖业和海洋捕捞业。地处林区的新型农村集体经济组织可以发展野生动物驯养繁殖业。地处矿区的新型农村集体经济组织可以发展采矿业。自然风景优美的新型农村集体经济组织可以发展乡村旅游业。水力资源丰富的新型农村集体经济组织可以发展水力发电业。发展自然资源开发产业必须严格遵守国家的法律法规，不得无证开发，不得从事国家严格禁止开发活动，不得低水平小规模开发，更不得罔顾人的生命私采乱建。开发自然资源可以由单个新型农村集体经济组织进行，也可以采取资金联合的方式由多个新型农村集体经济组织联合开发，还可以采取资金入股或者参股的方式与社会资本组建股份制企业共同开发。在开发自然资源过程中，要坚持经济效益与社会效益、生态环境效益并重，优先保护环境的经营方针。

新型农村集体经济组织开发自然资源的案例

黑豆峪发掘古溶洞建设新农村纪实

平谷区黄松峪乡黑豆峪村现有 720 户，2100 人，931 个劳动力，村面积

32.4 平方公里。在各级党委、政府的大力支持下，黑豆峪村紧密结合自身资源特点和地理优势，顺应市场需求，通过开发古溶洞发展旅游产业，并以此为切入点推进新农村建设，取得了显著成效。2009 年，全村经济总收入达到 4772.4 万元，农民人均纯收入达到 7631 元。

京东大溶洞是 1997 年村两委班子带领群众挖掘出来的。以前，本地有传说村东的佛山是空的，但并未发现洞口。村主要领导经多年观察，发现佛山山北水库放水时山南水井水位上涨，冬季该山山顶常有蒸气萦绕，且难以积雪等迹象。又在认真考察、比较了佛山与石花洞地质构造的基础上，推测其内部可能存在溶洞。但是，究竟有没有溶洞，光凭想象也不成还得相信科学。于是，他们跑到北京城里请教地质专家。地质专家根据该山处于 15 亿年前的白云岩地层，而此地层未发现过溶洞，给出了否定结论。

失望而归的村领导并没有死心，不入虎穴焉得虎子？村领导班子横下决心，决定"赌一把"，发动农户投资入股筹集资金挖山寻洞。为了筹集资金，村里主要领导带头拿出了自家全部积蓄，其他村干部主动要求停发工资，许多农户也纷纷拿出多年的积蓄参与入股，很快就筹措资金近 400 万元。于是，一场挖掘古溶洞的战斗打响了。挖掘期间，村主要领导带领 10 余名劳动力长期吃住工地，经过历时一年零八天的苦战，终于挖出洞口，寻得溶洞。1998 年 5 月，京东大溶洞正式对外营业，当年就收到较好的经济效益。

2006 年，黑豆峪被确定为区级新农村建设试点村之一。村两委班子在制定新农村建设规划过程中，提出要建设旅游新农村，并特别制定了《京东大溶洞风景区旅游发展规划》，确立了以京东大溶洞为龙头、推进旅游产业，建设旅游强村的发展目标。2009 年，以休闲健身为主题的千佛崖景区正式对外营业。同年，位于溶洞西侧、投资亿元的合作开发项目——东湖汽车营地正式破土动工，中共中央政治局委员、北京市委书记刘淇同志来黄松峪乡考察沟域经济发展情况时，听了该项目汇报，并给予高度评价。

几年来，黑豆峪村以大溶洞为龙头，及时调整产业结构，改造升级旅游项目，实现旅游收入连续三年增长的目标，并通过景区建设促进新农村各项事业发展，形成良性互动局面，收到了"五个提升"的良好效果。

一是提升了农村发展水平。首先，大溶洞的开发成功，为黑豆峪村发展乡村旅游产业提供了有力的资金支持。从 1998 年 5 月到 2009 年 11 月这 10 年半的时间，大溶洞共接待游客 200 余万人次，获旅游收入 8764 万余元。黑豆峪村利用这些资金先后开发了湖洞水景区、飞龙谷景区、千佛崖景区，建设了小型飞机场和观光索道等旅游项目。其次，大溶洞的开发成功带动了黑豆峪村果品生产的发展。乡村旅游带动了果品采摘，拓宽了农户所生产果品的销售渠道，提高了果品销售价格，增加了农民果品销售收入。全村10380万斤干鲜果品的销售价格，平均每年增长10%。第三，大溶洞的开发成功，促进了劳动力非农就业。京东大溶洞景区安排本村180个劳动力从事导游、接待、管理等工作，占全村劳动力总数的19.3%。此外，全村有70个劳动力依托大溶洞景区开展民俗旅游接待，有40多个劳动力在景区从事旅游商品销售。

二是提升了村民福利待遇。大溶洞开发成功，增强了黑豆峪村集体经济实力。村集体每年向农户发放一定数量的米、面、油等生活必需品。2008年。黑豆峪村建立了农民养老保障制度，每月给本村老人发养老金100元。同时，建立了村民大病报销制度，村民得大病所支付的医疗费，到合作医疗报销以后的剩余部分，由村集体再报销80%。

三是提升了村容整洁程度。发展旅游为改善村容村貌提供了动力，而旅游收入的提升又为环境整治提供了资金保障。2006年以来，黑豆峪村先后投入数百万元实施了主街改造、绿化美化工程，开展了多次环境整治活动。

四是提升了乡风文明水平。每年村里都对景区员工、民俗旅游接待户进行接待礼仪、礼貌用语等知识培训，提高了村民素质。成立的秧歌队、小剧团丰富了员工和村民的文化生活，丰富了村民的业余文化生活。

五是提升了民主管理质量。适应现代管理的要求，黑豆峪村在村级事务管理中积极推进科学管理和民主管理。京东大溶洞先后申请并通过了ISO9000质量管理体系和ISO14000环境管理体系认证。村党支部和村民委员会，坚持通过党员大会、村民代表会议、民主理财、村务公开形式，在村内推进民主选举、民主决策、民主监督和民主管理制度，增进了全村的稳定与和谐。

黑豆峪村通过建设大溶洞景区，带动了社会主义新农村建设，他们的主要经验有三点。

一是充分发挥党支部的战斗堡垒作用，是推进新农村建设进程的重要保证。这些年来，黑豆峪村从开发大溶洞景区，到制定新农村建设规划和景区发展整体规划，再到推进汽车露营地、木屋别墅、村民公墓等项目建设，都离不开村党支部的坚强领导和两委班子的密切配合。黑豆峪村经济发展历程表明，有力、团结、稳定的两委班子是顺利推进新农村建设基本保证。

二是突出自身优势发展特色产业，是推进新农村建设的重要依托。黑豆峪村在建设新农村过程中，牢牢把握地处京郊的位置优势，按照本地生态涵养区的功能定位，努力挖掘本村自然资源优势，依托"天下第一古洞"，做大做强乡村旅游产业，形成了具有本地特色的主导产业。

三是坚持市场导向，是在新农村建设中发展主导产业的重要途径。黑豆峪村在发展乡村旅游产业中，始终坚持以市场为导向。一是项目融资市场化。旅游项目所需的资金投入，既有来自银行的贷款，也有外来企业与个人投资。二是根据市场需求，确定旅游经营项目。黑豆峪村在2006年以前，主要的经营项目是大溶洞观光。2006年以后，他们根据旅游市场需求变化，逐步调整产业结构，向后开发了木屋别墅型旅游地产、汽车露营地型特色旅游和以千佛崖景区为代表的生态休闲项目，收到了良好的社会效益和经济效益。

十、发展租赁经济

租赁是出让资产的使用权，供另一方使用，按期收取租金作为报酬的一种经济活动。租赁经济的发展是现代经济发展的一个重要特征，为提高企业和全社会的经济效益创造了条件。根据租赁的目的，可以将租赁划分为"不完全支付式"租赁和融资租赁两种形态。"不完全支付式"租赁是纯粹的、传统意义上的租赁。之所称之为"不完全支付式"租赁，是因为承租人租金资产只是为了满足经营上或者生活上短期的、临时的或者季节性的需要，并没有添置资产的企图。一般来说，出租人需要经过多次的租赁，从不同承租人处收回其投资。融资租赁是以融资为目的，且有明显的添置资产的特点。采用这种租赁方式时，与租赁资产所有权有关的风险几乎全部转移给承租人。根据租赁期限划分，租赁可以划分为短期租赁和长期租赁两种。而根据租赁物的物质形态划分，租赁又可以划分为动产租赁和不动产租赁。在企业经营活动过程中，机械设备等动产的租赁是较为普遍的一种经济行为。在过去的几十年里，动产租赁在发达国家得到迅猛发展。不动产的租赁，包括厂房的租赁、办公用房租赁和住房租赁。不动产租赁是在企业经营和人们日常生活中一种常见的经济行为或者经济形态。随着我国农村城市化进程的加快，流动人口的大量增加，房屋租赁更是成为一种常见的、不可或缺的经济形态。但是，长期以来人们对于城乡结合部地区民间的房屋租赁业存在不同的认识。有的人将其贬低为"瓦片"经济，主张采取行政手段予以取缔。殊不知，"瓦片"经济有其存在的必然性和合理性。只要存在大城市与乡村的差别，就必然有城乡结合部。现在的城乡结合部改造完了，成为城市的一部分，就又会有新的城乡结合部出现。没有经济实力或者没有必要在城市中心地区获取长期居住场所的外来人口，必然会选择在房屋租赁价格相对较低的城乡结合部租房作为临时居所。出租房屋成为城乡结合部地区农民的重要收入来源。如果采取行政手段取缔"瓦片"经济，就等于断了城乡结合部农民的一个重要收入来源，同时也必然增加大城市的运行成本。但是，对于这种"瓦片"经济，作为管理者的政府也不能放任自流，而是要采取经济手段来规范"瓦片"经济，帮助农民把"瓦片"经济做强做大。新型农村集体经济组织要理直气壮地大力发展各种形态的租赁经济。一是可以通过建设农民就业基地的办法，在集体建设用地上建设厂房进行出租，在获取资产租赁收益的同时，促进本地农民就地向二、三产业转移就业。二是可以投资购置大型机械设备，采取融资租赁或者短期租赁的方式，出租给承租人使用。三是可以在集体建设用地或者获得国家批准转为国家建设用地的土地上，建设大型批发市场租赁给批发商或者零售商使用。三是依法在集体建设用地上建设公租房，提供给外来人口或者城市低收入人群使用。四是可以将本村农民组织起来，通过对农户自有房屋的升级改造，统一进行对外租赁。不论采取那种租赁方式，需要特别注意的问题；一是必须符合城市总体规划；二是必须确保安全消除安全隐患。

新型农村集体经济组织发展租赁业的案例

石家营招商引资强村富民

顺义区马坡镇石家营村现有 160 户，445 口人，228 名劳动力，村域面积 1580 亩。2006 年，石家营村被确定为市级新农村试点村之一。几年来，石家营村党支部根据本村实际并借鉴先进村的发展经验，摸索出了一条"招商引资强村，二、三产业富村，文明和谐兴村"的发展之路。

在社会主义新农村建设中，石家营在上级政府的扶持下，对村农民就业基地外部环境进行了整治，完善了农民就业基地基础设施，扩大了对入驻企业的服务范围，强化就业基地经营管理。为吸引更多的企业入驻农民就业基地，村党支部加大招商引资力度，提出了以情招商、以诚招商的口号，把服务入驻企业作为村里的大事、要事来抓，努力提高对入驻企业服务水平，采取多种措施帮助入驻企业做大做强。

在招商引资工作中，石家营村为入驻企业提供"一条龙"式服务。从项目洽谈、手续办理到建设投产，村里都有专人负责，为入驻企业开工建设节省了大量时间。村领导经常主动上门了解入驻企业经营状况，及时帮助解决企业用水、用电等实际问题，保障企业的正常生产运行。他们还积极为企业争取政府优惠政策支持和相关金融机构的资金支持。村里制定了对进驻企业的奖励制度，对年终税收前三名的企业法人代表给予物质和精神奖励，鼓励企业发展壮大。2008 年，金融危机发生以后，村党支部对重点企业、重点项目上门服务，帮助企业共渡难关。驻村企业洛娃生态园改建变压器增容时，村里积极与电力部门等部门协调，帮助企业节省资金 20 余万元。

进驻石家营村农民就业基地的企业亲身感受村内优越环境和良好服务，又纷纷介绍其他企业来该村投资建厂，从而实现了由以情招商、以诚招商到以商招商的良性循环。有一次，昌平区平房村党支部的干部去顺义区赵全营镇北郎中村参观，途经石家营村，被该村的优美环境吸引，随即下车参观，并推荐欧韵公司到石家营村投资建厂，其后欧韵公司又主动介绍了励耕、恒世利德等公司入驻石家营村。

针对入驻企业的不断增多，农民就业基地可利用土地日益减少的问题，石家营村党支部采取措施，对"小、散、低、劣"企业进行清退或土地买断，腾出土地用出租给高科技企业和规模企业使用。2009 年，他们腾退了北京集丰成洋有限公司、桂芳斋食品厂等企业占用的土地，成功地引进北京圣德利斯家具有限公司等三家科技含量高、税收结构合理、带动就业强的企业。入驻石家营农民就业基地的各类企业共为当地提供了 1200 余个就业岗位，不光使本村劳动力实现了 100% 就业，还解决了周边村落农民近千农民的就业问题。

通过社会主义新农村建设，石家营村方方面面都发生了很大变化。

一是集体经济不断发展。目前入驻石家营村农民就业基地的各类企业有 25 家，入驻企业缴纳国家税金后，政府奖励给村集体的资金，由 2002 年的零元增加到 2008 年的 800 万元。

二是村政设施不断改善。完成了村委会综合服务楼、厕所升级改造、改水、排污、垃圾处理工程；建成了社区卫生服务站、商业便利店、村邮站；安装了电子监控设备；建起了大众图书室、室内外健身场所、集文体休闲娱乐为一体的群众文化广场、百米文化墙壁等文体设施，实现了农村社区化管理。

三是农民生活水平不断提高。2009 年，全村劳动力就业率达到了100%，农民人均纯收入达到 14313 元，比 1995 年的 2000 元增长 6.2 倍，比 2008 年的 12000 元增长 19%。

四是和谐稳定局面持续巩固。近年来，全村干群关系和谐、邻里关系和睦。

十一、通过旧村改造，实现集体建设用地集约经营

土地是人类不可再生的稀缺资源。我国土地资源，特别是耕地更是十分紧缺。而随着社会经济的发展和人们对物质供给需求水平的提高，建设用地大量增加，大批农田被征为国家建设用地，给耕地保护增加了极大压力。解决或者缓解这个矛盾的途径之一就是对农村集体建设用地实行集约经营。目前，我国集体建设用地主要是村庄建设用地。由于大批农村劳动力向城镇转移，一些村庄成为空心村，常年居住人口逐年减少，而转移到城镇的农村劳动力又迫切要求在城市拥有住房。这是问题的一个方面，从另一个方面来说，许多村庄尤其是北方农村，村庄占地面积都比较大，人均宅基地面积比较多，村内有不少空闲地。所以，新型农村集体经济组织可以通过对村庄进行旧村改造的方法，按照农民意愿建设不同类型的新式民房，实现宅基地的集约利用。旧村改造可以自然村为单位进行，也可以行政村为单位进行，还可以在自愿互利的前提下几个村联合起来进行，甚至可以在一个乡镇范围内统一进行。不论采取哪种方式，前提条件就是要尊重农民意愿，保护农民利益，方便农民就业与生产、生活。旧村改造腾退出来的集体建设用地，有的可以通过复垦用于发展现代农业，有的可以用于发展乡村旅游业，有的可以建设农民就业基地，在城市郊区换可以建设集体公租房，有的可以依法进行流转、置换。总之，通过对集体建设用地的集约化经营，发展产业增加农民收入，达到建设社会主义新农村的目的。

实践证明，新型农村集体经济组织因地制宜地采取多种方式进行旧村改造，有利于改善农村基础设施和农民生活环境，提高农民生活质量；有利于进一步规范农村建设，促进农村土地集约利用，提高土地利用效益和利用水平；

有利于促进农村二、三产业发展，增加农民收入，. 提高农民社会保障水平；有利于加强农民住宅建设的安全管理，提高施工质量，增强农村地区的抗灾防灾能力；有利于加强农村基层政权建设和社会事业的发展，构建和谐社会。在进行旧村改造过程中，要坚持保护环境，可持续发展；坚持规划先行，合理有序建设；坚持农民自愿，维护农民利益；坚持合理推进，防止盲目开发；坚持保护耕地，集约利用土地。

新型农村集体经济组织进行旧村改造实现集体建设用地集约经营的案例

蔡家洼实施旧村改造推动新农村建设

密云县巨各庄镇蔡家洼村西距县城 3 公里，东抵大马域，南倚黎祖山，西临潮河水，北临京承高速路，地理位置优越，生态环境幽雅。村域总面积 2 万亩，其中农田 1500 亩，山场 1.56 万亩，村庄占地 2200 亩，河滩地 700 亩。全村共有 4 个自然村，800 户，2460 口人。

昔日的蔡家洼村是远近闻名的贫困落后村，村中道路狭窄，街道坑洼泥泞，基本不通车，村民大多数被束缚在土地上，以普通粮食种植为主，农民收入低，生活停留在温饱线边缘，经济发展一直停滞不前。近年来，在村党支部书记王大林等村领导班子的带领下，蔡家洼村大力实施旧村改造，完善基础设施，推进综合改革，对村集体经济施行了股份制改造，加快流转土地整理，调整产业结构，实施整体开发，实现了农民变股东、住楼房、当工人的巨大转变，探索出一条新农村建设新路。

一、流转整理土地，推进旧村改造

蔡家洼村从整合土地资源入手，以流转合同的形式把耕地、山场从农民手中全部流转给村集体，由集体统一规划经营土地、山场总面积近 6000 亩。土地流转后，按照全村平均每人应有的口粮田亩数，每年由村里给付村民口粮田补偿款。为了节约土地资源，新建占地 400 亩的农民居住生活区，建成 23 栋多层住宅楼，总建筑面积 16 万平方米，单户面积为 70～140 平方米，全村 800 户村民户均 2 套楼房，大户型和小户型搭配。农民进楼后，以有效使用面积对原有民房进行置换拆除，置换出的 1800 亩村庄土地全部用于发展二、三产业。

二、加速产业升级，引领经济发展

曾以种粮为主的蔡家洼村历史上几乎没有其他产业，经济发展缓慢。为了彻底改变落后的经济面貌，打破传统粮食种植为主导的产业发展局面，加快村域经济发展和农民增收步伐，蔡家洼村在新农村建设过程中，突出产业结构调整，通过规划设计，实施整体开发，重点建设一产 5000 亩生态农业产业区、二产农产品深加工观光工业区、三产绿色旅游商务区，形成了三次产业齐发并进的产业发展强势。

"一产"建设 5000 亩生态农业产业区。一期已建设 600 亩观光采摘园，栽植了进入盛果期的大樱桃树，冬枣树、加州大李子等，还建起了 8 栋高标准的温室大棚，栽植了木瓜、番石榴、芒果等 9 种热带果树；二期栽植 6 万余株樱桃树。在此基础上，重点建设 6000 平方米的采摘大厅一座，加快推进 5000 亩的生态农业产业区建设。

"二产"打造农产品深加工观光工业区。农产品深加工观光工业区占地 400 亩，建设大型工厂 14 座，建筑面积 21.5 万平方米，容纳 12 家大型企业入住，以农产品深加工为主题，以休闲观光为理念，实施"建设观光工业园，打造生态新农村"的发展战略，建成集工业生产、现场观摩、餐饮品尝、产品采购、休闲娱乐为一体，风格独到，景色宜人，设施齐全，功能完备，产品聚集的观光工业新亮点。目前已经确定入住观光工业园区的国内外知名企业 12 家。园区内安置劳动力就业 500 多人。

"三产"建设绿色旅游商务区。绿色旅游商务区占地 1300 亩，总建筑面积约 80 万平方米，总投资 10 亿元，是集总部经济、企业会所、经济使馆、生态经济带为一体的综合型产业经济发展区。目前，华力综合办公楼已建设完成；民航总局一座五星级的接待中心正在建设当中，附属设施已经基本建成；中石油、中石化、海关总署、国家工商总局等近 20 家企事业单位已经和村里签署了用地协议。

三、实施村集体经济产权制度改革

2008 年，蔡家洼村实施了农村集体经济产权制度改革。通过改革，将共同共有的集体资产科学合理地进行股份量化，实现资产变股权、农民当股东，建立归属清晰、权责明确、利益共享、保护严格、流转规范、监管有力的农村集体经济组织产权制度，明确农村集体经济组织的管理决策机制、收益分配机制，健全保护农村集体经济组织和成员利益的长效机制。

随着农民逐步搬迁上楼，蔡家洼村新的产业规划已逐步落实，除土地股金分红外，600 多名农民走进村内的工厂上岗，变成产业工人，每人每月有 650 元的工资收入。2009 年，全村经济总收入达到 5875 万元，农民人均纯收入达到 11208.2 万元。

第十一章 新型农村集体经济组织
的产权交易

第一节 产权交易概述

一、产权交易的概念

产权交易，是指资产所有者将其资产所有权和经营权全部或者部分有偿转让的一种经济活动。这种经济活动是以实物形态为基本特征的出卖财产收益的行为，是多层资本市场的重要组成部分；其职能是为产权转让提供条件和综合配套服务、开展政策咨询、信息发布、组织交易、产权鉴证、资金结算交割、股权登记等。

二、产权交易的方式

（1）按交易方式划分，有五种形式：购买式、承担债务式、吸收入股式、控股式、承担安排全部职工等其他条件式。

①购买式，即一企业法人通过议价或竞价方式出资购买另一企业的全部或部分产权。

②承担债务式，即在被转让企业的资产与债务等价的情况下，另一企业以承担被转让企业债务为条件接收其资产。

③吸收入股式，即被转让企业的资产所有者将被转让企业的净资产作为股金投入另一企业，成为另一企业的股东。

④控股式，即一企业通过购买其他企业的股权，达到控股，成为被控股企业的产权法人代表。

⑤承担安排全部职工等其他条件，即一个企业以承担安排另一企业全部职工生产与生活为条件，接收其全部资产。

（2）按交易主体之间的组织形式划分，有六种形式：兼并、承包、租赁、拍卖、股份转让、资产转让。

①兼并。企业兼并是指一个企业购买其他企业的产权，被兼并企业失去法人资格或改变法人实体，兼并者通常作为存续企业仍然保留原有企业的名称，而被兼并企业则不复存在。

②承包。承包是指企业与承包者间订立承包经营合同，将企业的"经营管理权"全部或部分在一定期限内交给承包者，由承包者对企业进行经营管理，并承担经营风险及获取企业收益的行为。

③租赁。租赁是一方向另一方支付租金，以取得在一定时间内对另一方资产的使用权，租赁又分为副资性租赁、服务性租赁和经营性租赁三大类。

④拍卖。产权拍卖是产权拥有者和需要者双方通过竞买方式，使产权从拥有者向出价最高的需要者转移的一种产权转让形式。企业拍卖又可分为两种形式：一种是经营权的拍卖，另一种是所有权的拍卖。

⑤股份转让。股东一旦取得股份，便失去了对入股资金的经济支配权，拥有的只是股权以及与股权相关的公益权和收益权。新型集体经济组织的股东，拥有根据自身利益和预期心理以及企业章程，决定对所持有股份转让与否的权利。

⑥资产转让。资产转让是指实物资产所有者与需求者之间的一种有偿交换关系。有偿转让是指资产拥有者与需求者之间按照等价的原则用资产的实物价值与货币价值进行交换的一种方式。

（3）产权交易在内容上可以分为两个不同层次：第一个层次是企业财产所有权的转让；第二个层次是在保持企业财产所有权不变的前提下，实行企业财产经营权的转让。

第二节　农村集体经济合同管理

农村产权交易，无论是在新型农村集体经济组织成立之前，还是在新型农村集体经济组织成立之后，都大量地发生着。农村产权交易无论是交易双方直接进行交易，还是通过农村产权交易市场中介进行交易，其交易的载体都是农村集体经济合同。所以，作为新型农村集体经济组织必须强化集体经济合同的管理。

一、经济合同概述

1. 经济合同的概念

合同，又称为契约。是当事人之间设立、变更、终止某种权利义务关系的协议。在合同概念之下，可以容纳财产、身份、行政、劳动等不同性质的多种法律关系，由此也就产生了多种多样的合同。

经济合同是平等主体的自然人、法人、其他组织之间设立、变更、终止民事权利义务的协议。经济合同作为一种法律概念，有广义与狭义之分，这里所说的经济合同是指受《合同法》调整的合同。

2. 经济合同的法律特征

经济合同具有下列法律特征：①经济合同是两个以上法律地位平等的当事人意思表示一致的协议；②经济合同以产生、变更或终止债权债务关系等特定经济利益为目的；③经济合同是一种民事法律行为，当事人不履行合同规定的义务，要承担法律责任。

3. 经济合同的要素

①经济合同的主体。经济合同的主体包括自然人、法人、其他组织。自然人是指公民，是依法享有民事权利承担民事义务的人。法人是指经国家认可，有独立的财产或独立的预算，具有民事权利能力和行为能力，依法独立享受民事权利和承担民事义务的组织。

②经济合同的内容。经济合同的内容主要是合同主体享有的权利和所承担的义务。

③经济合同的客体。经济合同的客体是经济合同主体的权利、义务所共同指向的事物。

4. 经济合同的分类

《合同法》规定有15种经济合同：①买卖合同（购销合同）；②供用电、水、气、热力合同；③赠与合同；④借款合同；⑤租赁合同；⑥融资租赁合同；⑦承揽合同；⑧建设工程合同；⑨运输合同；⑩知识产权合同；⑩保险合同；⑪保险合同；⑫房地产合同；⑬经营合同；⑭投资合同；⑮招投标合同。

5. 经济合同的作用

经济合同是专业协作的纽带、横向经济联系的工具，是加强企业经营管理手段，是维护市场经济秩序的武器。

6. 订立经济合同的原则

订立经济合同必须遵循四个原则：①平等原则；②公平原则；③诚实信用原则；④合法原则。

7. 经济合同的形式

①表格式：简单明了，规范有序，适用于企业之间经常性的业务往来。
②条文式：偶尔签订合同的单位和个人使用，或内容不稳定的合同。
③表格条文结合式。

8. 经济合同的基本内容（必备条款）

①当事人的名称或姓名和住所；②标的；③数量；④质量；⑤价款或酬金；⑥履行期限；⑦履行地点与方式；⑧验收；⑨结算方式；⑩违约责任；⑪解决争议的方法

9. 经济合同的结构与写法

（1）标题：合同的性质＋文种。如：《基本建设合同》、《粮食定购合同》。
（2）标题的下方应标明合同编号。
（3）在表格式合同中，签订日期和地点也可放在标题的右下方，与编号上下排列，用小一号字体。
（4）订立合同双方名称及代称。
（5）正文。
①引言：合同的开头，主要写目的和依据。如："为了……，根据……法律的规定，……双方经过充分协商，特订立本合同，以便共同遵守。"引言可部分省略或全部省略
②主体：指合同条款，包括必备条款（标的，数量，质量，价款或酬金，履行期限，履行地点与方式，验收，结算方式，违约责任，解决争议的方法）和其他条款。
③合同文本的份数及保存。如："本合同一式四份，甲乙双方各执一份，副本两份，送双方上级主管机关存查。"

④合同的有效期限：合同执行的起止日期。"本合同有效期自××××年×月×日至×××年×月×日，过期作废。"

⑤"本合同自双方代表签字，加盖双方公章或合同专用章即生效，至××后终止。"

⑥附件说明：有附件，注明合同附件的效力。

⑦附项：日期下写合同当事人的地址、邮编、电挂、电话、图文传真、银行账号等。

10. 拟写合同的注意事项

①格式要规范；②条款要完备；③文字要精确。

二、租赁合同

目前，农村产权交易的一个主要方面是农村集体资产的租赁经营。在城乡结合部地区，集体资产的租赁经营已经成为新型农村集体经济组织资产经营的主要方式和集体经济收益的主要来源。所以，加强对农村租赁合同的管理就显得尤为重要。

1. 租赁合同的概念

租赁合同是出租人将租赁物交付承租人使用并取得相应收益，承租人支付租金的合同。

2. 租赁合同的内容

①租赁物的名称；②租赁物的数量（面积）、质量；③租赁物的用途；④租赁期限；⑤租金及其支付期限和方式；⑥租赁物维修等条款；⑦违约责任等。

3. 租赁合同的期限

《合同法》规定：租赁合同不得超过20年。超过20年的，超过部分无效。

租赁期间届满，当事人可以续订租赁合同，但约定的租赁期限自续订之日起不得超过20年。

4. 租赁合同的形式

租赁期限6个月以上的，应当采用书面形式。当事人未采用书面形式的，视为不定期租赁。

5. 租赁物的使用

①出租人应当按照约定将租赁物交付承租人，并在租赁期间保持租赁物符合约定的用途。

②承租人应当按照约定的方法使用租赁物。对租赁物的使用方法没有约定或者约定不明确，依照《合同法》第六十一条的规定仍不能确定的，应当按照租赁物的性质使用。

③承租人按照约定的方法或者租赁物的性质使用租赁物，致使租赁物受到损耗的，不承担损害赔偿责任。

④承租人未按照约定的方法或者租赁物的性质使用租赁物，致使租赁物受到损失的，出租人可以解除合同并要求赔偿损失。

6. 租赁物的维修与保管

①出租人应当履行租赁物的维修义务，但当事人另有约定的除外。

②承租人在租赁物需要维修时可以要求出租人在合理期限内维修。出租人未履行维修义务的，承租人可以自行维修，维修费用由出租人负担。

③因维修租赁物影响承租人使用的，应当相应减少租金或者延长租期。

④承租人应当妥善保管租赁物，因保管不善造成租赁物毁损、灭失的，应当承担损害赔偿责任。

7. 租赁物的改善与增设他物

①承租人经出租人同意，可以对租赁物进行改善或者增设他物。

②承租人未经出租人同意，对租赁物进行改善或者增设他物的，出租人可以要求承租人恢复原状或者赔偿损失。

8. 租赁物的转租

①承租人经出租人同意，可以将租赁物转租给第三人。

②承租人转租的，承租人与出租人之间的租赁合同继续有效，第三人对租赁物造成损失的，承租人应当赔偿损失。

③承租人未经出租人同意转租的，出租人可以解除合同。

9. 使用租赁物的收益处置

在租赁期间因占有、使用租赁物获得的收益，归承租人所有，但当事人另有约定的除外。

10. 租金的支付

①承租人应当按照约定的期限支付租金。

②对支付期限没有约定或者约定不明确，依照《合同法》第六十一条的规定仍不能确定，租赁期间不满一年的，应当在租赁期间届满时支付；租赁期间一年以上的，应当在每届满一年时支付，剩余期间不满一年的，应当在租赁期间届满时支付。

③承租人无正当理由未支付或者迟延支付租金的，出租人可以要求承租人在合理期限内支付。承租人逾期不支付的，出租人可以解除合同。

11. 第三人主张权利的处置

因第三人主张权利，致使承租人不能对租赁物使用、收益的，承租人可以要求减少租金或者不支付租金。第三人主张权利的，承租人应当及时通知出租人。

12. 租赁物所有权变动的处置

①租赁物在租赁期间发生所有权变动的，不影响租赁合同的效力。

②出租人出卖租赁房屋的，应当在出卖之前的合理期限内通知承租人，承租人享有以同等条件优先购买的权利。

13. 租赁物毁损的处置

①因不可归责于承租人的事由，致使租赁物部分或者全部毁损、灭失的，承租人可以要求减少租金或者不支付租金。

②因租赁物部分或者全部毁损、灭失，致使不能实现合同目的的，承租人可以解除合同。

14. 特殊情况的处置

①当事人对租赁期限没有约定或者约定不明确，依照《合同法》第六十一条的规定仍不能确定的，视为不定期租赁。当事人可以随时解除合同，但出租人解除合同应当在合理期限之前通知承租人。

②租赁物危及承租人的安全或者健康的，即使承租人订立合同时明知该租赁物质量不合格，承租人仍然可以随时解除合同。

③承租人在房屋租赁期间死亡的，与其生前共同居住的人可以按照原租赁合同租赁该房屋。

15. 租赁期满

租赁期间届满，承租人应当返还租赁物。返还的租赁物应当符合按照约定或者租赁物的性质使用后的状态。

三、农村集体经济合同

1. 农村集体经济合同的概念

农村集体经济合同，是乡村集体经济组织及其所属企事业单位，作为合同当事人与自然人、法人、其他组织，所签订的设立、变更、终止民事权利义务的协议。

2. 订立农村集体经济合同的主体

农村经济合同必须以集体资产管理主体为发包或者出租方。村集体经济组织是村一级集体资产的管理主体，尚未建立集体经济组织管理机构的村，可以由村民委员会行使集体资产管理主体职能。乡镇集体经济管理机构，负责乡镇一级集体资产的管理工作。任何单位和个人都不得越权发包或者出租集体资产，更不得由两个机构来发包、出租同一集体资产。

3. 订立集体经济合同的原则

订立农村集体经济合同，除了要遵循一般经济合同平等原则、公平原则、诚实信用原则以及合法原则以外，还必须遵循民主管理的原则。重大的集体资产对外承包、租赁、建设合同，未依照民主管理程序订立的，都可以判定为无效合同。

4. 农村集体经济合同的分类

①集体土地家庭承包经营合同；②集体企业承包经营合同；③集体资产委托经营合同；④集体自然资源（农用地、建设用地、林地、山场、滩涂、水面等）租赁合同；⑤集体账内资产（房屋、机械设备等）租赁合同；⑥集体建设工程项目施工合同；⑦购销等其他经济合同。

5. 农村集体经济合同的适用法律

①集体土地家庭承包经营合同，适用于《农村土地承包法》；②集体企业承包经营合同，适用于各省、区、市人大制定的《乡村集体企业承包经营条例》；③其他经济合同适用《合同法》以及各省、区、市人大制定的《农村集

体资产管理条例》。

6. 签订农村集体经济合同的程序

①提出方案。在签订经济合同之前，由村领导班子组织召开村级联席会议，对涉及签订经济合同的项目进行科学、合理的论证、评估；对拟签约经济合同的主要内容，包括标的、期限、价款、违约责任等重要事项进行研究，形成经济项目签约的初步方案。

②上报审阅。经济合同的初步方案应报镇（乡）农村合作经济经营管理部门，对其民主议定程序涉及的相关政策等进行审阅。集体土地对外承包、租赁的，应当报乡镇政府依法批准。

③民主决策。将审阅后的初步方案提交村集体经济组织成员大会或村民代表大会讨论决定。社员（村民）代表会议，必须有 2/3 以上的代表参加，始得举行。决议必须有占全体代表半数以上的代表同意，方为有效。会议决议的事项必须及时传达到全体社员（村民）

④招标投标。采用招标投标方式确定承包人、租赁人或承建人的，在同等条件下本集体经济组织成员享有优先权。对集体经济项目的招标投标工作，应由镇（乡）经济合同管理部门负责监督，以使招投标工作依法进行。

⑤资信与经营能力评估。集体土地对外承包、租赁，应当事先对承包、租赁方的资信情况和经营能力进行评估。

⑥签订经济合同。

四、加强新型农村集体经济组织经济合同管理

1. 加强农村集体经济合同管理的重要意义

①加强农村集体经济合同管理，是提高集体资产经营效益，巩固壮大集体经济的客观要求。

②加强农村集体经济合同管理，是维护好、实现好、发展好农民合法权益的重要途径。

③加强农村集体经济合同管理，是推进农村党风廉政建设，密切党群、干群关系，促进和谐农村社会建设的重要内容。

④加强农村集体经济合同管理，是增加农民收入，促进社会主义新农村建设的重要工作。

2. 农村集体经济合同管理的基础工作

①建立健全集体资产管理机构，新型农村集体经济组织要设立集体资产经营管理机构。

②明确集体经济合同管理组织或者专（兼）职管理人员及其职责，并对这些管理人员进行法律知识培训，提高素质和能力。

③开展集体资产清查核实工作，摸清集体资产（包括资源性资产和账内外资产）的底数（数量、面积、质量、价值等）。

④建立健全集体经济合同管理制度，充分利用现代化电子信息手段，对经济合同从签订、登记、履行、价款或者报酬的收取等环节进行全面监督控制。

新型农村集体经济组织加强集体经济合同管理的案例

案例之一：草桥实业总公司规范对外经济行为

随着草桥实业总公司发展规模的不断扩大，公司及所属企业面临的商业风险也随之增大，主要表现并存在于总公司和各企业的对外经济往来之中。为有效地减少风险的发生和防患于未然，公司针对经济合同的签订，采取了两项严格有效的措施，以规范公司的对外经济交往行为。一是于2003年3月成立了法务办公室。他们从北京市人才市场专门聘任两名专职律师，负责公司和下属企业对外经济合同鉴定的审核，并协助企业办理经济活动中出现的各种法律纠纷。为增强全体干部的法律意识，举办了四期、共114名干部参加的各种普法培训班。如，针对企业厂长、经理举办的有关《合同法》、《劳动法》的培训；针对村民小组长举办的《婚姻法》、《继承法》的培训。他们还将每周五定为法律接待日，由法务办公室人员为公司干部、职工和村民免费提供法律咨询，从而不断增强大家的法律意识，促进各企事业单位依法治理，依法办事。二是建立合同评审制度。对总公司和下属企业对外订立的经济合同，他们制定了《合同评审制度》，凡合同金额超过3万元的，或虽未超过3万元，但涉及不动产转让、租赁、抵押等事项的合同要严格按照制度执行。制度规定，合同制定单位首先填写《合同评审表》，表中列明合同名称、送审单位、时间及合同主要内容、部门意见等。制定单位持合同复印件及《合同评审表》按财务部门、专业技术部门、法律部门的顺序报请审批。各部门分别就资金使用和风险预测、专业技术、法律条文等方面严格审核，签署本部门意见后报公司领导批准。合同评审完成后，将《合同评审表》以及经修改定稿后的合同复印件、原合同复印件交到法务办公室统一归档、备案。随着集体经济发展规模的不断扩大，企业逐渐走向市场，以往在经济合同中公司及下属企业都或多或少地在经济往来中出现过失误。尤其是在土地、房屋对外租赁中，造成了集体资产不必要的损失。由于制定了切实有效的合同评审制度，各专业部门严格把关、审核，过去发生的问题现象已基本杜绝，法律纠纷也相应地减少。公司法务办公室成立以来，已经审理各项合同 160 份，为公司各企业的健康顺利发展起到了保驾护航的作用。

案例之二：丰台区花乡榆树庄构件厂改革原材料采购模式

针对原材料采购环节存在的问题，榆树庄构件厂采取公平、公正、公开的招标方式，通过寻价确定原材料供应商和价格。对企业长期、大批量采购的钢材、水泥、砂石、粉煤灰、外加剂等原材料，与有品牌有实力的供应商建立长期战略合作伙伴关系，并就采购价格优惠等事项达谅解。通过建立长期采购合作伙伴关系，大幅度降低了材料采购成本。仅 2006 年一年的时间，全厂原材料采购费用就节约了 2610 万元。

3. 农村集体经济合同管理存在的主要问题

近年来，通过推进乡村集体经济产权制度改革、村账托管、审计监督、民主理财、管理信息化等方式，加强了村集体资产、资源和资金的管理，取得了一定显著成效。但是，村集体资产、资源和资金的经营管理还存在一些亟待解决的问题。突出表现在一些地方村集体经济合同不规范，疏于管理。

一是有的经济合同签订之前没有履行法定的民主决策程序，暗箱操作少数人说了算。

二是有的经济合同签订之前没有进行必要的市场调研，租金过低或者缺乏增长机制。

三是有的经济合同内容条款不全面，合同当事人权利义务不明确，存在潜在风险。

四是有的集体经济合同标的数量、质量不真实、不准确，导致舞弊行为发生。

五是有的村集体对经济合同疏于管理，致使合同履约率低不良债权增加。

4. 开展农村集体经济合同清理规范工作

上述问题的存在，既影响了集体资产经营收益的提高，也影响了干群关系和农村社会稳定。对开展全面清理和规范村集体经济合同工作，是发展壮大农村集体经济的重要保障，是促进村集体资产保值增值的前提条件，是化解由于农村集体经济合同管理不规范引发的各类矛盾的有效手段，是从源头预防和遏制农村经济腐败行为的有效途径。

（1）开展农村集体经济合同清理规范工作的目的。通过开展村经济合同的清理规范，达到依法保护村集体经济合同当事人合法权益，切实维护农村社会的和谐稳定，有效提高集体资产经营效益，进一步增加农民收入的目的。

（2）纳入清理规范的集体经济合同的范围。清理规范的村集体经济合同，是指村集体经济组织（村经济合作社、股份经济合作、股份合作制公司）或者村民委员会，与自然人和法人以及其他组织订立的，目前正在履约期内的，除集体土地家庭承包经营合同、集体企业承包经营合同以外的所有经济合同。包括：集体农用地、林地租赁经营合同；集体山场、滩涂、水面租赁经营合同；集体建设用地租赁合同；集体房屋租赁合同；集体机械设备租赁合同；集体建设工程项目施工合同其他经济合同。

（3）清理规范集体经济合同工作的内容。

一是摸清各类集体经济合同的底数。对各类经济合同的数量、订立的日期和有效期限、租赁（承包、建设）方的经济性质进行登记。

二是对各类集体经济合同进行全面审查。要对经济合同订立程序的合法性、形式技术的合规性、租赁（承包、建设）方资质的有效性、经济合同条款的完整性、合同标的数量质量的正确性、价款或者价款的合理性、履行期限和方式以及违约责任的明确性、争议解决办法的正当性等进行全面审查。

三是检查各类经济合同的履行情况。要对合同当事人是否及时、恰当地履行合同约定义务、是否存在违反国家土地管理法律的行为、是否存在拖欠租金等损害集体经济利益的行为进行认真的检查。

四是完善各类经济合同。在清理检查的基础上，对形式技术的不够规范、经济合同条款不够完整性、合同标的数量质量不够正确、履行期限和方式以及违约责任、争议解决办法不够明确性的合同，要在与承租（包）方协商一致的基础上，进一步完善和修订。对价款或者报酬不够合理的合同，要在与承租（包）方协商一致的基础上，适当提高价款或者报酬。协商达不成一致的可以申请合同仲裁机关进行仲裁，或者向人民法院提起诉讼村级组织未履行民主决策程序已经对外签订的各类经济合同，要通过协商，采取完善合同内容、提高租金等办法稳定合同关系；协商不成的，是否提起法律诉讼，要在权衡利益得失的前提下，由村集体经济组织成员代表会议民主决策。

五是处置或者中止违法或者违约合同。对经过清理发现的无效合同应当及时中止。对承租（包）方存在违约行为的合同，要责令起改正，拒不改正的要及时中止合同关系。

六是采用信息化管理手段，建立农村集体经济合同台账。对经过清理规范的集体经济合同，按照类别、签订日期和承租（包）方经济性质、价款或者报酬收取日期等标志进行统一编号，将合同主要条款输入计算机，建立经济合同登记台账。

七是建立健全集体经济合同管理制度。在全面清理的基础上，按照《合同法》和农村党风廉政建设责任制的要求，制定《农村集体资产承包、租赁、出让管理办法》、《村级重要经济事项招标投标办法》、《农村集体经济合同管理办法》等规章制度。

（4）清理规范集体经济合同工作中对《合同法》的有关法律规定的应用。

①《合同法》第61条规定："合同生效以后，当事人就质量、价款或者报酬、履行地点等内容或者约定不明确的，可以协议补充；不能达成协议的，按照合同有关条款或者交易习惯确定。"

②《合同法》第62条规定，当事人就有关合同内容约定不明确，依照第61条的规定仍不能确定的适用下列规定：

质量要求不明确的，按照国家标准、行业标准履行；没有国家标准、行业标准的，按照通常标准或者符合合同目的的特定标准履行。

履行地点不明确，给付货币的，在接受货币一方所在地履行；交付不动产的，在不动产所在地履行；其他标的，在履行义务一方所在地履行。

履行期限不明确的，债务人可以随时履行。债权人也可以随时要求履行，但应当给对方必要的准备时间。

履行方式不明确的，按照有利于实现合同目的的方式履行。

履行费用不明确的，由履行义务一方负担。

③法人或者其他组织的法定代表人、负责人超越权限订立的合同，除相对人知道或者应当知道其超越权限的以外，该代表行为有效。

④发包方所属半数以上的村民，以违反民主议定原则为由，主张发包方与第三人签订的合同无效，并有特定诉讼标的和具体诉讼请求的，依法受理。法律法规、司法解释及本意见另有规定的除外。村民委员会、村经济合作社等违反民主议定原则，与第三人签订合同处分村集体经济组织其他财产，如出租村厂房、机械设备等给第三人使用而产生的纠纷，参考以上原则处理。

⑤合同生效以后，当事人不得因姓名、名称的变更或者法定代表人、负责人、承办人的变动而不履行义务。

⑥当事人协商一致的，可以变更合同。

⑦有下列情形之一的，当事人可以解除合同：因不可抗力致使不能实现合同目的；在履行期限届满之前，当事人明确表示或者以自己的行为表明不履行主要债务；当事人延迟旅行主要债务，经催告后在合理期限内仍未履行；当事人一方延迟履行债务或者有其他违约行为致使不能实现合同目的；法律规定的其他情形。

⑧《土地法》第63条规定："农民集体所有的土地使用权不得出让、转让、或者出租用于非农业建设；但是，符合土地利用总体规划并依法取得建设用地的企业，因破产、兼并等情形致使土地使用权依法发生转移的除外。"

农村集体经济合同清理案例

通州区集体经济合同清理取得的成效

1. 通州区摸清了经济合同底数，村级合同逐步完善和规范

据统计，截止到2007年12月下旬，全区共清理出2007年9月1日前形成各类村级经济合同13147份，涉及金额279225259.03元（不含建设工程合同156份，涉及金额226522464.9元），其中清理出各类问题合同1501份，涉及金额62440000元，经过履行相关程序已完成规范手续，形成规范合同的有1325份，涉及金额61770000元，占问题合同总数的90%、98%。还差176份合同未完善，涉及金额670000元。《办法》实施后，全区共新签订各类村级经济合同185份，涉及金额13017500元（不含建设工程合同13分，涉及金额350000元）。另外截止到12月底全区共终止各类经济合同185份，涉及土地面积1429.05亩、厂房场地108756.94平方米、12台机械设备。

2. 通过这次集体经济合同的清理，提高了干部的法律意识，有效地维护了村集体和承租当事人的合法权益

镇、村干部的责任意识、法律意识明显增强，镇和村均聘请了法律顾问或律师，直接参与合同的洽谈、合同文本的起草、合同纠纷的调解及法律诉讼等，提高了村干部依法管理、依法经营、依法签订合同、依法履行合同、依法解决经济纠纷、依法处理村级经济事务的能力和水平，有效地防止了村级经济合同条款漏洞多、要约承诺不完整、违约责任不具体等问题。有的乡镇通过采取成立清欠小组、清收小组、法律诉讼等多种手段，及时清理追缴了部分拖欠租金的合同，提高了合同的履约率，防止了呆账、坏账的发生，有效地维护了村集体和租赁者的合法权益。如：永顺镇西马庄村两委班子，运用法律手段追回裕发开发公司拖欠 3 年的供暖费共计 1168 万元。又如：潞城镇前榆村在清理合同过程中，采取与租赁方协商的办法，将一份合同中约定的 150 元/亩年，调整到 1000 元/亩年，仅这一份合同就为村集体增加收入 65 万元。

3. 村民参政议政的意识不断提高，在很大程度上促进了农村基层民主政治建设

如：宋庄镇富豪村在对租赁土地进行丈量时，邀请村民理财小组成员的参加，通过对 6 份合同的实地丈量，收回集体土地 100 余亩。又如：永顺镇邓家窑村在村级农贸市场发包时，经两委班子研究，村民代表会讨论决定采取竞标的形式进行发包，最后以每年上缴 34.45 万元承包给了一个本村村民，得到了全体村民的认可。

4. 强化了群众的监督，密切了干群关系，为维护农村稳定创造了良好氛围

通过对村级经济合同签订程序、内容、履行等主要环节的严格把关，增强了工作的透明度，从而使村干部的经济行为得到了规范，避免了一些干部独断专行、暗箱操作现象。解决了审计监督、案件查处滞后的问题，从源头上消除了滋生腐败的土壤和条件，促进了村干部的廉洁自律和农村的党风廉政建设。同时，也赢得了广大群众的信任，密切了干群关系，减少了干群矛盾，维护了农村社会的和谐和稳定。

第三节　农村产权交易市场

一、农村产权交易市场

1. 农村产权交易具有市场性的特点

农村产权交易同其他产权交易一样，具有极强的市场性。所谓产权交易的市场性，是指产权交易通过市场得以实现。产权交易的价格由市场决定。市场是产权交易价格的决定性因素，当产权需求大于产权供应、或者受让方认为以高于评估价格受让产权仍能带来较大收益时，交易的实际价格可以高于评估价格；当产权需求小于产权供应、或者受让方认为只有以低于评估价格受让产权才能带来经济收益时，交易的实际价格就低于评估价格。交易行为必须在交易市场（即产权交易所）进行。新型农村集体经济组织发生下列产权交易行为的，要通过产权交易所进行。

①新型农村集体经济组织土地承包经营权的大面积集中流转交易。

②新型农村集体经济组织集体林权的大面积集中流转交易。

③新型农村集体经济组织集体山场、滩涂、草地、水面的大面积集中流转交易。

④新型农村集体经济组织集体账内有形资产和无形资产的出售、租赁、承包、委托经营等。

⑤新型农村集体经济组织固定资产购建、生产性基础设施建设、非生产性公益设施建设、成批量生产资料或者生活资料的购买等重大经济事项。

⑥农业专利技术的引进与转让。

2. 农村产权交易市场的功能

①信息积聚功能。所谓信息积聚功能是指产权交易市场能提供所有产权交易的信息，沟通买卖双方。市场可以公开价格和其他相关信息，使交易者通过市场建立固定的联络渠道，使具有交易意愿的买卖双方或潜在的买卖双方通过恰当的形式相遇。

②价格发掘功能。所谓价格发掘功能是指产权交易市场可以形成价格规

范。通过市场的建立而进行有组织的交易，发现相关价格的成本大大降低。同时，交易市场也减少了"议价成本"。市场为交易的达成建立了程序和惯例，使当事人更容易发现什么样的买卖可以成交。一旦交易信息公开后，可以约束交易双方的议价幅度并使价格趋于平均水平。所以，产权交易市场能为潜在的交易者对交易价格做出合理的预期，以减少交易费用、促进交易双方顺利达到双方满意的交易价格。

③制度规范功能。所谓制度规范功能是指产权交易市场对产权交易过程中所发生的各种行为提供规范。包括产权交易信息的形成与传递，创立公开交易行为制度，杜绝暗箱操作，形成价格规范，公平竞争等等。

④中介服务功能。所谓中介服务功能是指产权交易市场通过实行进场交易委托代理制，简化了产权交易手续，缩短了产权交易过程，提高了产权交易效率。同时，培育了中介服务机构，提高了经纪人员的业务素质。

3. 农村产权交易市场的主体

农村产权交易市场的主体包括以下几个方面的机构：①农村集体资产产权的出让方；②农村集体资产产权的受让方；③农村产权交易中介组织（农村产权交易所）；④农村产权交易所招聘的会员单位（服务会员和经纪会员）。

4. 政府在农村产权交易中的作用

各级人民政府农村工作部门、金融管理部门、工商行政管理部门、农村集体经济管理部门，应当按照各自职责与分工对农村产权交易市场依法进行监督管理，并给予适当财政资金扶持等政策优惠以培育发展农村产权交易市场。各级政府职能部门不应当直接充当农村产权交易的主体，直接进行农村产权交易活动或者中介活动。

二、建立农村产权交易市场的重大意义

近几年来，为了贯彻科学发展观，落实中央关于深化农村改革的要求和战略部署，规范农村产权交易行为，促进农村资源优化配置，促进城乡统筹协调发展、构建城乡经济社会一体化新格局，经相关省、市政府主管部门批准，重庆、成都、上海、广州、武汉、北京等大城市先后成立了农村产权交易所。这些农村产权交易所通过搭建规范化的农村要素流转平台，促进农业资源的优化配置，为农村各类产权流转提供交易场所、信息发布、组织交易、咨询策划等服务。各地农村产权交易所的成立是我国农村深化改革的又一重大举措，对于

进一步深化农村改革、促进农村生产要素的合理流动、优化农村资源配置、提高农村"三资"经营效益、增加农民收入、维护农村稳定，必将发挥巨大的推动作用。

1. 建立农村产权交易市场有利于深化农村产权制度改革，完善农村产权制度

农村产权，主要是反映不同利益主体对农民集体所有的土地、山场和账内集体资产的占有、支配和收益的权利、义务和责任。以农村产权为依托，对农村集体财产关系进行组合、调节的制度安排就是农村集体经济产权制度。农村集体产权制度不但包括对产权主体的确认、对产权范围的界定、对产权结构的安排、对产权的法律保护等内容，还包括产权交易方面的内容。产权关系和产权制度的明晰化是进行产权交易的基本前提之一。新型农村集体经济组织本质上也是企业，属于市场竞争主体。经过产权制度改革的新型农村集体经济组织，在明晰了产权、明确了责任、实行民主管理的基础上，下一步深化改革的方向就是要做到"流转顺畅"。也就是要通过产权流动与重组，与社会资本实现多种形式的联合，打破自身的封闭性，转变成为投资主体多元化、实行混合所有制市场主体。各地农村产权交易所的成立，为农民集体经济组织深化改革，进行产权交易，搭建了平台，提供了制度安排。

2. 建立农村产权交易市场有利于转变政府职能，健全农村公共服务体系

建立城乡统一的公共产品供给体制，是落实科学发展观，实现城乡统筹协调发展的客观要求。自 2003 年以来，通过推进农村税费改革和综合体制改革，特别是通过开展社会主义新农村建设，各地普遍增加了对农村的公共产品供给。

按照中央确定的农村综合改革要求，要进一步转变政府职能，加强和完善农村社会化公共服务体系建设，为农民生产提供科技、金融、信息等产前、产中、产后服务。基层政府职能的重要职能就是要依法加强农村土地承包管理、耕地管理、农民负担监督管理以及农村集体资产财务管理。为做好这些管理工作，在健全行政管理机构的同时，按照"小政府、大服务"的改革要求，采取政府"买单"的办法，把相关服务职能从政府机构中剥离出来，交由社会服务组织来完成。乡镇农村财务服务中心、农民专业合作社服务中心都是政府服务职能，向社会化服务组织转移的表现。而农村产权交易市场的成立，则是

将农村集体经济产权交易、集体对外经济合同管理等政府服务职能交由社会化服务组织的又一创举。

3. 建立农村产权交易市场有利于深化农村反腐倡廉斗争，维护农村社会稳定和谐

反腐倡廉是一个国际性的问题，更是攸关我们党和政府生死存亡的重大问题。农村腐败问题的实质是农村基层干部，利用手中职权侵害农民利益的问题。在农村，干部腐败问题，更多地表现为在农村集体资产经营管理过程中，特别是在集体土地、集体山场、集体固定资产、集体企业、集体股权的出租、承包、转让、处置过程中的以权谋私问题。

最近几年来，按照中央的部署，各地党委和政府以及纪检监察部门加大了对农村腐败问题的打击力度，反腐倡廉工作取得了突破性进展。但是，由于多种原因，农村干部腐败问题仍然屡禁不止。主要表现在在集体产权交易和集体对外经济合同的签订中，一些干部为谋取蝇头小利，丧失立场，出卖集体利益，签订阴阳合同、败家合同、丧权合同。而造成这种现象重要原因就是体制的缺位和机制的缺陷。农村产权交易市场的成立，为农村深入开展反腐倡廉斗争提供了一个有力的武器，建立了一个有效的监督平台。今后，农村产权交易必须在农民群众民主决策的基础上，通过农村产权交易市场，按照公开、公平、公正的原则进行交易。如果再有人企图私下暗箱操作，不通过产权交易市场进行公开交易，农民群众就可以向纪检监察机关进行举报，让农村腐败行为无处可藏，暴露在光天化日之下。

4. 建立农村产权交易市场有利于促进农村生产要素优化配置，增加农民收入

根据现代产权理论，如果产权不能转让，则产权效益实现的交易成本就会提高。农村各类资产、资源如果不能流转，则难以实现有效配置，使用效率就难以提高。农村产权交易行为早已存在。但是，由于没有统一、权威的产权交易市场，各类资产、要素的市场价格得不到合理评估，在多数情况下农村资产、资源交易价格大大低于其价值。由于没有规范、透明的交易程序，以及权威的信息发布平台，使得交易双方在交易中，无法对交易风险进行有效控制，也不能充分了解和选择交易对象，造成农村产权交易过程中上当受骗的案例层出不穷。

目前，各地设立的农村产权交易所已经具有交易平台功能、信息集散功

能、规范交易功能、价格指导功能、咨询服务功能、金融支持功能和资源配置功能。农村资产、资源和其他市场要素的流转，一律通过农村产权交易所进行。充分发挥市场调节功能和调节手段，来发现和形成农村产权的市场价格；通过竞争促进农村各种生产要素从效率低的经营主体向效率高的生产经营主体流动。通过市场交易达到农民财产价值的最大化和农民利益的最大化。

三、产权交易市场的运作规则

（1）基本原则。在农村产权交易市场从事产权交易，应当遵循诚实信用和公开、公平、公正的原则。

（2）服务功能。农村产权交易市场通过提供交易场所、信息发布、组织交易及咨询策划等配套服务，应实现农村产权交易信息集聚与发布、价格发现、资本进退、资源配置、规范交易及各区县农业产业政策引导等功能。

（3）交易范围。农村土地承包经营权、农业生产经营组织组织持有的股权及实物资产（非国有部分）、农村经济事项、涉农知识产权、农业生产资料等农村产权可以通过农村产权交易市场进行交易。在农村产权交易市场进行产权交易的，不受交易方和交易标的所在地区的限制。

（4）交易方式。产权交易的出让方可以直接向农村产权交易市场申请产权交易，也可以委托农村产权交易市场认可的经纪会员申请产权交易。产权交易意向受让方必须与农村产权交易市场认可的经纪会员签订委托合同，委托其进行交易。采取联合出让或受让方式的，联合出让或受让各方应签订联合出让或受让协议，明确各方的权利义务，并推举一方代表联合体各方办理出让或受让相关事宜。产权交易可以采取协议出让、网络竞价、拍卖、招投标和国家法律、法规规定的其他方式。

（5）受理出让申请。产权出让申请的受理工作由农村产权交易市场负责。拟出让产权的一方，应当向农村产权交易市场提出书面申请，并提供下列材料：①出让方的有效资格证明；②出让方产权权属的有效证明；③准予产权出让的证明；④标的的基本情况；⑤法律、法规、规章和规定需要提交的其他材料。

出让方应当对所提交材料的真实性、完整性、合法性、有效性负责，并承担相应的法律责任。出让方委托会员代理交易的，接受委托的会员应当对委托方所提供材料的真实性、完整性、合法性、有效性进行核实。需要在信息公告前进行产权出让信息内容备案的项目，由出让方履行相应的备案手续。

（6）出让申请的登记与公告。

①农村产权交易市场应当对产权交易项目进行登记，并对出让方提交的材料进行审核。通过登记、审核的，出具产权出让登记通知书和资格确认通知书。

②出让方应当在产权出让公告中披露标的的基本情况、交易条件、受让方资格条件、对产权交易有重大影响的相关信息、竞价方式的选择、交易保证金的设置与处置等内容。

③出让方可以根据标的的实际情况，合理设置受让方资格条件。受让方资格条件可以包括主体资格、管理能力、资产规模等，但不得出现具有明确指向性或者违反公平竞争的内容。

④农村产权交易市场认为必要时，可以要求出让方对受让方资格条件的判断标准提供书面解释或者具体说明，并在产权出让公告中一同公布。

⑤出让方应当在产权出让公告中明确，在项目信息发布期满后，征集到一个符合条件的意向受让方的，可以采取协议出让的方式，征集到两个及以上符合条件的意向受让方时，采取何种公开竞价方式。选择招投标方式的，应当同时披露评标方法和标准。

⑥出让方应当在产权出让公告中明确交纳交易保证金的要求，并承诺在发生违规或违约行为时，以其设定的交易保证金金额承担相应的法律责任。农村产权交易市场应当明示交易保证金的处置方式。

（7）发布出让信息。

①农村产权交易市场对交易信息进行分类整理，并在规定的期限内，通过信息化交易平台发布，还可以通过媒体、推介会等形式对外公布。出让方应当明确产权出让公告的期限。首次信息公告的期限应当不少于 20 个工作日，并以首次信息公告之日为起始日。信息公告期按工作日计算，遇法定节假日以政府相关部门公告的实际工作日为准。

②出让方在产权出让信息公告期间不得擅自变更产权出让公告中的内容和条件。如因特殊原因需变更信息公告内容的，应当经农村产权交易市场审核通过后，在原信息发布渠道进行公告，并重新计算公告期。

③在规定的公告期限内未征集到符合条件的意向受让方，且不变更信息公告内容的，出让方可以按照产权出让公告中的约定，延长信息公告期限，每次延长期限应当不少于 5 个工作日。未在产权出让公告中明确延长信息公告期限的，信息公告到期自行终止。

④出让方标的的公告价格应由出让方提出，如相关政府管理部门有要求

的，出让方标的的公告价格不得低于经备案或者核准的标的底价。

⑤信息公告期间出现影响交易活动正常进行的情形，或者相关主体提出中止信息公告书面申请和有关材料后，农村产权交易市场可以作出中止信息公告的决定。

⑥信息公告的中止期限由农村产权交易市场根据实际情况设定，一般不超过一个月。农村产权交易市场应当在中止期间对相关的申请事由或者争议事项进行调查核实，也可转请相关部门进行调查核实，及时作出恢复或者终止信息公告的决定。

⑦信息公告期间出现致使交易活动无法按照规定程序正常进行的情形，并经调查核实确认无法消除时，农村产权交易市场可以作出终止信息公告的决定。

（8）登记受让意向。

①拟受让产权的一方，在信息公告期限内，应通过农村产权交易市场会员向农村产权交易市场提出产权受让申请，并提交下列材料：受让方的有效资格证明；受让方的资信证明；法律、法规、规章和规定需要提交的其他材料。接受委托的会员应当对委托方所提供材料的真实性、完整性、合法性、有效性进行核实。

②意向受让方可以到农村产权交易市场查阅标的的相关信息和材料。农村产权交易市场应当对意向受让方提交的申请及材料进行审核，并在信息公告期满后5个工作日内将意向受让方的登记情况及其资格确认意见书面告知出让方。

③通过资格确认的意向受让方应在规定时限内向农村产权交易市场交纳交易保证金（以到账日为准）后获得参与竞价交易资格。逾期未交纳交易保证金的，丧失交易资格。

（9）组织交易签约。

①产权出让信息公告期满后，只产生一个符合条件的意向受让方的，由农村产权交易市场组织交易双方签约；产生两个及以上符合条件的意向受让方，由农村产权交易市场按照公告的竞价方式组织实施公开竞价。

②标的的相关权利人依法在同等条件下享有优先购买权的，按照有关法律规定执行。

③公开竞价方式包括拍卖、招投标、网络竞价以及其他竞价方式。

④在确定受让方后的次日起3个工作日内，由农村产权交易市场组织交易双方签订产权交易合同。产权交易合同条款包括但不限于：出让方和受让方的名

称、住所；标的名称；出让价格及合同价款支付时间和方式；产权交割事项；违约责任；合同争议解决方式；出让方和受让方约定的其他事项。农村产权交易市场应当依据法律法规的相关规定，按照产权出让公告的内容以及竞价交易结果等，对产权交易合同进行审核。产权交易合同的审批产权交易合同需经政府相关部门批准生效的，交易双方应当将产权交易合同及相关材料报政府相关部门批准，农村产权交易市场应当出具政府相关部门审批所需的交易证明文件。

（10）出具交易鉴证。

①产权交易双方签订产权交易合同，受让方依据合同约定将合同价款交付至农村产权交易市场资金结算账户，且农村产权交易市场收到产权交易服务费全款后，农村产权交易市场应当在 5 个工作日内出具产权交易鉴证。产权交易需政府相关部门批准后生效的，农村产权交易市场应当在交易行为获得批准后出具产权交易鉴证。

②产权交易鉴证的内容产权交易鉴证应当载明如下事项：项目编号、签约日期、出让方全称、受让方全称、受托经纪会员全称、标的全称、交易方式、成交金额、合同价款支付方式等内容。产权交易鉴证使用统一格式打印，手写、涂改无效。

（11）交易款项结算。

①产权交易款项包括交易保证金、合同价款及产权交易服务费，一般以人民币为计价单位，由农村产权交易市场分别开设独立账户进行各产权交易款项的收付。

②合同价款。受让方在产权交易合同约定的期限内，将合同价款支付到农村产权交易市场合同价款结算账户。受让方交纳的交易保证金可以按照约定转为合同价款。

③受让方交纳产权交易款项后，农村产权交易市场应当出具收款凭证。出让方收到合同价款后，应当向农村产权交易市场出具收款凭证。农村产权交易市场收到交易服务费后，应当向交纳方出具收款凭证。

④农村产权交易市场制定产权交易收费管理办法，应当予以公布。农村产权交易市场按照收费管理办法收取产权交易服务费。产权交易双方应根据收费标准按时交纳产权交易服务费。

（12）产权交易的中止和终止。

①出现下列情形之一的，经出让方、受让方或者第三方向农村产权交易市场提出申请，可以中止交易：对出让的产权有争议且尚未解决的；因不可抗力致使产权交易活动不能按约定的期限和程序进行的；行政主管部门提出中止交

易的；其他情况导致交易中止的。提出上述交易中止申请，应同时提交合法有效的证明材料。

②出现下列情形之一的，农村产权交易市场可以终止交易：中止期限届满后，仍未能消除影响交易中止的因素导致交易无法继续进行的；行政主管部门提出终止交易的；其他情况导致交易终止的。

③产权交易中出现中止、终止情形的，农村产权交易市场应通过网站予以公示。

（13）争议处理和法律责任。

①产权交易双方在交易过程中发生纠纷，可以依法提起诉讼或者申请仲裁。

②农村产权交易市场违规出具产权交易鉴证导致产权交易无效且造成损失的，由农村产权交易市场承担相应的法律责任。

③农村产权交易市场及其工作人员违反本办法及有关规定，造成交易双方及会员损失的，农村产权交易市场应依法承担法律责任。交易双方及会员有违规违约行为，造成农村产权交易市场及相关方损失的，依法承担法律责任。

第四节 新型农村集体经济组织股权的流转

所谓新型农村集体经济组织股权的流转，指的是新型集体经济组织个人股东所持有股份的流转，而不包括集体股的流转。个人股东所持有股权的流转可以采取转让、继承与赠与三种方式。股东股权的流转涉及新型集体经济组织股权与股东的变动，必须加强管理与监督。新型集体经济组织章程中，应当明确规定哪些种类的股份可以流转，哪些种类的股份不可以流转，并对流转范围与程序作出明确规定。

新型集体经济组织股东所持有的股份可不可以进行抵押，应当由国家相关法律、法规作出规定，不属于本书探讨的范畴。

一、股权的转让

1. 个人股份转让的两种情形

在新型农村集体经济组织个人股份的转让，从本质上来说也属于产权交易范畴。个人股份的转让，按照转让时间划分有两种情况：一是在新型集体经济组织的设立阶段，在股份量化以后，一部分享有集体资产量化股份的集体经济组织成员，按照相关规定将其所享有的集体资产量化股份转让给本组织其他成员。二是在新型集体经济组织设立、进入正常运转阶段以后，一部分个人股东按照企业章程，将个人所持有的股份进行转让。个人股份的第一种转让，已经在本书的第三章第八节进行阐述。本节就个人股份转让的第二种情况进一步进行阐述。

2. 个人股份转让的条件

新型集体经济组织设立以后，每一个个人股东都按照企业章程成为集体经济组织的投资主体、管理主体和受益主体，享有相应的权利，同时承担相应的义务。按照新型集体经济组织利益共享、风险共担的原则，在按照所持股份分享企业经营收益的同时，也承担了相应的经营风险。所以，一般新型集体经济组织章程都明文规定，个人股东所持有的股份，无论是集体资产量化股份还是现金投入股份，都不得退股，也就是不得抽逃资本。同时，一般新型集体经济组织章程都规定，个人股东所持有的股份可以按照企业章程的规定进行转让。个人股份在具备以下条件之一的情形之下，可以在自愿的基础上进行转让。

①个人股东由于转为城市居民户籍脱离本集体经济组织的，但在全体股东全部转为城市居民户籍的情形除外；②个人股东由于出国、出省（区、市），由于路途遥远无法正常行使股东权利、履行股东义务的；③个人股东由于年老体衰无法正常行使股东权利、履行股东义务的；④个人股东由于触犯国家刑律，被收监入狱无法正常行使股东权利、履行股东义务的。⑤个人股东由于转为国家公务员，依照当地党委、政府规定不得持有新型集体经济组织股份的；⑥新型集体经济组织股东大会或者股东代表大会认可的其他情形。

3. 个人股份转让的原则

个人股东转让所持有的股份应当遵循以下原则。

①坚持自愿的原则。除非当地党委、政府明文规定具有国家公务员身份的人员必须出让其在新型集体经济组织所持有的股份，任何组织和个人都不得强迫个人股东进行股份转让。

②坚持民主决策的原则。个人股东转让其所持有的新型集体经济组织的股份，必须经过本组织股东大会或者股东代表大会审查同意。

③坚持公开透明的原则。个人股东转让其所持有的新型集体经济组织的股

份，必须在本组织全体股东中间进行公示，不得进行暗箱操作。

4. 个人股份转让的范围

个人股东转让其所持有的股份，一般应当在本组织内部进行转让。

①按照新型集体经济组织成员人数平均量化的基本股（土地承包经营权股）、自然资源股和户籍股，一般应当转让给集体经济组织，暂时列入集体股核算。待具备一定条件的时候，再由集体经济组织量化给具备资格的新增集体经济组织成员。

②劳动贡献股以及现金股一般应当在个人股东之间进行转让。股份出让人可以指定受让人，也可以委托新型集体经济组织代为转让。如果转让给非本组织股东，应当经过股东大会或者股东代表大会讨论同意，在转让给非本组织股东之前，本组织其他个人股东拥有优先购买权。

现在有的人主张新型农村集体经济组织应当打破封闭性，将其股份向社会完全开放，股东所持有的股份可以无条件地转让给非本组织股东的社会个人。对此，我们认为，打破新型农村集体经济组织的封闭性是完全必要的，但是必须在具备一定条件下进行。所谓一定条件，主要是指新型农村集体经济组织的土地全部转为国有建设用地、集体经济组织成员全部转为城市居民户籍并全部纳入城镇社会保障体系。此外，即便是达到了上述条件，国家相关法律、法规是否允许合作制企业向社会开放其股权也是一个极其重要的条件。其实，打破新型农村集体经济组织的封闭性，完全可以采取新型集体经济组织与社会自然人、法人共同出资组建混合所有制企业的方式进行。所以，对新型集体经济组织股东转让其股权的范围进行必要的限制，从维护集体经济组织成员合法权益、维持社会主义市场经济秩序的角度是完全必要的。

5. 个人股东转让股份的价格

个人股东转让其所持有的新型集体经济组织的股份，根据出让方与受让方协商一致的原则，可以按照原始价值进行转让，也可以按照实际账面价值进行转让。所谓账面实际价值，就是进行股份转让时新型集体经济组织所有者权益与企业全部实收资本之间的除商。账面实际价值可能高于原始价值，也可能低于原始价值。个人股东转让其所持股份时，不得要求索取全体股东共同共有的集体股份价值。个人股东股份转让的价格，应当由新型集体经济组织股东大会或者股东代表大会作出规定。

6. 个人股份转让的程序

个人股东转让其所持有的新型集体经济组织的股份，应当遵循以下程序。

①申请。股份出让人向新型集体经济组织董事会提出股份转让申请，说明转让股份的原因、出让价格、受让人，并申明放弃其在新型集体经济组织的全部权益。

②董事会审查。新型集体经济组织董事会对转让申请进行研究，并对股份受让人资格进行审查，决定同意或者不同意转让，并告知股份出让人。同意转让的，由董事会提交股东大会或者股东代表大会讨论。

③民主决策。新型集体经济组织股东大会或者股东代表大会对董事会提交的股份转让议程进行讨论，并作出同意转让或者不同意转让的决定，并告知股份转让申请人。

④转让公示。新型集体经济组织董事会根据股东大会或者股东代表大会决议，对股份转让事项向全体股东进行公示。有明确受让方的，要同时公示出让方与受让方。没有明确受让方的，除公示出让方以外，要公示征集受让方的条件、时限和价格。

⑤股权变更。股份转让成功的，由新型集体经济组织资产管理部门办理相关股权变更手续，修改相关股东股权证书和股权登记簿。股份转让不成功的，要及时告知股份出让人。

二、股权的继承

（1）个人股份继承的条件。个人股份在股权持有人死亡的条件下，可以启动继承程序。

（2）个人股份继承的法律依据。个人股东继承应当严格按照《继承法》的规定进行。

（3）个人股份继承的方式。

①按照新型集体经济组织成员人数平均量化的基本股（土地承包经营权股）、自然资源股和户籍股，一般应当采取现金兑现的方式进行继承。即上述股权持有人死亡以后，其所持有的股权由集体经济组织以现金的方式兑现给合法继承人。其继承人不得通过继承的途径继续持有上述集体经济组织股份。

②劳动贡献股以及现金股可以采取股权的方式进行继承。但是，采取股权的方式进行继承也必须区别对待。

继承人已经全部是本集体经济组织股东的，按照继承人所继承股份数量，增加其股权。

鉴于新型农村集体经济组织实行一人一票的民主管理原则，所以凡是继承人中非本集体经济组织股东超过一人的，一般只允许其中的一个非本集体经济组织成员继承人新增为本集体经济组织股东。通过继承成为本集体经济组织新增股东的，若其所继承的股份金额明显低于股东平均股份金额，是否需要补交现金股，应当由新型集体经济组织股东大会或者股东代表大会民主决策。

（4）个人股东股份继承的价格。个人股东股份继承的价格，可以按照原始价值进行继承，也可以按照实际账面价值进行继承。所谓账面实际价值，就是进行股份继承时新型集体经济组织所有者权益与企业全部实收资本之间的除商。账面实际价值可能高于原始价值，也可能低于原始价值。个人股东所持股份进行继承时，还应当包括该股份应当享有的集体股份份额。个人股东股份继承的价格应当由新型集体经济组织股东大会或者股东代表大会作出规定。

（5）个人股份继承的程序。个人股东所持有的股份进行继承，应当遵循以下程序。

①申请。股份持有人的合法继承人向新型集体经济组织董事会提出股份继承申请，同时提交下述法律文件：股份持有人死亡证书；公证机关签发的股份持有人财产继承办法公证书或者具有管辖权的人民法院出具的股份持有人财产继承案件判决书（或者调解书）；合法继承人身份证复印件。

②董事会审查。新型集体经济组织董事会对继承申请进行研究，并对股份继承人资格进行审查，决定同意或者不同意继承，并告知股份继承人。同意继承的，由董事会提交股东大会或者股东代表大会讨论。

③民主决策。新型集体经济组织股东大会或者股东代表大会对董事会提交的股份继承议程进行讨论，并作出同意继承或者不同意继承的决定，并告知股份继承申请人。

④继承公示。新型集体经济组织董事会根据股东大会或者股东代表大会决议，对股份继承事项向全体股东进行公示。

⑤股权变更。股份继承完成以后，由新型集体经济组织资产管理部门办理相关股权变更手续，修改相关股东股权证书和股权登记簿。

三、股份赠与

（1）所谓股份赠与是指新型农村集体经济组织股份持有人，自愿采取无偿的方式将其所持有的股权全部赠送给与其无继承关系的个人。

（2）按照新型集体经济组织成员人数平均量化的基本股（土地承包经营权股）、自然资源股和户籍股不得采取赠与的方式进行流转。

（3）劳动贡献股以及现金股可以采取赠与的方式进行流转。但是，采取股权赠与的方式流转进行也必须区别对待：接受赠与人已经是本集体经济组织股东的，按照接受赠与股份数量，增加其股权；接受赠与人属于非本集体经济组织成员的，必须事先征得本集体经济组织股东大会或者股东代表大会同意。

（4）个人股份赠与的程序。个人股东所持有的股份进行赠与，应当遵循以下程序。

①申请。股份持有人向新型集体经济组织董事会提出股份赠与申请，同时提交下述法律文件：股份赠与协议书；公证机关签发的股份持有人股份赠与公证书；赠与人与接受赠与人身份证复印件。

②董事会审查。新型集体经济组织董事会对赠与申请进行研究，并对接受股份赠与人资格进行审查，决定同意或者不同意赠与，并告知股份持有人。同意赠与的，由董事会提交股东大会或者股东代表大会讨论。

③民主决策。新型集体经济组织股东大会或者股东代表大会对董事会提交的股份赠与议程进行讨论，并作出同意赠与或者不同意赠与的决定，并告知股份赠与申请人。

④赠与公示。新型集体经济组织董事会根据股东大会或者股东代表大会决议，对股份赠与事项向全体股东进行公示。

⑤股权变更。股份赠与完成以后，由新型集体经济组织资产管理部门办理相关股权变更手续，修改相关股东股权证书和股权登记簿。

第十二章　新型集体经济组织的经营环境与外部监督服务

新型农村集体经济组织是相对传统农村集体经济组织而言的。新型农村集体经济组织的设立，是采取改制设立的方式，将实行共同共有产权制度的传统农村集体经济组织，改造成为实行按份共有产权制度的新型农村集体经济组织，恢复农村集体经济组织作为合作经济组织的本来面目。

新型农村集体经济组织要实现持续、稳定发展，必须有一个和谐的内外部经营环境。同时，需要自觉接受各级政府依法进行的监督和管理。各级政府及其相关部门也要按照各自职责，自觉地为新型农村集体经济组织提供相关服务。

第一节　协调新型农村集体经济组织的内外关系、改善企业环境

新型农村集体经济组织的经营环境是指与新型农村集体经济组织生产经营活动有关的各种内部与外部因素。良好的经营环境是新型农村集体经济组织实现长久、持续、协调发展的基本保障。

一、新型农村集体经济组织经营环境的构成

1. 内部经营环境

内部环境是新型农村集体经济组织内部的物质、文化环境的总和，包括企业资源、企业能力、企业文化等因素。内部环境是企业内部的一种共享价值体

系，如企业的指导思想、经营理念和工作作风。

良好的企业内部环境是确保企业正常运行并实现企业利润目标的内部条件与内部氛围的总合，它由企业家精神、企业物质基础、企业组织结构、企业文化构成，四者相互联系、相互影响、相互作用，形成一个有机整体。其中，企业家精神是内部环境生发器，物质基础和组织结构构成企业内部硬环境，企业文化是企业内部软环境。形成良好的新型农村集体经济组织内部环境，其目标就是为提高企业竞争力，实现企业利润目标，营造一种有利的内部条件与内部氛围。

2. 外部环境

新型农村集体经济组织的外部因素包括政治环境、法律环境、经济环境、生态环境、舆论环境、人文环境、市场环境、治安环境等。这些外部环境可以分为市场因素以及对商品市场发生间接影响的其他因素两类。市场因素包括同类或代用产品的数量、质量、价格；用户对商品需求变化趋势等。其他因素包括影响新型农村集体经济组织社会环境、经济环境、技术环境、政治环境等。

二、新型农村集体经济组织必须有一个和谐的经营环境

友好、和谐的经营环境是新型农村集体经济组织正常开展各项生产经营活动的基本保障。任何事物的发展变化，都不是孤立的，不是存在于真空之中，必须具备内因和外因两个方面的条件。内因是变化的根据，外因是变化的条件。

在改革开放之前的二十多年时间里，传统集体经济组织由于不具备适当的经营环境而遭受失败与挫折。从集体经济组织内部来说，共同共有的产权制度，导致产权不清、责任不明、管理不善、集体资产流失、经营效益低下。平均主义的价值取向导致生产大拨轰、干多干少一个样，集体经济组织内部凝聚力和向心力缺失。从集体经济组织外部环境来说，在高度统一的计划经济条件下，集体经济组织没有生产经营自主权，按照国家计划生产的产品多数被国家低价收购，集体经济组织财产被平调，极大地挫伤了集体经济组织和农民的积极性。

党的十一届三中全会以来，经历三十多年的改革开放，农村集体经济组织的经营环境发生了翻天覆地的变化。国家经济体制由高度统一的计划经济转为社会主义市场经济，集体经济组织和农民生产的产品和提供的服务价格由市场决定，集体经济和农民拥有了生产经营自主权，多予少取的惠农政策不断出

台。在集体经济组织内部，人民公社体制解体，实行了家庭承包经营，农业和农村产业结构得到调整，在科学发展观指导下的社会主义新农村建设，极大地改变了农村面貌。正是由于有了好的经营环境，集体经济才真正发展起来。

应当看到，从新型农村集体经济组织外部经营环境来看，我们党和国家改革开放的路线、方针和政策的实施，是新型农村集体经济组织运行最大的宏观环境。各级党委、政府从精神上、政策上和资金上的大力支持是新型农村集体经济组织运行的有利条件。从新型农村集体经济组织内部来看，按份共有产权制度的建立，为新型农村集体经济组织发展提供了坚实的制度基础。但是，应当看到，上述有利条件和环境因素并不能保障每一个新型集体组织都能拥有完全和谐的经营环境。作为一个市场经济主体，特别是作为一个刚刚从传统集体经济组织演变而来的新型农村集体经济组织，由于旧的思想观念和行为惯性和的影响，要想拥有一个和谐、友好的经营环境还需要做许多艰苦、细致的工作。

三、构建和谐的企业内部经营环境

构建和谐的新型农村集体经济组织内部经营环境，需要协调好内部各种关系。协调新型农村集体经济组织内部各种关系，必须严格依照企业章程的规定，建立健全法人治理结构，正确处理好各个机构的关系。

1. 正确处理董事长与董事会的关系

新型农村集体经济组织的董事长是企业的核心与领军人物，也是新型农村集体经济组织能否构建和谐内部经营环境的关键性人物。董事长不仅应当是一个企业家，更应当是一个政治家；不仅要有深厚的企业经营管理理论知识积累，而且要有良好的个人思想品德修养和人格魅力以及善于把握全局、驾驭全局的能力。董事长作为董事会的"班长"，其主要任务就是六个字："策划、用人、督查"。这六个字概括了董事长的三项任务。

①策划。策划就是出主意，为新型农村集体经济组织的长远发展提出战略性方向，为新型农村集体经济组织近期发展提出目标。新型农村集体经济组织的董事长在进行策划的时候，首先，自己必须要有洞察市场供需变化的长远眼光和能力，善于通过去伪存真、透过现象看本质，把握市场变化最本质的趋势。其次，要善于听取董事会成员的意见。有的人喜欢一开会就自己长篇大论一番，把董事会变成变成一言堂，这是不正确的。正确的做法应当是"贵人语话迟"，就是说在发表意见之前，先听听董事会成员的意见，然后董事长在

吸收董事会成员正确意见的基础上，加以归纳，再发表自己的观点。

②用人。用人就是把合适的人安置到合适的岗位上。作为董事长要根据各个董事会成员的能力与特长，安排适合的工作岗位。董事长与董事会成员之间不完全是上下级关系，不是家长与家庭成员之间的关系，更不是帮派老大与小弟之间的关系。董事长应当尊重董事会成员依照企业章程行使职权、发表意见的权利。董事长应当从政治上、思想上、工作上和生活上关心董事会成员。董事长应当善于与反对过自己、实践证明是反对错了的董事共同工作，发挥这部分同志的积极性。

③督查。督查就是督促检查。董事长作为董事会的班长，应当学会弹钢琴，对新型农村集体经济组织的各项管理工作、各个产业项目都应当予以关注，同时要善于抓重点、抓关键环节、转薄弱环节。各项工作如果仅有布置而没有检查，就往往会出现管理漏洞；反之，如果眉毛胡子一把抓，事事都由董事长一个人负责，就是累死也不会取得好的效果。

2. 正确处理董事会与监事会的关系

新型农村集体经济组织章程对董事会和监事会各自的职权都已经有明确的规定。但是，在实际工作中，监事会大多没有发挥多大的作用。许多新型农村集体经济组织的监事会形同虚设。造成这种状况的原因有三点：一是监事会成员构成基本上都是内部人。所谓内部人，就是监事会成员大多由董事会提名后经过选举产生的。二是从制度上对于监事会如何履行职责没有硬性规定。三是监事会成员素质有待提高，特别是真正懂得经营管理和财务会计知识的成员不多。构建和谐的新型农村集体经济组织内部经营环境，不是说就可以放弃或者放松对董事会的监督。因此，正确处理董事会与监事会的关系，首先从董事会的角度要正确对待监事会的监督，并主动接受监事会的监督；其次，要改变监事会成员结构，不仅要吸收有一定检查能力的普通股东参与监事会工作，而且要聘请外部具有监察能力的人员参与监事会工作；第三，要进一步建立健全新型农村集体经济组织的监事会工作制度规范，明确监事会监察的经济业务重点和工作程序，监察结果要定期向广大股东报告和公布。

3. 正确处理董事会与总经理的关系

目前，许多地方新型农村集体经济组织的总经理由董事长一人兼任。但是，这种董事长兼任总经理的办法，只适用于经营规模较小的新型农村集体经济组织。随着新型农村集体经济组织经营规模的不断扩大、经营管理工作日益繁杂，董事长与总经理就有必要由不同的干部来担任。如果实行董事长与总经理分设，董事会的职权就是对企业重大事项进行决策，总经理则必须按照董事会的授权，拥有独立经营管理各项经济业务的权利。

4. 正确处理董事会与股东大会或者股东代表大会的关系

企业章程对于新型农村集体经济组织股东代表大会和董事会各自的职权也已经有了明确的划分，董事会和股东大会或者股东代表大会应当按照章程的规定，认真履行各自的职责。但是，在实际工作中由于股东大会或者股东代表大会都是由董事会来决定开与不开、哪些议程需要提交股东大会或者股东代表大会决策，也是由董事会决定。所以，正确处理董事会与股东大会或者股东代表大会的关系，关键还是在于董事会是否真正严格执行企业章程的规定。此外，就是要充分发挥监事会的作用，对于企业章程规定应当提交股东大会或者股东代表大会审议的事项，如果董事会没有及时提交审议，就应当追究董事会相关责任人的责任。股东代表大会是新型农村集体经济组织的最高权力机构，凡是章程规定属于股东代表会议权限范围的事项，必须经过股东代表大会民主讨论决定，董事会不得越俎代庖，更不能由董事长个人独裁。在召开股东代表会议之前，董事会应当将相关议案书面通知全体股东代表，由股东代表分别征求其所代表的股东意见，并将各个方面股东的意见如实反映给股东代表大会。

5. 正确处理股东与股东之间的关系

新型农村集体经济组织的股东从根本上来说其经济利益是一致的，从企业经营目标来看，都追求企业总体价值的最大化，也就是股东利益的最大化。但是，股东之间也有利益追求不一致的地方和时候。这种利益追求的不一致主要表现在股利的分配上，存在老年股东与青壮年股东存在差异。老年股东因其年岁较高且已经退休，总希望在其有生之年能够多从集体经济组织得到收益。而青壮年股东由于在职有工资性收入，则更多地考虑企业的长远发展，希望多增加集体积累。这是问题的一个方面，从另一个方面来说，老年股东由于其劳动工龄较长股份也较多，总希望集体经济收益分配时，多增加股金分红少一些工资分配。而青壮年股东由于工龄相对较短股份也相对较少，他们则希望多一些工资性收入，少一些股金分红。解决这个问题的办法，除了在股份量化时采取劳动工龄分阶段增加系数，使青壮年能够多量化一些股份以外，可以采取发动青壮年股东自愿以现金购买工龄的办法加以解决。譬如，南苑乡的右安门村和大红门村，2010 年就先后发动青壮年股东以现金购买工龄。具体办法是：男女劳动力均从 16 周岁开始计算工龄。男劳力到 60 岁退休，每个人劳动工龄最多为 44 年；女劳力到 55 岁退休，每个人劳动工龄最多 39 年。右安门村规定凡是劳动工龄没有达到最高值的，都可以在自愿的基础上，以现金购买工龄差额。大红门则规定，无论男劳力还是女劳力，一律按照 44 年以现金购买工龄差额。其中女劳力由集体出资为其购买两年半的工龄。每一个工龄的价值，按照产权制度改革时每个工龄量化集体净资产数量计算。这个办法，达到广大股东的一致拥护。其好处：一是平衡了老年股东与青壮年股东之间的利益关系，二是增加了集体现金股数量，增强了企业发展后劲。

6. 正确处理新型农村集体经济组织股东与企业职工的关系

在经济规模较小、经营范围较窄的新型农村集体经济组织，股东一般都在本集体经济组织就业，对外招聘的职工较少，股东与职工身份合一。在这类新型农村集体经济组织股东往往自认为自己是集体经济的主人，对企业的各项规章制度采取藐视态度，而企业管理干部又因为都是乡里乡亲，对这些或者现象视而不见，或者不敢严格管理，从而及其容易造成企业管理松懈，严重影响企业经营效益。在一些经济规模较大、经营范围较宽的新型农村集体经济组织，多数雇佣了大量外来劳动力，成为新型农村集体经济组织企业职工队伍的主体。在本组织就业的新型农村集体经济组织股东，往往就有一种优越感，对外聘人员采取歧视的态度，特别是对担任企业管理职务的外聘人员，往往不服从管理，甚至刁难、辱骂外聘管理干部。所以，构建和谐的新型农村集体经济组织内部经营环境，必须正确处理好股东与职工的关系。应当明确，作为股东拥有新型农村集体经济组织的资产所有权和收益分配权，应当时时刻刻维护集体经济的利益。作为企业职工的股东应当与企业外聘的职工一样，严格执行企业的各项规章制度，一样各尽所能、按劳分配，同工同酬，不允许搞特殊化。如果说股东与外聘职工有何特殊之处，那就是要更加努力地工作，更加严格地要求自己，时时处处起到模范带头作用。新型农村集体经济组织的管理干部，应当对具备股东身份的职工与外聘职工一视同仁，择优录取，优胜劣汰，严格管理。

7. 正确处理新型农村集体经济组织与村党组织、村民委员会的关系

①正确处理新型农村集体经济组织与村党组织、村民委员会的工作关系。新型农村集体经济组织和村民委员会都应当自觉地接受村党组织的领导，在村党组织的统一安排下按照各自职责和分工开展工作。在一般情况下，村党组

织、村民委员会和村新型农村集体经济组织应当是"三套班子一套人马",实行村级干部交叉任职,遇有涉及全村农民群众共同利益的重点问题,在村党组织的主持下,召开三套班子联席会议进行共同决策。丰台区石榴庄村的办法是,在村党总支领导下,金石庄源投资管理公司内部设置四个工作部门:一是设置党群工作部,由村村党总支副书记兼监事长担任部长;二是设置社会管理部,由村党总支委员兼村民委员会主任担任部长;三是设置集体资产管理部,由党总支委员兼副董事长担任部长;设置财务管理部,由党总支委员兼董事担任部长。遇到需要集体决策的重点问题,在村党总支书记的主持下,召开党总支委员、董事会成员和为民委员会成员共同参加的联席会议进行集体讨论决策,各个职能部门按照联席会议的决议分头贯彻落实,从而有效地避免了政出多门、无人负责或者争权夺利的现象发生,维护了村级组织领导班子的团结与和谐,提高了工作效率。

②正确处理股东股东代表大会与村民代表大会的关系。在集体经济组织成员与村民基本重合,外来村民较少的村庄,应当实行村民代表大会与股股东代表大会合一的办法。也就是说,村民代表同时也是新型农村集体经济组织的股东代表。在召开村民代表大会的同时召开股东代表大会,依法应当有村民代表大会决议的事项,参会人员以村民代表的身份进行讨论表决。依法应当由股东代表大会决议的事项,参会人员以股东代表身份进行讨论表决。有的村如果村民代表中有不具备股东身份的人员,那么在对新型农村集体经济组织经营管理问题进行决策时,这些村民代表就没有表决权。

③正确处理新型农村集体经济组织与村民委员会的财务关系。应当按照《村民委员会组织法》的规定,支持新型农村集体经济组织正常开展各项经营活动,尊重新型农村集体经济组织的经营自主权,保护其财产不受侵犯。要实行政社分开、政企分开。新型农村集体经济组织作为企业和市场经济主体,不具备行政管理的职能,不应当承担社会管理的责任,在依法缴纳各种税费以后,不应当分摊行政管理和社会管理的费用开支。如果在一定的时限内尚不能完全做到这一点,那也要明确划定开支范围与开支限额,单独记账。城乡结合部地区,在撤销村民委员会之前,新型农村集体经济组织在利润分配时,应当预留支持集体公益事业发展基金。在这个问题上,通州区经管站进行了有益的探索,制定了新型农村集体经济组织与村民委员会分权分利的具体办法。他们规定,村集体资产是所有权归新型农村集体经济组织所有。其中,经营性资产归新型农村集体经济组织管理核算,非经营性资产归村民委员会管理核算。生产性收支归新型农村集体经济组织管理核算,公益性、非生产性收支归村民委

员会管理核算。村内集体公益性设施建设和公益事业日常开支，年初编制预算，所需费用从国家对村级的转移支付资金中支出，不足部分由村民委员会向新型农村集体经济组织申请专项补足资金。但是其上限不能超过集体股应分红部分。从而从制度上规范了新型农村集体经济组织与村民委员会的关系，防止了非生产性公益事业支出的膨胀，确保了个人股东的分红。他们的这种做法应当大力推广。

8. 正确处理新型农村集体经济组织与农民专业合作社的关系

新型农村集体经济组织与农民专业合作社都属于合作经济组织，一个是社区型、综合性合作组织，一个属于专业性合作组织。在一个村庄内部，农民专业合作社的成员大多是新型农村集体经济组织的股东。所以，新型农村集体经济组织应当采取免费培训、有偿提供经营场所等措施，积极支持股东在农村旅游、民俗接待、特色农产品种植养殖、特色工艺品制作等领域开展合作。在这方面平谷区大华山镇挂甲峪村股份经济合作社具有丰富的经验。新型农村集体经济组织投资建设旅游景区，新办企业开展特色农产品种植和加工，组织股东进行旧村改造，把股东住宅改造成具有居住和旅游接待双重功能的新民居。在此基础上，新型农村集体经济组织出资，组织具备条件的股东组建民俗旅游合作社，取得了集体增收、农民致富的双重效果。

9. 正确处理新型农村集体经济组织与不具备股东身份的村民的关系

新型集体经济组织设立以后，在一个村庄里不具备股东身份的村民包括两部分人员：一是产权制度改革时日，不具备本集体经济组织成员身份的人员；二是产权制度改革时日以后集体经济组织成员的衍生人口，如新生儿童、新嫁入的妇女。随着时间的推移，新型农村集体经济组织运行时间越长，不具备股东身份的村民将越来越多。如果不处理好新型农村集体经济组织与这部分群体的关系，也会对新型农村集体经济组织经营环境造成负面影响。针对这种情况，有的新型农村集体经济组织采取了一些应对的措施。如，有的新型农村集体经济组织将集体福利分为两部分，一部分只有具备股东身份的人员才可以享受，另一部分则只要具备本村村民身份都可以享受。又如，有的新型农村集体经济组织规定，股东新衍生的人口可以采取缴纳现金股的方式成为股东。还有的新型农村集体经济组织规定，在二轮土地承包期满以后，享有基本股的股东死亡以后不得继承、转让，而是由新型农村集体经济组织统一分配给这些新衍生人口。这些措施值得各地参考。

四、构建和谐的新型农村集体经济组织外部经营环境

新型农村集体经济组织的外部经营环境，有的是集体经济组织无法改变的，譬如说政治环境、法律环境等，新型农村集体经济组织必须适应这些环境。有的外部环境是可以改变的，新型农村集体经济组织应当通过自身的努力，逐步改变不利于自身发展的外部环境。

1. 正确处理新型农村集体经济组织与宏观政治、经济、社会形势的关系

世界的和国家的宏观政治经济形势是新型农村集体经济组织的重要外部环境。在全球经济一体化的新形势下，世界的政治、经济形势变化必然会对新型农村集体经济组织，特别是对那些拥有对外贸易业务的新型农村集体经济组织产生直接或者间接的重大影响。而国内政治经济形势的变化，对所有企业包括集体经济组织的发展都会产生直接的影响。譬如，在国家加紧整治、关闭小煤窑以及其他非煤小矿山的宏观经济形势下，如果新型农村集体经济组织逆流而上再向小矿山投资，其结果必然是死路一条、血本无归。有的新型农村集体经济组织根据城市居民家庭汽车拥有率不断提高的社会形势，把原来举办小商品市场的集体建设用地腾出来，建设"四 S"店，取得了当年投资、当年受益的好效益。还有的新型农村集体经济组织根据大城市交通拥堵、国家大力发展地铁交通宏观形势，毅然投资购买遁构挖掘机参与城市地铁工程建设，就取得了良好的经济效益。这些生动的个例，都充分说明一个简单的道理，那就是新型农村集体经济组织不能"光低头拉车"，更要"抬头看道"，通过新闻媒体和相关政府文件，了解国际、国内的政治、经济、社会宏观形势变化趋势，并根据这种变化趋势调整自己的经营战略和经营方向。

2. 正确处理新型农村集体经济组织与党和国家政策、法规的关系

新型农村集体经济组织对于党和国家制定的各项政策和法律、法规，首先要认真学习，切实遵守，千万不可做出违背党和国家政策和国家法律、法规的行为，股东代表会议和董事会的决议不得违反国家的法律、法规和政策。其次，要在认真学习的基础上，利用这些政策和法规来保护新型农村集体经济组织的合法权益。譬如，有的新型农村集体经济组织面对国家征用集体土地补偿标准不足以安置农民的问题，向上级政府打报告说"董事会决定把我们村的土地无偿地交给国家进行建设，但是请区政府按照市政府颁布的农村土地征用

补偿办法安置失地农民"。由于这个报告采用了"以其人之矛还其人之盾"策略，逼迫区政府相关部门重新对这个村土地补偿费重新计算，并通过测算将原来确定的每亩地补偿 80 万元的标准提高到 120 万元，有效地维护了农民群众的土地权益。三是要在法律法规范围之内，采取必要措施积极争取自身的合法权益。譬如，有的新型农村集体经济组织按照国家有关举办房地产开发企业的规定向政府有关部门申请举办房地产开发企业，在资金、资质等条件完全合法的情况下，有关政府部门就是不予以批准，其理由就是"没有农民自己举办房地产企业的先例"。这个集体经济组织质问政府相关部门"个体户和歌星都可以举办房地产开发企业，我们作为土地的主人和社会主义公有制的集体经济组织为什么不可以？如果不批准我们就天天到你们这来上访"。由于理由充足政府有关部门不得不批准这个新型农村集体经济组织举办了全市第一家农民房地产开发企业。

3. 正确处理新型农村集体经济组织与生态环境的关系

生态环境对新型农村集体经济组织的各项生产经营环境具有重要的影响。良好的生态环境有利于新型农村集体经济组织的发展，而恶劣的生态环境必然对新型农村集体经济组织的生产经营产生严重的阻碍与制约。新型农村集体经济组织在生产经营过程中必须正确处理企业经济效益与生态效益的关系，大力保护和改善企业所处地域的生态环境。新型农村集体经济组织要牢固树立生态环境也是生产力的观念，严格按照国家环境保护的法律法规，开展好环境治理工作，大力改善农民群众的生产条件和生活条件。要加强对企业生产经营过程中产生的污水、废气治理，严防对河流、大气的污染。要发动农民群众开展好村庄环境治理，绿化美化村庄环境，建设沼气、太阳能利用工程，建设卫生厕所，开展生物防治，增加有机肥投入，减少在农业生产过程中化肥、农药的施用。生态环境不仅对那些开展乡村旅游的新型农村集体经济组织起到决定性的作用，同时对开展其他产业的新型农村集体经济组织也十分重要。有一个开发农民就业基地的新型农村集体经济组织，由于在社会主义新型农村建设中大力推进环境建设，优美的村庄环境吸引众多社会资本到这个村投资办厂，使农民群众真正从环境治理中得到了实惠。

4. 正确处理新型农村集体经济组织要与上级党委、政府的关系

新型农村集体经济组织在切实维护自身生产经营自主权的基础上，在政治上和组织上要坚决服从上级党委、政府的领导，认真按照上级党委、政府的部

署，开展好党组织建设、精神文明建设，加强社会管理，维护社会稳定和谐。新型农村集体经济组织的重大经营决策和重大人事变动，事先应当通过党组织或者董事会，向上级党委和政府请示、汇报，虚心征求上级党委、政府领导同志的意见和建议，以取得上级党委政府的支持和帮助。上级党委和政府必须依法对新型农村集体经济组织进行管理，不得违法、违规干涉新型农村集体经济组织自主经营权，不得平调新型农村集体经济组织资产，不得直接任免新型农村集体经济组织干部，不得向新型集体经济组织乱收费、摊牌和乱罚款。对于政府部门侵犯新型农村集体经济组织合法权益的行为，有权予以抵制和向上级举报。

5. 正确处理新型农村集体经济组织与政府行政管理部门的关系

新型农村集体经济组织无论其成员是否转为城镇居民，从当前经济管理体制来看，都应当继续接受各级农村合作经济经营管理部门的指导与监督，定期接受农村集体经济审计部门的审计监督，定期进行集体资产产权登记和审核，定期报告农村土地承包合同管理情况、财务会计工作情况以及年度收益分配情况，认真接受农民负担监督管理部门的执法检查。新型农村集体经济组织应当接受开户银行对其实行的资金监管、工商行政管理部门对其市场经营行为的监督管理、税务机关对其实行的税务监管、财政管理部门对其会计核算和财政支农资金使用情况的监督管理，同时接受土地、规划、卫生防疫、技术监督、环境保护、公检法机关、计划生育等部门按照各自职责所进行的监督管理。在接受监督管理额同时，新型农村集体经济组织在日常经营活动过程中，应当加强与这些部门或者机关的联系，主动向这些机关或者部门沟通情况，征询它们对本组织经营活动的建议，了解同行业其他企业的经营动向，接受它们的指导。

6. 正确处理新型农村集体经济组织与社会服务组织的关系

新型农村集体经济组织在生产经营过程中，不可避免地需要接受各类社会服务组织的服务。这些社会服务组织不仅有公益性服务组织，也有经营性服务组织。学校、科研机构、卫生机构等大多是政府举办的公益性服务组织。会计事务所、物流中心、法律事务所、商业机构等都是经营性服务机构。这些社会服务组织大都拥有新型农村集体经济组织所没有的各类资源。新型农村集体经济组织应当按照各自生产经营的范围和扩大生产经营的需要，与相关社会服务组织建立各种合作关系。譬如，发展都市型现代农业就有必要与拥有众多专家、专利技术的大专院校和科研机构建立产学研联合体，大力开展农产品的深度加工，开发农产品新功能、新品种。这些社会服务组织有的对新型农村集体经济组织生产经营活动可以有巨大帮助，对集体经济组织成员的生、老、病、死提供服务。有一个新型农村集体经济组织的领导，在每年的春节前不去看望领导，也不去看望亲戚朋友，而是到各个"三甲"医院去拜访。其目的就是与各大医院建立紧密联系，一旦本集体经济组织的农民生病，可以得到相关医院的及时治疗，别人住不上院，这个村的农民可以住上；别人找不到的专家，这个村的干部可以找到。农民群众不管谁家有婚丧嫁娶活动，新型农村集体经济组织主要干部都主动到场，需要帮忙的千方百计帮忙，对这样的干部能不打心眼里拥护吗？这样的新型集体及组织内部凝聚力能够不强吗？所以，新型农村集体经济组织处理好与社会服务组织的关系，要从平时就要开始沟通感情、交上朋友，不能"临时抱佛脚"。

7. 正确处理新型农村集体经济组织与社会公众的关系

新型农村集体经济组织应当是具有社会责任心的社会主义公有制企业。新型农村集体经济组织不仅要追求企业的经济效益、生态效益，还要追求企业的社会效益，不能做"一毛不拔"的"土财主"。社会效益包括：企业对国家的贡献，主要表现在是否依法缴纳税费，不得偷税漏税；企业对社会的贡献，主要表现在为社会公众提供高质量、安全、绿色的产品或者服务以及安置社会劳动力；对弱势群体的贡献，主要表现在是否在力所能及的范围之内，对遭受自然灾害人群或者贫困地区人群伸出援助之手。新型农村集体经济组织对社会的贡献，有的是有法律、法规依据的，有的是企业生存发展的必备条件，有的是在自愿的基础上凭借一种社会责任感的付出。新型农村集体经济组织必须通过处理好与社会公众的关系，在社会上树立良好的企业形象，从而扩大企业产品或者服务的影响力与竞争力。现在，一些经济实力较强的新型农村集体经济组织都注重培育自己良好的社会形象，有的为贫困地区或者边疆地区、老革命根据地和少数民族地区捐资办学，有的安置了大批贫困地区农村富余劳动力，有的在抗震救灾中慷慨解囊，获得了社会公众的好评。

第二节　新型农村集体经济组织的外部监督与服务

强化新型农村集体经济组织经营管理，主要靠企业自身努力，但是来自企业外部的监督管理与服务也是不可或缺的重要保障。对新型农村集体经济组织的外部监督主要由具有行政管理职能的政府部门或者机关来实施，服务则主要由社会服务组织实施。具有行政管理职能的政府部门或者机关也可以按照各自职能开展各种服务，也就是大家所说的寓服务于监督之中。新型农村集体经济组织的外部监督有财政监督、税务监督、工商监督、卫生防疫监督、产品技术监督、司法监督等。各级党委和政府以及作为新型农村集体经济组织的行政主管部门的农村合作经济经营管理部门，当前主要应当从以下八个方面入手，对新型农村集体经济组织开展外部监督与服务。

一、审计监督

对新型农村集体经济组织的外部审计监督有两类，一类是国家设立的审计机关可以对新型农村集体经济组织使用国家财政资金情况实施外部审计监督，或者按照上级政府授权对特别重要的事项进行审计监督。除此之外，对新型农村集体经济组织的外部审计监督主要由农村合作经济经营管理部门设立的农村集体经济审计机构进行审计。农村集体经济审计是由专门的机构和人员，依据国家的法律、法规和规章制度以及农村集体经济内部的有关制度规定，运用专门的方法和程序，对农村集体经济及其所属企事业单位的财务收支和经管活动的真实性、合法性和效益性进行审查和评价，促进集体经济组织严肃财经法纪、强化管理、提高效益，保护集体经济组织成员的合法权益的一种经济监督活动。农村集体经济审计部门对农村集体经济组织按照以下内容进行审计：财务管理等内部控制制度；财务收支计划执行情况；财务会计资料（报表、凭证、账簿）的完整性真实性和合法性；集体资产、负债、损益；建设项目的预算、决算及投资效益；承包费、租金、土地征用补偿费、公积金、公益金及其他收入的收支情况；年终决算及收益分配；其他审计事项。当前，对新型农村集体经济组织主要应当进行财经法纪审计、干部经济责任审计（包括干部离任审计）、经营成果审计和经济效益审计。农村合作经济经营管理部门也可以聘请社会审计组织进行审计，对新型农村集体经济组织进行外部审计监督。

二、参会监督

所谓参会监督，就是在新型农村集体经济组织召开股东代表会议、董事会和监事会会议时，由区县、乡镇党委、政府派员到会进行监督。新型农村集体经济组织成立运行时间一般都不长久，由于干部的管理惯性，在召开股东代表大会、董事会和监事会会议的时候，很容易走过场。在短期内要求新型农村集体经济组织设立独立董事、独立监事也不太现实，所以就需要由农村合作经济管理部门做出计划，组织各级党委、政府及其相关部门的领导出马，对新型农村集体经济组织召开"三会"情况进行现场监督指导。通州区建立了新型农村集体经济组织落实"三会"情况的监督制度。他们规定，对新型农村集体经济组织"三会"落实情况进行全区统一的登记台账式管理，印制统一的会议纪录册。特别是对讨论年度收益分配议案的股东大会切实加强监督管理。各乡镇要在每年的11月初上报新型农村集体经济组织股东大会计划召开时间表。区级主管部门列席村股东代表大会比例不得低于20%，乡镇主管领导列席本乡镇改革村股东代表大会不得低于50%。通过上级领导机关的参与监督，促使新型农村集体经济组织严格按照企业章程的规定，按时、高质量地召开"三会"，并形成习惯，逐步向规范的现代企业管理迈进。通州区的办法在新型农村集体经济组织经营管理水平普遍不高、旧的管理习惯一时难以克服的现实情况下，具有重要意义和推广价值。参与监督不仅仅是一种形式监督，更重要的是也是一种实质监督。在召开"三会"之前，上级主管部门应当帮助新型农村集体经济组织对会议进行充分的准备。对召开"三会"的程序、研究表决的问题、表决的方式以及会议的决议起草等环节进行具体、细致的指导。

三、纪检监督

所谓纪检监督就是区县、乡镇纪检监察部门按照中央和各省、区、市农村党风廉政建设的总体部署，对新型农村集体经济组织干部执行党风廉政纪律情况进行定期或者不定期的检查监督。新型农村集体经济组织从其性质上来看属于是社会主义公有制企业，而不是私有制企业，为了保护社会主义公有制经济的健康发展和集体资产的安全完整，其经营管理干部理当纳入纪检监察机关的监督管理范围。对于违法、违纪行为要认真查处，严肃处理。

四、指标考核

所谓指标考核就是建立健全新型农村集体经济组织经营管理情况的考核体系。有的地方将涉及新型农村集体经济组织经营管理的各个方面的工作，分解为一百多个考核指标，定期对新型农村集体经济组织进行考核，效果明显。按照简明易行的原则，新型农村集体经济组织的指标考核体系，应当设置以下考核指标。

①"三会"召开规范率。这个指标主要考核新型农村集体经济组织是否真正按照企业章程的规定，及时、规范地召开股东代表大会、董事会和监事会会议。应当由股东代表大会决策的重大事项是否经过了合法审议程序，有没有违反企业章程越权决策的情况。

②"三会"决议执行率。这个指标主要考核新型农村集体经济组织"三会"做出的决议，在实际工作中是否切实得到贯彻执行以及其执行的效果。有没有违反"三会"决议的情况，有没有贯彻执行不到位的情况。

③主营收入增长率。这个指标主要考核新型农村集体经济组织是否确定了主导产业，在每个会计年度，是否按照本地实际积极开展各种经营活动，使主营业务收入比上一年度有所增长。

④利润总额增长率。这个指标主要考核新型农村集体经济组织在每个经营年度，是否真正做到广开收入渠道、开源节流、增收节支、降低成本，提高资产经营效益。利润总额增长率，不仅包括企业本身价值的增加，而且包含着企业对国家税收的贡献。

⑤净资产增值率。集体净资产的保本增值主要依靠集体经营收益的增加，依靠集体净利润的增加，依靠在收益分配中提取的集体积累数量。集体净资产增长率不仅包含了集体实力的增强，发展后劲的提高，而且包含着股东权益的增加。

⑥股份收益率。所谓股份收益率就是给股东进行股份分红的比率。这个指标主要考核新型农村集体经济组织是否按照股东代表大会的决议，在每个会计年度都对股东进行了股份分红，股份分红比率是否逐年有所提高，或者是否维持在一个较为合理的水平，股东是否真正从新型农村集体经济组织得到了实惠。

每个会计年度结束以后，应当由农村合作经济经营管理部门，在对企业经营效益进行审计的基础上，对上述考核指标，按照各自重要程度设置权重，进行检查计分，确定各个新型农村集体经济组织年度经营管理绩效。

五、产权交易监督

根据现代产权理论，如果产权不能转让，则产权效益实现的交易成本就会提高。新型农村集体经济组织的各类资产、资源如果不能流转，则难以实现有效配置，使用效率就难以提高。我国农村产权交易行为早已存在。但是，由于缺乏必要的监督管理，没有规范的交易市场，导致在集体资产交易过程中弊病丛生。所以，各级政府特别是农村合作经济经营管理部门必须对新型农村集体经济组织产权交易行为进行严格监督管理。具体的监督管理方法，一是要对现有的各类新型农村集体经济组织对外签订的经济合同进行严格审查和清理；二是在清理的基础上对非法合同和不规范合同进行处理，废除非法合同，完善不规范合同；三是建立健全农村集体经济合同管理制度，明确各项合同签订的程序、监管的措施；四是建立新型农村集体经济组织对外经济合同信息系统，采用现代管理手段对产权交易行为进行适时监管。在加强新型农村集体经济组织经济合同管理的同时，具备条件的省、区、市，特别是大城市郊区应当适时建立农村产权交易市场。农村产权交易市场一般应当采取企业化操作的运行模式，组建具有独立法人资格的产权交易公司。各级党委和政府应当从政策上、资金上对产权交易企业予以必要扶持，同时对产权交易企业运行情况予以指导和监督。对于那些违反法律法规和政策、侵害农民利益的产权交易行为，各级党委和政府或者农村合作经济经营管理部门有权予以纠正或者停止其交易。在集体经济产权交易过程中，交易价格一般应当通过市场来发现、按照市场需求来确定。但是，由于市场需求信息的不对称往往造成两种极端情况，使得农村产权交易受阻。一种情况是产权购买方，有意或者无意压低农村产权市场交易价格，导致交易行为终止。另一种情况是产权出让方，农民群众有意或者无意高估农村产权交易价格，导致交易行为终止。为防止这两种极端情况的出现，政府部门有责任出台农村产权交易的市场指导价格。具体操作上，可以通过政府购买服务的办法，聘请有资质的评估事务所等中介机构，对一定地区、一定时期内的农村产权交易价格进行评估确认。政府以评估机构的评估结果为依据，出台相应产权交易指导价格供交易双方参考。例如，政府可以就一定时期内、不同区位的农用土地流转制定指导价格，以促进农村土地的有序流转和农业的适度规模经营。

六、权益保护

所谓权益保护就是要切实保护新型农村集体经济组织的合法权益，切实减轻其负担。切实保护新型农村集体经济组织的合法权益，主要是要保护企业的土地所有权和使用权，切实纠正低价补偿甚至无价征用、占用集体经济组织土地的问题。切实纠正借土地整理、土地储备之名，低价将新型农村集体经济组织的土地大面积收归国有的问题。同时，政府有关部门要加快工作进度，及时给新型农村集体经济组织颁发土地所有权证、土地使用权证和房屋所有权证等法律证件。目前，新型农村集体经济组织最大的负担主要表现在社会管理负担过重。新型农村集体经济组织承担了众多理应由政府提供的社会治安、外来人口管理、环境治理、社会公益事业支出等公共产品费用。应当按照城乡统筹和城乡一体化的原则，增加政府对新型农村集体经济组织所在村落的公共产品供给，加大财政转移支付力度，让新型农村集体经济组织腾出更多的财力用于发展生产。

七、政策扶持

当前，各级政府对农民专业合作社出台了一系列扶持政策，建议将这些扶持政策的适用范围扩大到新型农村集体经济组织。一是资金扶持，各地可以设立新型农村集体经济组织发展专项资金，使得新型农村集体经济组织能够更多地获得政府的资金扶持。同时，完善农村金融体系，扶持农民资金互助会等小型金融机构发展。二是加强对新型农村集体经济组织基础设施建设扶持力度，完善水利、电力、道路、交通、市场、信息等生产性基础设施，改善经营条件；同时加大对涉及农民民生的安全饮水、污水处理、广播电视等生活性基础设施建设扶持，努力改善农民生活环境和生活质量。三是在严格保护耕地的前提下，适当放宽对非耕地的利用政策，特别是要放宽山区土地使用政策，允许新型集体组织在不占用耕地、不破坏植被的前提下，利用山地、荒坡建设必要的设施，发展农村旅游业。四是培训扶持，各级政府应当设立新型集体及组织经营管理干部培训专项资金，定期或者不定期地开展对新型农村集体经济组织董事长、监事长和经理的培训。应当建立新型农村集体经济组织经营管理干部岗位资格证书制度，只有经过政治、业务、技术培训，并且考核合格的人员才能够担任新型农村集体经济组织高级管理干部。

八、经营指导

所谓经营指导就是各级党委和政府，特别是农村合作经济经营管理部门要切实加强对新型农村集体经济组织经营管理工作的指导。特别是要加强对新型农村集体经济组织管理干部的指导。过去乡镇有农工商联合公司的时候，乡镇党委、政府开会大都召开村党支部书记、村民委员会主任和合作社长三个人开会，转达上级指示精神，部署各项工作。有时候还专门召开社长（大队长）开会。乡镇农工商联合公司撤销以后，许多地方开会就没有合作社长的份儿了。特别是一些新型农村集体经济组织的董事长，既不是党支部书记，也不是村民委员会主任，上级领导从来就不召集他们开会，感觉成了"没有娘的孩儿"。建议，区县、乡镇党委、政府和农村合作经济经营管理部门，要定期召开新型农村集体经济组织董事长、监事长和总经理会议，组织他们学习有关政策文件，交流经营管理工作经验，帮助他们解决思想上、工作上、生活上的问题。把各级经营管理部门真正办成新型农村集体经济组织干部的"娘家"。各级党委和政府以及农村合作经济经营管理部门要采取举办网站建立信息平台等方式，及时向新型农村集体经济组织宣传和普及党的路线、方针和政策以及国家的法律法规，发布相关市场供求信息，加强新型农村集体经济组织之间的联系与沟通。同时，还可以举办各种类型的招商引资会议、人才交流会、物资交流会等，帮助新型农村集体经济组织引进社会资本、高科技人才和先进技术装备。

九、立法规范

所谓立法规范，就是要由国家立法机关或者地方立法机关制定《农村社区合作经济组织法》。从国际上来看，法人分为企业法人、社团法人和合作法人三类。我国目前法人分为企业法人、社团法人和其他法人，没有明确合作经济组织的法人地位。尽管我国《宪法》以及众多法律、法规都对农村集体经济经济组织的权利与义务进行了规定，但是由于没有一部《农村合作经济组织法》，造成了目前我国多数地方的农村合作经济组织处于既没有"出生证"，也没有"身份号码"的尴尬境地，同时造成农村集体资产管理主体混乱的局面。现行的《农民专业合作社法》将农民专业合作经济组织定位为企业法人。多年来，我国许多专家学者一直呼吁对农村合作经济组织进行立法，赋予农村合作经济组织合作法人地位。少数省份的也进行了农村合作经济组织立法的尝试。所以，对农村新型集体经济组织来说，根本的保护措施就是要积极争取制定《农村社区合作经济组织法》，这需要国家高层和相关立法机关顺应民意和国际潮流果断决策。

参考文献

［1］杨坚白. 合作经济学概论. 北京：中国社会科学出版社，1990

［2］［美］哈罗德·孔茨，海因茨·韦里克. 管理学. 北京：经济科学出版社，1993

［3］许惠渊，黄中廷. 农村集体资产评估. 北京：中国农业科学技术出版社，1994

［4］黄中廷，陈涛. 从共同共有到按份共有的变革. 北京：中国农业出版社，2003

［5］黄中廷. 农村集体经济产权制度改革研究. 北京：新华出版社，2007

［6］王瑞华，黄中廷. 光辉的历程. 北京：中国农业科学技术出版社，2009

［7］黄中廷. 科学发展强村富民. 北京：北京出版社，2010

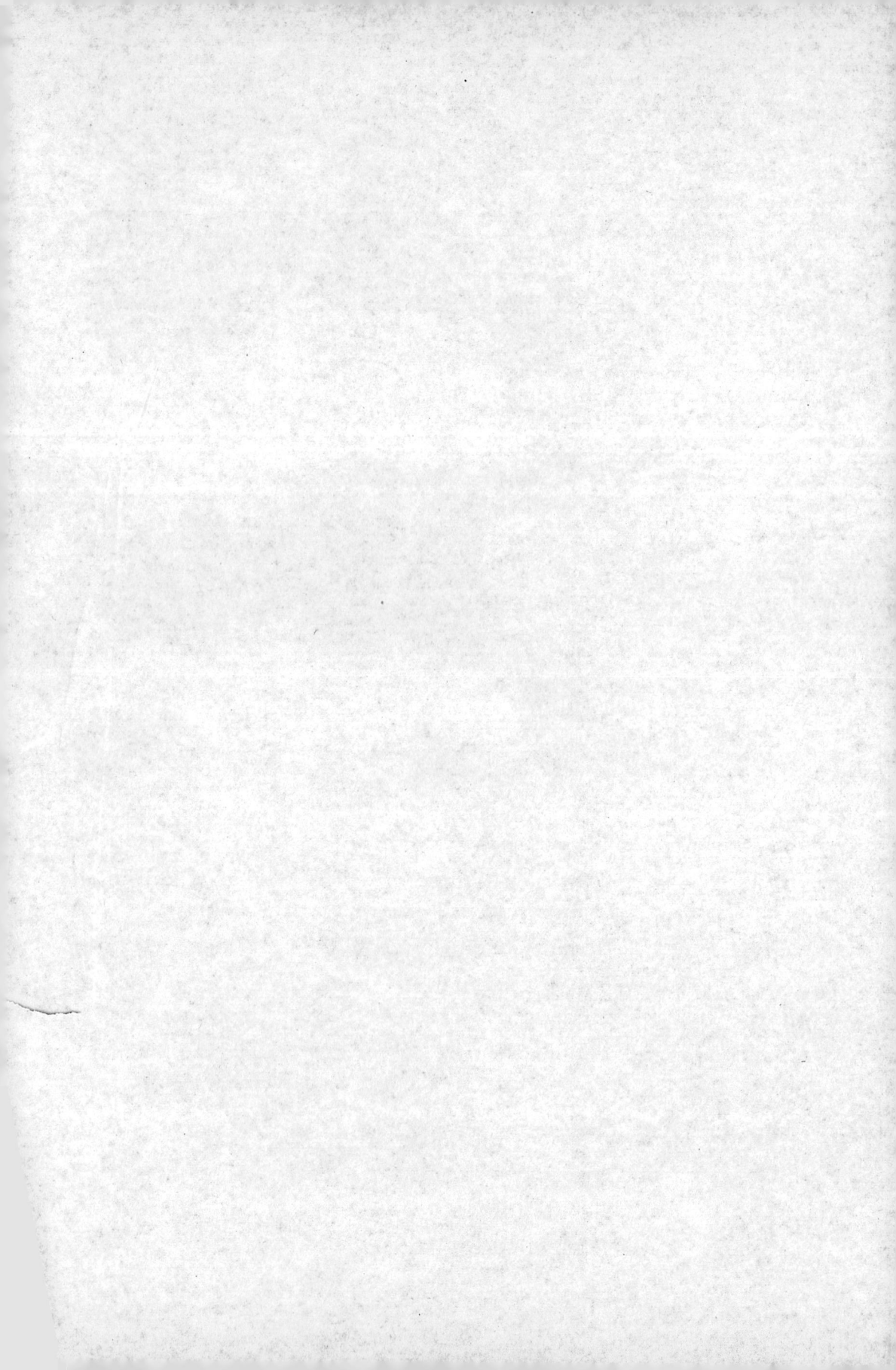